Jochen Maurer
Dienst an der Mauer

BEITRÄGE ZUR GESCHICHTE VON MAUER UND FLUCHT

Herausgegeben von der Stiftung Berliner Mauer

Jochen Maurer

Dienst an der Mauer

Der Alltag der Grenztruppen rund um Berlin

Ch. Links Verlag, Berlin

Dieser Band wird herausgegeben von der Stiftung Berliner Mauer
und dem Militärgeschichtlichen Forschungsamt, Potsdam

Editorische Notiz: Die Schreibweise militärischer Bezeichnungen wurde dem heutigen Gebrauch angepasst (z. B. Offizierschulen statt Offiziersschulen). Offensichtliche Tippfehler in Dokumenten wurden stillschweigend korrigiert.

Die Deutsche Nationalbibliothek verzeichnet diese Publikation in der Deutschen Nationalbibliografie; detaillierte bibliografische Daten sind im Internet über www.dnb.de abrufbar.

1. Auflage, Mai 2011
© Christoph Links Verlag GmbH
Schönhauser Allee 36, 10435 Berlin, Tel. (030) 44 02 32-0
www.christoph-links-verlag.de; mail@christoph-links-verlag.de
Umschlagfoto: Kontrolle eines Grenzpostens in Berlin-Mitte durch Oberst Gröning im August 1968; Fotobestand der 1. Grenzbrigade »13. August« der NVA-Grenztruppen, Stadtkommandantur Berlin; Archiv des Militärhistorischen Museums Dresden
Lektorat: Susanne Muhle, Margret Kowalke-Paz
Satz: Michael Uszinski, Berlin
Druck und Bindung: F. Pustet, Regensburg

ISBN 978-3-86153-625-3

Inhalt

Vorwort		9
Einführung		12
I.	**Zur Organisations- und Gliederungsgeschichte des Grenzkommandos Mitte**	**21**
1.	Die 1. Grenzbrigade Berlin und ihre Organisationsstruktur bis Mai 1963	24
2.	Die Stadtkommandantur Berlin und die Geburtsstunde des Grenzregiments 33	27
3.	Die Struktur und Organisation des Grenzregiments 33 in den Anfängen	31
4.	Grundlegende Strukturänderungen Mitte der sechziger Jahre	32
5.	Der Umbruch – Umwandlung zum Grenzkommando Mitte in den siebziger Jahren	36
6.	Die Gliederung des Grenzregiments 33 im Rahmen der Kommandostruktur	42
7.	Strukturänderungen im Zeitraum Mitte der siebziger bis Mitte der achtziger Jahre	45
8.	Die Endphase der Grenztruppen – von 1985 bis zur deutschen Einheit	48

II.	**Alltag und Grenzdienst im Grenzkommando Mitte –**	
	grundlegende Fragestellungen	53
1.	Die Berliner Mauer in der Hochphase der Grenztruppen	55
2.	Der Grenzdienst – Grundlagen und Entwicklungen	61
3.	Der Grenzdienst – Grundlagen des militärischen Führungsvorgangs	64
4.	Der Führungsvorgang auf der Ebene des Grenzregiments	67
5.	Der Führungsvorgang auf der Ebene der Grenzkompanie	70
6.	Der taktische Führungsvorgang: Kommandeur Grenzsicherung, Zug- und Gruppenführer	72
7.	Dienstrhythmus, Grenzaufzüge, Postenvorplanung	80
8.	Einsatz der Postenpaare	91
9.	Spezialkräfte der Grenzsicherung	94
10.	Einsatzarten der Grenzsicherung	102
11.	Die Grenztruppen im Grenzabschnitt – letzte Instanz des Grenzregimes	106
12.	Der Garnisonsdienst – zwischen Einsatz, Ausbildung und Reserve	112
III.	**Das Ministerium für Staatssicherheit – Akten, Fakten und Fragestellungen**	119
1.	Die Grundorganisation des MfS im Zuständigkeitsbereich der Grenztruppen	121
2.	Aufbau und Aufgaben der Abteilung Abwehr für den Bereich Grenzkommando Mitte	125
3.	Das IM-Netz im Grenzkommando Mitte – Arbeitsgrundlage des MfS	127
4.	Schnittstelle zwischen IM-Netz und MfS – der Hauptsachbearbeiter	131
5.	Die Arbeitsweise des IM-Netzes im Detail – die »Filtrierung 88«	135
6.	Beweggründe für die Zusammenarbeit mit dem MfS in den Grenztruppen	144
7.	Zur »Wirksamkeit« der »inoffiziellen Arbeit« des MfS in den Grenztruppen	150
IV.	**»Gegen Verräter ist die Schußwaffe anzuwenden!« – Grenzsoldaten und ihre Motive für den Grenzdienst**	154
1.	Vorbereitung für den »Ehrendienst« – die Militarisierung der DDR-Gesellschaft	157

2.	Zwischen politischem Zweckverhalten und offensichtlichem Widerspruch – Wehrpflichtige in den Grenztruppen	160
3.	Berufswahl und Laufbahnen der Offiziere, Unteroffiziere und Fähnriche der Grenztruppen	167
4.	Die »politisch-moralische und psychologische Bereitschaft der Grenzsoldaten« – zur zielgerichteten Förderung der »Entschlussfreudigkeit« im Grenzdienst	175
V.	**Disziplin, Ordnung, Fahnenfluchten und soziale Spannungsfelder – zum Stimmungsbild im Grenzkommando Mitte**	**183**
1.	Zur Haltung des Offizier- und Unteroffizierkorps im Grenzkommando Mitte	186
2.	Von ideologischer Standfestigkeit und politischem Zweckverhalten – zur Verlässlichkeit des Stimmungsbildes im Grenzkommando Mitte	197
3.	»Über die Mauer« – Fahnenfluchten als Sprungbrett in ein anderes Gesellschaftssystem	200
VI.	**Der zweite Auftrag der Grenztruppen – militärisches Mittel in einer »bipolaren Welt«**	**209**
1.	Das sicherheitspolitische Bedrohungsszenario in Westeuropa und die Sonderrolle Berlins nach dem Mauerbau	210
2.	Die »gefechtsmäßige Sicherung der Staatsgrenze« – die Grenztruppen im Wirkverbund mit der NVA und der GSSD	216
3.	Offensivplanungen als weiteres Ausbildungsziel? Taktische Übungen des Grenzkommandos Mitte	223
4.	Der Kampf um West-Berlin – das Grenzkommando Mitte im Ortskampf im Rahmen der Übung »Stahlbrücke«	232
VII.	**Die Grenztruppen als Mittel zum Machterhalt. Forschungsperspektiven?**	**244**

Anhang 253
Begriffserklärungen 253
Quellen- und Literaturverzeichnis 255
Abkürzungsverzeichnis 265
Bildnachweis 266
Angaben zum Autor 267

Vorwort

Die noch junge Stiftung Berliner Mauer begründet im Frühjahr 2011 eine wissenschaftliche Buchreihe, die – dem Stiftungsauftrag folgend – einem breiten Publikum unterschiedliche Aspekte der Teilungs- und Fluchtgeschichte zugänglich machen will. Es soll in allen Bänden dieser Reihe darum gehen, Facetten der Geschichte der Berliner Mauer und der Fluchtbewegungen aus der DDR als Teil und Auswirkung der deutschen Teilung und des Ost-West-Konflikts im 20. Jahrhundert zu dokumentieren und zu vermitteln.

In dieser Reihe werden auch insgesamt fünf Bände erscheinen, die im Rahmen des von der Deutschen Forschungsgemeinschaft geförderten interdisziplinären Forschungsvorhabens »Die Berliner Mauer als Symbol des Kalten Krieges: Vom Instrument der SED-Innenpolitik zum Baudenkmal von internationalem Rang« entstanden sind. Dieses Projekt, das von Leo Schmidt (Lehrstuhl Denkmalpflege der Brandenburgischen Technischen Universität Cottbus), Manfred Wilke (Institut für Zeitgeschichte München–Berlin) und Winfried Heinemann vom Militärgeschichtlichen Forschungsamt (MGFA) der Bundeswehr in Potsdam im Förderzeitraum von 2007 bis 2010 geleitet wurde, untersuchte die Berliner Mauer in ihrer prozessualen Dimension der Wechselwirkung politischer Anforderungen, materieller Ausführung und militärischer Umsetzung. In diesem interdisziplinären Dreiklang sollte eine Synthese entstehen, in der die vielschichtige Aussagekraft und Bedeutung der

Berliner Mauer als herausragendes Geschichtsdenkmal des 20. Jahrhunderts möglichst umfassend erforscht wurde. Um die komplexe Denkmalbedeutung der Grenzbefestigung zu begreifen – so das Haupterkenntnisinteresse des Projektes – bedurfte es der intensiven Auseinandersetzung mit den politischen Entscheidungen, die zu ihrer Errichtung, den baulichen Veränderungen zwischen 1961 und 1989 und dem bis heute andauernden Abbau führten. Ebenso unerläßlich war neben der Analyse der baulichen Strukturen eine umfassende Beschäftigung mit den Grenztruppeneinheiten, die diese Grenze bemannten und die zugleich das »tödliche Element« dieser Grenze ausmachten. Wichtige Aspekte dieses multiperspektivischen Forschungsansatzes waren auch die öffentliche Wahrnehmung der Grenzbefestigung, die vielschichtige, mitunter auch künstlerische, Auseinandersetzung mit ihr sowie schließlich die vielfältigen (Denkmal-)Bedeutungen der Berliner Mauer und deren Wandlungen im Laufe der Zeit. Schließlich stand das Projekt im Kontext eines internationalen Diskurses zu den Themenbereichen »Nationale Teilung und Wiedervereinigung« sowie »Kalter Krieg und Denkmalschutz«; wichtige inhaltliche Impulse erhielt es durch vielfältige internationale wissenschaftliche Kooperationen, die sich in den Projektergebnissen widerspiegeln.

In diesem Projekt wurden nicht nur dringende Desiderate der zeit-, militärgeschichtlichen und denkmalpflegerischen Forschung bearbeitet, sondern auch außerwissenschaftliche Konsequenzen einbezogen. Bereits im Forschungsprozess selbst wurden Fragestellungen interdisziplinär entwickelt, um Ergebnisse der jeweiligen Disziplin kontinuierlich auf die Arbeit der anderen zu beziehen. Folglich bezwecken die wissenschaftlichen Ergebnisse dieses Projektes eine Versachlichung der gesellschaftspolitischen Diskussion über die Mauer, indem hier für einen wesentlichen Bereich die wissenschaftliche Basis erweitert und durch den interdisziplinären Ansatz sowie die verschiedenen Untersuchungsperspektiven »konkurrierende« Erzählungen miteinander in Beziehung gesetzt werden.

Mit diesem Projekt leisteten Denkmalpfleger gemeinsam mit Zeit- und Militärhistorikern einen Beitrag, um das wohl vielschichtigste Dokument der teils bewussten, teils auch unfreiwilligen Selbstdarstellung des SED-Regimes zwanzig Jahre nach seinem Fall vor dem endgültigen Verschwinden als Baudenkmal in Berlin zu bewahren. Leo Schmidt, Leiter und Koordinator des Projektes, erklärte zu Beginn der Arbeit: »Wir wollen die Sperranlagen im Prozess der Wechselwirkung von politischer Absicht, materieller Ausführung und militärischer Praxis untersuchen, denn das hat so noch niemand versucht.«

Diese Methode folgt dem Verständnis, dass die Architektur der Grenze als fester Bestandteil der staatlichen Ikonografie und Selbstdarstellung direkt mit innen- und außenpolitischen Ereignissen zusammenhängt. Man könnte auch – Karl Schlögel folgend – resümieren: »Im Raume lesen wir die Zeit.«

Die wissenschaftliche Publikationsreihe der Stiftung Berliner Mauer ist der ideale Ort für die Verbreitung dieser wichtigen Forschungsergebnisse, erwartet man doch von ihr die Diskussion unterschiedlicher Aspekte der Geschichte des Bauwerks, mit dem die SED-Diktatur ihren Herrschaftsanspruch für alle Welt sichtbar materialisierte.

Die vorliegende Arbeit stellt einen wesentlichen Beitrag zum Selbstverständnis und politischen Auftrag (nach innen wie nach außen) der Grenztruppen in und um Berlin dar und erläutert deren Rolle im Gesamtsystem des Grenzregimes der DDR. Nach der Darstellung der strukturellen Entwicklungen der Grenztruppen folgt ein umfassender Blick auf den Lebensalltag der Grenzsoldaten. Dabei geht es um die nüchterne Analyse der Organisation und des Ablaufs des Grenzdienstes, um die Hierarchie im Grenzregime ebenso wie um die Aufgaben der einzelnen Ebenen. Gleichermaßen wird die Bedeutung des Ministeriums für Staatssicherheit (MfS), das selbstverständlich erheblichen Einfluss auf diesen sensiblen Bereich an der Nahtstelle der politischen Systemkonfrontation nahm, dargestellt. Die Erkenntnis, dass stetige Kontrolle, Überwachung, Disziplinierung und Misstrauen das Leben der Soldaten im Grenzdienst und in den Kasernen der Grenztruppen ganz wesentlich prägten, wird durch die reiche Quellenanalyse anschaulich klar herausgearbeitet.

Die Stiftung Berliner Mauer dankt dem Autor dieser Studie herzlich, die dazu beiträgt, nicht nur Licht auf bislang häufig noch unbekanntes Quellenmaterial zu werfen, sondern die ebenso darstellt, wie sehr der Gewaltcharakter, die politische Indoktrination, die Überwachung wie auch die erzwungene Selbstüberwachung das Leben der Grenzsoldaten prägten. Zu danken ist ferner allen Projektbeteiligten des »Cottbuser Mauerprojektes«, die fachübergreifend und damit im besten Sinne interdisziplinär die vorliegende Studie befördert haben. Frau Susanne Muhle, wissenschaftliche Volontärin der Stiftung Berliner Mauer, besorgte das gründliche erste Lektorat, Frau Margret Kowalke-Paz vom Ch. Links Verlag das Verlagslektorat und die Endredaktion. Beiden sei ebenso herzlich gedankt wie schließlich dem Verleger, Christoph Links, der das Publikationsprojekt mit großer Energie unterstützte.

Dr. Axel Klausmeier *Dr. Hans-Hubertus Mack*
Direktor der *Oberst und Amtschef des Militärgeschicht-*
Stiftung Berliner Mauer *lichen Forschungsamtes Potsdam*

Einführung

Über zwanzig Jahre nach dem Ende der deutschen Teilung, dem Niedergang der Deutschen Demokratischen Republik, der Auflösung der Nationalen Volksarmee und dem nahezu vollständigen Abbruch der Berliner Mauer scheint der Prozess der Aufarbeitung jener bewegten Vergangenheit auf den ersten Blick abgeschlossen. Zu Themen wie der DDR-Gesellschaft, dem Bildungssystem und dem Militär liegen zahlreiche wissenschaftliche Abhandlungen vor.[1] Einzelne Reste bzw. Abschnitte der einstigen Sperranlagen und anderer entscheidender Orte des ehemaligen Grenzregimes sind als Erinnerungs- und Mahnstätten oder als Museen für die breite Öffentlichkeit zugänglich gemacht worden. Die Geschichte und Hintergründe der meisten Mauertoten am Berliner Eisernen Vorhang sind inzwischen fundiert belegbar; die Opfer sind keineswegs namenlos geblieben.[2] Ebenso ist die Frage nach der

---

[1] Zur NVA vgl. Matthias Rogg: »Armee des Volkes?« Militär und Gesellschaft in der DDR, Berlin 2008. Zum Bildungssystem der DDR vgl. Gerhard Barkleit und Tina Kwiatkowski-Celofiga (Hg.): Verfolgte Schüler – gebrochene Biographien. Zum Erziehungs- und Bildungssystem der DDR, Dresden 2008. Zum MfS vgl. Stephan Wolf: Hauptabteilung I: NVA und Grenztruppen, MfS-Handbuch Teil III/13, Berlin 1995; Jens Gieseke: Mielke-Konzern. Die Geschichte der Stasi 1945–1990, Stuttgart 2001.

[2] Stiftung Berliner Mauer/Zentrum für Zeithistorische Forschung (Hg.): Die Todesopfer an der Berliner Mauer 1961–1989. Ein biographisches Handbuch, Berlin 2009.

Einführung

Schuld und den Hintergründen der »Täter« geklärt und von der deutschen Rechtsprechung abschließend behandelt worden.[3] Die DDR und alle ihren Wesenskern prägenden Merkmale scheinen umfassend analysiert zu sein. Dieser erste Eindruck trügt jedoch, wie sich im weiteren Verlauf der vorliegenden Untersuchung deutlich zeigen wird. Im Zuge der Auseinandersetzung mit der DDR-Geschichte stößt der Betrachter schnell auf offene Fragen und vermisst fundierte Untersuchungen zu entscheidenden Themen. So fällt auf, dass die Grenztruppen der DDR, als wesentlicher Kernbestandteil der einstigen Diktatur, bis heute keineswegs umfassend behandelt wurden. Das allgemeine Interesse der Öffentlichkeit an der Forschung zu den Grenztruppen scheint mit dem Abschluss der Mauerschützenprozesse und wenigen Abhandlungen zu ausgesuchten Details zufriedengestellt. Aber die gegenwärtige Forschungsliteratur bietet lediglich einen sehr begrenzten Einblick in den alltäglichen Dienst dieses zentralen Bestandteils des Grenzregimes. Ein Teil der Darstellungen fokussiert auf einzelne und durchaus wichtige Details im System, wie beispielsweise die Fragestellung der Mauertoten, lässt jedoch eine strukturierte Gesamtdarstellung übergeordneter Prozesse und Abläufe außer Acht.[4] Bei anderen Werken vermisst der interessierte Leser die notwendige Tiefe bei zentralen Fragestellungen. Grandhagen beispielsweise ermöglicht mit seiner Publikation zwar einen Überblick über die Entwicklungsgeschichte der Grenztruppen, angefangen von der Grenzpolizei bis zum Niedergang der DDR, seine Betrachtungen bleiben über lange Strecken jedoch oberflächlich. Allen Abhandlungen ist gemein, dass wesentliche Fragen nicht gestellt werden: Wer leistete Dienst in den Grenztruppen? Welche Beweggründe hatten zu dieser Entscheidung geführt? Welche Aufgaben hatten die Grenztruppen in und um Berlin genau? Und welche Besonderheiten waren gerade für diese Stadt und ihren Sonderstatus bezeichnend?

Dieses Buch soll einen wesentlichen Beitrag zum Gesamtverständnis der Grenztruppen in und um Berlin und ihrer Rolle im Gesamtsystem des Grenzregimes der DDR leisten. Es soll das Themenfeld nicht auf einige ausgesuchte

---

3 Felix Herzog (Hg.): Die Strafrechtliche Verantwortlichkeit von Todesschützen an der innerdeutschen Grenze, Heidelberg 1993; Volkmar Schöneburg: Der verlorene Charme des Rechtsstaates. Oder: Was brachten die Mauerschützenprozesse?, Welt-Trends 10 (2002) 34, S. 98.

4 Etwa: Peter Joachim Lapp: Die Grenztruppen der DDR (1961–1989), in: Im Dienste der Partei. Handbuch der bewaffneten Organe der DDR, hg. von Torsten Dietrich, Hans Ehlert und Rüdiger Wenzke, Berlin 1998; Wolfgang Grandhagen: Von der Deutschen Grenzpolizei zu den Grenztruppen der DDR, Berlin 2004.

Fragestellungen wie etwa die Hintergründe der Schüsse an der Mauer eingrenzen, sondern einen breiten Überblick über die gesamte Thematik ermöglichen. Zunächst wird daher mit der Entwicklungsgeschichte des Grenzkommandos Mitte und einer differenzierten Betrachtung der sich wandelnden Organisationsstruktur die Voraussetzung für den Zugang zu den nachfolgenden Kapiteln geschaffen. Hier sollen die zahlenmäßigen Umfänge und die Stationierung des Grenzkommandos Mitte in und um Berlin aufgezeigt werden, aber auch jene Wandlungsprozesse, denen die Grenztruppen bis zu ihrer Auflösung unterlagen. Danach folgt ein fundierter Blick auf den Lebensalltag der Grenzsoldaten an der Berliner Mauer. Dabei geht es um Organisation und Ablauf des Grenzdienstes, die Hierarchie im Grenzregime ebenso wie die Aufgaben der einzelnen Ebenen. Das Ministerium für Staatssicherheit (MfS) hatte zentrale Bedeutung für das Grenzregime und nahm wesentlichen Einfluss auf das Grenzkommando Mitte. In einem eigenen Kapitel werden seine Rolle und insbesondere die angewandten Methoden dieses Überwachungsorgans des SED-Regimes analysiert. Eine Auseinandersetzung mit den Grenztruppen und ihrem Dienst wirft zwangsläufig die Frage nach den Motiven der in ihnen tätigen Soldaten auf. In diesem Zusammenhang ist auch der Waffeneinsatz an der Mauer zu sehen. Der Dienst an der Grenze barg, nicht zuletzt auch aufgrund der Menschen, die hier ihr Leben ließen, ein enormes Belastungspotential für die Grenzsoldaten. Es ist daher auch zu fragen, welche Auswirkungen diese Belastungen auf den inneren Zustand im Grenzkommando hatten; in diesen Zusammenhang gehört auch ein Blick auf die Fahnenfluchten von Angehörigen der Grenztruppen. Zuletzt darf die zweite Rolle der Grenztruppen nicht übersehen werden, denn diese hatten neben der reinen Bewachung der eigenen Bevölkerung an der Grenze auch die Aufgabe, im Kriegsfall an vorderster Front als Teil des Warschauer Paktes in den militärischen Konflikt einzugreifen.

Die Abriegelung der Grenze zwischen der Bundesrepublik Deutschland und der Deutschen Demokratischen Republik im August 1961 hatte einen über 1300 km langen Sperrgürtel zur Folge, der sich von der Ostsee bis zum Dreiländereck mit der Tschechoslowakei erstreckte. Die Berliner Mauer in ihrem innerstädtischen Verlauf hatte im Vergleich hierzu einen geradezu verschwindend geringen Anteil von lediglich 44 Kilometern. Hinzu kamen rund 112 Kilometer Grenzland zwischen den heutigen Ländern Berlin und Brandenburg. Dennoch kam Berlin als geteilter Stadt und damit auch den dort stationierten Grenztruppen eine keineswegs zu vernachlässigende Sonderrolle im Gesamtsystem der innerdeutschen Grenze zu. Der westliche Teil der Metropole bildete unter der Herrschaft der drei westlichen Siegermächte des

Einführung

15

Zweiten Weltkriegs den letzten Vorposten des NATO-Bündnisses vor dem im Ostteil Berlins einsetzenden Herrschaftsbereich des Warschauer Paktes.

Schwang das Kräftemessen der beiden Machtblöcke bereits als Bestandteil des täglichen Lebens in Berlin überall unterschwellig mit, so sprachen die Sperranlagen der Mauer eine direkte und unmissverständliche Sprache. Die politischen, wirtschaftlichen und ideologischen Gegensätze der Supermächte traten nirgendwo im Verlauf der deutsch-deutschen Teilung so deutlich zutage wie in Berlin. Das abgeriegelte Brandenburger Tor als Wahrzeichen der Stadt, zugemauerte Wohnungsfenster etwa in der Bernauer Straße, an der Mauer endende einstige Hauptverkehrswege und Straßen sowie verlassene Plätze und Bahnhöfe prägten sich tief in die Wahrnehmung der Bevölkerung auf beiden Seiten der Mauer ein. Die Errichtung der innerdeutschen Grenze führte unweigerlich zur Trennung von Familien und Freunden. Immer bedeutete dies für die Betroffenen eine dramatische Änderung ihrer Lebenssituation, eine

Wahrzeichen einer geteilten Stadt: Grenzsoldaten patrouillieren vor dem abgeriegelten Brandenburger Tor

Wirkung, die sich jedoch in der Millionenstadt Berlin und ihrer hohen Bevölkerungsdichte noch potenzierte. Gerade hier war und blieb das besondere Interesse der Öffentlichkeit an der Entwicklung des Grenzregimes und den damit verbundenen menschlichen Schicksalen vom Anfang bis zum Fall der Mauer bestehen. Die Bilder der geteilten Stadt und der Situation der Menschen gingen um die ganze Welt.

Damit rückten die hier stationierten Grenztruppen, das Grenzkommando Mitte, in den Blickpunkt der Weltöffentlichkeit. Die Angehörigen der Grenztruppen an der »Mauer« waren im besonderen Maße Symbol für die gewaltsame Teilung einer Nation und nahmen, ebenso wie die von ihnen bewachte Stadt, eine entscheidende Position im gesamten Grenzregime der DDR ein.

Die große Zahl der dem Grenzkommando Mitte angegliederten Grenzregimenter und die schiere Menge der in den Archiven erhaltenen Akten machen eine Aufarbeitung aller Unterlagen der Grenztruppen schlichtweg unmöglich. Die Tatsache allerdings, dass der Grenzdienst in allen unterstellten Regimentern und weiteren Einheiten im Grenzkommando Mitte durch zentrale Vorschriften, Weisungen und Richtlinien bestimmt war, eröffnet die Möglichkeit, ihn exemplarisch für das gesamte Kommando am Beispiel eines Grenzregiments darzustellen. Hierzu bietet sich das einst im Zentrum Berlins agierende Grenzregiment 33 an, da das archivalische Quellenmaterial hier in ausreichender Tiefe und Umfang vorhanden ist und sich gerade für dieses Regiment eine Zahl ehemaliger Angehöriger als Zeitzeugen finden ließen. Der Schwerpunkt der Untersuchung liegt dabei auf dem Zeitraum zwischen 1970/71 und der Mitte der 1980er Jahre als »Höhepunkt« des DDR-Grenzregimes. Diese Hochphase der Grenztruppen war im Wesentlichen durch die »Zementierung« der deutschen Teilung und eine damit einhergehende Verfestigung des anfänglich provisorisch eingerichteten Grenzsystems geprägt. Mit dem Grundvertrag (Juni 1973) sowie dem Vier-Mächte-Abkommen über West-Berlin (Juni 1972) schien die DDR als Gewinner aus dem politischen Kräftemessen in der »Deutschlandfrage« hervorgegangen zu sein. Das neue Jahrzehnt hatte 1970/71 mit der Ablösung Ulbrichts durch Honecker auf dem IX. Parteitag der SED und so dem Wechsel in der Staatsführung der DDR begonnen. Der Machtwechsel an der Spitze der Partei brachte in den kommenden Jahre eine Reihe grundlegender Veränderungen für die Grenztruppen mit sich und stärkte im Wesentlichen ihre Position als Machtmittel des Staates. Der Beginn der 1970er Jahre brachte zugleich den Beginn eines neuen Dienstsystems innerhalb der Grenztruppen, das in seinen wesentlichen Zügen bis zum Niedergang der DDR Gültigkeit behielt. Erst Mitte der 1980er Jahre kündigten die sich häufenden Missstände, dazu erste Auflösungserscheinungen innerhalb der Grenztruppen den baldigen Niedergang des Regimes an.

Eine Geschichte des Grenzkommandos Mitte muss zudem ein zweites Ziel verfolgen, das in unmittelbarem Zusammenhang mit dem eingangs erwähnten Aufarbeitungsprozess der DDR-Geschichte steht. In den letzten Jahren ist in Teilen der deutschen Gesellschaft eine Entwicklung festzustellen, die angesichts der wissenschaftlichen Diskussion über die DDR verwundert und zuweilen erschreckt. Bei vielen gerade jungen Menschen, die keinerlei persönliche Erfahrungen oder Verbindungen zur DDR haben, fällt »weitgehendes Nichtwissen über die DDR« auf.[5] Ein anderer Teil der Bevölkerung, der eine Zeitspanne seines Lebens in der DDR verbracht hat, neigt zu einer geradezu romantisch-naiven Verklärung des SED-Regimes. Die Betroffenen behaupten, dass die vergangene und gegenwärtige Diskussion einer Pauschalverurteilung der DDR gleichgekommen sei. Sie kritisieren, dass in ihren Augen die DDR-Gesellschaft auf die Staatssicherheit reduziert werde. Folgt man der Berichterstattung der Medien, verstärkt sich diese Entwicklung gegenwärtig noch.[6] Woher rührt diese Denkweise, was sind ihre Hintergründe? Klaus Schroeder, Leiter des Forschungsverbundes SED-Staat an der Freien Universität Berlin, vermutet: »Viele Ostdeutsche begreifen jede Kritik am System als Angriff auf ihre eigene Person.«[7] In den Augen der Betroffenen erfolgt eine nachträgliche Verurteilung ihrer ursprünglichen Heimat – der DDR wird das Siegel eines »Unrechtsstaates« aufgedrückt. Wie bedeutsam und notwendig jedoch gerade heute eine kritische Auseinandersetzung mit der DDR und ihrem Charakter ist, darauf wies bereits der damalige Bundespräsident Horst Köhler mehrfach hin. Im Zuge der Verleihung des Bundesverdienstkreuzes an Regimekritiker der DDR im Jahr 2009 warnte Köhler eindringlich vor einer Verklärung des

---

5   Vgl. hierzu: Monika Deutz-Schroeder und Klaus Schroeder: Soziales Paradies oder Stasi-Staat? Das DDR-Bild von Schülern – ein Ost-West-Vergleich, München 2008.
6   Vgl. Ostdeutsche verteidigen Stasi und ZK, Onlineartikel Welt, 10.9.2008, http://www.welt.de/politik/article2423799/Ostdeutsche-verteidigen-Stasi-und-ZK.html (Stand: 29.7.2010); Warum die Verklärung der DDR naiv und unfair ist, Onlineartikel Welt, 29.3.2009, http://www.welt.de/politik/article3464398/Warum-die-Verklaerung-der-DDR-naiv-und-unfair-ist.html (Stand: 29.7.2010); Ahnungslose Schüler DDR – ein Sozialparadies, keine Diktatur, Onlineartikel Spiegel, 25.7.2008, http://www.spiegel.de/schulspiegel/wissen/0,1518,567907,00.html (Stand: 29.7.2010).
7   DDR-Verklärung. Mit dem Mauerfall aus dem Paradies vertrieben, Onlineartikel Spiegel, 28.6.2009, http://www.spiegel.de/politik/deutschland/0,1518,633006,00.html (Stand: 29.7.2010).

SED-Regimes und verwies darauf, dass die DDR »systematisch Menschen ihrer Rechte und ihrer Würde beraubt« habe.[8]

Die wissenschaftliche Aufarbeitung der DDR-Geschichte ist gekennzeichnet durch verschiedene Auffassungen zu einzelnen Themenbereichen wie etwa der Wirtschafts- oder Sozialgeschichte. Ebenso liegen im Zuge der Debatte über das politische System der DDR und ihrer Bewertung als diktatorisches Herrschaftssystem verschiedene Einschätzungen vor. Beim Diktaturvergleich mit etwa dem NS-Regime oder der Herrschaft Stalins ist der DDR zugutezuhalten, dass sie weder staatlich gelenkten Völkermord betrieben noch einen Angriffskrieg aus ideologischen Gründen geführt hat.[9] Die DDR ist jedoch durch eine Vielzahl anderer eindeutiger Merkmale einer Diktatur, wie etwa die Existenz einer Einheits- oder Massenpartei, das Fehlen privater Schutzräume oder eine gelenkte Justiz gekennzeichnet[10], so dass am Diktaturcharakter der DDR kein Zweifel bestehen kann.[11]

Die Diskussionen über die Bewertung des Herrschaftssystems der DDR wirken sich auch auf die Geschichte der Grenztruppen und des Grenzkommandos Mitte aus. Es wird deutlich werden, dass eine wissenschaftliche Analyse der Grenztruppen im besonderen Maße zum Verständnis der DDR und ihres Charakters als diktatorisches System beitragen kann. Die wissenschaftliche Aufarbeitung der Geschichte der Grenztruppen liefert Erkenntnisse, die unmittelbare Rückschlüsse auf das politische und ideologische Gefüge der DDR sowie den Umgang mit ihrer Gesellschaft ermöglichen. Diese Untersuchung soll so einen wesentlichen Beitrag zum Verständnis des Charakters des SED-Regimes leisten und zu ihrer differenzierten Wahrnehmung im kollektiven Gedächtnis beitragen.

Die Grundlage für diese Untersuchung bilden die Akten der Grenztruppen im Bundesarchiv-Militärarchiv in Freiburg sowie jene des Ministeriums für Staatssicherheit beim Bundesbeauftragten für die Aufarbeitung der Unterlagen der Staatssicherheit in Berlin. Ergänzt werden diese Unterlagen durch eine Vielzahl an Zeitzeugengesprächen mit ehemaligen Angehörigen der Grenztruppen aus verschiedenen Dienstgradgruppen, angefangen vom Wehrpflichtigen bis hin zum Kommandeur des Grenzkommandos Mitte.

---

8 Bundesverdienstkreuz für Regimekritiker. Köhler warnt vor Verklärung der DDR, Onlineartikel Tagesschau, 26.11.2009, http://www.tagesschau.de/inland/sed102.html (Stand: 29.7.2010).
9 Beate Ihme-Tuchel: Die DDR, Darmstadt 2007, S. 95.
10 Ihme-Tuchel, DDR, S. 97.
11 Ebd., S. 89–90.

Bei der Arbeit mit den Akten der Grenztruppen und des Ministeriums für Staatssicherheit ist schon der Sprachgebrauch des einstigen Systems aufgrund seiner Eigenheiten in der Wortwahl und der Formulierung aufschlussreich für das Verständnis des Grenzregimes. Um dem Leser einen Zugang zu dieser ideologischen Sichtweise zu ermöglichen, wurden charakteristische Formulierungen der Grenztruppen nicht revidiert oder angepasst, sondern als solche gekennzeichnet. Dies gilt besonders für die Bezeichnungen »Grenzverletzer«, »Grenzprovokationen«, »Grenzdurchbrüche« oder den militärischen Begriff des »Gegners«.

Diese sprachlichen Besonderheiten geben dabei den Hinweis auf einen weiteren Aspekt, der im Zuge der Quellenarbeit unverzichtbar ist. Die Vorgesetzten im Grenzkommando Mitte, ebenso wie die übergeordneten Führungsebenen und das MfS, waren zu großen Teilen von einer sozialistischen Weltanschauung geprägt, die sich unmittelbar auf die Einschätzung bestimmter Sachverhalte auswirkte. So erfordert die Auswertung von Aktenbeständen und der darin enthaltenen Aussagen stets eine gründliche Quellenkritik, welche die Besonderheiten der sozialistischen Ideologie beachtet. Bestimmte Aussagen und ihre Bedeutung müssen kritisch hinterfragt und in Bezug zur historischen Gesamtsituation gesetzt werden. Die a priori gegebene »Überlegenheit des Sozialismus« führte zuweilen zur Verklärung offensichtlicher Probleme oder Missstände. Dennoch lassen gerade die kritischen Einschätzungen des MfS zu bestimmten Vorgängen im Grenzkommando Mitte den Schluss zu, dass die hier getätigten Aussagen nahe an der Wirklichkeit waren. Die Staatsführung der DDR war im Zuge ihrer strikten Überwachung der Grenztruppen an einem möglichst wirklichkeitsgetreuen Bild interessiert. Fehleinschätzungen oder beschönigende Aussagen des MfS hätten ernsthafte Auswirkungen auf die »Standfestigkeit« der Grenztruppen nach sich ziehen können, die es unter allen Umständen zu vermeiden galt.

Danksagung

Die vorliegende Arbeit wurde erst durch die unermüdliche Unterstützung, Anregung und Mitarbeit verschiedener Personen möglich. Mein besonderer Dank gilt Herrn Oberstleutnant PD Dr. Matthias Rogg (MHM Dresden) und Herrn Oberst Dr. Winfried Heinemann (MGFA Potsdam), die mich während der gesamten Arbeitsphase umfassend fachlich betreut und beraten haben. Herr Dr. Axel Klausmeier (Stiftung Berliner Mauer) hat es ermöglicht, dass die Arbeit in die Publikationsreihe der Stiftung Berliner Mauer aufgenommen wurde. Herr Dr. Gerhard Sälter und Frau Dr. Maria Nooke (beide Gedenkstätte Berliner Mauer) haben wichtige Anregungen und konzeptionelle Ergänzungen gegeben; auch ihnen sei gedankt. Die Arbeit entstand im Zusammenhang mit dem Forschungsprojekt »Die Berliner Mauer als Symbol des Kalten Krieges: Vom Instrument der SED-Innenpolitik zum Baudenkmal von internationalem Rang«. Den Leitern, insbesondere Herrn Professor Dr. Leo Schmidt (BTU Cottbus) und Herrn Dr. Manfred Wilke (IFZ Berlin und München), und den Kolleginnen und Kollegen, besonders Frau Dr. Anke Kuhrmann (BTU Cottbus), möchte ich für die gute Zusammenarbeit und die zahlreichen Anregungen danken. Dank geht auch an Frau Susanne Muhle (Stiftung Berliner Mauer) für ihr hervorragendes Lektorat und ihre Literaturhinweise. Ganz besonders möchte ich mich bei allen Zeitzeugen bedanken, die sich bereit erklärt haben, durch Interviews, Gespräche und das Überlassen von Bildmaterial an dieser Arbeit mitzuwirken. Schließlich möchte ich allen Freunden und Kollegen dafür danken, dass sie mich immer wieder unterstützt und ermuntert haben, im Besonderen aber meiner Frau Caterina, die darüber hinaus viele Stunden, Abende und vor allem Wochenenden auf mich verzichten musste.

I. Zur Organisations- und Gliederungsgeschichte des Grenzkommandos Mitte

Der zahlenmäßige Umfang und die Zeitspanne des Bestehens der Grenztruppen zeigen, dass diese militärische Organisation, ebenso wenig wie andere Militärstrukturen ähnlicher Größenordnung, durch einen einmaligen Akt geschaffen wurde. Sie war ein gewachsenes und durch stetigen Wandel und Umorganisation gezeichnetes Gebilde. Besonders zeigt sich das in ihrer Struktur zum Höhepunkt des Grenzregimes Mitte der siebziger bis achtziger Jahre. Auch wissenschaftliche Untersuchungen zur Organisations- und Entwicklungsgeschichte der Grenztruppen bieten unterschiedliche Darstellungen zu deren frühen Strukturen. Schultke etwa führt in seiner Abhandlung die von Lapp[1] übernommene Organisationsstruktur der Grenztruppen mit dem Stand des Jahres 1965 an, die bei näherer Betrachtung lediglich ein vereinfachtes Unterstellungsverhältnis der Grenztruppen erkennen lässt.[2] Grandhagen gibt

---

[1] Joachim Lapp: Frontdienst im Frieden. Die Grenztruppen der DDR, Koblenz 1986. S. 25 ff. Lapp muss zugutegehalten werden, dass er zum Zeitpunkt der Herausgabe aufgrund der bestehenden deutsch-deutschen Teilung nur auf einen Teil der nötigen Informationen über die Grenztruppen zurückgreifen konnte. Diese Publikation muss daher allerdings als veraltet betrachtet werden.

[2] Dietmar Schultke: Die »sozialistische« Grenze der DDR. Verhalten eines totalitären Staates zur Sicherung seiner gesellschaftlichen Existenz, Diplomarbeit an der Universität Duisburg 1996, S. 58.

in seiner Abhandlung eine stimmige Struktur der Grenztruppen Ost-Berlins wieder, bleibt jedoch bei einer vereinfachten Darstellung und verzichtet auf eine umfassende Analyse des Aufbaus.[3] Um die Wirkungsweise der Grenztruppen und ihre Rolle im Grenzregime nachvollziehen zu können, ist es daher unerlässlich, sich fundiert mit ihrer Organisations- und Gliederungsgeschichte auseinanderzusetzen. Hierbei gewinnen einige Fragestellungen zentrale Bedeutung für das Gesamtverständnis dieses Themas: Welche strukturellen Besonderheiten waren charakteristisch für die Grenztruppen in und um Berlin? Wie sahen ihr Aufbau und ihre Verteilung in und um Berlin aus? Und wie viele Grenzsoldaten standen der SED-Führung für die »hermetische Abriegelung« der Mauer zur Verfügung?

Im Zeitraum vor der Schließung der Grenzen der Deutschen Demokratischen Republik durch den Bau der Grenzmauer am 13. August 1961 zeichnete die Deutsche Grenzpolizei unter der Führung des Ministeriums des Innern für die Absicherung der »Staatsgrenze der DDR« verantwortlich. Diese Phase war weitestgehend durch eine polizeiliche Grenzüberwachung gekennzeichnet, die sich jedoch bereits im Übergang zu einer militärischen Grenzsicherung befand. Die Kräfte der Deutschen Grenzpolizei waren hierbei in acht Grenzbrigaden organisiert, wobei die 5. Grenzbrigade für den Außenring um Berlin zuständig war. Im Vorfeld des Mauerbaus hatte das Ministerium für Nationale Verteidigung bereits eingehende Überlegungen zur Umgliederung der Deutschen Grenzpolizei angestellt. Diese Neugruppierung war für den 10. Mai 1961 angesetzt worden, konnte jedoch aufgrund der zentralen Rolle der Grenzpolizei bei der Absicherung der Staatsgrenze während des »pioniertechnischen Ausbaus« des »Antifaschistischen Schutzwalls« nicht wie geplant durchgeführt werden.[4] Dass die Staatsführung diese Neuordnung beabsichtigte, wird besonders im Rahmen des Rechenschaftsberichts des ZK der SED des VI. Parteitages ersichtlich, wo bereits von »der Schaffung eines einheitlichen Kommandos über alle bewaffneten Organe, die unsere Republik nach außen zu schützen haben« die Rede war.[5]

Diese Zusammenfassung aller Grenzsicherungskräfte unter eine zentrale Behörde erfolgte jedoch keineswegs so einheitlich, wie die Aussage des ZK der

---

3 Wolfgang Grandhagen: Von der Deutschen Grenzpolizei zu den Grenztruppen der DDR, Berlin 2004, S. 169.
4 Chronik Kommando Grenztruppen, 1956 bis November 1962, Bundesarchiv (BArch), GT 2933, Bl. 230.
5 Ebd., Bl. 57.

Schaubild 1: Struktur der Grenzsicherungskräfte der DDR von 1961 bis August 1962

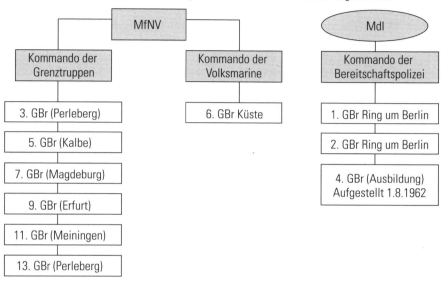

GBr = Grenzbrigade, MfNV = Ministerium für Nationale Verteidigung,
MdI = Ministerium des Innern

SED zunächst vermuten lässt. Mit Befehl Nr. 1/61 des Vorsitzenden des Nationalen Verteidigungsrates vom 12. September 1961 wurde die Deutsche Grenzpolizei mit Wirkung vom 15. September 1961 dem Ministerium für Nationale Verteidigung unterstellt; die Eingliederung der Deutschen Grenzpolizei in die NVA war damit vollzogen. In diesem Zusammenhang änderte sich die Bezeichnung der ehemaligen Deutschen Grenzpolizei nun in »Grenztruppen der NVA«.[6] Eine Ausnahme von dieser einheitlichen Regelung bildeten dabei die Grenzsicherungskräfte der Hauptstadt der DDR. Die 5. Grenzbrigade wurde durch den Befehl Nr. 37/61 des Ministers des Innern aus dem Bestand der Deutschen Grenzpolizei herausgelöst und dem Kommando der Bereitschafts-

---

6 Protokoll über die Übergabe der Deutschen Grenzpolizei durch das MdI und Übernahme durch das MfNV, Protokoll der 8. Sitzung des NVR, 29.11.1961, BArch, Pt VA-01/39464, Bl. 6 und BArch, DVW 1/39465, Bl. 100.

polizei unterstellt.⁷ Eine weitere Veränderung der Unterstellungsverhältnisse und damit eine der angestrebten Vereinheitlichung scheinbar entgegenwirkende Entwicklung vollzog sich zudem mit der Abgabe der 6. Grenzbrigade Küste an das Kommando der Volksmarine zu Beginn des Novembers 1961.⁸ Gegen Jahresende 1961 existierten nunmehr zwei unterschiedliche Führungsstränge für die Gesamtheit der Grenztruppen der NVA. Die Befehlsgewalt verteilte sich zum einen auf das Ministerium für Nationale Verteidigung, das die Grenzbrigaden an der Ost- und der Westgrenze führte und dem das Kommando der Volksmarine, verantwortlich für die Absicherung der Grenze im Bereich der Küste, unterstellt war, und zum anderen auf das MdI, dem die Führung der Grenzsicherung Berlins direkt oblag. Die Übernahme und Umgliederung der bisherigen Deutschen Grenzpolizei in die Grenztruppen der NVA wurde mit Wirkung des 31. Oktobers 1961 als abgeschlossen betrachtet.⁹

1. Die 1. Grenzbrigade Berlin und ihre Organisationsstruktur bis Mai 1963

Die Neuordnung vom 12. September 1961 brachte für die Grenzsicherungskräfte rund um Berlin weitere, tiefgreifende Veränderungen mit sich. Die Umgruppierung der 5. Grenzbrigade, die mit der Sicherung des Rings um Berlins betraut war, bedeutete nichts weniger als die Auflösung dieses Verbandes in seiner bisherigen Form und sein zeitgleiches Aufgehen in den Einheiten der neugeschaffenen 1. und 2. Grenzbrigade. Die 1. und 2. Grenzbrigade (Berlin) wurden bereits einen Tag nach der Unterstellung der Deutschen Grenzpolizei unter das Kommando des Ministeriums für Nationale Verteidigung am 16. September 1961 aufgestellt.¹⁰ Die 1. Grenzbrigade entstand aus den ehemaligen Einheiten der 1. motorisierten Brigade Berlin der Bereitschaftspolizei, des Sicherungskommandos der Volkspolizei Berlin, sowie der 12. Grenzbereitschaft der 5. Grenzbrigade der ehemaligen Deutschen Grenzpolizei.

---

7 Chronik Kommando Grenztruppen, 1956 bis November 1962, BArch, GT 2933, Bl. 57.

8 Befehl des MfNV 88/61, gedruckt in: Karl Horn, Horst Sternkopf und Gerhard Markowsky: Zur Entwicklung der Grenzsicherung und der Grenztruppen der DDR in den Jahren 1961 bis 1976. Unveröffentlichte Dissertation (A), Militärgeschichtliches Institut der DDR, Potsdam 1980, S. 334, Anlage 4.

9 Chronik Kommando Grenztruppen, 1956 bis November 1962, BArch, GT 2933, Bl. 57.

10 Chronik der 1. Grenzbrigade, 16.9.1961 – 22.8.1962, BArch, VA 07/16641, Bl. 5 ff.; BArch, Findbuch 1, Grenzbrigade B/533154, o. D., Bl. 3 ff.

1. Die 1. Grenzbrigade Berlin und ihre Organisationsstruktur bis Mai 1963

Zeitgleich wurde die 2. Grenzbrigade aus den übrigen Angehörigen der 5. Grenzbrigade gebildet. Die 1. Grenzbrigade war dabei für die Absicherung der Hauptstadt an der innerstädtischen Grenze verantwortlich, wohingegen die 2. Grenzbrigade die Außenbezirke Berlins und Potsdam (»Ring um Berlin«) absicherte. An dieser Stelle wird ersichtlich, dass diese beiden Grenzbrigaden bereits hinsichtlich ihrer Entstehungsgeschichte eng miteinander verbunden sind und dass im weiteren Verlauf die Struktur eines Grenzregiments der 1. Grenzbrigade nicht vollständig losgelöst von der Entwicklung der 2. Grenzbrigade betrachtet werden kann.

Die neu geschaffene 1. Grenzbrigade verfügte mit ihrer Errichtung im September 1961 unter der Führung des Brigadekommandeurs Oberst Gerhard Tschitschke über folgende Kräfte: sieben reguläre Grenzabteilungen, eine schwere Grenzabteilung, eine Ausbildungsabteilung, eine Kontrollpassierpunkt-Abteilung (KPP), eine Bootsgruppe sowie den Stab. Die Abteilungen der Grenzbrigaden wurden mit Wirkung vom Oktober 1961 in Grenzabteilungen umbenannt. Die Grenzabteilungen untergliederten sich weiter in einen Stab, eine Stabskompanie und die zugehörigen Grenzkompanien. Der Stab der 1. Grenzbrigade verfügte über eine Nachrichten- und eine Stabskompanie sowie eine Waffenwerkstatt. Dazu kamen zwei Sondereinheiten, ein »Kanalisationszug« und ein »Zug zur Spezialaufklärung«, die Grenzdurchbrüche durch unterirdische Anlagen oder die Kanalisation verhindern sollten. Die »Schwere Grenzabteilung« bestand aus zwei Batterien 76 mm-Kanonen, einer Batterie 82 mm-Granatwerfer, einer SPW (Schützenpanzerwagen)-Kompanie und einer schweren Kompanie. Die Kompanien dieser Abteilung verfügten somit über die schwerste Bewaffnung der gesamten 1. Grenzbrigade. Bereits im August 1962 allerdings wurde die Schwere Grenzabteilung an die 3. Grenzbrigade abgegeben.[11] Die Ausbildungsabteilung wurde bereits kurze Zeit nach ihrer Aufstellung aufgelöst und in eine Reserve-Grenzabteilung umgewandelt.[12] Die I. bis VII. Grenzabteilung der 1. Grenzbrigade verfügten über jeweils vier Grenzkompanien sowie über KPP-Kompanien, welche die Kontrollpassierpunkte überwachten und deren Zahl je nach Anzahl der Kontrollpassierpunkte im Zuständigkeitsbereich der entsprechenden Grenzabteilung variierte. Diese Überwachung der Kontrollpassierpunkte blieb jedoch nur bis

---

11 Chronik der 1. Grenzbrigade, 16. 9. 1961 – 22. 8. 1962, BArch, VA 07/16641, Bl. 6, 8, 57 – 58.
12 Siehe Organigramm, Chronik der 1. Grenzbrigade, 23. 8. 1962 – 30. 11. 1963, BArch, VA 07/16642, Bl. 33.

zum Juli 1962 so bestehen, dann wurde sie mit Befehl Nr. 44/62 des Kommandeurs der 1. Grenzbrigade zentralisiert. Im Zeitraum vom 15. Juli bis 18. August 1962 wurde eine eigene KPP-Abteilung geschaffen, die nach und nach die Verantwortung für alle KPP-Kompanien der 1. Grenzbrigade übernehmen sollte.[13]

Zunächst übernahm die KPP-Abteilung sämtliche Straßen-Kontrollpassierpunkte und die dazugehörigen Kompanien der 1. Grenzbrigade. Am 15. August 1962 folgte die Übernahme des KPP-Flughafens Berlin-Schönefeld einschließlich der dort eingesetzten Sicherungskräfte der 2. Grenzbrigade. Ebenfalls im August entstand eine Bootsgruppe mit zwölf Booten aus den personellen und materiellen Beständen der Wasserschutzpolizei Berlin und Bezirken der DDR, die im Bereich der IV. Grenzabteilung (Berlin-Rummelsburg) stationiert wurde. Dieser Bootsgruppe wurde ab dem 27. August 1965 die Sicherung der Wassergrenze im Brigadeabschnitt, des Kontrollpassierpunktes Marschallbrücke, des Kontrollpassierpunktes Britzer Zweigkanal und des Kontrollpassierpunktes Osthafen übertragen.[14] Die letzte Erweiterung des Zuständigkeitsbereiches der KPP-Abteilung erfolgte am 18. August 1965 mit der Übernahme des KPP-Bahnhofs Berlin-Friedrichstraße inklusive 190 Polizisten der Transportpolizei. Somit unterstand der KPP-Abteilung neben der erwähnten Bootsgruppe eine Stabskompanie mit insgesamt neun Sicherungskompanien für die jeweiligen Kontrollpassierpunkte, was diese Grenzabteilung zur personell stärksten Einheit der gesamten 1. Grenzbrigade machte.[15]

Mit der Unterstellung sämtlicher Kontrollpassierpunkte im Abschnitt der 1. Grenzbrigade unter eine eigene Abteilung sollte »eine zentrale Führung und einheitliche Ordnung dieser Einheiten erreicht werden«.[16] Die umfangreichen Vereinheitlichungen, die Personalverschiebungen und die Größe des Zuständigkeitsbereichs der KPP-Abteilung belegen, dass die Kontrollpassierpunkte eindeutig militärische Schwerpunkte in den Augen der übergeordneten Führung darstellten.

Die einzelnen Kontrollpassierpunkte unterschieden sich aufgrund ihrer Lage und ihrer Beschaffenheit teilweise deutlich voneinander. So wies beispielsweise ein Kontrollpassierpunkt, der im Einzugsgebiet eines größeren

---

13 Chronik der 1. Grenzbrigade, 16.9.1961–22.8.1962, BArch, VA 07/16641, Bl. 6.
14 Befehl 48/62 des Kdr. 1. Grenzbrigade, o. D., zitiert nach ebd., Bl. 7, 53.
15 Siehe Organigramm, Chronik der 1. Grenzbrigade, 23.8.1962–30.11.1963, BArch, VA 07/16642, Bl. 33.
16 Ebd., Bl. 7.

Betriebes lag, einen wesentlich höheren Durchgangsverkehr auf als Kontrollpassierpunkte, die außerhalb dieser Einzugsgebiete lagen. Sollte das Grenzsystem ein effektives System zur Verhinderung von Republikfluchten darstellen, durfte es keine Möglichkeiten zur Einschränkung seiner Wirkungsweise zulassen. Die Belassung von unterschiedlichen Spielräumen, je nach Beschaffenheit und Lage der Kontrollpassierpunkte, hätte zur Verringerung der Sperrwirkung dieser Instanzen führen können. Dies bedeutete zwangsläufig, dass die übergeordneten Befehlsstellen der Grenzabteilungen und letztlich auch die Staatsführung der DDR jegliche Individualisierung der einzelnen Kontrollpassierpunkte minimieren mussten und sich daher zur Zentralisierung entschlossen. Inwieweit allerdings die angesprochenen Kontrollpassierpunkte als Schwerpunkte für mögliche Fluchtversuche der DDR-Bevölkerung angesehen wurden, lässt sich auf der Grundlage der vorhandenen Quellen nicht ausreichend beantworten. Sicher ist jedoch, dass bereits seit 1961 die »Kontrolle des Personen- und Fahrzeugverkehrs [...] durch Offiziere der Abt. P-M des PdVP-Berlin, später durch Genossen des MfS durchgeführt« wurde und nicht etwa durch die vor Ort eingesetzten Grenztruppen selbst.[17]

Die hier aufgezeigte Struktur der 1. Grenzbrigade änderte sich erneut mit ihrer Unterstellung unter die Stadtkommandantur Berlin im August 1962 sowie grundlegend mit der Einführung der Regimentsstruktur im Mai 1963.

2. Die Stadtkommandantur Berlin und die Geburtsstunde des Grenzregiments 33

Am 23. August 1962 wurde mit Befehl Nr. 99/62 des Vorsitzenden des Nationalen Verteidigungsrates der DDR, Walter Ulbricht, »zur Gewährleistung der Sicherheit der Staatsgrenze der Deutschen Demokratischen Republik zu Westberlin und zur weiteren Unterbindung der ständigen Störtätigkeit revanchistischer und militärischer Kräfte Westberlins« die Stadtkommandantur Berlin (SKB) aufgestellt, die dem Ministerium für Nationale Verteidigung direkt unterstand.[18] Die Führung der neu gebildeten Stadtkommandantur Berlin wurde dem ehemaligen Kommandeur der 4. Motorisierten Schützendivision, Helmut Poppe, übertragen, der mit Wirkung vom 23. August zum General-

---

17 Ebd., Bl. 18.
18 MfNV: Befehle des Vorsitzenden des Nationalen Verteidigungsrates der DDR, BArch, DVW 01/40335, Bl. 174.

major befördert worden war.[19] Die Aufstellung dieser neuen Kommandobehörde war die direkte Folge der Abgabe der Zuständigkeit über den sowjetisch besetzten Sektor und der Militärhoheit der Sowjetunion über Ost-Berlin. Diese Verantwortung fiel nun an die DDR, die anstelle der bisher zuständigen Kommandantur der Garnison sowjetischer Truppen in Berlin nun ihrerseits eine verantwortliche Kommandobehörde benötigte. Zeitgleich wurden die 1. und 2. Grenzbrigade der Stadtkommandantur Berlin unterstellt und somit als jüngster Verband in die NVA eingegliedert.[20] Damit endete die kurze Unterstellungsphase der beiden Brigaden unter die Führung des MdI, und sie wechselten in den Bereich des Ministeriums für Nationale Verteidigung der DDR. Die 4. Grenzbrigade (Ausbildungsbrigade), die am 1. August aus der ehemaligen 4. Brigade des MdI gebildet worden war, unterstand nun ebenfalls der Stadtkommandantur Berlin. Die entsprechende Frist für die Übergabe der Grenzbrigaden endete am 6. September 1962, danach verfügte die Stadtkommandantur Berlin nun über insgesamt drei Brigaden.[21]

Die zuvor aufgezeigten Strukturen der Grenzsicherungskräfte der Hauptstadt wurden in den folgenden Jahren wiederholt umfassend verändert. Schon am 10. Januar 1963 wurde die Auflösung der zuvor geschaffenen, zentralen KPP-Abteilung der 1. Grenzbrigade befohlen. Die Kontrollpassierpunkte der KPP-Abteilung wurden am 15. Januar auf die verschiedenen Grenzabteilungen der Brigade verteilt und innerhalb der einzelnen Grenzabteilungen neue Sicherungskräfte in Form von Sicherungskompanien oder Zügen gebildet.[22] Diese Maßnahme wirft eine Reihe von Fragen nach den Beweggründen auf, hatten doch die vorangegangenen Strukturänderungen der 1. Grenzbrigade maßgeblich auf die Zusammenfassung aller Kontrollpassierpunkte und der zugehörigen Grenzkräfte gezielt. Ein wesentlicher Faktor bestand vermutlich in der Tatsache, dass auch nach der Aufstellung der Stadtkommandantur Berlin im Jahr 1962 keine gültige Grenzordnung für die Hauptstadt existierte. Ein Jahr später, im Juni 1963, wurde eine solche Grenzordnung eingeführt, doch waren immer noch deutliche Einschränkungen und Unklarheiten für den all-

---

19 Befehle 138/62 und 153/62 des Rates des MfNV. Vgl. MfNV: Befehle des Vorsitzenden des Nationalen Verteidigungsrates der DDR, BArch, DVW 01/40335.
20 Chronik der 1. Grenzbrigade, 23. 8. 1962 – 30. 11. 1963, BArch, VA 07/16642, Bl. 24 – 25.
21 Befehle des Vorsitzenden des Nationalen Verteidigungsrates der DDR, BArch, DVW 01/40335, Bl. 80.
22 Anordnung Nr. 3/63 des Stadtkommandanten von Berlin, 10. 1. 1963, BArch, VA 07/16642, Bl. 31.

2. Die Stadtkommandantur Berlin und die Geburtsstunde des Grenzregiments 33

gemeinen Grenzbetrieb in Berlin zu verzeichnen.[23] Admiral Waldemar Verner, Stellvertreter des Ministers für Nationale Verteidigung, beschrieb diese Situation vor dem Nationalen Verteidigungsrat im September 1963 als eine »gegenwärtig ungeklärte Verantwortlichkeit auf dem Territorium der Kontrollpassierpunkte zwischen Sicherungskräften der Grenztruppen, den Paßkontrollkräften des Ministeriums für Staatssicherheit und den Mitarbeitern der Zollverwaltung« und riet dringend dazu, »eine einheitliche Befehlsgewalt für [die] Sicherheit und Ordnung der Kontrollpassierpunkte herzustellen«.[24]

Die angeführten Unzulänglichkeiten in der Durchführung des Grenzbetriebs im Zeitraum 1962/63 ließen eine Umgruppierung der KPP-Abteilung notwendig erscheinen. Neben den Problemen des alltäglichen Grenzbetriebes musste auch die Personalstruktur des noch vergleichsweise jungen Verbandes der NVA nachhaltig verändert werden. Wie bereits in den Abschnitten zuvor aufgezeigt, unterlag der Personalbestand der 1. Grenzbrigade deutlichen Schwankungen. Verner beleuchtete auch diesen Faktor in seinem Bericht und führte an, dass sich die im Bereich der Grenztruppen der Stadtkommandantur Berlin bis zum 30. Juni 1963 durchgeführte Umgruppierung positiv ausgewirkt habe.[25] Die »reformreichste Zeit in der Geschichte der DDR«[26], die Periode zwischen 1963 und 1968, brachte neben der Auflösung der KPP-Abteilung im Januar 1963 weitere, umfangreichere Maßnahme zur Umstrukturierung der 1. Grenzbrigade mit sich. Der Befehl 26/63 des Ministers für Nationale Verteidigung vom 14. Mai 1963 und der auf der untergeordneten Ebene daraus resultierende Befehl 23/63 des Stadtkommandanten von Berlin bezeichneten die eigentliche Geburtsstunde des Grenzregiments 33. Diese Anordnungen sahen den Wegfall der bisherigen Struktur der Grenzabteilungen als untergeordnete Verbände der Berliner Grenzbrigaden und stattdessen die Aufstellung von Grenzregimentern vor; auf eine Bataillonsebene wurde dabei verzichtet.[27] Nach dieser Neustrukturierung untergliederten sich die drei Grenzbrigaden der Stadtkommandantur Berlin nunmehr in jeweils vier Grenzregimenter und ein Grenzausbildungsregiment. Die neugebildeten Grenzregimenter wurden

---

23 BArch, Findbuch der SKB, o.D., Bl. 4.
24 Protokoll der 16. Sitzung des Nationalen Verteidigungsrates der DDR, 20. 9. 1963, BArch, DVW 1/39473, Bl. 29.
25 Ebd., Bl. 25.
26 Stefan Wolle: Aufbruch in die Stagnation. Die DDR in den sechziger Jahren, Bonn 2005, S. 59.
27 Chronik der 1. Grenzbrigade, 23. 8. 1962 – 30. 11. 1963, BArch, VA 07/16642, Bl. 27. Vgl. dazu: Kapitel I.5.

bei ihrer Formierung dabei aus verschiedenen Einheiten und Teileinheiten der vorherigen Grenzabteilungen geschaffen.

Wie bereits erwähnt, beschränken sich die Betrachtungen zur Strukturgeschichte der Grenztruppen Berlins im Rahmen der bisherigen Forschungsliteratur auf vereinfachte und stark zusammenfassende Darstellungen. Dabei stellt sich die Entwicklungs- und Strukturgeschichte der Grenztruppen rund um West-Berlin und sogar eines ausgesuchten Grenzregiments allein in den ersten Jahren nach ihrer Entstehung umfangreich und oftmals sprunghaft dar. Mit der Heranführung an die Aufstellung des eigentlichen Grenzregiments 33 über die Entstehungsgeschichte der 1. Grenzbrigade kann nun im Weiteren erstmals detailliert auf die Strukturen des ausgewählten Grenzregiments eingegangen werden. In diesem Rahmen soll dabei ebenfalls ein Einblick in die untergeordneten Befehlsebenen des Regiments, die Kompanien, ihre Züge und die Gruppe als kleinste Teileinheit des Verbandes gewährt sowie auf deren Entwicklung und Aufbau eingegangen werden. Dieser Schritt ist dabei unerlässlich, da erst die Kenntnis dieser Personalstrukturen und ihrer Besonderheiten eine Bewertung anderer Inhalte (Anteil der inoffiziellen Mitarbeiter des MfS innerhalb der Grenztruppen, Bedeutung der Wehrpflichtigen für den Grenzdienst, u. a.) in späteren Kapiteln ermöglicht.

Schaubild 2: Die Regimentsstruktur der Stadtkommandantur Berlin ab dem 1. Juli 1963

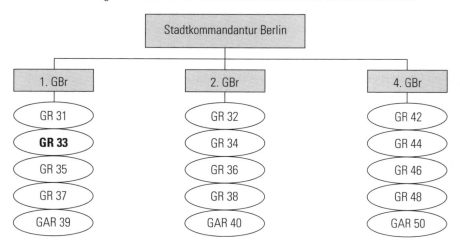

GBr = Grenzbrigade, GR = Grenzregiment, GAR = Grenzausbildungsregiment

3. Die Struktur und Organisation des Grenzregiments 33 in den Anfängen

Das Grenzregiment 33 wurde am 1. Juni 1963 aus der 1., 2., 4., 7., 8. und 9. Kompanie der ehemaligen III. Grenzabteilung, der 4. Kompanie der II. Grenzabteilung und der 4. Kompanie der I. Grenzabteilung der 1. Grenzbrigade aufgestellt. Standort des neugebildeten Verbandes war die Friedrich-Engels-Kaserne der NVA in der Geschwister-Scholl-Straße in Berlin Mitte.[28] Der Verband untergliederte sich dabei zu Beginn seiner Aufstellung in den Stab, fünf Grenz- beziehungsweise Linienkompanien sowie drei KPP-Sicherungskompanien.[29] Der Stab des Regiments verfügte über eine VS[Verschlusssachen]-Stelle sowie über einen eigenständigen Nachrichten- und einen Aufklärungszug.[30] Neben dem Stab unterstanden dem Regimentskommandeur noch die Polit-Abteilung, die sich mit der politisch-ideologischen Erziehung und Kontrolle der Regimentsangehörigen befasste, die Technische Stelle, die mit der ihr unterstellten Instandsetzungsgruppe für die Reparatur der Kraftfahrzeuge des Regiments zuständig war, die Abteilung Rückwärtige Dienste für die Bereiche Logistik, Verpflegung, Bewaffnung und Transport sowie die Abteilung (allgemeine) Dienste. Eine Finanzstelle und eine regimentseigene Sanitätseinheit in Form eines »medizinischen Punktes« ergänzten diese Abteilungen. Die genannten Einheiten sollen im Weiteren als ein Verbund von Unterstützungskräften verstanden werden, ohne deren Arbeit der Betrieb der Grenzkompanie und Sicherungskompanie nicht möglich gewesen wäre. Auf der Einsatzebene, im täglichen Schichtbetrieb des Grenzdienstes, unterstanden dem Regimentskommandeur zusätzlich zu den angesprochenen Grenzkompanien eine Diensthundestaffel, eine Pioniergruppe sowie ein Wasserwerfertrupp. Die Grenzkompanien setzten sich wiederum aus jeweils vier Zügen zusammen.

Die Besonderheit an der Regimentsstruktur bestand darin, dass die im Zeitraum zwischen 1963 und 1965 den einzelnen Grenzregimentern zugehörigen Sicherungskompanien lediglich »wirtschaftlich« unterstellt waren. Die Sicherungskräfte waren lediglich in den jeweiligen Standorten ihrer Grenzregimenter untergebracht und erhielten ihre Versorgung über diese. Die Befehlsgewalt über diese Einheiten hatte nicht, wie zu vermuten wäre, der jeweilige

---

28 Chronik des Grenzregiments 33, Januar 1961 bis Januar 1964, BArch, VA 07/16659, Bl. 27.
29 Linienkompanie: Abgeleitet von Lineartaktik; langgezogene Aufstellung einer Kompanie zur Grenzsicherung u. a. Vgl. Ullrich Rühmland: NVA – Nationale Volksarmee der DDR in Stichworten, Bonn 1983, S. 34.
30 Chronik der 1. Grenzbrigade, 1. 12. 1963 – 30. 11. 1964, BArch, VA 07/16643, Bl. 3.

Regimentskommandeur, sondern, wie in der vorherigen Struktur der Grenzabteilung, der Brigadekommandeur. Diese Sicherungseinheiten werden in der Führungsstruktur des einzelnen Grenzregiments nicht angeführt, sondern finden sich im Rahmen der Brigadestruktur in Form eines von dem jeweiligen Grenzregiment abgetrennten Führungsstranges wieder.[31] Ebenso werden 1964 die drei Sicherungskompanien, die dem Grenzregiment 33 angegliedert waren, im Rahmen einer Auswertung zur personellen Auffüllung der 1. Grenzbrigade gesondert und nicht etwa als Bestandteil des Regiments aufgeführt.[32] Die Daten zur Personalstärke des Grenzregiments 33 weichen in den Darstellungen der 1. Grenzbrigade und denen des Regiments selbst leicht voneinander ab. In der Chronik des Grenzregiments 33 wird die Stärke des Verbandes zum 1. Juni 1963 mit 69 Offizieren, 235 Unteroffizieren und 760 Soldaten angegeben.[33] Die Chronik der 1. Grenzbrigade hingegen verbucht für denselben Stichtag 82 Offiziere, 242 Unteroffiziere und 768 Soldaten.[34] Die Auflistung der Brigade gibt zudem die geforderten Soll-Stärken der einzelnen Dienstgradgruppen wieder und zeigt mit den zuvor angeführten Zahlen auf, dass die Vorgaben für Offiziere mit elf, die der Unteroffiziere mit zwei und die der Soldaten mit dreizehn Dienstposten überbesetzt waren. Die zuvor dargelegte Trennung der Personalzahlen des Grenzregiment 33 und seiner angegliederten Sicherungskompanie ist in dieser Statistik nicht berücksichtigt, sondern diese Kräfte werden schlicht summiert. Ausgehend von den Daten dieser Chronik, war das Grenzregiment 33 mit seinen insgesamt 1092 Soldaten das personell stärkste Grenzregiment der 1. Grenzbrigade, gefolgt vom Grenzregiment 39 mit 974 Angehörigen sowie dem Grenzregiment 35 mit 817 Soldaten.[35]

4. Grundlegende Strukturänderungen Mitte der sechziger Jahre

Zu Beginn des Jahres 1965 wurde die 1963 festgelegte Struktur des Grenzregiments 33 erneut geändert. Am 3. März erließ der Minister für Nationale Verteidigung den Befehl Nr. 13/65 mit der Zielsetzung einer erneuten »Veränderung der Struktur und Standortverteilung der Truppenteile und Einheiten der

---

31 Chronik der 1. Grenzbrigade, 1.12.1964–30.11.1965, BArch, VA 07/16644, Bl. 22.
32 Chronik der 1. Grenzbrigade, 1.12.1963–30.11.1964, BArch, VA 07/16643, Bl. 5.
33 Chronik des Grenzregiments 33, Januar 1961 bis Januar 1964, BArch, VA 07/16659, Bl. 27.
34 Chronik der 1. Grenzbrigade, 23.8.1962–30.11.1963, BArch, VA 07/16642, Bl. 36.
35 Ebd.

Stadtkommandantur Berlin«.³⁶ Da die Akten der Stadtkommandantur Berlin, der 1. Grenzbrigade, des Grenzregiments 33 und anderer für die Entscheidung zur Umstrukturierung verantwortlicher Institutionen oftmals nur lückenhaft überliefert wurden, sind verlässliche Aussagen über die eigentlichen Hintergründe jeder einzelnen Strukturänderung nicht möglich. Zumeist war das Ziel solcher Strukturänderungen jedoch eine weitere Optimierung durch Zentralisierung des Grenzregimes. Mit diesem Ziel entstanden neue Strukturen und Stellenpläne für die betroffenen Verbände und Truppenteile. Allerdings benötigten neugeschaffene oder umgegliederte Verbände eine gewisse Zeitspanne, um ihre Planstellen zu besetzen und »sich selbst zu finden«. Die Erfahrungswerte aus der Umstellungsphase flossen dann erneut in Vorschläge zu Strukturänderungen ein, die wiederum in teilweise kurzfristige Weisungen zur Umgliederung mündeten.

Als bedeutendste Folge der Anordnung 13/65 wurden zum 1. Mai 1965 die Pionierkompanie sowie die jeweils fünfte Grenzkompanie der Grenzregimenter 31, 33, 35 und 37 sowie die vierte und fünfte Ausbildungskompanie des Grenzabteilung 39 aufgelöst. Jedes Grenzregiment der Stadtkommandantur Berlin erhielt eine »Schwere Grenzkompanie«, und in den Standorten der Grenzregimenter 31, 33, 35 und 37 wurden jeweils ein Pionierzug und ein Zug »Begleitbrücke« aufgestellt. Jeweils ein Zug aller Grenzregimenter der 1. Grenzbrigade wurde in diesem Zusammenhang zudem als »nicht strukturmäßiger Flammenwerferzug« ausgerüstet. Die Aufstellung dieser Kräfte erscheint angesichts ihrer schweren Bewaffnung im Hinblick auf den Hauptauftrag der Grenzsicherung zunächst als ungewöhnlich. Die grenzsichernden Kräfte der DDR zeichneten sich jedoch bereits seit dem Beginn ihrer Aufstellung durch die gezielte Einbindung schwerer Waffen wie Artillerie und Panzer aus. Die so ausgerüsteten Verbände und Einheiten waren neben der eigentlichen Grenzsicherung der Staatsgrenze auch für die Sicherung des Vormarsches der eigenen Streitkräfte im Falle eines bewaffneten Konfliktes zwischen der Bundesrepublik und der DDR verantwortlich.³⁷ Der Befehl des Ministers für Nationale Verteidigung beinhaltete weitere Maßnahmen zur Umstellung und Dislozierung der 1. Grenzbrigade, die jedoch zumeist keine direkten Aus-

---

36 Chronik der 1. Grenzbrigade, 1.12.1963–30.11.1964, BArch, VA 07/16643, Bl. 9 und 28.
37 Ullrich Rühmland: Die Territorialverteidigung in der DDR, Bonn 1976, S. 39. Die im weiteren Verlauf angeführten schweren Waffen konnten Ziele bis zu Entfernungen von über 3 km (Granatwerfer) bzw. über 8 km (57 mm PAK) bekämpfen und scheinen nur schwer mit einer »regulären« Grenzsicherung vereinbar.

wirkungen für das Grenzregiment 33 hatten. Im April 1966 wurde der Sicherungszug des Grenzregiments 31 dem Grenzregiment 33 unterstellt und von seinem ehemaligen Standort in der Kaserne Goethestraße in die Friedrich-Engels-Kaserne verlegt. Im September 1966 wurde das Grenzregiment 38 aus seiner Unterstellung unter die 2. Grenzbrigade ausgegliedert und mit seinem Bestand von 736 Angehörigen in das Grenzregiment 33 überführt.[38] Zugleich wurden die jeweiligen Züge der Stäbe aller Grenzregimenter der 1. Grenzbrigade in der neugeschaffenen »Kompanie der Gefechtssicherstellung« zusammengefasst.[39] Der Bestand des Grenzregiments 33 wurde nochmalig erweitert, als am 10. Oktober die Sicherungszüge »Friedrichstraße« und »Zimmerstraße« sowie der Zug »Brandenburger Tor« aus dem Bestand des Grenzregiments 35 hinzukamen.[40]

Zum 1. Dezember 1966 wurde die gesamte Struktur der 1. Grenzbrigade grundlegend geändert.[41] Die Gliederung des Grenzregiments 33 wies allerdings trotz der aufgezählten Strukturänderungen noch immer deutliche Parallelen zu jener bei Beginn der Aufstellung des Regiments auf. Dem Regimentskommandeur unterstanden weiterhin unterschiedliche Dienste und Abteilungen. Sein Stab umfasste den bereits zu Beginn vorhandenen Nachrichten- und Aufklärungszug, zu dem ein Pionier-, ein Transportzug sowie der Zug Begleitbrücke getreten waren. Diese waren mit der bereits 1963 aufgestellten Diensthundestaffel zu der neuen Einheit »Kompanie der Gefechtssicherstellung« zusammengefasst worden. Die Politabteilung ebenso wie die Abteilungen Rückwärtige Dienste, (Allgemeine) Dienste, die Technische Stelle, die Finanzstelle und der Medizinische Punkt des Regiments waren in ihrer Unterstellung unverändert geblieben. Neu hingegen waren die Abteilung Gefechtsausbildung und die Abteilung Artillerie, die vom Leiter Artillerie oder auch Oberoffizier Artillerie geführt wurde. Letzterer war aufgrund der Aufstellung der Schweren Grenzkompanien und der dort vorhandenen schweren Waffen wie Panzerabwehrkanonen, rückstoßfreie Geschütze und Granatwerfer notwendig geworden.[42] Diese Abteilung zeichnete somit auch für die Bewaffnung der schweren Grenzkompanie und deren Instandsetzung verantwortlich.

---

38 Chronik der 1. Grenzbrigade, 1.12.1965–30.11.1966, BArch, VA 07/16645, Bl. 3.
39 Anordnung Nr. 42/66 des Stadtkommandanten von Berlin, Chronik der 1. Grenzbrigade, 1.12.1965–30.11.1966, BArch, VA 07/16645. Bl. 3.
40 Ebd., Bl. 4.
41 Chronik der 1. Grenzbrigade, 1.12.1966–30.11.1969, BArch, VA 07/16646, Bl. 3.
42 Ebd., Bl. 7.

4. Grundlegende Strukturänderungen Mitte der sechziger Jahre

Die »Einsatzebene« des Regiments war erweitert worden. Der Kommandeur befehligte nun vier Grenzkompanien und die schwere Grenzkompanie. Die wichtigste Änderung im Rahmen dieser neuen Struktur bestand darin, dass die Sicherungskräfte, die Sicherungskompanien und Züge der Grenzübergangsstellen (GÜST) nun direkt dem Regimentskommandeur und nicht mehr wie zuvor dem Brigadekommandeur unterstanden.[43] Der Grund für diese Änderung geht nicht eindeutig aus den Akten hervor. Im Grenzregiment 33 zum Beispiel unterstanden dem Regimentskommandeur damit drei Sicherungskompanien (6., 7., 8. SIK), die GÜST (Eisenbahn) »Bahnhof Friedrichstraße«, die GÜST (Straße) »Friedrich-/Zimmerstraße«, die GÜST (Straße) »Chausseestraße« und »Invalidenstraße« sowie der Sicherungszug »Brandenburger Tor«.[44] Die Grenzkompanie, die Sicherungskompanie sowie der Sicherungszug können als die eigentliche »Einsatzebene« des Grenzregiments 33 betrachtet werden, auf der die Grenzsoldaten ihren täglichen »Frontdienst im Frieden« ableisteten.[45] Jede Grenzkompanie unterstand einem Kompaniechef, der über einen Stellvertreter für politische Arbeit sowie über einen Stellvertreter für Grenzsicherung verfügte. Die Kompanie untergliederte sich dabei in drei reguläre Züge, einen Kfz-Zug sowie einen Kompanietrupp. Die drei Züge, jeder durch einen Offizier geführt, wiesen dieselbe Struktur auf und bestanden wiederum aus jeweils vier Gruppen, in der Regel fünf Soldaten (Mannschaftsdienstgrade), geführt durch einen Unteroffizier. Ein Zug einer Grenzkompanie verfügte somit insgesamt über 26 Soldaten. Allein der Kfz-Zug verfügte über lediglich 18 Soldaten, die in die beiden Gruppen »PKW-Kübel« und »Kräder« unterteilt waren.[46] Der Kompanietrupp bildete mit vier Soldaten die kleinste Teileinheit der Kompanie. Insgesamt betrug die Stärke einer Grenzkompanie bei voller Stellenbesetzung 103 Soldaten. Die Sicherungskompanien wiesen eine ähnliche Struktur auf, bestanden jedoch lediglich aus jeweils drei Zügen und verfügten insgesamt über 92 Soldaten. Die Zahl der Offiziere an den Grenzübergangsstellen des Grenzregiments 33 wird für das Jahresende 1966 mit jeweils 13 angegeben.

---

43 Ebd., Anlage 6, Bl. 7. Die Grenzübergangsstellen werden im weiteren Verlauf als GÜST bezeichnet.
44 Chronik des Grenzregiments 33, Dezember 1969 bis November 1972, BArch, GT 5114, Bl. 81.
45 Lapp, Grenztruppen, S. 229.
46 Chronik des Grenzregiments 33, Januar 1961 bis Januar 1964, BArch, VA 07/16659, Bl. 83.

Die schwere Grenzkompanie wies mit einer Gesamtstärke von 79 Soldaten eine etwas geringere Personalstärke auf. Da die Hauptaufgabe der schweren Grenzkompanie nicht in der eigentlichen Grenzsicherung lag, verfügte der Kompaniechef lediglich über einen Stellvertreter für politische Arbeit; ein Stellvertreter für Grenzsicherung war nicht vorgesehen. Die schwere Grenzkompanie war mit 57 mm-Panzerabwehrkanonen, 107 mm-rückstoßfreien Geschützen und 82 mm-Granatwerfern ausgestattet, die getrennt voneinander in typenspezifischen Zügen zusammengefasst waren. Hierbei bildeten jeweils drei entsprechende Waffensysteme (im Fall der Granatwerfer sechs Waffen) mit dem zugehörigen Personal in einer Gesamtstärke von drei Unteroffizieren und zwölf Soldaten einen Zug, der durch einen Offizier geführt wurde. Der Kompanietrupp als wiederum kleinste Teileinheit der Kompanie bestand aus fünf Unteroffizieren und zwei Soldaten.[47]

Der 1. Grenzbrigade war am 1. März 1966 der Ehrenname »Grenzbrigade 13. August« und dem ihr unterstehenden Grenzregiment 33 im Februar 1968 die Bezeichnung »Grenzregiment Heinrich Dorrenbach« verliehen worden.[48] Gegen Jahresende 1966 umfasste das Grenzregiment 33 insgesamt 1007 Angehörige: 83 Offiziere, 223 Unteroffiziere und 701 Mannschaften. Die Vorgaben der neuen Struktur sahen dagegen 90 Offiziere, 221 Unteroffiziere und 1056 Soldaten vor,[49] dabei blieb es ohne grundlegende Änderungen bis zur Neuformierung des Gesamtaufbaus der Grenztruppen in den Jahren 1970/71.

5. Der Umbruch – Umwandlung zum Grenzkommando Mitte in den siebziger Jahren

Der Zeitraum um 1970/71 war politisch durch den Wechsel in der Staatsführung der DDR im Zuge der Ablösung Ulbrichts durch Honecker auf dem IX. Parteitag im Juni 1971 geprägt. Dieser Wechsel an der Spitze bedeutete einen tiefen Einschnitt in die Geschichte der DDR, da sich unter Honecker die außen- und innenpolitische Ausrichtung des Landes in den kommenden Jahren deutlich veränderte. Zum einen erneuerte und verstärkte Honecker die politischen und wirtschaftlichen Bindungen an die Sowjetunion, vor allem durch den Abschluss des Freundschafts- und Beistandsvertrages im Oktober 1974.[50]

---

47 Ebd.
48 BArch, Findbuch der SKB, Bl. 3.
49 Ebd., Bl. 32.
50 Hermann Weber: Die DDR 1945 – 1990, München 2006, S. 86.

5. Der Umbruch – Umwandlung zum Grenzkommando Mitte in den siebziger Jahren

Eine andere wesentliche Veränderung für die politische Situation der DDR ergab sich aus der allmählichen Entspannung des Ost-West-Konfliktes. Im Zuge der neuen Ostpolitik unter Bundeskanzler Willy Brandt vollzog sich eine deutlich spürbare Annäherung beider deutscher Staaten, die bei der neuen Parteispitze der DDR auf fruchtbaren Boden fiel. Die wesentlichen Schritte dieses Annäherungsprozesses waren das Viermächteabkommen vom September 1971, das Transitabkommen vom Dezember 1971 und der Grundlagenvertrag im Dezember 1972. Vor allem der Grundlagenvertrag sollte einer Normalisierung der politischen Beziehungen zwischen den beiden deutschen Staaten dienen. Die bis dahin auf dem außenpolitischen Parkett kaum beachtete DDR interpretierte ihn als eine Anerkennung ihrer Souveränität und ihrer Grenzen.[51] Die vertraglichen Vereinbarungen brachten zwar einige Verbesserungen, etwa Reiseerleichterungen für westdeutsche Bürger zwischen der Bundesrepublik und West-Berlin durch das Transitabkommen mit sich, bedeuteten jedoch in der Gesamtheit auch eine Verfestigung der deutsch-deutschen Teilung.

Der eigentliche Entschluss zu einer umfassenden strukturellen Änderung der Grenztruppen der NVA war bereits vor dem politischen Machtwechsel in der DDR gefasst worden. Die Verbände, Einheiten und Truppenteile der grenzsichernden Kräfte hatten zum Zeitpunkt der Ablösung Ulbrichts bereits zu einem Großteil die angestrebten Zielstrukturen eingenommen, jedoch sollte der Wandlungsprozess der Grenztruppen über den Wechsel der Machthaber hin andauern. Im Rahmen seiner 36. Sitzung am 23. Oktober 1969 hatte der Nationale Verteidigungsrat der DDR (NVR) das von Verteidigungsminister Heinz Hoffmann vorgestellte Konzept zur umfassenden Umstrukturierung der gesamten Grenztruppen der NVA gebilligt. Das Hauptziel sollte, wie bereits bei den meisten vorangegangenen Änderungen, in einer »perspektivische[n] Veränderung der Struktur der Grenztruppen zur Verbesserung der Führung und Grenzsicherung« bestehen.[52] Zur Begründung gab Hoffmann an, dass sich im Zuge der »Erhöhung der Standhaftigkeit des Grenzsicherungssystems« neue und weiterführende Anforderungen an die Grenztruppen ergäben, die lediglich durch strukturelle Änderungen zu bewältigen seien.[53] Der Beschluss des NVR sah die etappenweise Umsetzung der von Hoffmann angestrebten Struktur bis 1971 vor. Dabei unterteilte sich die Durchführung in die »Etappe

---

51 Weber, DDR, S. 87.
52 Protokoll der 36. Sitzung des Nationalen Verteidigungsrates der DDR, 23.10.1969, BArch, DVW 1/39493, Bl. 2.
53 Ebd., Bl. 22.

der stabsmäßigen Vorbereitung« vom 1. Februar bis zum 30. November 1970 sowie in die eigentliche »Etappe der Umformierung« vom 1. Dezember 1970 bis zum 31. Juli 1971.[54] Die neue Struktur der Grenztruppen sollte bis 1975 gelten.[55]

Die Umgruppierung zielte auf eine weitere Zentralisierung der Grenztruppen: Der bisherige, in die Kommandobehörden der Grenztruppen und der Stadtkommandantur Berlin geteilte Führungsstrang der Grenztruppen sollte zukünftig als »geschlossene[r] Dienstbereich« unter dem einheitlichen Führungsorgan »Kommando der Grenztruppen« mit Sitz in Pätz zusammengefasst werden. Chef der Grenztruppen wurde Generalleutnant Erich Peter, später auch stellvertretender Minister für Nationale Verteidigung. Anstelle der bisherigen Grenzbrigaden sollten drei Grenzkommandos (Nord in Calbe, Süd in Erfurt und Mitte in Berlin) treten. Hoffmann sah in den Stäben der Grenzbrigaden die Funktion »eines Zwischengliedes ohne grundlegende Bedeutung für die Führung der Grenztruppen und der Grenzsicherung« und erhoffte sich von ihrer Ersetzung durch die neuen Kommandostäbe eine deutliche Erhöhung von Funktionalität und Führungsfähigkeit.[56] Der Vorschlag umfasste eine Reihe weiterer, grundlegender Strukturänderungen für die Grenztruppen. Für den Bereich des Grenzregiments 33 brachte er erhebliche Auswirkungen mit sich.

Am 1. November 1970 befahl der Minister für Nationale Verteidigung die Einnahme der neuen Struktur der Grenztruppen.[57] Die 1. und 2. Grenzbrigade wurden in der ersten Jahreshälfte 1971 in das Grenzkommando Mitte umgegliedert. Das hatte die Herauslösung der Grenztruppen aus dem Verantwortungs- und Unterstellungsbereich der Stadtkommandantur Berlin zur Folge. Die Führung der Berliner Grenztruppen als Kommandeur des Grenzkommandos Mitte übernahm ab 1971 Oberst Bernhard Geier. Ursprünglich hatte Armeegeneral Hoffmann in seinem Konzept zur Umstrukturierung der Grenztruppen vorgesehen, dass der Stadtkommandant Berlins zugleich auch das Grenzkommando Mitte führen sollte, stattdessen kam es zur Trennung der Grenztruppen an der Grenze rund um West-Berlin von der Standortkom-

---

54 Ebd., Bl. 36.
55 Handakte über die Umformierung der Stadtkommandantur Berlin zum Grenzkommando Mitte, Februar 1968 bis März 1971, BArch, VA 07/3204, Bl. 4.
56 Protokoll der 36. Sitzung des Nationalen Verteidigungsrates der DDR, 23. 10. 1969, BArch, DVW 1/39493, Bl. 23.
57 Chronik Kommando der Grenztruppen, Dezember 1970 bis November 1971, BArch, GT 4082, Bl. 3.

5. Der Umbruch – Umwandlung zum Grenzkommando Mitte in den siebziger Jahren   39

Schaubild 3: Gliederung des Grenzkommandos Mitte nach der neuen Strukturvorgabe vom 1. November 1970

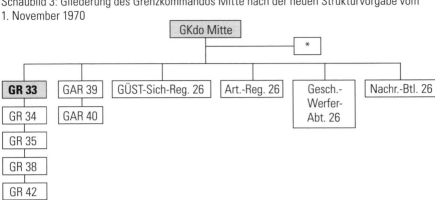

*   Die Verbandseinheiten des GKdo (beispielsweise Stabskompanie etc.) sind hier der Übersichtlichkeit wegen nicht angeführt.

GKdo = Grenzkommando, GR = Grenzregiment, GAR = Grenzausbildungsregiment, Art.-Reg. = Artillerieregiment, Gesch.-Werfer-Abt. = Geschosswerferabteilung, Nachr.-Btl. = Nachrichtenbataillon

mandantur.[58] Die neue Struktur bedeutete eine massive Zusammenlegung und Auflösung der bisherigen Einheiten und Verbände und eine gleichzeitige Neubildung einer Vielzahl von Truppenteilen. Die bisherigen elf Grenzregimenter der 1. und 2. Grenzbrigade wurden auf sechs reduziert; gleichzeitig erhöhten sich ihre jeweilige Personalstärke und ihr Verantwortungsbereich.[59] An der innerdeutschen Grenze gliederte sich die Struktur der Grenztruppen unterhalb der Grenzkommandos Nord und Süd in Grenzregimenter, welche sich aus Grenzbataillonen zusammensetzten. Unterhalb der Bataillonsebene folgten dann die entsprechenden Grenzkompanien. Die neue Struktur des Grenzkommandos Mitte unterschied sich insofern von den übrigen Grenz-

---

58 Protokoll der 36. Sitzung des Nationalen Verteidigungsrates der DDR, 23.10.1969, BArch, DVW 1/39493, Bl. 26 und Handakte über die Umformierung der Stadtkommandantur Berlin zum Grenzkommando Mitte, Februar 1968 bis März 1971, BArch, VA 07/3204, Bl. 8.
59 Ebd.

kommandos, als hier unterhalb der Grenzregimenter keine Bataillonsebene vorgesehen war und somit die einzelnen Grenzkompanien ohne eine weitere Zwischenebene direkt dem zugeordneten Grenzregiment unterstanden. Die Grenzkompanien befanden sich ihrer Führungsebene nach somit im eigentlichen Sinne auf Bataillonsebene. Diese auffällige Disproportionalität war im Bereich des Ministeriums für Nationale Verteidigung keineswegs selten, sondern oftmals Ausdruck einer als besonders wichtig bewerteten Aufgabe. So wurde etwa das Pionierbaubataillon 44 aufgrund seiner Bedeutung anstatt eines für diese Ebene üblichen Oberstleutnants durch einen Kommandeur im Dienstgrad eines Oberst geführt, obwohl dieser Dienstgrad innerhalb der NVA in der Regel einem Divisionskommandeur entsprach.[60] Das Auslassen einer weiteren Führungsebene versprach zudem womöglich schnellere Befehlsgebungs- und Meldewege, die insbesondere in einem eng besiedelten Umfeld wie Berlin von besonderer Bedeutung sein konnten.[61] Die Zahl der Grenzkompanien ging von 46 auf 36 zurück, unter gleichzeitiger Aufstockung ihrer jeweiligen Personalstärken. Aus den Grenzausbildungsregimentern wurden zwei zentrale Grenzabteilungen des Grenzkommandos Mitte aufgestellt. Neu waren weiterhin insgesamt acht Panzerabwehrkanonen- und acht Granatwerferbatterien, die aus den Schweren Grenzkompanien der ehemals elf Grenzregimenter gebildet wurden.[62] Ergänzt wurden diese durch eine dem Grenzkommando unterstellte Stabs-, eine Pionier- sowie eine Chemische-Abwehr-Kompanie, einen Verbandsnachrichtenzug und das Nachrichtenbataillon 26. Den sechs Grenzregimentern und den beiden Grenzausbildungsregimentern waren nun jeweils eine Panzerabwehrkanonen- und eine Granatwerferbatterie zugeteilt. Die vormals sechs Artillerieabteilungen der beiden Grenzbrigaden wurden im Artillerieregiment 26 zusammengefasst und durch die Geschosswerferabteilung 26 ergänzt. Die zuvor den Grenzregimentern direkt unterstehenden Grenzübergangssicherungskompanien und -züge wurden ebenfalls herausgelöst und gingen nun im neugebildeten GÜST-Sicherungsregiment 26 mit sechs GÜST-Sicherungskompanien und dem Sicherungszug »Brandenburger Tor« auf.[63]

---

60 Für diesen wichtigen Hinweis danke ich herzlich Herrn Dr. Matthias Rogg.
61 Ein eindeutiger und konkret umrissener Hintergrund für diese strukturelle Besonderheit konnte aus den gesichteten Unterlagen nicht entnommen werden.
62 Chronik Kommando der Grenztruppen, Dezember 1970 bis November 1971, BArch, GT 4082, Bl. 9.
63 Ebd.

5. Der Umbruch – Umwandlung zum Grenzkommando Mitte in den siebziger Jahren

Die Umstrukturierung fand schrittweise und kontinuierlich statt. Die Truppenteile des Grenzkommandos Mitte wurden im Zeitraum vom 15. Februar bis zum 31. Juli 1971 neu- und umgegliedert, wobei die Reihenfolge deutlich erkennbaren Schwerpunkten folgte. Der zentrale Punkt der grenzsichernden Kräfte Berlins, die Grenzübergangsstellen, wurde zuerst bedacht, indem die Aufstellung des GÜST-Sicherungsregiments an erster Stelle stand.[64] Danach folgte die Bildung der sechs Grenzregimenter, des Artillerieregiments und der Geschosswerferabteilung, der Grenzausbildungsregimenter und letztlich die Aufstellung der Stabseinheiten. Nach Abschluss der Umstrukturierung unterstanden dem Grenzkommando Mitte nunmehr die Grenzregimenter 33 (Berlin-Treptow, »Ernst-Schneller-Kaserne«), 34 (Groß-Glienicke, »Rosa-Luxemburg-Kaserne«), 35 (Berlin-Rummelsburg, »Nicolai-Bersarin-Kaserne«), 38 (Hennigsdorf, »Clara-Zetkin-Kaserne«), 42 (Blankenfelde-Kleinmachnow), 44 (Potsdam-Babelsberg, »Walter-Junker-Kaserne«), die Grenzausbildungsregimenter 39 (Berlin-Wilhelmshagen, »Ho-Chi-Minh-Kaserne«) und 40 (Falkensee, »Hans-Coppi-Kaserne«), das GÜST-Sicherungsregiment 26 (Berlin-Niederschönhausen, »Walter-Husemann-Kaserne«), die Geschosswerferabteilung 26 (Schildow, »Bruno-Kühn-Kaserne«), das Artillerieregiment 26 sowie das Nachrichtenbataillon 26 (Berlin-Kleinmachnow, »Hans-Marchwitza-Kaserne«).[65] Die Gesamtstärke des Kommandos betrug nach Aufstellung aller Truppenteile mehr als 13 000 Angehörige, darunter 1354 Offiziere, 2745 Unteroffiziere und 8970 Soldaten.[66] Die Stärke des Grenzkommandos Mitte lag somit über der einer üblichen NVA-Division.[67]

---

64 Handakte über die Umformierung der Stadtkommandantur Berlin zum Grenzkommando Mitte, Februar 1968 bis März 1971, BArch, VA 07/3204, Bl. 3.
65 Chronik des Grenzkommandos Mitte, Dezember 1972 bis November 1973, BArch, GT 5737, Bl. 37.
66 Chronik Kommando der Grenztruppen, Dezember 1970 bis November 1971, BArch, GT 4082, Bl. 9.
67 Die Mot.-Schützen-Divisionen der NVA hatten im Allgemeinen eine jeweilige Gesamtstärke (Frieden) zwischen 10 000 und 12 000 Angehörigen und sollten erst im Kriegsfall auf zwischen 14 000 und 15 000 Angehörige anwachsen.

6. Die Gliederung des Grenzregiments 33 im Rahmen der Kommandostruktur

Der Befehl Nr. 138/70 des Ministers für Nationale Verteidigung vom 27. Oktober 1970 über die Umformierung der Grenztruppen regelte – unter Mitwirkung der eigens für diesen Vorgang gegründeten Arbeitsgruppen der Stadtkommandantur Berlin – die schrittweise Neugliederung der Verbände, Truppenteile und Einheiten.[68] Die Konzentration der ehemals elf Grenzregimenter auf die zuvor genannten sechs Verbände bedeutete umfassende strukturelle Änderungen auch für deren Arbeitsgliederung. Ein bedeutender Schritt bestand in der Herauslösung aller GÜST-Kompanien und der entsprechenden Züge aus dem direkten Verantwortungsbereich der Grenzregimenter. Wie schon einmal bedeutete deren Zusammenfassung im GÜST-Sicherungsregiment 26 einen erneuten Schritt in Richtung Zentralisierung. Für das Grenzregiment 33 führte dies zur Abgabe der drei Sicherungskompanien (6., 7., 8. SIK), des Sicherungszuges »Brandenburger Tor«, der (GÜST) »Bahnhof Friedrichstraße« und der (GÜST) »Friedrichstraße«.

Bei den Strukturänderungen der Jahre 1970/71 lag das Augenmerk der DDR-Staatsführung auf der Sicherung besonders fluchtgefährdeter Stellen im Grenzsystem, damit auf den Grenzübergangsstellen und den dort eingesetzten Kräften. In einer Rede zur Einweisung in die strukturellen Änderungen der Grenztruppen gegenüber den 1. Sekretären der Kreisleitung der SED und den Vorsitzenden der Räte der Grenzstadtbezirke Berlins kam dieser Aspekt deutlich zur Geltung. Es wird erwähnt, dass »gegenwärtig durchschnittlich 60 Prozent aller Grenzverletzer, denen der Grenzdurchbruch nach Westberlin gelingt, Bewohner der Grenzstadtbezirke« seien und dass die »Errichtung und Erweiterung von Industrieanlagen, die Herausbildung vielfältiger Kooperationsbeziehungen [...] neue Probleme der Sicherheit und Ordnung im Grenzgebiet« aufgeworfen hätten.

Gegen Ende April 1970 waren die Grenzregimenter der Hauptstadt für die Sicherung der Grenzanlagen auf einer Gesamtlänge von 164,6 km zuständig. Im Großraum Berlin (Berlin und Bezirk Potsdam) wohnten gemäß einer Auflistung zu den »Operativen Kennziffern« des Grenzkommandos Mitte mehr als 25 600 Personen in dessen Verantwortungsbereich; mehr als 17 000 Be-

---

68 Chronik der 1. Grenzbrigade »13. August«, 1. 12. 1969 – 13. 3. 1971, BArch, VA 07/1664, Bl. 216 ff.

6. Die Gliederung des Grenzregiments 33 im Rahmen der Kommandostruktur

schäftigte arbeiteten in 119 Grenzbetrieben.[69] Zugleich war eine Veränderung des Charakters und der Ziele der Grenzverletzungen festzustellen, da »beabsichtigte Grenzdurchbrüche [...] von den Grenzverletzern gründlich vorbereitet [und] mit immer raffinierteren Mitteln und Methoden und oft sogar unter Gewaltanwendung« durchgeführt würden.[70] Die Ziele des Strukturwandels der Grenztruppen bestünden somit darin, »die politisch-ideologische Erziehungsarbeit und Gefechtsausbildung in den Grenztruppen zielstrebig zu verbessern, ihre Effektivität in der Grenzsicherung und den Grad ihrer Gefechtsbereitschaft weiter zu erhöhen«.[71]

Kommandeur des Grenzregiments 33 wurde im Jahr 1971 Oberstleutnant Johannes Köhler. Neben seinen fünf Grenzkompanien verfügte es über eine Batterie von 120 mm-Granatwerfern und eine Batterie mit 85 mm-Panzerabwehrkanonen, jeweils mit zwei Feuerzügen.[72] Die Pionierkomponente, die zuvor als Zug in der »Kompanie der Gefechtssicherstellung« vorgesehen war, wuchs zu einer eigenen Pionierkompanie an. Der Brückenbauzug dieser Kompanie verfügte dabei über das Großgerät »TMM-Begleitbrücke«, das zum Überwinden von Gewässern vorgesehen war. Die übrigen Teile der weggefallenen »Kompanie der Gefechtssicherstellung« waren in Form eines Aufklärungs- und eines Flammenwerferzuges, einer Diensthundestaffel sowie einer Nachrichtenkompanie dem Stab des Regiments unterstellt. Die Gesamtstärke einer Grenzkompanie war im Zuge der Umformierung auf 133 Soldaten statt wie bisher 103 erhöht worden.[73] Jede Grenzkompanie des Regiments verfügte neben dem Kompaniechef über zwei weitere Offiziere (stellvertretender Chef und Führer der Politabteilung). Jeweils ein Hauptfeldwebel führte die Bereiche Waffen-, Panzer-, Nachrichten-, Schützenpanzerwagen-, Schreiber-, und Kraftfahrwesen. In der NVA stand die Bezeichnung Hauptfeldwebel dabei nicht für einen Dienstgrad, sondern eine Dienststellung. Die vier Züge jeder Kompanie wurden jeweils von einem Offizier geführt. Jeder Zug bestand aus drei Gruppen mit einem Unteroffizier und acht Mannschaftsdienstgraden.

---

69 Handakte über die Umformierung der Stadtkommandantur Berlin zum Grenzkommando Mitte, Februar 1968 bis März 1971, BArch, VA 07/3204, Bl. 2 ff.
70 Ebd., Bl. 161
71 Ebd., Bl. 162.
72 Chronik Kommando der Grenztruppen, Dezember 1970 bis November 1971, BArch, GT 4082, Bl. 9.
73 Handakte über die Umformierung der Stadtkommandantur Berlin zum Grenzkommando Mitte, Februar 1968 bis März 1971, BArch, VA 07/3204, Bl. 149.

Schaubild 4: Aufbau des Grenzregiments 33 nach der neuen Strukturvorgabe vom
1. November 1970

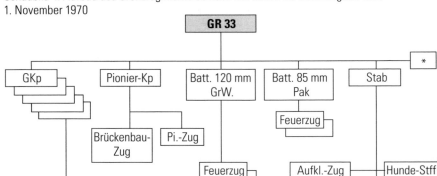

* Ein Teil der Struktur (Polit-Abtlg., Techn. Stelle etc.) wurde der Übersicht wegen weggelassen.

GR = Grenzregiment, GKp = Grenzkompanie, Pionier-Kp = Pionierkompanie,
Batt. = Batterie, Pi.-Zug = Pionierzug, Aufkl.-Zug = Aufklärungszug,
Fla.-W.-Zug = Flammenwerferzug, SMG-Grp = schwere Maschinengewehrgruppe

Zudem verfügte die Kompanie kurzzeitig über eine eigenständige Gruppe mit schweren Maschinengewehren, die jedoch in der zweiten Hälfte des Jahres 1973 aufgrund des Übergangs zum neuen System der Bataillonssicherung an der innerdeutschen Grenze und dem damit verbundenen höheren Personalbedarf in den beiden dort eingesetzten Grenzkommandos bereits wieder wegfiel.[74] In der Gesamtheit waren somit sieben Offiziere, 21 Unteroffiziere und 105 Soldaten in jeder der fünf Kompanien des Grenzregiments 33 vorgesehen. Die Personalstruktur des Regiments sah zum 1. Juni 1971 106 Offiziere, 225 Unteroffiziere, 803 Soldaten und damit eine Gesamtstärke von 1134 An-

---

74 Chronik des Grenzregiments 33, Dezember 1969 bis November 1972, BArch, GT 5114, Bl. 4.

gehörigen vor; die tatsächliche Stärke wich nur geringfügig von den Vorgaben ab.[75]

Die Auswirkungen im Rahmen der Einnahme der Kommandostruktur beschränkten sich für das Grenzregiment 33 keinesfalls auf die Anpassung der Personalstrukturen. In der »Etappe der Umformierung« verlegte das Grenzregiment 33 am 13. März 1971 seinen Standort, verließ die Friedrich-Engels-Kaserne in Berlin-Mitte und bezog die Ernst-Schneller-Kaserne am Treptower Park in Berlin-Treptow.[76] Zugleich erfolgte die Zuweisung eines neuen Grenzabschnitts. Der bisherige Grenzabschnitt wurde mit Ausnahme der Grenzübergangsstelle Invalidenstraße mit allen Mitteln (pioniertechnische Anlagen, Hunde, Signalgeräte usw.) an das Grenzregiment 35 abgegeben. Der neue Verantwortungsbereich umfasste im Wesentlichen die bisherigen Grenzabschnitte der Grenzregimenter 31 und 38.[77] Er erstreckte sich auf knapp 18 km vom Tegeler Fließ bis zur Invalidenstraße.[78] Im Jahre 1979 wechselten der Postenbereich Tegeler Fließ zum Grenzregiment 38 und der Postenbereich »Schallplatte« bis Brandenburger Tor zum Grenzregiment 35.[79]

7. Strukturänderungen im Zeitraum Mitte der siebziger bis Mitte der achtziger Jahre

In der zweiten Jahreshälfte 1973 änderten sich Stellenpläne und Ausrüstungsnachweise aller Grenzregimenter und Grenzabteilungen erneut.[80] Diese neuen Vorgaben waren das unmittelbare Resultat einer Erprobungsphase, in deren Verlauf Instrukteure des Ministeriums für Nationale Verteidigung der DDR und des Kommandos der Grenztruppen in ausgewählten Grenzregimentern neue Varianten der Grenzsicherung auf ihre Zweckmäßigkeit hin überprüft hatten. Die Ergebnisse dieser Phase waren auf der 41. Sitzung des NVR am 14. Juli 1972 präsentiert worden, und dieser entschied sich für die Einführung

---

75 Chronik des Grenzkommandos Mitte, Juni 1971 bis November 1972, BArch, GT 5735–5736, Bl. 5.
76 Befehl Nr. 138/70 des MfNV und Befehl Nr. 02/71 des SKB, zitiert nach: Truppengeschichte des Truppenteils »Heinrich Dorrenbach«, BArch, GTÜ 6636, Bl. 5.
77 Ebd.
78 Chronik des Grenzregiments 33, Dezember 1969 bis November 1972, BArch, GT 5114, Bl. 314–315.
79 Truppengeschichte des Truppenteils »Heinrich Dorrenbach«, BArch, GTÜ 6636, Bl. 35.
80 Befehl Nr. 69/72 des MfNV, zitiert nach: Chronik des Kommandos der Grenztruppen, Dezember 1972 bis November 1973, BArch, GT 4084, Bl. 6.

des neuen Systems der Bataillonssicherung in den an der Westgrenze eingesetzten Verbänden.[81] Bis zu diesem Zeitpunkt war die Sicherung der Staatsgrenze zu Westdeutschland auf Kompanieebene erfolgt, wobei alle Züge der jeweiligen Grenzkompanie im Verbund zur Sicherung des ihnen zugeteilten Grenzabschnitts eingesetzt worden waren. Der Übergang zur Bataillonssicherung hob die Zusammenarbeit der Grenztruppen auf eine übergeordnete Arbeitsebene und bedeutete, dass nun alle Grenzkompanien eines Bataillons im Verbund zur Grenzsicherung ihres zugewiesenen Grenzabschnitts eingesetzt wurden.[82]

Diese Neuerung hatte unmittelbare Auswirkungen auf die Struktur der an der Grenze zur Bundesrepublik eingesetzten Truppen. Das betraf unter anderem den Aufbau der Grenzkompanien (Aufstellung einheitlicher Zugtypen, Anzahl der Grenzkompanien) sowie die Stäbe der Grenzbataillone und die Grenzregimenter. Der entscheidende Faktor hierbei war der dabei entstandene erhöhte Bedarf an Soldaten. »Der durch die Umformierung an der Staatsgrenze zu BRD erforderlich gewordene Mehrbedarf an Planstellen wurde durch Kürzung im Grenzkommando Mitte und in den Grenzabschnitten abgedeckt.«[83] Dies bedeutete im Einzelnen die Reduzierung der bisherigen Gruppenstärke von acht auf sieben Soldaten, die Streichung der erst kurz zuvor eingeführten »schweren MG-Gruppe« sowie die Reduzierung der Grenzausbildungsregimenter um je eine Ausbildungskompanie.[84] Die bisher sechs Kompanien mit jeweils vier Zügen der Ausbildungsregimenter reduzierten sich so auf fünf Kompanien mit nur noch drei Zügen.[85] Insgesamt fielen im Grenzkommando Mitte nahezu 1000 Planstellen weg.[86] Der Übergang zur Bataillonssicherung und die damit verbundene Umstrukturierung der Grenztruppen beinhalteten so umfangreiche Veränderungen, dass sie erst bis 1976 abgeschlossen waren.

Die konkreten Auswirkungen für die Zusammensetzung des Grenzregiments 33 lassen sich besonders deutlich in den Auswertungen der »Strukturperiode 76–80« ablesen. Der Stellenplan des Regiments sah im Dezember

---

81 41. Sitzung des NVR der DDR, 14.7.1972, BArch, DVW 1/39498a, Bl. 27.
82 Chronik des Kommandos der Grenztruppen, Dezember 1972 bis November 1973, BArch, GT 4084, Bl. 6
83 Ebd., Bl. 7.
84 Ebd.
85 Chronik des Grenzkommandos Mitte, Dezember 1972 bis November 1973, BArch, GT 5737, Bl. 3
86 Ebd.

7. Strukturänderungen im Zeitraum Mitte der siebziger bis Mitte der achtziger Jahre

1976 108 Offiziere, 24 Fähnriche, 200 Unteroffiziere und lediglich noch 692 Soldaten vor.[87] Die Laufbahn des Fähnrichs war 1973 geschaffen worden und lag zwischen der Laufbahn der Offiziere und der der Unteroffiziere.[88] Im Zuge der Bewertung ihres Aufgaben- und Verantwortungsbereiches konnten die Fähnriche jedoch, mit einigen Ausnahmen, im weiteren Sinne zur Dienstgradgruppe der Unteroffiziere gezählt werden. Somit wichen weder die Offizier- noch die Unteroffizierplanstellen wesentlich von den Zahlen des Jahres 1971 ab. An dieser Stelle wird jedoch die vergleichsweise starke Reduzierung der Soldaten-Planstellen ersichtlich, die im Juni 1971 noch über 800 zählten.

Die Ausrüstung eines Grenzregiments stellte einen erheblichen Wert dar. So wurde die Kfz- und Panzertechnik einer Grenzkompanie des Grenzkommandos Mitte mit 2 137 446 Mark beziffert, Bewaffnung und Munition einer Grenzkompanie schlugen mit 570 000 Mark zu Buche, während der Wert des Materials und der Munition einer Geschosswerferbatterie mit 4 500 000 Mark angegeben wurden.[89] Verwunderlich hingegen ist an dieser Stelle der festgehaltene Gegenwert der Bewaffnung und Munition einer Artilleriebatterie, die lediglich mit 300 000 Mark beziffert werden. Ob diese auffallend geringe Summe technischen Besonderheiten (Alter der Kanonen) oder lediglich einem simplen »Tippfehler« in der Chronik geschuldet ist, wird an dieser Stelle leider nicht deutlich.

Am 1. Oktober 1976 wurde der bisherige Kommandeur des Grenzregiments 33, Oberst Köhler, zum Kommando der Grenztruppen versetzt. Ihm folgte der bisherige Stabschef des Grenzregiments 35, Oberstleutnant Klaus Henkens.[90]

Gegen Jahresende 1979 sah der Stellenplan des gesamten Grenzkommandos Mitte 1457 Offiziere, 355 Fähnriche, 863 Berufsunteroffiziere, 1563 Unteroffiziere auf Zeit, 8267 Soldaten und Unteroffizierschüler und somit eine Gesamtstärke von 12 505 Angehörigen vor.[91] Im direkten Vergleich zum Zeitraum 1970/71 und dem Beginn der Umwandlung zum Grenzkommando

---

87 Chronik des Kommandos der Grenztruppen, Dezember 1976 bis November 1977, BArch, GT 14965, Bl. 15.
88 43. Sitzung des NVR der DDR, 17.5.1973, BArch, DVW 1/39500–39501, Bl. 31.
89 Chronik des Grenzkommandos Mitte, Dezember 1972 bis November 1973, BArch, GT 5737, Bl. 52.
90 Chronik des Grenzkommandos Mitte für die Ausbildungsjahre 1973–1976, BArch, GT 6781, Bl. 23.
91 Chronik des Grenzkommandos Mitte, Dezember 1979 bis November 1981, BArch, GT 14010, Bl. 6.

Mitte fällt auf, dass sich die Zahl der Offiziere um rund 100 erhöht, die Zahl der Unteroffiziere (Fähnriche und Unteroffiziere zusammengefasst) sich kaum merklich verändert, die Zahl der Soldaten sich jedoch um über 700 verringert hatte. Die veränderte Personalstärke war die Folge neuer Strukturpläne, der Anpassung an die Gegebenheiten des Grenzdienstes sowie der Eingewöhnung in das neue System der Grenzsicherung (Regimentssicherung).

8. Die Endphase der Grenztruppen – von 1985 bis zur deutschen Einheit

Mitte der achtziger Jahre zeigten sich im Grenzdienst des Grenzkommandos Mitte eine Reihe von »Abnutzungserscheinungen«. Dies schien dabei keineswegs verwunderlich, war doch die Grundlage für das bis dahin gültige System zu Beginn der siebziger Jahre gelegt und nur in wenigen Bereichen geändert worden. Die Konzeption des Kommandeurs »für die Erarbeitung der perspektivischen Entwicklung des Grenzkommandos Mitte« vom August 1982 wies deutlich auf eine notwendige Anpassung des Systems und damit auch eine Veränderung der Struktur der Grenztruppen hin. Die Form der Regimentssicherung (vgl. Kapitel Grenzdienst) überstieg nach Ansicht des Kommandeurs »das Leistungsvermögen der Führungskräfte«, deren Aufgabe »in der verstärkten Grenzsicherung [...] durch den Einsatz weiterer Kräfte noch komplizierter« wurde.[92] Die verschiedenen Sondereinheiten, wie etwa das Grenzübergangsstellensicherungsregiment 26 und dessen Führung durch einen eigenen Regimentskommandeur, hatten danach im Grenzabschnitt zwei parallele und damit auch teilweise unterschiedlich agierende Führungsstränge zur Folge. Einen wesentlichen Schwachpunkt sah der Kommandeur des Grenzkommandos Mitte zudem in der Form der Ablösung der eingesetzten Grenzkompanien in der (gefechtsmäßigen) Grenzsicherung. Dieser Einsatz, so formulierte er, »macht komplizierte Manöver notwendig [...], kostet viel Zeit und läßt keine Reservenbildung zu«.[93] Des Weiteren sah er durch den damaligen Personalbestand die »Führung und Erziehung der Truppen im Grenzdienst, Garnisonsdienst und in der Ausbildung« erschwert und wertete diese als Hindernis »insbesondere zur politisch-moralischen und psychologischen Vorbereitung [...] auf den Grenzdienst«.

---

92 Umformierung im Grenzkommando Mitte zur Erhöhung der Effektivität der Grenzsicherung, Band IV, August bis Oktober 1985, BArch, GT 15622, Bl. 3.
93 Ebd.

8. Die Endphase der Grenztruppen – von 1985 bis zur deutschen Einheit

Das waren durchaus reale Probleme, und die Forderung nach weiterer Zentralisierung des Führungsstranges entsprach einer uralten Erwartung der politischen Führung. Andere wesentliche Kritikpunkte werfen jedoch bei genauerer Betrachtung eine Reihe von Fragen auf. Die grundlegende Konzeption des Grenzdienstes seit Einführung der Regimentssicherung hatte stets darauf gezielt, jeden Dienstposten des Grenzkommandos Mitte zu besetzen. Im Rahmen einzelner Anpassungen hatte es zwar in einigen Bereichen personelle Reduzierungen gegeben, diese waren jedoch zumeist zum Ausgleich anderer »Lücken« (siehe Einführung der Bataillonssicherung in den an der Westgrenze eingesetzten Grenzbataillonen) unvermeidbar gewesen. Gerade zu Beginn der siebziger Jahre war man versucht gewesen, den durch eine vorangegangene Umgliederung und das Aussonderungsverfahren des MfS unter den Wehrpflichtigen zustande gekommenen Fehlbestand auszugleichen.[94] Im Zeitraum zwischen 1971 und 1980 hatte sich die Gesamtstärke des Grenzkommandos Mitte zudem von etwas mehr als 13000 auf 12525 Angehörige nur unwesentlich verringert. Nun sollte diese Zahl eine erhebliche Belastung für die Grenztruppen und damit einen limitierenden Faktor für den Grenzdienst darstellen?

Eine Erklärung für eine derartige Anpassung des Grenzkommandos Mitte ergibt sich aus der Betrachtung der demographischen Entwicklung der DDR, die der SED-Führung Mitte der achtziger Jahre durchaus Grund zur Sorge bereitete. Die Stärke der Geburtenjahrgänge der DDR-Bevölkerung hatte sich von 138000 im Jahr 1966 auf nur 88000 im Jahr 1974 um 35 Prozent verringert. Zwar war sie bis 1985 wieder auf 115000 angestiegen, jedoch sahen sich alle bewaffneten Organe der DDR bei ihrer Nachwuchs- und Personalgewinnung zunächst nun mit den geburtenschwachen Jahrgängen konfrontiert.[95] Der Rückgang von Nachwuchskräften war jedoch auch auf andere Hintergründe zurückzuführen: Der Soldatenberuf war innerhalb der Gesellschaft der DDR keineswegs unumstritten. Ein nicht unerheblicher Teil der Bevölkerung hatte eine distanzierte oder gar ablehnende Einstellung zur Armee und ihren Angehörigen eingenommen, die sich immer wieder auch in Beschimpfungen oder tätlichen Angriffen niederschlug.[96] In den Reihen der Armeeangehörigen, ins-

---

94 Vgl. Kapitel Grenzdienst. Der hier erwähnte Personalmangel beruhte auf dem Übergang zur Kommandostruktur (1970/71).
95 Kollegiumsvorlage Nr. 25/87: Konsequenzen aus der demographischen Entwicklung der DDR für die NVA und die Grenztruppen der DDR, BStU, MfS, HA I Nr. 15216, Bl. 3
96 Rogg, Armee, S. 445 ff.

besondere unter den jungen Offizieren, führte dies dazu, dass diese der Überzeugung waren, innerhalb der Gesellschaft keine oder nur eine unzureichende Anerkennung zu besitzen.[97] Um die Attraktivität des Soldatenberufes war es somit keineswegs so gut bestellt, wie es sich die SED-Führung zur zufriedenstellenden Nachwuchssicherung der NVA und der Grenztruppen wünschen musste. Diese Entwicklung blieb für den Alltag und die Struktur der Grenztruppen und damit das Grenzkommando Mitte keineswegs ohne Folgen: In den Einheiten und Verbänden herrschte ein hoher Fehlbestand an Führungskräften. 1985 fehlten den für die Grenzsicherung Berlins zuständigen Grenztruppen allein 116 Offiziere, Fähnriche und Berufsunteroffiziere.[98] Das Hauptproblem bestand weniger in den fehlenden Offizieren als in den unbesetzten Dienstposten der Fähnriche und der Unteroffiziere. Im Durchschnitt fehlten jedem Grenzregiment des Grenzkommandos Mitte im Zeitraum um 1985 lediglich zwei bis drei, in einem Ausnahmefall auch bis zu sechs Offiziere. Dagegen verzeichneten die einzelnen Regimenter im Durchschnitt einen Fehlbestand von acht Fähnrichen, in einigen Fällen wurde sogar ein kritisches Maß von 14 oder 15 Fehlstellen erreicht.[99] Eine Kompensation der Auswirkungen dieser hohen Fehlzahlen konnte dabei nur durch »den Einsatz von 188 Unteroffizieren auf Zeit und Soldaten im Grundwehrdienst über den StAN [Stellen- und Ausrüstungsnachweis] hinaus abgedeckt werden«.[100] Um dieser Entwicklung entgegenwirken zu können, traten mit Wirkung vom 1. November 1985 neue Stellenpläne für das gesamte Grenzkommando Mitte in Kraft. Die neue Gliederung des Grenzkommandos Mitte sah nun sechs anstatt zuvor fünf Grenzregimenter, zwei Grundausbildungsregimenter und lediglich noch die Nachrichtenkompanie 26 als »Spezialkräfte« neben den Sicherungskräften vor. Die Gesamtstärke des Grenzregiments 33 war aufgrund der neuen Struktur abermals reduziert worden und betrug nun 957; sechs Jahre zuvor hatte die Gesamtstärke noch über 1000 gelegen.[101]

Zwar zeichnete sich Mitte der achtziger Jahre die Wiedervereinigung und damit die Auflösung der Grenztruppen noch keineswegs ab, jedoch kündigten diese massiven Umstrukturierungen und die vorhandenen Defizite in der Wahrnehmung vieler Grenzsoldaten, insbesondere der Offiziere, ohnehin

---

97 Ebd.
98 Chronik des Grenzkommandos Mitte, Dezember 1984 bis November 1986, BArch, GTÜ 16643, Bl. 51
99 Ebd., Bl. 52–53.
100 Ebd., Bl. 51.
101 Ebd., Bl. 53.

8. Die Endphase der Grenztruppen – von 1985 bis zur deutschen Einheit

bevorstehende tiefgreifende Einschnitte an. Bereits seit Beginn der achtziger Jahre hatte die Politische Hauptverwaltung feststellen müssen, dass die Wehrbereitschaft der Gesellschaft, insbesondere der jungen Grundwehrdienstleistenden, stark abgenommen hatte.[102] Der Dienst in der NVA und den Grenztruppen wirkte zudem katalytisch und entfremdete die Wehrpflichtigen von der Militär- und Sicherheitspolitik der SED. Mitte der achtziger Jahre zeichnete sich somit eine immer deutlicher werdende Abwendung insbesondere der jungen Menschen vom diktatorischen SED-Regime ab. Die besondere politische Situation im Jahr 1989 leitete eine neue Qualität dieser Entwicklung ein und ließ auch die bewaffneten Organe der DDR nicht unberührt. Die Öffnung des Eisernen Vorhangs durch Ungarn bereits im Mai 1989 und die damit verbundene Flucht von mehr als 13 000 Bürgern der DDR in die Bundesrepublik spiegelte sich gewissermaßen auch in der NVA und den Grenztruppen wider[103]: So verzeichnete die NVA im Zeitraum zwischen Juli und Oktober 1989 allein 88 gelungene oder versuchte Fahnenfluchten. Diese Veränderungen zeigten sich ebenso deutlich bei den Grenztruppen: »Die Entwicklung der militärischen Disziplin und Ordnung wies im Ausbildungsjahr 1988/89 eine durch die sich anbahnenden gesellschaftspolitischen Veränderungen in der DDR beeinträchtigte Entwicklung auf. Bedingt durch strukturelle Veränderungen und den damit verbundenen häufigen Wechsel von Dienststellungen sowie durch die veränderten Einsatzbedingungen der Grenztruppen traten erhebliche Veränderungen in der Anwendung von Belobigungen und Bestrafungen ein. [...] Gegenüber dem Vorjahr war bei den gemeldeten besonderen Vorkommnissen ein Anstieg auf 120 Prozent zu verzeichnen. Der Anteil der Offiziere erhöhte sich auf 147 Prozent, der Fähnriche auf 300 Prozent und der Anteil der Unteroffiziere auf 121 Prozent. [...] Zu Fahnenfluchten kam es in 42 Fällen (Vorjahr 14), davon 3 Offiziere.«[104] Die Chronik des Kommandos der Grenztruppen offenbart den offensichtlichen Verfall des Systems und damit auch der Streitkräfte.

Die berühmt gewordene Verlesung des Ministerratsbeschlusses und die damit verbundene nahezu sofortige Öffnung der Grenzen und der »Mauer« stellte die Existenz der Grenztruppen ab dem 9. November 1989 schlagartig

---

102 Rogg, Armee, S. 400–401.
103 Theodor Hoffmann: Zur nicht-vollendeten Militärreform der DDR, in: Die Nationale Volksarmee – Beiträge zu Selbstverständnis und Geschichte des deutschen Militärs von 1945–1990, hg. von Detlef Bald, Baden-Baden 1992, S. 20.
104 Chronik des Kommandos der Grenztruppen der DDR, 1.12.1988–30.11.1989, BArch, DVH 32/111684, B. 109.

in Frage. »Privatreisen nach dem Ausland können ohne Vorliegen von Voraussetzungen (Reiseanlässe und Verwandtschaftsverhältnisse) beantragt werden. Die Genehmigungen werden kurzfristig erteilt.«[105] Wen sollten die Grenztruppen angesichts dieser Aussage noch zurückhalten? Die letzten Kontrollen an der innerdeutschen Grenze endeten im Zuge der zwischen der DDR und der Bundesrepublik beschlossenen »Währungs-, Wirtschafts- und Sozialunion« am 1. Juli 1990. Dieser Schritt kam de facto einer Auflösung der Grenztruppen gleich, bildete jedoch noch nicht ihr vollständiges Ende. Als Nachfolgeorganisation entstand der »Grenzschutz der DDR«, der zumindest einen Teil der verbliebenen Angehörigen der Grenztruppen übernahm und der dem Ministerium für Innere Angelegenheiten unterstellt wurde. Die NVA schien in diesem durch Umbruch und Neuausrichtung geprägten Zeitraum, zumindest kurzfristig, zwischen den beiden Lösungsansätzen zweier deutscher Armeen im vereinigten Deutschland oder ihrer Auflösung zu schwanken. Schließlich bildete die Einigung über die Bündniszugehörigkeit des wiedervereinigten deutschen Staates und das Erlöschen der alliierten Rechte zwischen Bundeskanzler Kohl und Gorbatschow die Grundlage für die Überführung von Teilen der NVA in die Bundeswehr.[106] Eine Übernahme der Grenztruppen, wenn auch nur in Teilen, stand aufgrund ihrer Rolle im Grenzregime der DDR von vornherein nicht zur Diskussion. Im Anschluss an die kurzzeitige Führung durch das Ministerium für Innere Angelegenheiten wurden schließlich durch den Befehl Nr. 49/90 vom 21. September 1990 die Grenztruppen der DDR endgültig aufgelöst. Ein vollständiger Ausschluss ehemaliger Grenzsoldaten vom Dienst in Organen der Bundesrepublik erfolgte jedoch nicht. Mit dem Tag der Wiedervereinigung übernahm der Bundesgrenzschutz am 3. Oktober 1990 7000 Beschäftigte des neu aufgebauten Grenzschutzes und damit etwa 15 Prozent der ehemals circa 50 000 Grenzsoldaten der DDR.[107]

---

105 Auszug aus einer Aussage von Günther Schabowski (Ministerratbeschluss über eine neue Reiseregelung) im Rahmen einer internationalen Pressekonferenz am 9. November 1989.
106 Hans Ehlert (Hg.): Armee ohne Zukunft. Das Ende der NVA und die deutsche Einheit. Zeitzeugenberichte und Dokumente, Berlin 2002, S. 6 und 36.
107 Historie der Bundespolizei. Die 90er Jahre, vgl. http://www.bundespolizei.de/cln_152/nn_251826/DE/Home/09__Historie/Historie__node.html?__nnn=true&__nnn=true#doc251936bodyText5 (Stand: 23.2.2011).

II. Alltag und Grenzdienst im Grenzkommando Mitte – grundlegende Fragestellungen

Der grundlegende Aufbau des Sperrgürtels an der Berliner Mauer und ihr Verlauf in der und um die Stadt selbst sind längst kein Geheimnis mehr. Wissenschaftliche Abhandlungen, museale Einrichtungen ebenso wie Besucher- und Touristenzentren und nicht zuletzt erhaltene Fragmente geben Aufschluss über den genauen Verlauf der Sperranlagen.[1] Der interessierte Betrachter findet eine Fülle von teils sehr detaillierten Darstellungen und Querschnittskizzen des Sperrstreifens, angefangen von der Hinterlandsicherungsmauer über Zäune, Beobachtungstürme, Sperrgräben und Hundelaufanlagen bis hin zur eigentlichen Grenzmauer. Trotz dieser auf den ersten Blick vermeintlichen Detailfülle eröffnet sich jedoch lediglich ein begrenzter Einblick in den Grenzalltag an der Berliner Mauer. Zum einen wird schnell deutlich, dass diese Einblicke oftmals nur an ausgewählten Stellen und hier auch zumeist nur in komprimierter Form möglich waren.[2] Zum anderen bedarf es bereits heute, kaum zwanzig Jahre nach dem Fall der Mauer, großer Anstrengungen, um die verbliebenen Spuren für die Nachwelt zu sichern und all denen, die keine eige-

---

1   Siehe etwa www.denkmallandschaft-berliner-mauer.de
2   Im Besonderen an und in Gedenkstätten oder inhaltlich aufgearbeiteten Restbeständen des Grenzverlaufs wie beispielsweise der Gedenkstätte Berliner Mauer in der Bernauer Straße.

II. Alltag und Grenzdienst im Grenzkommando Mitte

Mauer und Grenzstreifen in der Nähe vom Potsdamer Platz, Juni 1984

ne historische Verbindung mit diesem Teil der deutschen Geschichte haben, deutlich vor Augen zu führen.[3] Wie nun stellte sich ein Grenzabschnitt an der Berliner Mauer in den Hochzeiten des Grenzregimes in den siebziger Jahren in Wirklichkeit dar? Entsprach jeder Meter an der Mauer dem angestrebten »Idealbild« der Grenztruppen?

Bei näherem Hinsehen erscheinen die Mauer, ihre Sperrgräben und Lichtmasten jedoch schnell zweitrangig, und es tritt der Mensch in den Mittelpunkt des Interesses, waren die Grenzanlagen doch unmittelbar von seinem Handeln abhängig. Der Grenzsoldat repräsentierte, weit mehr als jeder bauliche Bestandteil der Grenze, als jedes Stück der Mauer und jeder Meter Stacheldraht,

---

3   Dieser Aufarbeitung und Sicherung der Spuren widmen sich im besonderen Maße die BTU Cottbus und die Stiftung Berliner Mauer/Gedenkstätte Berliner Mauer. Vgl. Leo Schmidt und Henriette von Preuschen: On Both Sides of the Wall. Preserving Monuments and Sites of the Cold War Era, Berlin 2005; Axel Klausmeier und Leo Schmidt: Mauerreste – Mauerspuren: der umfassende Führer zur Berliner Mauer, Bad Münstereifel 2005.

das totalitäre System des Grenzregimes.[4] Der Grenzsoldat und sein Handeln verdeutlichten den ungebrochenen Willen der SED-Führung, die Grundlage ihres Staates und den damit verbundenen Machtanspruch auch mit Gewalt zu sichern. Diesen Anspruch – getarnt als Schutz vor »Kriminellen«, »Menschenschleusern«, »faschistischen Elementen« und insgeheim geplanten Angriffen gegen das politische System – führte jeder Mauertote, der durch die Schüsse eines Grenzsoldaten umkam, der Bevölkerung der DDR und der Weltöffentlichkeit immer wieder unweigerlich vor Augen. Der Grenzsoldat war somit untrennbar mit der »Berliner Mauer« verbunden.[5] Welche Bedeutung hatte sein Auftrag für das Gesamtsystem der Grenze? Wie sah der tägliche Dienst an der Mauer aus, und welche Besonderheiten prägten ihn? Im Nachfolgenden soll eine Analyse des Lebens im Grenzabschnitt des Grenzregiments 33 einen exemplarischen Einblick in alle wesentlichen infrastrukturellen Rahmenbedingungen und Gegebenheiten des Grenzdienstes im Grenzkommando Mitte ermöglichen.

Der Grenzdienst in allen unterstellten Regimentern und Einheiten im Grenzkommando Mitte basierte im Wesentlichen auf zentralen Vorschriften, Weisungen und Richtlinien und wies somit weitgehend deckungsgleiche Abläufe und Grundsätze auf. Dies eröffnet daher die Möglichkeit, den Dienst, seinen Ablauf und seine Besonderheiten exemplarisch für das gesamte Kommando anhand des ausgewählten Grenzregiments darzustellen.

1. Die Berliner Mauer in der Hochphase der Grenztruppen

Der gesamte Grenzabschnitt des Grenzkommandos Mitte, also die innerstädtische Berliner Grenze sowie jene zum Bezirk Potsdam, erstreckte sich über eine Länge von 156 Kilometern. Davon entfielen 44 Kilometer auf die eigentliche

---

4 Die Definition des Grenzregimes als totalitäres System ist zum einen auf die weitreichende »Tiefe« dieses Systems zurückzuführen. Angefangen von der ersten Instanz in Gestalt des MfS, welches die Mehrheit der Fluchtversuche bereits frühzeitig aufdeckte und verhinderte, erstreckte sich das Regime über die vorgeschalteten Ebenen der Volks- und Transportpolizei, über die freiwilligen Helfer der Grenztruppen und die in Grenznähe lebende Bevölkerung bis letztendlich zu den Grenztruppen selbst. Ein anderes totalitäres Merkmal bestand in der zusätzlichen staatlichen Überwachung aller genannten Instanzen, die für sich selbst genommen bereits »Republikfluchten« unmöglich machen sollten. Die »Bewacher« wurden somit ebenfalls überwacht.
5 Siehe auch: Jochen Maurer: Die Grenztruppen und ihre »Mauer« oder die »Mauer« und ihre Grenztruppen, in: Die Berliner Mauer – Vom Sperrwall zum Denkmal, hg. vom Deutschen Nationalkomitee für Denkmalschutz, Berlin 2009.

»Mauer« zwischen Ost- und West-Berlin. Von Norden nach Süden trennte sie die Bezirke Pankow, Prenzlauer Berg, Mitte, Friedrichshain und Treptow von West-Berlin.[6] Im Zuständigkeitsbereich des Grenzkommandos Mitte wohnten rund 10 000 Menschen direkt im Grenzgebiet und damit in unmittelbarer Nähe zu den Grenzanlagen, davon 6500 im Bezirk Potsdam und 3500 im Raum Berlin.[7] Im Zeitraum zwischen 1970 und 1985 trugen zwei der sechs Grenzregimenter (33 und 35) die Verantwortung für die Bewachung der innerstädtischen Grenzanlagen. Im Zuge der Einnahme der Kommandostruktur der Grenztruppen hatte das Grenzregiment 33 im März 1971 von den Regimentern 31 und 38 einen neuen Grenzabschnitt übernommen.[8] Er erstreckte sich vom Tegeler Fließ als nördliche Grenze über die Stadtbezirke Pankow, Prenzlauer Berg und Mitte und lag damit im Zentrum der Metropole.[9] Er schloss im Norden unmittelbar an die Grenzanlagen des Rings um Berlin an (Lübars, Schildow, Glienicke), die in der Verantwortung des Grenzregiments 38 lagen. Das unmittelbare Umfeld des Brandenburger Tors, genauer gesagt die Marschallbrücke, bildete die südliche Grenze.[10] Der Abschnitt reichte damit auf wenige hundert Meter an das Brandenburger Tor heran, das jedoch nicht in den Zuständigkeitsbereich des Grenzregiments 33 fiel.[11] Die Bewachung des Berliner Wahrzeichens übernahm der eigens dafür aufgestellte Sicherungszug »Brandenburger Tor« des Grenzübergangsstellen-Sicherungsregiments 26.[12] Der Grenzabschnitt des Grenzregiments 33 war damit 23,7 km lang.[13] Nach Süden anschließend zeichnete das Grenzregiment 35 für die Bewachung der restlichen innerstädtischen Mauer verantwortlich. Ebenso wie die Strukturen unterlagen auch die Grenzabschnitte in Berlin mehrfachen Veränderungen. Mitte der siebziger Jahre reichte der Grenzabschnitt des Grenzregiments 33

---

6 Hauptabteilung I: Auskunftsbericht über das Grenzkommando Mitte mit dazugehörigen Anlagen, 15. 3. 1989, BStU, MfS, HA I Nr. 14605, S. 4.
7 Ebd., S. 5.
8 Truppengeschichte des Truppenteils »Heinrich Dorrenbach«, BArch, GTÜ 6636, Bl. 5.
9 Chronik des Grenzregiments 33, Dezember 1972 bis November 1975, BArch, GT 5295, Bl. 263.
10 Chronik des Grenzregiments 33, Dezember 1969 bis November 1972, BArch, GT 5114, Bl. 314.
11 Chronik des Grenzregiments 33, Dezember 1972 bis November 1975, BArch, GT 5294, Bl. 145.
12 Handakte über die Umformierung der Stadtkommandantur Berlin zum Grenzkommando Mitte, Februar 1968 bis März 1971, BArch, VA 07/3204, Bl. 8.
13 Zeitzeugengespräch mit R. E. (Unteroffizier, Grenzregiment 33) vom 19. 3. 2008.

1. Die Berliner Mauer in der Hochphase der Grenztruppen

über das Brandenburger Tor als südliche Grenze hinaus und endete am Haus der Ministerien, dem heutigen Detlev-Rohwedder-Haus.[14] Den südlichen Außenring von Treptow in Richtung Kleinmachnow übernahm das Grenzregiment 42.

Im direkten Vergleich zu den Grenzgebieten an der »grünen Grenze« stellte die dichte Bebauung und Infrastruktur der Bezirke Mitte und Prenzlauer Berg die dortigen Grenztruppen vor eine Reihe von Problemen. Dicht aneinander gereihte Gebäude, Sport- und Kleingartenanlagen, Fernbahngleise sowie S- und U-Bahnstrecken durchzogen das »Hinterland« des Abschnitts und begünstigten in den Augen der Grenztruppen die Möglichkeiten für Aufklärung und Annäherung durch »Grenzverletzer«.[15] Zudem boten die Vielzahl der grenzüberschreitenden Wasserläufe (annähernd 40) und die hohe Anzahl der unterirdischen Kanalisationsanlagen der Bevölkerung weitere Fluchtmöglichkeiten, die vor allem durch das MfS bedacht und in Form von Spezialeinheiten abgesichert wurden.[16] Im Rahmen des ersten Grenzabschnittswechsels war das Grenzregiment 33 von seinem vorherigen Standort, der Friedrich-Engels-Kaserne in Berlin-Mitte, in die Ernst-Schneller-Kaserne am Treptower Park in Berlin-Treptow umgezogen.[17] Die 4. und 5. Grenzkompanie des Regiments waren in einem eigenen Objekt wenige Kilometer westlich von Bergfelde untergebracht. Die Pionierkompanie war in eine eigene Anlage südwestlich von Schildow ausgelagert. Der Großteil des Grenzabschnitts wurde durch die dichte Bebauung und Infrastruktur der Bezirke Mitte und Prenzlauer Berg geprägt. Lediglich im Bezirk Pankow, beginnend in den Bereichen Wilhelmsruh und Rosenthal, bestand der Grenzabschnitt aus vier Kilometer vornehmlich offenem Gelände. Im direkten Umfeld des Nordgrabens (Pankow) sowie im Verlauf der Spree (Nord- und Humboldthafen, Marschallbrücke) verliefen die Grenzanlagen entlang von Gewässern. Eine Besonderheit des Grenzabschnitts lag dabei in der stark variierenden Tiefe der Grenzanlagen, die – bedingt durch

---

14 Chronik des Grenzregiments 33, 1. 12. 1976 – 30. 11. 1977, BArch, GTÜ 18079, Bl. 29; Befehle und Anordnungen des Kommandeurs des Grenzregiments 33 und seines Stellvertreters, 1976/1977, BArch, GT 7554, Bl. 36.
15 Chronik des Grenzregiments 33, Dezember 1972 bis November 1975, BArch, GT 5294, Bl. 145.
16 Auskunftsbericht über das Grenzkommando Mitte mit dazugehörigen Anlagen, 15. 3. 1989, BStU, MfS, HA I Nr. 14605, S. 5.
17 Truppengeschichte des Truppenteils »Heinrich Dorrenbach«, BArch, GTÜ 6636, Bl. 5. Die Baugeschichte der Militär- und Kasernenanlagen im Grenzkommando Mitte wird derzeit im Rahmen eines Projektes der TU Cottbus von Dr. Axel Klausmeier erstellt.

die enge Bebauung – von nur wenigen Metern an der schmalsten bis hin zu 400 Metern an der breitesten Stelle reichte.[18] Besonders im Bereich einiger Werksgelände (etwa Bergmann-Borsig) sowie des Schifffahrtkanals zwischen Nord- und Humboldthafen trennten lediglich vier Meter West- von Ost-Berlin.[19]

Einen weiteren dominierenden Faktor im Berliner Grenzgebiet stellten die ungefähr 40 Einrichtungen, volkseigenen Betriebe, Produktions- und Industrieanlagen mit ihren insgesamt 12 000 Arbeitnehmern dar. Im Grenzabschnitt des Grenzregiments 33 waren hierbei allein mehr als 20 dieser Betriebe, wie etwa der VEB Bergmann-Borsig mit seinen annähernd 4900 Arbeitskräften, ansässig. Ein Teil dieser Anlagen befand sich dabei ebenfalls in unmittelbarer Nähe der Grenzanlagen. Das musste bei der Grenzsicherung und der Durchsetzung der Grenzordnung durch die Grenztruppen bedacht werden.[20] Im Fall des VEB Bergmann-Borsig sowie des VEB Kfz-Instandsetzung Treptow befanden sich die Werkshallen- oder Betriebsmauern direkt auf der Linie der Staatsgrenze. Die Grenzanlagen verliefen in vielen Bereichen des Grenzkommandos Mitte zudem in unmittelbarer Nähe zu West-Berliner Gebäuden und Anlagen, wodurch sich die dort eingesetzten Grenztruppen nach eigenen Angaben in verstärktem Maße der »politischen Diversion und Hetze«, Angriffen durch Stein- und Flaschenwürfe sowie Aufforderungen zur Fahnenflucht durch Angehörige der West-Berliner Polizei und Bevölkerung ausgesetzt sahen.[21]

Die Grenzanlagen waren seit der Errichtung der Mauer (Mauer der 1. Generation) im August 1961 stetig ergänzt und je nach Tiefe und Beschaffenheit des unmittelbaren Umfelds ausgebaut worden. Wenn möglich begann der Grenzabschnitt mit einem zwei Meter hohen Sicherungszaun aus Streckmetall bereits weit im »Hinterland« des Stadtgebiets, wobei dieser nicht überall vorhanden war und etwa im Vorfeld von Fabriken fehlte. Der Grenzabschnitt hatte den Status einer Sperrzone, die durch entsprechende Schilder und Warntafeln gekennzeichnet war. Zu ihrem Betreten waren spezielle Berechtigungsausweise erforderlich, die lediglich an Anwohner oder »Werktätige« im Grenzgebiet ausgegeben wurden. Hinter dem Hinterlandzaun bildete ein

---

18 Auskunftsbericht über das Grenzkommando Mitte mit dazugehörigen Anlagen, 15. 3. 1989, BStU, MfS, HA I Nr. 14605, S. 5.
19 Zeitzeugengespräch mit R. E. (Unteroffizier, Grenzregiment 33) vom 19. 3. 2008.
20 Auskunftsbericht über das Grenzkommando Mitte mit dazugehörigen Anlagen, 15. 3. 1989, BStU, MfS, HA I Nr. 14605, S. 5.
21 Chronik des Grenzregiments 33, Dezember 1972 bis November 1975, BArch, GT 5295, Bl. 260.

1. Die Berliner Mauer in der Hochphase der Grenztruppen

Besonderheit der Grenze in Berlin: Manchmal trennten nur wenige Meter Ost- von West-Berlin. Werks- und Grenzmauer des VEB Bergmann-Borsig, 1989

Signalzaun, der bei Berührung angebrachte Rundumleuchten, Signalhörner und Scheinwerfer auslöste, das nächste Element des Sperrgürtels. Im Grenzabschnitt des Grenzregiments 33 waren bereits bis 1971 über vierzehn Kilometer des Grenzsignalzauns der Typen »St-K-2« und »St-K-2a« errichtet worden.[22] Dahinter wiederum dominierten bis zu sechs Meter hohe Beobachtungstürme die Grenzanlagen. Im Grenzabschnitt des Grenzregiments 33 standen um 1975 etwa 30 Grenztürme in verschiedenen Ausführungen (Beobachtungsturm 11, Beobachtungsturm 6). Sogenannte B-Stellen (Beobachtungsstellen), bunkerähnliche Schutzbauten von kleinen bis mittleren Dimensionen (ca. 10 m^2), ergänzten die Türme im Grenzabschnitt. Dahinter bildeten zwölf Meter hohe Scheinwerfer eine nahezu lückenlose Lichttrasse, den sogenannten »Kontroll-

---

22 Chronik des Grenzregiments 33, Dezember 1969 bis November 1972, BArch, GT 5114, Bl. 322–323; Chronik des Grenzkommandos Mitte, 1971–1975, BArch, GT 6196, Bl. 22.

streifen« (K6). Parallel dazu verlief ein mit Betonplatten ausgelegter »Kolonnenweg« für Streifenfahrten der Grenztruppen. Mitte 1971 waren diese Anlagen im Bereich des Grenzregiments 33 auf einer Länge von 18 Kilometern, also dem Großteil des Abschnitts, vorhanden. Ebenso verfügte der Grenzabschnitt des Grenzregiments 33 über 43 Hundelaufgänge für bis zu 70 angeleinte Wachhunde. Die dahinter errichteten Fahrzeugbarrieren in Form eines Kfz-Sperrgrabens oder »ein- und zweireihige[r] Höckersperren« hinderten spätestens jetzt jedes Fahrzeug am Weiterkommen. Den Abschluss in Richtung West-Berlin bildete, wann immer möglich, die eigentliche Grenzmauer mit einer Höhe von bis zu drei Metern.[23] Die Stufen des Ausbaus dieser eigentlichen Grenzmauer variierten dabei im Grenzabschnitt und reichten von der Ausführung in Form einer einfachen Backsteinmauer, etwa die Werksmauern im Bereich des VEB Bergmann-Borsig, über die Ausführung der Grenzmauer aus drei Blockelementen (Mauer der dritten Generation) bis hin zur Grenzmauer mit aufgesetztem Grenzrohr (Grenzmauer 75). Die Grenzmauer 75 stellte dabei die modernste Ausbaustufe dar. Sie war das Ergebnis eines dem Grenzkommando Mitte im Ausbildungsjahr 1973/74 erteilten Auftrags, eine Grenzmauer neuen Typs zu entwickeln.[24] In den Bereichen der Betriebsgelände war die Errichtung solcher »pioniertechnischer Anlagen« nicht immer ohne weiteres möglich. Hier sollten von den Pionieren der Grenztruppen an den Fenstern der Werkhallen angebrachte Gitter und mit Stacheldraht bewehrte Mauern sowie daran angrenzende »Flächensperren« in Form überdimensionierter Nagelbretter jeden Fluchtversuch unterbinden. Alle Sperranlagen an der Berliner Mauer waren dabei so konstruiert, dass vornehmlich das Überwinden der Grenze von Ost nach West unmöglich wurde und weniger Bewegungen in entgegengesetzter Richtung.

---

23 Chronik des Grenzkommandos Mitte, 1971–1975, BArch, GT 6196, Bl. 22. Zu den Ausbaustufen der Mauer vgl. Leo Schmidt: Architektur und Botschaft der »Mauer« 1961–89, in: Berliner Mauer. Vom Sperrwall zum Denkmal, hg. vom Deutschen Nationalkomitee für Denkmalschutz, Bonn 2009, S. 57 ff.
24 Ebd., Bl. 36. Vgl. Gerhard Sälter: Die Sperranlagen, oder: Der unendliche Mauerbau, in: Die Mauer. Errichtung, Überwindung, Erinnerung, hg. von Klaus-Dietmar Henke, erscheint München 2011.

2. Der Grenzdienst – Grundlagen und Entwicklungen

Inmitten dieser unwirklichen und lebensfeindlichen Landschaft aus Stacheldraht, Streckmetallzäunen und Lichttrassen rückt unweigerlich der Grenzsoldat in den Mittelpunkt der Betrachtung. Der Grenzsoldat wurde bis zum Fall der Mauer, zumindest in und um Berlin[25], zum Sinnbild für das Ziel der Staatsführung der DDR. »Hier kommt keiner durch!« Es wird somit schnell deutlich, dass eine Untersuchung der reinen Infrastruktur der Mauer keine Antworten auf die entscheidenden Fragen gibt: Wie funktionierte der eigentliche Grenzdienst? Wer traf an welcher Stelle welche Entscheidungen, und welche Funktion übernahm der einzelne Grenzsoldat als Teil des Ganzen?

Der Beginn der siebziger Jahre war in besonderer Weise durch die Deutschlandfrage mit den einzelnen Stationen des Vier-Mächte-Abkommens über Berlin (Juni 1972) sowie des Inkrafttretens des Grundlagenvertrags (Juni 1973) und somit durch die »Zementierung« der deutschen Teilung bestimmt. Die Verfestigung dieser Teilung stärkte auch die Position der Grenztruppen weiter. Am Anfang dieser Epoche stehen grundlegende Änderungen im Grenzdienst des Grenzkommandos Mitte. Das neue Dienstsystem behielt in seinen wesentlichen Zügen bis zum Niedergang der DDR Gültigkeit. Vorher war der Grenzdienst im Grenzkommando Mitte in Form der Kompaniesicherung organisiert gewesen. Dabei waren die Kompanien, zusätzlich zu den Aufgaben der Wartung und Instandhaltung im jeweiligen Abschnitt, für die Durchführung des Grenzdienstes verantwortlich. In den Augen der Grenztruppen bot dieses System durch seine statischen Abläufe und Vorgaben potentiellen Flüchtlingen viele Möglichkeiten der Aufklärung und somit der Umgehung. Um der Berechenbarkeit und Starre des Systems entgegenzuwirken, setzte man auf die Veränderung der Anmarschwege der Grenzposten, unregelmäßige Durchsuchungen von Abschnitten und gefährdeten Räumen, Manöver mit Reserven sowie gedeckte und wiederkehrende Kontrollen im Grenzabschnitt.[26] Ein weiteres, deutlich schwerwiegenderes Problem für den Grenzdienst ergab sich unmittelbar aus dem Wirken des MfS innerhalb der Grenztruppen und des Grenzkommandos Mitte. Der sogenannte »Filtrierungsvorgang« des MfS,

---

25 Im Unterschied zur »grünen« innerdeutschen Grenze, wo die Grenzsoldaten teilweise sehr eng mit der grenznah lebenden Bevölkerung verbunden waren, schlug den Grenztruppen in und um Berlin seitens der dortigen Bevölkerung oftmals Ablehnung und Missbilligung entgegen.
26 Chronik des Grenzregiments 33, Dezember 1969 bis November 1972, BArch, GT 5114, Bl. 316.

die Überprüfung der Wehrpflichtigen auf ihre »ideologische« Tauglichkeit für den Grenzdienst und die anschließende Auswahl der geeigneten Soldaten führte trotz aller Bestrebungen, ungeeignet erscheinende Soldaten nicht in den Grenztruppen zu verwenden, zu »Fehleinberufungen«.[27] Eine solche lag immer dann vor, wenn im Rahmen der Ausbildung in den Grenzausbildungsregimentern bei den betroffenen Wehrpflichtigen oder Zeitsoldaten festgestellt wurde, dass diese »nicht den Bedingungen für den Einsatz an der Staatsgrenze entsprechen«.[28] Diese Beurteilung führte dazu, dass das ausgewählte Personal in den Ausbildungseinrichtungen verblieb und nicht in die Grenzregimenter versetzt wurde. Von Januar 1971 bis Juni 1972 wurden unter 11 303 einberufenen Wehrpflichtigen und Zeitsoldaten im Grenzkommando Mitte 279 »Fehleinberufungen« identifiziert, die den grenzsichernden Einheiten und damit auch dem Grenzregiment 33 nicht zur Auffüllung ihres Personalbestandes zur Verfügung standen.[29]

Der »Filtrierungsvorgang« endete jedoch keineswegs in den Ausbildungseinrichtungen der Grenztruppen, sondern war ebenso integraler Bestandteil des Dienstbetriebs der Grenzregimenter. Auch dort führte er zu Aussonderungen und Abzügen aus der Truppe. Im Grenzkommando Mitte bedingte dies vom Januar 1971 bis zum Juni 1972 den Abzug von 54 Soldaten aufgrund von »Unsicherheitsmerkmalen«.[30] Im angeführten Zeitraum verzeichneten die Grenztruppen aufgrund dieser Faktoren das Fehlen von insgesamt 1714 Soldaten. Nach Auffassung des MfS bedeutete es »im Durchschnitt gesehen [...], daß je Halbjahr ein Fehlbestand von 571 NVA-Angehörigen in den Linieneinheiten im Bereich der Grenztruppen« entstand.[31] So traten in den Grenzregimentern deutliche Unterbesetzungen auf, so dass sie oft nicht den vorgegebenen Schichtbetrieb mit der erforderlichen Anzahl der Grenzposten sicherstellen konnten. Den Grenzkompanien des Grenzkommandos Mitte fehlten in der Regel zwei bis drei Postenpaare im Zeitraum von 24 Stunden Grenzdienst.[32] Der ohnehin schon reduzierte Personalbestand der Grenztruppen als unmittelbare Folge der Einnahme der Kommandostruktur (1970/71) wirkte sich zu-

---

27 Filtrierung 88, 27. 10. 1988, BStU, MfS, HA I Nr. 13038, S. 8.
28 Bericht über die politisch-militärische und politisch-operative Situation in den grenzsichernden Einheiten der GT der NVA an der Staatsgrenze zur BRD und West-Berlin im Zeitraum vom 1. 1. 1971 bis zum 1. 6. 1972, BStU, MfS, HA I Nr. 15896, S. 3.
29 Ebd., S. 4, 6.
30 Ebd., S. 7.
31 Ebd., S. 8.
32 Ebd., S. 4.

2. Der Grenzdienst – Grundlagen und Entwicklungen

sätzlich erschwerend auf diesen Prozess aus. So hatte im Rahmen der Einberufungen des Jahres 1971 die Zahl der einberufenen Wehrpflichtigen bereits reduziert werden müssen, um die vorgegebenen, verringerten Soll-Zahlen nicht zu überschreiten.[33] Der Wegfall dieses Personals bedeutete eine wesentlich stärkere Beanspruchung der verbliebenen Soldaten und äußerte sich in vielfältigen Defiziten wie etwa schlafenden oder dienstunwilligen Grenzposten sowie weiteren Vernachlässigungen im allgemeinen Dienstbetrieb. An dieser Stelle wird bereits ein Wesenszug des Grenzregimes deutlich: Alle Bestrebungen der SED-Parteiführung innerhalb des Grenzregimes zielten getreu dem Lenin zugesprochenen Motto: »Vertrauen ist gut, Kontrolle ist besser!« auf eine möglichst hundertprozentige Abriegelung der innerdeutschen Grenze. Es galt, alle noch so kleinen Unsicherheitsfaktoren von Grund auf auszuschalten und wo nicht möglich, zumindest drastisch zu minimieren. Zudem sollte insbesondere beim »Klassengegner« zu keinem Zeitpunkt Zweifel an der Entschlossenheit und Fähigkeit der Parteiführung zur Kontrolle des »Antifaschistischen Schutzwalls« aufkommen. Dieser bedingungslose Ansatz führte innerhalb der Grenztruppen jedoch bereits frühzeitig zu Begleiterscheinungen, welche die Zielsetzung der Machthaber geradezu zwangsläufig torpedierten. Das staatlich kontrollierte »Aussieben« der Grenzsoldaten zur Verhinderung von Fahnenfluchten führte mit den zuvor beschriebenen Folgen für die verbliebenen Grenzsoldaten zumindest in Teilen zu einer »Schwächung« anstatt zu einer »Optimierung« des Grenzregimes. Die Parteiführung sah sich somit gezwungen, selbst herbeigeführte Schwächen des Systems durch immer neue Änderungen und Anpassungen auszugleichen. So auch zu Beginn der siebziger Jahre, wo eine Umgestaltung des Grenzdienstes durch die Einführung der »Regimentssicherung« eine Steigerung der Effizienz bei gleichzeitig reduziertem Personalansatz ermöglichen sollte. Zu diesem Zweck war im Stab des Grenzkommandos Mitte eine Arbeitsgruppe mit dem Auftrag gebildet worden, ab März 1973 im Grenzregiment 42 eine neue Form der Grenzsicherung zu erproben. Diese Form der Sicherung sollte auf einem verringerten Personalansatz der Grenzkompanien basieren. Im Anschluss an die Erprobungsphase war die Übernahme des neuen Systems durch alle Grenzregimenter des Grenzkommandos Mitte vorgesehen.[34] Die neue Form der »Regimentssicherung«

---

33 Ebd., S. 37.
34 Befehl Nr. 20/73 des Kommandeurs des Grenzkommandos Mitte, zitiert in: Chronik Grenzkommando Mitte, Stellv. des Kommandeurs und Stabschef, Dezember 1973 bis November 1973, BArch, GT 5738, Bl. 355.

sah vor, dass alle Kompanien des Regiments nunmehr geschlossen und zeitlich nacheinander im Verlauf des gesamten Grenzabschnitts zum Einsatz kamen. Dies bedeutet, dass der gesamte Grenzabschnitt des Grenzregiments 33 zu einem gegebenen Zeitpunkt immer nur durch eine Kompanie gesichert wurde. Anschließend erfolgte dann die Übergabe an eine der anderen Kompanien des Regiments. Die Züge und Gruppen innerhalb einer Kompanie im Grenzabschnitt wurden dabei keineswegs als geschlossene Einheit eingesetzt, sondern es erfolgte mit jeder Übernahme des Grenzdienstes eine erneute Verteilung des gesamten Personals der Kompanie auf der gesamten Länge des Grenzabschnitts.[35]

3. Der Grenzdienst – Grundlagen des militärischen Führungsvorgangs

An dieser Stelle muss zunächst deutlich werden, dass unter dem Begriff des militärischen Führungsvorgangs zwei verschiedene Abläufe zu sehen sind, die mitunter Parallelen, jedoch auch deutliche Unterschiede aufweisen. Unter dem grundlegenden oder allgemeinen Führungsvorgang sind diejenigen Prozesse zu verstehen, die der Schaffung von Grundsatzdokumenten und allgemeingültiger Anweisungen für die Durchführung und Aufrechterhaltung des Grenzdienstes dienten. Der taktische Führungsvorgang im Grenzdienst hingegen beinhaltete den situationsbedingten Einsatz der Kräfte (Soldaten) und Mittel (Waffen, Fahrzeuge usw.) in der eigentlichen Grenzsicherung. Allgemein nahm die Einflussnahme auf den grundlegenden Führungsvorgang von der Ebene der Kommandobehörden hin zu den einzelnen Grenzkompanien stetig ab. Diese Erscheinung beruht dabei im Wesentlichen auf dem militäreigenen, streng hierarchisch gegliederten System, dem die Grenztruppen als Teil der Streitkräfte der DDR unterworfen waren. Ein unterstellter Truppenteil war stets zur Umsetzung der befohlenen Maßnahmen und Entscheidungen einer übergeordneten Dienststelle verpflichtet. Auf den Führungsvorgang im Grenzdienst und damit im taktischen Sinne hingegen konnten in der Regel die unteren Führungsebenen der Kompanien und Züge stärker einwirken als die höheren. Diese Eigenart wurde maßgeblich dadurch bedingt, dass die unteren Führungsebenen als eigentliche Arbeitsebenen und somit als Durchführende des täglichen Grenzdienstes unmittelbar auf die sich ihnen bietenden Situationen reagieren mussten. Der Grenzsoldat vor Ort oder seine unmittelbaren Vorgesetzten im Grenzabschnitt bestimmten in der Regel durch ihre Handlun-

---

35 Zeitzeugengespräch mit R. E. (Unteroffizier, Grenzregiment 33) vom 19. 3. 2008.

3. Der Grenzdienst – Grundlagen des militärischen Führungsvorgangs

gen und Befehle, ob ein Fluchtversuch gelang oder verhindert wurde. Übergeordnete Dienststellen erfuhren erst mit einem wenn auch geringen Zeitverzug von Vorfällen an der Grenze, wodurch der Führungsvorgang auf der Ebene des Grenzkommandos Mitte erst mit einem entsprechenden Zeitverzug einsetzen konnte. Wie jedoch im weiteren Verlauf deutlich werden wird, war auch den unteren Ebenen der Grenztruppen eine Reihe von Beschränkungen im Zuge ihrer taktischen Handlungsfähigkeiten auferlegt worden.

Die Verantwortung für alle Vorgänge im Zusammenhang mit der Grenzsicherung in und um Berlin oblag seit Einnahme der Kommandostruktur dem Kommandeur des Grenzkommandos Mitte. Diesem stand zur Bewältigung seiner Führungsaufgaben ein Stab zur Verfügung, der durch seinen Stellvertreter und Chef des Stabes geführt wurde.[36] Der Stab unterteilte sich hierbei in verschiedene fachspezifische Aufgabenbereiche wie beispielsweise die Abteilung »Operative Arbeit«, die jeweils von Stellvertretern des Stabschefs geleitet wurden. Dem Stellvertreter des Stabschefs für operative Arbeit war die Abteilung »Grenzsicherung« unterstellt, die einen wesentlichen Beitrag für den Führungsvorgang des Kommandeurs des Grenzkommandos Mitte leistete. Die Abteilung »Grenzsicherung« sollte in diesem Zusammenhang folgende Aufgaben erfüllen: Die ständige Analyse der Lage an der Staatsgrenze auf der Seite der DDR ebenso wie der West-Berlins, das Erarbeiten von Vorschlägen und Maßnahmen zur Erhöhung der Wirksamkeit der Grenzsicherung, die Untersuchung und Auswertung von besonderen Vorkommnissen und der allgemeinen Organisation im Grenzdienst, die Koordination des Zusammenwirkens aller im Grenzregime eingebundenen Kräfte (Volkspolizei, freiwillige Helfer der Grenztruppen usw.), die Kontrolle der Ordnung im Grenzdienst, die Sicherstellung der finanziellen und materiellen Seite der Grenzsicherung sowie die Herausgabe von Ausbildungsanweisungen (gesetzliche und militärische Bestimmungen) für den Grenzdienst an die Ausbildungseinrichtungen und Schulen der Grenztruppen.[37] Diese Aufgaben verteilten sich auf die Unterabteilungen »Grenzsicherung«, »Zusammenwirken«, »Grenzübergangsstellen« und die »Arbeitsgruppe Sicherstellung«.[38] Die hier vorgestellten Ergebnisse und erarbeiteten Dokumente durchliefen den ganzen Führungsstrang

---

36 BArch, GT 4091, Bl. 9–10.
37 Kommando der Grenztruppen, Stellvertreter und Chef des Stabes für Grenzsicherung, Grenzüberwachung: Maßnahmen zur Grenzsicherung, Mai 1971 bis Oktober 1976, BArch, GT 6554, Bl. 196 ff.
38 Ebd., Bl. 200.

und mündeten in letzter Instanz in Befehle, Anordnungen und Leitungsvorlagen des Chefs des Stabes oder des Kommandeurs des Grenzkommandos Mitte. Die wesentliche Grundlage für den Grenzdienst der nachfolgenden Ebene der Grenzregimenter bildete der jährlich erlassene Befehl des Kommandeurs des Grenzkommandos Mitte zur Sicherung der Staatsgrenze.

Dieser Befehl des Kommandeurs »Über die Aufgaben des Grenzkommando Mitte zur Sicherung der Staatsgrenze der Deutschen Demokratischen Republik im Ausbildungsjahr [beispielweise 1977/78]« beinhaltete detaillierte Vorgaben für weite Aufgabenbereiche aller unterstellten Einheiten. Zunächst erfolgte in der Regel eine Einschätzung der Entwicklung der »gegnerischen Handlungen« gegen die Staatsgrenze im anstehenden Zeitraum. Hierbei wurden sowohl die Einflüsse aus dem Gebiet West-Berlins als auch aus dem »eigenen Hinterland« betrachtet. Damit waren die verschiedenen Vorgehensweisen des »Gegners«, etwa »die Intensivierung seiner Kontaktversuche mit den Grenzsicherungskräften und der Grenzbevölkerung« und seine Schwerpunkte, beispielsweise »Grenzabschnitte mit Grenzgewässern, Grenzübergangsstellen, tunnelgefährdete Objekte und Anlagen« gemeint.[39] Das führte zu einer Unterteilung des Grenzgebiets in Räume der »Hauptanstrengungen«, in denen Grenzdurchbruchsversuche am wahrscheinlichsten erschienen, und in weniger gefährdete Bereiche der »Nebenrichtungen«.[40] An diese Bewertung schloss sich unmittelbar der Hauptauftrag für alle Einheiten des Grenzkommandos Mitte an, der in der »ununterbrochenen Sicherung der Unverletzbarkeit der Staatsgrenze [...] sowie der Abwehr von Provokationen und Grenzverletzungen« bestand. An die Grundzüge dieses Auftrags, der durch die Benennung der Form der Sicherung sowie die Anweisung zum Zusammenwirken aller Kräfte des Grenzregimes konkretisiert wurde, reihten sich detaillierte Einteilungen der jeweiligen Grenzabschnitte für die einzelnen Grenzregimenter.

Im Grenzabschnitt des Grenzregiments 33 lag der »Raum der Hauptanstrengung« im Jahr 1976/77 etwa in den Bereichen der Helmut-Just-Straße, des Brandenburger Tors sowie der Grohmannstraße. Die »wahrscheinlichsten Richtungen der Bewegung der Grenzverletzer« wurden in den Bereichen zwischen dem Alexanderplatz, dem Stadion der Weltjugend und dem S-Bahn-

---

39 Befehle des Kommandeurs des Grenzkommandos Mitte im Ausbildungsjahr 1976, Januar bis November 1976, BArch, GT 7699, Bl. 193.
40 Chronik des Grenzregiments 33, Dezember 1972 bis November 1975, BArch, GT 5295, Bl. 260.

Viadukt Lehrter Bahnhof sowie zwischen der Klosterstraße und dem Brandenburger Tor erwartet.[41] Diese Schwerpunkte waren nach den Erfahrungen des vergangenen Halbjahres und Ausbildungsjahres (Anzahl, Art und Zeiten der Grenzfluchten usw.) ermittelt worden und veränderten sich daher mit jedem neuen Befehl zur Sicherung der Grenze zu einem gewissen Teil. Der Befehl enthielt weitere Vorgaben für die Organisation und Durchführung des Grenzdienstes, etwa über die Gewinnung und Tätigkeit von Freiwilligen Helfern der Grenztruppen unter der Grenzbevölkerung, die Ziele der Aufklärungsarbeit in den Grenzabschnitten oder den Ausbau der pioniertechnischen Anlagen. Ein wesentlicher Bestandteil des jährlichen Befehls lag in den Vorgaben für die Aus- und Weiterbildung der Einheiten. Er enthielt hierbei genaue Vorgaben für die Qualifizierung und Schulung der Grenztruppen im gesamten Ausbildungsspektrum. Unter anderem waren hier die Ausbildung der Wehrpflichtigen in den Grenzausbildungsregimentern, die Fachausbildung des Führungsnachwuchses (Offiziere und Unteroffiziere), die Gefechtsausbildung aller Angehörigen des Grenzkommandos, ihre politisch-ideologische Erziehung und das »physische Training« (militärische Körperertüchtigung) geregelt.[42] Der Befehl diente somit als zentrale Vorgabe, auf deren Grundlage weitere Bereiche des Stabes ihrerseits Anordnungen für die unterstellten Einheiten erließen.

4. Der Führungsvorgang auf der Ebene des Grenzregiments

Die Verantwortung für den Führungsvorgang innerhalb des Grenzregiments oblag dem Regimentskommandeur. Er verfügte, ebenso wie der Kommandeur des Grenzkommandos, über einen Stab mit angegliederten Fach- und Grundgebieten des Grenzregiments mit einem Stabschef an der Spitze. Zu seinen Aufgaben gehörten unter anderem die Erstellung eines Arbeitsplanes für den Regimentsstab, die monatliche Einschätzung aller Ergebnisse der Grenzsicherung und des Garnisonsdienstes sowie die Erarbeitung von Aufgabenstellungen für die unterstellten Führungsebenen, also die Grenzkompanien.[43] Die Führung des Stabes nahm er wiederum durch seinen Stellvertreter wahr, der direkt auf die einzelnen Offiziere des Stabes zurückgriff und damit die eigentli-

---

41 Befehle des Kommandeurs des Grenzkommandos Mitte im Ausbildungsjahr 1976, Januar bis November 1976, BArch, GT 7699, Bl. 195–196.
42 Befehle des Kommandeurs des Grenzkommandos Mitte im Ausbildungsjahr 1977, BArch, GT 7702, Bl. 149 ff.
43 Dienstvorschrift DV 718/0/002: Einsatz der GT zum Schutz der Staatsgrenze, Grenzregiment 1977, BStU, MfS, HA I Nr. 15595, S. 488.

che Arbeitsebene lenkte. Die Fachgebiete dieser Arbeitsebene umfassten etwa die Bereiche operative Arbeit, Grenzsicherung, Nachrichtenwesen, Grenzaufklärung, Chemische Dienste oder Pionierdienste, welche jeweils von (Ober-) Offizieren geleitet wurden.[44] Der Schwerpunkt dieser Bereiche lag im Wesentlichen in der Grundlagenarbeit und dem Erstellen von Führungsdokumenten und Befehlsvorlagen für den (stellvertretenden) Chef des Stabes. Eine weitere entscheidende Position in der Führung der Grenzsicherung besaß der Stellvertreter für Grenzsicherung des Regimentskommandeurs. Dieser befasste sich hauptsächlich mit allen Inhalten der Grenzsicherung und des Grenzdienstes; er war unter anderem für die Ausarbeitung des Plans des Zusammenwirkens des Grenzregiments mit den anderen Kräften der Grenzsicherung (freiwillige Helfer der Grenztruppen, Volkspolizei usw.), die Überwachung der pioniertechnischen Anlagen, die Einhaltung der Grenzordnung sowie die Durchsetzung des eigentlichen Befehls des Kommandeurs zur Grenzsicherung verantwortlich.[45]

Ebenso wie bereits auf der Ebene des Grenzkommandos Mitte bildete auch im Grenzregiment ein Befehl des Kommandeurs zur Grenzsicherung die Grundlage für weite Bereiche des Grenzdienstes. Auf dieser Ebene wurde der Befehl halbjährlich erlassen. Er beruhte auf dem Jahresbefehl des Grenzkommandos, aber auch auf der monatlichen Beurteilung der Lage im Grenzabschnitt des Regiments.[46] Diese ergab sich vor allem aus den Ergebnissen und Ereignissen der vorangegangenen Grenzsicherung (etwa Zahl der Grenzdurchbrüche), der Einschätzung des politisch-moralischen Zustands der Regimentsangehörigen (Zahl der Fahnenfluchten, Art und Anzahl der besonderen Vorkommnisse, Umfang der Straftaten), der Ausbildungsplanung und der Bewertung des Grades der Gefechtsbereitschaft des Regiments.[47] Der Regimentskommandeur konnte aufgrund der Vielzahl seiner Aufgaben, und weil die Grenzsicherung ununterbrochen sichergestellt sein musste, keineswegs zu jeder Zeit die kontinuierliche Führung aller Kräfte persönlich wahrnehmen. Dazu gab es jeweils einen »Operativen Diensthabenden« (OpD). Seit Juni 1972 waren Aufgaben und Befähigungen des Operativen Diensthabenden im Grenzkommando Mitte einheitlich geregelt.[48] Als Operative Diensthabende

---

44 Ebd., S. 476–477.
45 Ebd., S. 474.
46 Ebd., S. 460.
47 Ebd., S. 449.
48 Anordnung Nr. 30/72 des Stabschefs des Grenzkommandos Mitte, Juni 1972, BArch, GT 5727, Bl. 107.

4. Der Führungsvorgang auf der Ebene des Grenzregiments 69

durften demnach nur für diese Aufgabe eigens qualifizierte Offiziere eingeteilt werden, die mit Übernahme dieses Dienstes für die Führung der Grenzsicherung sowie die Einleitung der Maßnahmen zur Gefechtsbereitschaft im jeweiligen Regiment verantwortlich waren. Der Operative Diensthabende nahm im Grenzdienst dabei zum einen gegenüber der ihm unterstellten Ebene der Grenzkompanien eine Kontrollfunktion wahr, indem er die ihm vom dortigen »Kommandeur Grenzsicherung« gemeldeten Entschlüsse prüfte und gegebenenfalls korrigierte. Zum anderen organisierte er auf der Ebene des Grenzregiments das Zusammenwirken aller Kräfte im Grenzabschnitt, wobei er unter anderem auf Absprachen mit den verantwortlichen Einsatzleitern der Polizeiinspektionen angewiesen war. In den Fällen, in denen die Kräfte und Handlungsmöglichkeiten der im Grenzdienst stehenden Grenzkompanie erschöpft waren, konnte sie der Operative Diensthabende mit Reserve- und Unterstützungskräften des Regiments verstärken.[49] Hierzu zählte auch das Auslösen der verschiedenen Stufen der Gefechtsbereitschaft oder des Gefechtsalarms. Der Nachweis der Befähigung für den Dienst als Operativer Diensthabender beinhaltete die genaue Kenntnis des eigenen Grenzabschnitts, der eigenen Kräfte und Mittel in der Grenzsicherung, der richtigen Maßnahmen zur schnellen Alarmierung sowie des eigentlichen Führungsvorgangs.

Der Einsatz des Operativen Diensthabenden erfolgte stets im sogenannten »Dritteldienst«. Dabei folgten auf einen 24-stündigen Dienst eine 24-stündige Ruhephase und ein erneuter Dienst von 24 Stunden.[50] Jedes Regiment hatte vier Reserve-OpD auszuwählen und zu bestätigen, um die ununterbrochene Besetzung der Funktion sicherzustellen. Die Erstellung von Vorgaben sowie die Einteilung dieser Dienste oblagen dem Oberoffizier für operative Arbeit im jeweiligen Grenzregiment. Der Dienstort des Operativen Diensthabenden war der »Meldepunkt des Truppenteils«, also die Stelle, an der die Alarmierungs- und Nachrichtenverbindungen der vorgesetzten Dienststellen für den Grenzdienst aufliefen. Der Zugang zu seinem Dienstraum war zur Wahrung der Geheimhaltung streng eingegrenzt. Gemäß der Anordnung des Grenzkommandos Mitte war er mit einem Führungspult, einer ausreichenden Beleuchtung und »mit hellen Möbeln bzw. Stoffen« auszustatten.[51] Zur Wahrnehmung

---

49 Zeitzeugengespräch mit A.K. (Major im GÜST-Sicherungsregiment, Grenzregiment 36, in der Funktion des Zugführers, Kompaniechefs und zuletzt des Operativen Diensthabenden) vom 14.5.2008.
50 Anordnungen des Stabschefs des Grenzkommandos Mitte, Nr. 13/72 bis 37/72 (lückenhaft), Januar bis Dezember 1972, BArch, GT 5727, Bl. 108.
51 Ebd., Bl. 111.

seiner Aufgaben stand dem Operativen Diensthabenden ein Gehilfe zur Seite. Die Herauslösung aus dem Dienst als Operativer Diensthabender war für die Wahrnehmung von Urlaubsansprüchen, für die Durchführung von Kontrollen im Grenzdienst oder die Teilnahme an Aus- und Weiterbildungsmaßnahmen vorgesehen. Die kontinuierliche Weiterbildung der Operativen Diensthabenden erfolgte in Ausbildungskursen oder durch Selbststudium. Dabei ging es insbesondere um die Schießausbildung, die militärische Körperertüchtigung, die gesellschaftswissenschaftliche Weiterbildung sowie den Schutz vor Massenvernichtungsmitteln.[52]

5. Der Führungsvorgang auf der Ebene der Grenzkompanie

Der Befehl zur Grenzsicherung des jeweiligen Regimentskommandeurs wurde auszugsweise an die unterstellten Grenzkompanien weitergegeben, um dort von den jeweiligen Kompaniechefs ausgewertet und in ihren eigenen Bereichen für den Grenzdienst umgesetzt zu werden. Neben diesem Befehl bestimmte eine Reihe weiterer Anweisungen die grundlegende Struktur des Grenzdienstes. Ein Beispiel hierfür war der entsprechende Befehl des Regimentskommandeurs »Über die Festlegung von Kompanieabschnitten und Maßnahmen zur Erhöhung der Sicherheit und Ordnung im Schutzstreifen«. Dieser machte die jeweiligen Kompaniechefs mit ihrer Kompanie für einen ausgewählten Abschnitt im Grenzabschnitt des Regiments verantwortlich.[53] Diese Verantwortung beinhaltete die Wartung, Instandsetzung und Pflege der für die Grenzsicherung erbauten Anlagen sowie die Durchsetzung der Grenzordnung im jeweiligen Abschnitt. Die Angehörigen des Pionierwesens, hier im Besonderen die jeweiligen Pionierkompanien, hatten die pioniertechnischen Anlagen des Abschnitts zu warten und die Nutzbarkeit der Grenzanlagen zu jeder Jahreszeit (Räumung des Kolonnenweges bei Schnee, Freihalten der Mähkanten, Instandhaltung der Postentürme usw.) sicherzustellen.[54] Zu den Aufgaben der regulären Grenzkompanie gehörten zudem die gezielte Informationsgewinnung über mögliche Grenzdurchbrüche und Verletzungen sowie die Anwerbung von freiwilligen Helfern der Grenztruppen unter der Grenzbevölkerung. Auf den ersten Blick erscheint zunächst nichts naheliegender,

---

52 Ebd., Bl. 110.
53 Befehle des Kommandeurs des Grenzregiments 33, Januar bis Dezember 1975, BArch, GT 5292, Bl. 37.
54 Ebd., Bl. 39.

5. Der Führungsvorgang auf der Ebene der Grenzkompanie 71

als diese Aufgaben denjenigen zu überantworten, die am ehesten und allein schon aufgrund eines »berechtigten Eigeninteresses« dafür geeignet erschienen. Die Aufgaben zwangen die jeweiligen Grenzkompanien regelrecht dazu, sich mit »ihrem« Grenzabschnitt intensiv auseinanderzusetzen, um dort noch »effektiver« ihren Dienst verrichten zu können. Auf der anderen Seite stellten diese Arbeiten eine zusätzliche Belastung dar, welche die ohnehin geringe Freizeit der Grenzsoldaten abermals reduzierte.

Ein weiteres Führungsdokument im täglichen Grenzdienst auf der Ebene der Grenzkompanie war das Grenzdienstbuch. Es enthielt eine Übersichtskarte des Grenzabschnitts, die neben allen eigenen Einheiten auch die Standorte der grenznahen gegnerischen Kräfte (vor allem West-Berliner Polizei) anführte. Daneben gab das Grenzbuch über den Verlauf und das Ausbaustadium der pioniertechnischen Grenzanlagen sowie über Einsatzverfahren bei möglichen Grenzdurchbrüchen Auskunft.[55]

Einen zentralen Bestandteil des Führungsvorgangs im Grenzdienst bildete die Postenvorplanung des Kompaniechefs. Dieser Prozess hatte unmittelbare Bedeutung für das Dienstsystem und den Dienstrhythmus und wird daher in Kapitel II.7 gesondert dargestellt.

Ebenso wie bereits der Regimentskommandeur konnte auch der Kompaniechef aufgrund seiner vielfältigen Aufgaben nicht zu jeder Zeit die ununterbrochene Führung des gesamten Grenzdienstes selbst wahrnehmen. Dieser situationsbezogene und somit taktische Führungsvorgang im Grenzdienst erfolgte daher über den vom jeweiligen Kompaniechef eingesetzten Kommandeur Grenzsicherung (KGSi). Er war in seiner Funktion direkt für die Führung der im Grenzdienst eingesetzten Kräfte der Grenzkompanie verantwortlich und unterstand dabei, neben seiner regulären Unterstellung unter seinen Kompaniechef, dem jeweils diensthabenden Operativen Diensthabenden des Regiments. Der Kompaniechef konnte für den Zeitraum von Schwerpunktzeiten im Grenzabschnitt aus dem Personenkreis seiner Stellvertreter, der Zugführer und deren Stellvertreter den jeweiligen Kommandeur Grenzsicherung festlegen. Außerhalb der Schwerpunktzeiten konnte er zudem auf die Ebene der Gruppenführer zurückgreifen, so dass die Funktion häufig auch von Unteroffizieren wahrgenommen wurde.[56] In der Regel übernahm der Kompaniechef dabei monatlich selbst eine Reihe von Diensten als Kommandeur Grenzsiche-

---

55 Dienstvorschrift DV 718/005: Einsatz der Grenztruppen zum Schutz der Staatsgrenze, Grenzkompanie, 1985, BStU, MfS, HA I Nr. 15595, Band 4, S. 206.
56 Ebd., S. 43.

rung, wobei die Dienstzeit bis zu zwölf Stunden betragen konnte. Der jeweils eingesetzte Kommandeur Grenzsicherung erhielt von seinem Kompaniechef den Befehl zur Grenzsicherung, der alle notwendigen Vorgaben für den Grenzabschnitt beinhaltete und für den jeweils eigenen Dienst auszuwerten war. Dabei betrachtete der Kommandeur Grenzsicherung unter anderem die vorgegebene Art der Grenzsicherung, den Einsatz der Kräfte und Mittel, die Maßnahmen des Zusammenwirkens mit anderen Kräften, die Maßnahmen zur Durchsetzung der Grenzordnung sowie den Inhalt und die Zeit von Kontrollen der im Abschnitt eingesetzten Kräfte.[57] Dem Kommandeur Grenzsicherung unterstanden die Zug- und Gruppenführer der eingesetzten Züge. Der Führungsvorgang auf der Ebene der Züge und die hiermit im Zusammenhang stehenden Aufgaben und Funktionen der Zug- und Gruppenführer waren maßgeblich durch das System der Grenzsicherung bestimmt.

6. Der taktische Führungsvorgang: Kommandeur Grenzsicherung, Zug- und Gruppenführer

Im Rahmen der Regimentssicherung bildete der Kommandeur Grenzsicherung auf der Ebene der diensthabenden Grenzkompanie die direkte Führungsnachfolge des Operativen Diensthabenden im Grenzregiment. Der Kommandeur Grenzsicherung war für die taktische Führung aller Kräfte des gesamten Grenzabschnitts im regulären Grenzdienst sowie in allen Lagen (v. a. bei Grenzdurchbrüchen) verantwortlich. Diese Kräfte setzten sich zusammen aus den eingesetzten Zügen der Grenzkompanie, den freiwilligen Helfern der Grenztruppen sowie den Unterstützungskräften in der Hinterlandssicherung, zumeist Wehrpflichtige und Unteroffiziere der Ausbildungseinheiten. Im Einzelnen überwachte der Kommandeur Grenzsicherung den Aufzug der Grenzkompanie zum Grenzdienst, den richtigen Einsatz der Grenzposten durch die Zug- und Gruppenführer, das Zusammenwirken aller zuvor angeführten Kräfte sowie die Einhaltung der Grenzordnung im Grenzabschnitt.[58] Zur Bewältigung dieser Aufgabe hatte der Kommandeur Grenzsicherung über mehrere Führungsdokumente zu verfügen. Im »Tätigkeitsbuch des Kommandeurs Grenzsicherung« waren alle notwendigen Befehle seiner Vorgesetzten, die

---

57 Dienstvorschrift DV 018/0/009: Einsatz der GT zur Sicherung der Staatsgrenze, Zug bis Grenzposten, 20. 11. 1975, BStU, MfS, HA I Nr. 15595, S. 339.
58 Dienstvorschrift DV 718/0/005: Einsatz der Grenztruppen zum Schutz der Staatsgrenze, Grenzkompanie, BStU, MfS, HA I Nr. 15595, Band 4, S. 52.

6. Der taktische Führungsvorgang 73

Übernahme- und Übergabeprotokolle seines Dienstes sowie Schadens- und Ereignisberichte des Grenzabschnitts festgehalten. Zusätzlich hatte er in Form von Führungstabellen (Sprech- und Zahlentafeln, Funkaufträge, Parolen, Arbeitslisten usw.) und einer Tätigkeitsmappe mit festgelegten Maßnahmen für Abriegelungs-, Verfolgungs- und Suchverfahren (»Handlungsalgorythmen«) weitere Vorgaben für besondere Lagen.[59] Die von ihm eingeleiteten Schritte meldete er dem jeweiligen Operativen Diensthabenden des Regiments (OpD), der sie bestätigte oder, wenn nötig, den Kommandeur Grenzsicherung zu einem anderen Verhalten anwies.

An dieser Stelle zeigt sich erneut das prägende Wesensmerkmal des Grenzregimes. So vermeintlich flexibel die Grenztruppen auch durch stetige Struktur- und Organisationsänderungen auf die »Anforderungen« des Grenzdienstes in der Vergangenheit reagiert hatten, so vergleichsweise starr mutet hingegen der hier aufgezeigte Führungsvorgang an. Jede militärische Organisation muss zwangsläufig durch hierarchische Arbeitsebenen und damit eine Weitergabe von Befehlen von »oben« nach »unten« geprägt sein. Dabei beeinflusst jedoch die Art des Führungsvorgangs direkt und indirekt wesentliche Bereiche der militärischen Organisation, wie etwa die Motivation ihrer Angehörigen, oder aber den Grad der Auftragserfüllung. An dieser Stelle soll keinesfalls eine »klischeegeladene Gegenüberstellung von dominierender Befehlstaktik in der NVA und Auftragstaktik in der Bundeswehr« erfolgen, welche nach Christian Müller durchaus nicht bezeichnend für alle Bereiche des militärischen Lebens in der NVA war.[60] Jedoch eröffnet das Verhältnis zwischen dem Operativen Diensthabenden und dem Kommandeur Grenzsicherung durchaus einen Einblick in das Führungsverständnis der Grenztruppen und den Grad der Eigenständigkeit auf verschiedenen Befehlsebenen. Im Fall des Operativen Diensthabenden und des Kommandeurs Grenzsicherung wurde Letzterem durch die festgelegten »Handlungsalgorythmen« bereits ein Großteil seiner Handlungsfreiheit genommen. Zudem unterlag jeder seiner Schritte der direkten Kontrolle und Überwachung durch den Operativen Diensthabenden, der diese Entscheidungen jederzeit ändern konnte. Ob jeder Kommandeur Grenzsicherung sich somit im Zuge seines Dienstes als eigenständiges und aktives Element des Grenzdienstes empfand und dieses Selbstverständnis und nicht vielmehr die Angst vor Sanktionen im Fall eines Misserfolges die wesentliche

---

59 Ebd., S. 206.
60 Christian Müller: Tausend Tage bei der »Asche«. Unteroffiziere in der NVA, Berlin 2003, S. 261.

Grundlage für seine Motivation darstellte, erscheint hier zumindest fraglich. Die Vorgabe der lückenlosen Kontrolle wirkte sich somit auch negativ auf diesen Bereich des täglichen Dienstes an der Grenze aus. Dieses Wesensmerkmal wird auch an einer anderen Stelle im Verhältnis vom Operativen Diensthabenden zum Kommandeur Grenzsicherung deutlich: Ähnlich wie in der im weiteren Verlauf beschriebenen Kombination von Postenführer und Grenzposten, bei der ein »ideologisch zuverlässiger« Postenführer seinen oftmals als »schwankend« eingestuften Posten überwachen sollte, zeichnete sich das Verhältnis vom Operativen Diensthabenden zum Kommandeur Grenzsicherung ebenfalls durch eine »Absicherung« der Strukturen aus. Dem jeweiligen Kommandeur Grenzsicherung, der sowohl durch einen Offizier, aber eben auch in erheblichen Teilen durch einen Unteroffizier gestellt wurde, war auf der Ebene des Operativen Diensthabenden zu jeder Zeit ein Offizier und somit in den Augen der Parteiführung ein oftmals »ideologisch gefestigtes« und »überzeugtes Parteimitglied« vorangestellt. Nach eigenen Aufzeichnungen des Kommandos der Grenztruppen waren mit Stand vom 1. Dezember 1982 über 92 Prozent der Offiziere und über 97 Prozent der Fähnriche Parteimitglied der SED; bei den Unteroffizieren auf Zeit betrug der Anteil hingegen »nur« knapp über 24 Prozent.[61] War das Verhältnis vom Operativen Diensthabenden zum Kommandeur Grenzsicherung nur eine notwendige Folge der Rahmenbedingungen und der Personalstruktur, oder zeigt sich an diesem Merkmal nicht vielmehr erneut das Misstrauen der SED-Führung in die eigene »Elite« und der stetige Versuch der alles umspannenden »Absicherung«?

Die Kommunikation und der Führungsvorgang zwischen dem Kommandeur Grenzsicherung und seinen unterstellten Kräften verliefen vornehmlich über sogenannte Führungs- oder B-Stellen im Grenzabschnitt. Eine Führungsstelle war jeweils ein Dienstraum, in dem alle Informationen und Meldungen im Grenzabschnitt über das »Grenzmeldenetz« zusammenliefen und der durch den dort eingesetzten militärischen Führer als Befehls- und Lagezentrum genutzt wurde. Im Zuge des Grenzmeldenetzes war jeder Postenturm über eine fest installierte Kabelleitung mit seiner Führungsstelle im jeweiligen Zugabschnitt und diese wiederum mit der Führungsstelle des Kommandeurs Grenzsicherung verbunden. Das Netz war dabei in Form einer sogenannten Zweidrahttechnik ausgelegt, so dass zeitgleich immer nur ein Teilnehmer sprechen konnte, während alle anderen angebundenen Teilnehmer zuhören

---

61 Chronik des Kommandos der Grenztruppen, 1. 12. 1981 – 30. 11. 1982, BArch, DVH 32/111677, Bl. 141.

6. Der taktische Führungsvorgang

mussten.[62] Im Hinterland des Grenzabschnitts und damit vor dem Sperrstreifen waren Hinterlandsprechstellen in Form einfacher witterungsgeschützter Telefonapparate im Grenzmeldenetz eingebunden, mit deren Hilfe die mobilen Kräfte Verbindung zu den jeweiligen Führungsstellen in ihrem Abschnitt aufnehmen konnten. Das Grenzregiment 33 verfügte um 1973 über 22 solcher Hinterlandsprechstellen, wie etwa am Nordbahnhof, an der Charité oder der Quickborner Straße.[63] In den Führungsstellen standen als Reserve zu diesem System jeweils ein reguläres Militärfunkgerät sowie ein Funkgerät für den Polizeifunk zur Verfügung. Die stellvertretenden Zug- und Gruppenführer verfügten für den Fall einer Störung des Grenzmeldenetzes über zusätzliche Militärfunkgeräte, meist an Bord von Fahrzeugen.

Der Grenzabschnitt des Grenzregiments 33 war im Zuge der Regimentssicherung in zwei Zugabschnitte (Sicherungsabschnitte) und diese wiederum in jeweils zwei Gruppenabschnitte unterteilt worden.[64] Neben dieser Variante bestand zudem die Möglichkeit, den Grenzabschnitt durch die Aufstellung eines dritten Sicherungsabschnitts zu untergliedern und zu führen.[65] Innerhalb der Zugabschnitte erfolgte die Führung der dort eingesetzten Kräfte in der Regel durch einen Gruppenführer im Dienstgrad eines Unteroffiziers oder durch einen Zugführeroffizier. Der Führer eines Zug- oder Sicherungsabschnitts trug hierbei die Bezeichnung Kommandeur Grenzsicherungsabschnitt (KGSiA) und war dem Kommandeur Grenzsicherung direkt unterstellt. Eine reguläre Grenzkompanie im Grenzkommando Mitte verfügte gemäß Besetzungsliste über maximal sieben Offiziere, wobei davon lediglich vier als Zugführer eingesetzt waren.[66] Einige Grenzregimenter im Grenzkommando Mitte verfügten über einen weitaus umfangreicheren Grenzabschnitt als das Grenzregiment 33. Im Fall des Grenzregiments 42 etwa umfasste der Grenzabschnitt eine Länge von rund 42 Kilometern, welcher sich dadurch bedingt in vier Sicherungs-(Zug-)abschnitte unterteilte. Die Sicherstellung des ununterbrochenen Grenzdienstes setzte eine unbedingte Schichtfähigkeit des gesamten

---

62 Zeitzeugengespräch mit T. S. (Unteroffizier, Grenzregiment 42 und Grenzregiment 36) vom 8. 4. 2008.
63 VS-Stelle Grenzregiment 33: Schema der Fernsprechverbindungen, Dokumente X. Weltfestspiele, Band 2, 1973, BArch, GT 5119.
64 Chronik des Grenzregiments 33, Dezember 1972 bis November 1975, BArch, GT 5294, Bl. 93–94.
65 Grenzregiment 33: Analysen über Ergebnisse der Grenzsicherung, 1975–1977, BArch, GT 7567, Bl. 7–8.
66 Ebd., Bl. 7.

Personals insbesondere in den Führungsebenen voraus und führte somit dazu, dass im Rahmen eines jeden Grenzaufzugs nur ein Teil der Zugführer einer Kompanie im Grenzabschnitt eingesetzt werden konnte. In vielen Fällen übernahmen daher die Unteroffiziere und Gruppenführer einen Großteil der Positionen als Kommandeur eines Grenzsicherungsabschnitts.[67]

Der Kommandeur Grenzsicherungsabschnitt führte zum einen von seiner Führungsstelle im Grenzabschnitt, zum anderen im Zuge von Kontrollfahrten (Streifen). Die sogenannten B-Stellen (Beobachtungsstellen), bunkerähnliche Schutzbauten, befanden sich im Grenzabschnitt des Grenzregiments 33 in dieser Zeit unter anderem beim VEB Bergmann-Borsig, Walter-Ulbricht-Stadion (Stadion der Weltjugend) und in der Norwegerstraße, wobei bei Bedarf zusätzliche vorgeschobene Führungsstellen, etwa im Schießstand Schönholz, im Kiosk im Friedrich-Ludwig-Jahn-Sportpark und im VEB Excurat, eingerichtet wurden.[68] In der Regel teilte sich der Gruppen- oder Zugführer als Kommandeur Grenzsicherungsabschnitt seinen Verantwortungsbereich, die beiden Gruppenabschnitte innerhalb des Zugabschnitts, mit seinem jeweiligen Stellvertreter. Jeder der beiden übernahm somit im engeren Sinne einen Gruppenabschnitt mit den dort eingeteilten Postenpaaren und Unteroffizieren, wobei der Stellvertreter die Bezeichnung »stellvertretender Kommandeur Grenzsicherungsabschnitt« (st KGSiA) oder »stellvertretender Kommandeur Zugabschnitt« trug.[69] Der Aufgabenbereich des Kommandeurs Grenzsicherungsabschnitt oder seines Stellvertreters beinhaltete das Überwachen der Ablösevorgänge der einzelnen Grenzposten, das Überwachen der Kontrollstreifen der Gruppenführer sowie das Führen der jeweiligen Kräfte in seinem Sicherungsabschnitt bei Grenzdurchbrüchen oder Alarmen.[70] Neben den mehrheitlich unbeweglich eingesetzten Beobachtungsposten auf den Grenztürmen bildeten der Kommandeur Grenzsicherungsabschnitt und sein Stellvertreter durch ihre Kontrollfahrten einen Teil der beweglichen Kräfte im Grenzabschnitt. 1976

---

67 Zeitzeugengespräch mit T.S. (Unteroffizier, Grenzregiment 42 und Grenzregiment 36) vom 8.4.2008 und Zeitzeugengespräch mit R.E. (Unteroffizier, Grenzregiment 33) vom 19.3.2008.
68 Chronik des Grenzregiments 33, Dezember 1972 bis November 1975, BArch, GT 5294, Bl. 126.
69 Befehle des Kommandeurs des Grenzkommandos Mitte, Nr. 41/72 bis 70/72, März bis November 1972, BArch, GT 5657, Bl. 148.
70 Dienstvorschrift DV 018/0/009: Einsatz der Grenztruppen zur Sicherung der Staatsgrenze, Zug bis Grenzposten, 1976, BStU, MfS, HA I Nr. 15595, Band 4, S. 339, 346; Zeitzeugengespräch mit R.E. (Unteroffizier, Grenzregiment 33) vom 19.3.2008.

6. Der taktische Führungsvorgang

Eine Streife der Grenztruppen auf einer Kontrollfahrt zwischen Potsdamer Platz und Brandenburger Tor, 1976

erfolgte der Übergang zur »beweglichen Grenzsicherung«.[71] Der bewegliche Einsatz der Kräfte sollte die Aufklärung des mehrheitlich starren Systems der Grenzposten durch potentielle Grenzverletzer erschweren. An der »grünen Grenze« erhielten hierbei Grenzposten und Streifen einen definierten Bewegungskorridor mit »Postenzeitpunkten«. Diese Punkte mussten zu festgelegten Zeiten passiert und von dort aus Meldungen abgesetzt werden, wobei der Weg, Zeiträume und Beobachtungshalte zwischen diesen Punkten im eigenen Ermessen der jeweiligen Posten lagen.[72] Diese bewegliche Grenzsicherung war im Grenzkommando Mitte nur bedingt möglich, da der Großteil der Grenz-

---

71 Befehl Nr. 80/76 des Chefs der Grenztruppen und Befehl Nr. 40/76 des Kommandeurs des Grenzkommandos Mitte, BStU, MfS, HA I Nr. 15595, Band 3, S. 29.
72 Zeitzeugengespräch mit A.K. (Major, GÜST-Sicherungsregiment, Grenzregiment 36, in Funktion des Zugführers, Kompaniechefs und zuletzt des Operativen Diensthabenden) vom 14.5.2008.

posten weiterhin auf die einzelnen Beobachtungstürme im Grenzabschnitt angewiesen war. Somit zeichnete sich diese neue Art der Grenzsicherung hier maßgeblich durch die Streifenfahrten sowie die Kontroll- und Beobachtungshalte der Zug- und Gruppenführer aus.

Zur Durchführung der Kontrollen im Grenzabschnitt verfügten die Kommandeure Grenzsicherungsabschnitt über ein Kfz, im Allgemeinen ein Trabant Kübel, und einen eigenen Kraftfahrer. Die Kontrollstreifen dauerten in der Regel vier bis sechs Stunden, wobei im Aufgabenbereich alle unterstellten grenzsichernden Kräfte, der Zustand der pioniertechnischen Anlagen, die Unversehrtheit des Kontrollstreifens sowie die Einhaltung der Grenzordnung überwacht wurden.[73]

Für die Dauer einer Kontrollfahrt des Kommandeurs Grenzsicherungsabschnitt übernahm dabei sein Stellvertreter seine Aufgabe in der Führungsstelle im Zugabschnitt. Der Kompaniechef, der letztlich die Verantwortung für alle Maßnahmen der Grenzsicherung im Zeitraum des Grenzaufzuges seiner Kompanie im Grenzabschnitt trug, führte ebenso wie der Kommandeur Grenzsicherungsabschnitt Kontrollfahrten im Grenzabschnitt durch. Da der Chef jedoch seltener vor Ort sein konnte, fielen seine Kontrollen weitaus weniger umfangreich und häufig aus als die Fahrten des Kommandeurs Grenzsicherungsabschnitt.

Der Führungsvorgang auf der Ebene der Gruppenführer und Unteroffiziere umfasste verschiedene Bereiche. Zusätzlich zur Übernahme der Position des Kommandeurs eines Sicherungsabschnitts erfolgte ihr Einsatz zumeist in Form beweglicher Streifen im Abschnitt des jeweiligen Zuges oder der jeweiligen Gruppe. Sie befuhren dabei in der Regel mit Hilfe eines Krades den Abschnitt in den ihnen zugewiesenen Grenzen und legten an Ausweichpostenpunkten, die zwischen den einzelnen Postentürmen vorbereitet waren, Beobachtungshalte ein.[74] Sie konnten aber auch als Postenführer eines Postensoldaten auf einem der B-Türme im Grenzabschnitt eingesetzt werden. Eine bedeutendere Rolle kam ihnen jedoch als Führer einer Alarmeinheit im Grenzabschnitt zu.[75] Auf der Ebene der einzelnen Kompanien wurde jeweils mindestens eine Alarmgruppe vorgehalten, die sich aus mindestens zwei Grenzsolda-

---

73 Dienstvorschrift DV 718/0/005: Einsatz der Grenztruppen zum Schutz der Staatsgrenze, Grenzkompanie, BStU, MfS, HA I Nr. 15595, Band 4, S. 76–77.
74 Zeitzeugengespräch mit T. S. (Unteroffizier, Grenzregiment 42 und Grenzregiment 36) vom 8.4.2008.
75 Dienstvorschrift DV 018/0/009: Einsatz der Grenztruppen zur Sicherung der Staatsgrenze, Zug bis Grenzposten, 1976, BStU, MfS, HA I Nr. 15595, Band 4, S. 341.

6. Der taktische Führungsvorgang 79

Eine Streife der Grenztruppen in einem Grenzabschnitt des Grenzkommandos Mitte

ten zusammensetzte, deren Stärke aber bis zu einem Zug aufwachsen konnte. Die Führung dieser Gruppe lag dabei in der Hand eines Gruppenführers oder seines Stellvertreters, wobei auch erfahrene Grenzposten in dieser Funktion eingesetzt werden konnten.[76] Das Einsatzspektrum der Alarmgruppe umfasste die Sicherung und Kontrolle von bestimmten Abschnitten, das Retten und Bergen von Verwundeten oder Toten sowie die Verfolgung und Festnahme von Grenzverletzern.[77] Die Zeitvorgabe für die Reaktion dieser Kräfte im Rahmen eines solchen Einsatzes betrug lediglich zwei Minuten. Wurde die Alarmgruppe eingesetzt, war umgehend eine weitere Reserve in Form einer neuen Alarmgruppe zu bilden. Um diese engen zeitlichen Vorgaben erfüllen zu können, hielt sich die Gruppe ständig im jeweiligen Grenzabschnitt auf, wobei

---

76 Dienstvorschrift DV 718/0/005: Einsatz der Grenztruppen zum Schutz der Staatsgrenze, Grenzkompanie, 1985, BStU, MfS, HA I Nr. 15595, Band 4, S. 96–97.
77 Ebd., S. 96.

ihre Dienstzeit bis zu 24 Stunden umfassen konnte. Im gesamten Grenzregiment musste in der Einsatzform der Regimentssicherung zudem ständig eine Alarmeinheit von der Größenordnung eines Zuges bis hin zu einer Kompanie sichergestellt werden.[78] Diese war dabei in der Kasernenanlage des Regiments untergebracht und kam lediglich auf Befehl des Kommandeurs der Grenzsicherung zum Einsatz.[79] Die Vielzahl ihrer Aufgaben lässt erkennen, dass stets der Großteil aller Gruppenführer und Unteroffiziere einer Kompanie im Rahmen eines Grenzaufzuges eingesetzt war.

7. Dienstrhythmus, Grenzaufzüge, Postenvorplanung

Der Einsatz der Kompanien an der Grenze war in den Vorgaben des »Dienstsystems« festgelegt und wurde vom Regimentskommandeur befohlen.[80] Die Dienstzeit einer Grenzkompanie im Grenzdienst umfasste einen Zeitraum von acht bis zwölf Stunden (ohne An- und Abmarschwege zum eigentlichen Grenzabschnitt) und konnte lagebedingt verlängert oder aber verkürzt werden. Diese Zeiten waren in den »Dienstrhythmus« des Grenzregiments eingebettet und sahen vor, dass der aufeinander folgende Einsatz der Kompanien des Regiments zur Grenzsicherung in einer Zeitspanne von 24 bis zu 32 Stunden stattfand. Die Kompanien waren somit im sogenannten »Drittel- oder Vierteldienst« eingesetzt. Der Einsatz im Dritteldienst bedeutete, dass in einem Zeitraum von 24 Stunden drei Kompanien mit einer Dauer von jeweils acht Stunden aufeinander folgend im Grenzabschnitt des Regiments eingesetzt waren. In der Variante des Vierteldienstes erfolgte der Einsatz von vier Kompanien in jeweils nacheinander folgenden Schichten. Je nach Einsatzzeitraum mussten die einzelnen Kompanien somit entweder zur Frühschicht (6.00 bis 14.00 Uhr), zur Spätschicht (14.00 bis 22.00 Uhr) oder zur Nachtschicht (2.00 bis 6.00 Uhr) zum Grenzdienst aufziehen.[81] Hierbei waren diese Schichten in der Regel in einer wiederkehrenden Abfolge angeordnet, so dass auf die Ableistung einer Frühschicht am ersten Tag der Grenzaufzug zum Spätdienst am zweiten Tag sowie der Aufzug zum Nachtdienst am dritten mit Übergang in den vier-

---

78 Dienstvorschrift DV 718/0/002: Einsatz der Grenztruppen zur Sicherung der Staatsgrenze, Grenzregiment, 1977, BStU, MfS, HA I Nr. 15595, Band 4, S. 500.
79 Dienstvorschrift DV 718/0/005: Einsatz der Grenztruppen zum Schutz der Staatsgrenze, Grenzkompanie, 1985, BStU, MfS, HA I Nr. 15595, Band 4, S. 97–98.
80 Dienstvorschrift DV 718/0/002: Einsatz der Grenztruppen zur Sicherung der Staatsgrenze, Grenzregiment, 1977, BStU, MfS, HA I Nr. 15595, Band 4, S. 427.
81 Zeitzeugengespräch mit R. E. (Unteroffizier, Grenzregiment 33) vom 19. 3. 2008.

7. Dienstrhythmus, Grenzaufzüge, Postenvorplanung 81

ten Tag erfolgte. Der Zyklus begann dann erneut mit der Frühschicht am fünften Tag.[82] Dieses Rotationsprinzip basierte auf dem Einsatz von mindestens vier Kompanien (vgl. u. a. Dienstschema der Grenzaufzüge), wobei die fünfte Grenzkompanie des Regiments in der Regel für Ausbildungs- oder Wartungsvorhaben oder aufgrund von Urlaubsphasen aus dem regulären Grenzdienst herausgelöst war.[83] Das Einwechseln der fünften unter gleichzeitiger Herauslösung einer der anderen Kompanien erfolgte im Allgemeinen in Abständen von zwei bis vier Wochen und war von den jeweiligen Ausbildungsvorhaben der herausgelösten Kompanie abhängig.

Die Zeiten zwischen den einzelnen Grenzaufzügen waren durch den Garnisonsdienst bestimmt. Die Möglichkeit der Veränderung der Dienstzeiten im Grenzdienst wurde dabei gelegentlich in Anspruch genommen. Ein ehemaliger Unteroffizier des Grenzregiments 33 erinnert sich wie folgt: »Wir bekamen die Information, wann denn unsere Ablöse [sic] eintreffen würde, oft erst kurzerhand, wenn wir bereits im Grenzdienst standen. Es gab vier verschiedene Varianten der Ablösezeiten und Stehzeiten. Somit variierten die eigentlichen Stehzeiten als Grenzposten oder Postenführer im Grenzdienst von minimal sechs bis hin zu maximal zehn Stunden.«[84]

Es bedarf keiner besonderen Vorstellungskraft, um nachvollziehen zu können, dass die Ungewissheit über den Zeitpunkt der Ablösung, im Besonderen jedoch die ständig wechselnden Schichtzeiten sich nicht unbedingt förderlich auf die Motivation der Grenzsoldaten auswirkten.[85] Die zeitliche Belastung wurde zudem durch die starke Monotonie des Grenzdienstes weiter verstärkt: »Für die Grenzposten ist der Dienst nicht nur anstrengend, sondern zugleich auch eintönig, weil für den einzelnen gesehen die meiste Zeit wenig oder nichts geschieht.«[86] Die Einteilung zum Grenzdienst und damit auch der Grenzaufzug jeder Kompanie des Grenzregiments 33 begann stets in der Kaserne in

---

82 Kommando der Grenztruppen, Stellvertreter und Chef des Stabes für Grenzsicherung: Grenzüberwachung, Maßnahmen zur Grenzsicherung, Mai 1971 bis Oktober 1976, BArch, GT 6554, Bl. 122.
83 Zeitzeugengespräch mit A. K. (Major, GÜST-Sicherungsregiment, Grenzregiment 36, in Funktion des Zugführers, Kompaniechefs und zuletzt des Operativen Diensthabenden) vom 14. 5. 2008.
84 Zeitzeugengespräch mit R. E. (Unteroffizier, Grenzregiment 33) vom 19. 3. 2008.
85 Personalmangel und mangelnde Freizeit führten nicht selten zu schlafenden Grenzposten, siehe Kapitel II.2.
86 Ursachen, Motive und begünstigende Bedingungen für Fahnenfluchten von Angehörigen der Grenztruppen der DDR und der NVA, September 1987, BStU, MfS, HA I Nr. 13452, S. 155.

Beispiel eines Dienstschemas der Grenzaufzüge eines Grenzregiments (Vierteldienst)

Schicht	Mo	Di	Mi	Do	Fr	Sa	So
Frühschicht	1. Kp	4. Kp	3. Kp	2. Kp	1. Kp	4. Kp	3. Kp
Spätschicht	2. Kp	1. Kp	4. Kp	3. Kp	2. Kp	1. Kp	4. Kp
Nachtschicht	3. Kp	2. Kp	1. Kp	4. Kp	3. Kp	2. Kp	1. Kp

Berlin-Treptow. Während eine Kompanie an der Grenze eingesetzt war, zog in der Kaserne die ablösende Kompanie auf. Der Kompaniechef informierte die angetretene neue Schicht zunächst über die allgemeine Lage und fasste wesentliche Vorgänge und Ereignisse der vorangegangenen Schicht im Grenzabschnitt zusammen. Da zwischen der letzten Schicht im Grenzabschnitt und der nun anzutretenden in der Regel bis zu 16 Stunden lagen, war es stets notwendig, alle Grenzsoldaten auf den Wissens- und Informationsstand der noch eingesetzten Kompanie zu bringen. Im Besonderen wies der Kompaniechef hierbei auf sogenannte besondere Vorkommnisse (Grenzdurchbrüche, flüchtige Personen) hin und sprach Schwerpunkte für den Dienst an. Im Anschluss daran erfolgten das Aufrufen und das Zusammenstellen der Postenführer und ihrer zugewiesenen Grenzposten. Diese Zusammenstellung erfolgte dabei weder zufällig noch anhand einer vorhersagbaren oder immer wiederkehrenden Abfolge. Grundlage für die Einteilung der Postenpaare und damit die Entscheidung, welcher Grenzsoldat mit wem seinen Dienst antrat, bildete die vom jeweiligen Kompaniechef angefertigte »Postenvorplanung«. Die Wesenszüge dieses Systems sind dabei charakteristisch für die Führungsmaxime und den täglichen Umgang der Grenztruppen miteinander. Nach der ersten Konzeption zur Einführung einer Postenvorplanung im Grenzkommando Mitte vom Dezember 1967[87] lag eine wesentliche Zielsetzung des Systems darin, »die Vorbereitung und Durchführung von Fahnenfluchten rechtzeitig zu erkennen und zu verhindern«.[88]

Der Zeitraum nach dem Bau der Mauer war im Wesentlichen durch eine Phase der Selbstfindung der Grenztruppen und damit der Stabilisierung des Systems geprägt. Grundlagen, Abläufe und neue Rahmenbedingungen waren zwar geschaffen worden, mussten jedoch zunächst von der Bevölkerung und auch den Angehörigen der Grenztruppen als solche akzeptiert oder zumindest

---

87 Handakte des Chefs der Grenztruppen, 1961–1969, BArch, GT 363, Bl. 139.
88 Ebd., Bl. 139.

hingenommen werden. Gerade in dieser frühen Phase war längst nicht jeder bereit, diesen Schritt zu vollziehen. Somit zählte auch eine nicht unerhebliche Anzahl von Grenzsoldaten zu den Personen, die die DDR noch möglichst vor einer endgültigen Zementierung des Systems verlassen wollten oder verließen. Somit war das System der Grenzsicherung zu diesem Zeitpunkt noch weit von seiner späteren perfiden Perfektionierung entfernt, was im Besonderen durch wiederholt geglückte Grenzdurchbrüche und eine hohe Zahl von fahnenflüchtigen Grenzsoldaten deutlich wurde. Die Staatsführung der DDR war sich dieser Tatsache bereits frühzeitig bewusst, so dass Admiral Waldemar Verner[89], Stellvertreter des Ministers für Nationale Verteidigung und Chef der Politischen Hauptverwaltung, bereits 1963 in seiner Einschätzung der Lage in den Grenztruppen anführte, der »Stand der Fahnenfluchten [sei] nach wie vor außerordentlich hoch«.[90] Allein im ersten Halbjahr 1962 belief sich die Zahl der fahnenflüchtigen Grenzsoldaten auf 290; hiervon allein 39 in und um Berlin. Die Zahl der Fahnenfluchten des nachfolgenden Jahres 1963 an der »grünen Grenze« war mit 160 gelungenen Fluchten zwar geringer, die Angabe für Berlin war jedoch mit 38 Fluchten nahezu konstant geblieben. In den Augen der Staatsführung lag die Ursache dieser Entwicklung in der unsicheren Zusammensetzung der Grenzpostenpaare, wodurch diese Fahnenfluchten erst ermöglicht worden seien.

Das neue System der Postenvorplanung hatte somit ein wesentliches Ziel vor Augen: Durch eine kontrollierte und aufeinander abgestimmte Zusammenstellung von Postenpaaren und die vorsichtige Auswahl ihres Einsatzraums sollten weniger vertrauenswürdige Grenzsoldaten gezielt durch besonders linientreue Soldaten überwacht und somit von vornherein an einer Flucht gehindert werden. Mit den Worten der SED-Führung hieß diese Losung, »die richtigen Genossen am richtigen Platz einzusetzen«.[91] An dieser Stelle wird ein wesentlicher Grundzug des Grenzdienstes und damit auch des Grenzregimes deutlich: Die Führungsmaxime innerhalb der Grenztruppen basierte keinesfalls auf den Grundlagen von Kameradschaft und Vertrauen, sondern auf einem Zustand der ständigen und wenn möglich lückenlosen Kontrolle. Ein ehemaliger Unteroffizier der Grenztruppen beschreibt es so: »Wir standen direkt als erste

---

89 Klaus Froh und Rüdiger Wenzke: Die Generale und Admirale der NVA. Ein biographisches Handbuch, Berlin 2007, S. 194.
90 MfNV: Protokoll der 16. Sitzung des Nationalen Verteidigungsrates der DDR, 20. 9. 1963, BArch, DVW 1/39473, Bl. 21.
91 Handakte des Chefs der Grenztruppen, 1961 – 1969, BArch, GT 363, Bl. 141.

an der Grenze, eigentlich hätte man [die Führung] uns am ehesten vertrauen müssen und sollen. Dies war allerdings nicht der Fall, sondern genau das Gegenteil. Es herrschte eine Stimmung des ständigen Misstrauens.«[92] Jede gelungene Fahnenflucht führte aufgrund des ihr nachfolgenden Presseechos in den West-Berliner und westdeutschen Medien dazu, dass das »Idealbild« der lückenlosen Kontrolle der Grenze durch die SED bröckelte. Hieran durfte die Parteiführung jedoch keinen Zweifel aufkommen lassen, wollte sie sich nicht mit einer möglichen Schwächung ihres ideologischen Standpunktes und ihrer Glaubwürdigkeit konfrontiert sehen. Die Verhinderung von Fahnenfluchten aus den »eigenen Reihen« erhielt somit absurderweise eine höhere Priorität als die eigentliche Kernaufgabe der Grenztruppen, der Einschluss der breiten Bevölkerung. Auch hier schlugen sich die selbst herbeigeführten Missstände des Grenzregimes, ähnlich wie die »zu wirksame« Filtrierung des MfS, in ernst zu nehmenden, negativen Begleiterscheinungen innerhalb der Grenztruppen nieder.

Das System der Postenvorplanung wurde dabei mehrfach geändert und den aktuellen Bedürfnissen angepasst. Im März 1972 etwa erließ der Kommandeur des Grenzkommandos Mitte den Befehl Nr. 43/72 über die »Ordnung der Planung und des Einsatzes der Grenzposten (Postenvorplanung)«.[93] Den gesamten Grenzabschnitt eines Regiments stufte er in gefährdete und übrige Postenbereiche ein. Dem Grundsatzbefehl des Kommandeurs zufolge waren gefährdete Postenbereiche im Speziellen dadurch gekennzeichnet, dass diese »besonders günstige Bedingungen für Grenzverletzungen in beiden oder in einer Richtung b[o]ten und (oder) besonders Kontaktversuchen sowie allen weiteren Formen der ideologischen Diversions- und Provokationshandlungen des Gegners ausgesetzt« waren.[94]

Die hier vordergründig auf den Schutz der Grenzsoldaten ausgelegten Begründungen für die Posteneinstufungen konnten jedoch nicht die eigentlichen Ursachen gegenüber den eigenen Soldaten verschleiern oder verbergen. Im all-

---

92 Zeitzeugengespräch mit R. E. (Unteroffizier, Grenzregiment 33) vom 19. 3. 2008.
93 Befehle des Kommandeurs des Grenzkommandos Mitte Nr. 41/72 bis 70/72, März bis November 1972, BArch, GT 5657, Bl. 8.
94 Ebd., Bl. 9. Unter Politisch-ideologischer Diversion (PiD) verstand die Staatssicherheit jegliche negative, d. h. von der Linie der Partei abweichende Einflussnahme auf die Meinungsbildung der Bevölkerung der DDR. Alle Formen der kritischen Auseinandersetzung mit der Ideologie und Politik der Partei oder auch mit alltäglichen Problemen wie z. B. der Mangelwirtschaft und der Umweltsituation in der DDR fielen darunter.

täglichen Umgang innerhalb der »Truppe« war man sich schnell der wahren Hintergründe dieser Einstufungen bewusst und gab diese untereinander auch in eindeutigen Umschreibungen wieder: »Ein für eine mögliche Fahnenflucht ungeeigneter Postenbereich wurde dabei im Umgangston unter den Soldaten als ›schwarz‹ und Bereiche, die sich für Fahnenfluchten eigneten, als ›rot‹ bezeichnet. Wenn also ein Soldat der Grenztruppen rot war, dann war er in Bereichen eingesetzt, in denen er hätte flüchten können. Schwarze Posten waren an Postenpunkten eingesetzt, die von anderen Posten eingesehen werden konnten.«[95] Ein Postenbereich lag im Allgemeinen in der Verantwortung eines Postenpaars, das sich aus dem Postenführer und dem Postensoldaten zusammensetzte. Der genaue Auftrag eines jeden Postenbereichs variierte dabei und ergab sich maßgeblich aus den verschiedenen baulichen und infrastrukturellen Besonderheiten des jeweiligen Umfelds. Die Einsatzmöglichkeiten der Posten erstreckten sich hierbei vom Einsatz als Postenführer für unterirdische Anlagen und Zugsicherung (PFU), dem Einsatz als Postenführer gefährdeter Postenbereiche (PFG), dem Einsatz als Postenführer übriger Postenbereiche (PF), dem Einsatz als Posten für unterirdische Anlagen und Zugsicherung (PU) bis hin zum Einsatz als einfacher Posten (P).[96]

Die baulichen und infrastrukturellen Besonderheiten waren dabei auch ausschlaggebend für die Einstufung dieser Posten. Unterirdische Anlagen wie beispielsweise U-Bahnhöfe waren überhaupt nicht einzusehen und stellten somit besonders »hohe Ansprüche« an den eingesetzten Posten. Als PFU kamen somit lediglich diejenigen Soldaten in Betracht, »die über eine hohe politisch-ideologische Reife, einen festen Klassenstandpunkt, menschliche Reife, einen hohen Ausbildungsstand, schnelles Reaktionsvermögen, Vorbildlichkeit, gute Disziplin und Ordnung [und] eine enge menschliche Bindung in der DDR und materielle Bindung am Heimatort« verfügten.[97] Postenführer für übrige Postenbereiche mussten über ähnliche Merkmale verfügen, die in der Gesamtheit jedoch ein etwas geringeres Maß an »Perfektion« aufweisen konnten. Der Einsatz als einfacher Posten war stets dann möglich, wenn keine ablehnenden oder negativen Einschätzungen zum betroffenen Soldaten und seiner Tauglichkeit zum allgemeinen Grenzdienst vorlagen.[98]

---

95 Zeitzeugengespräch mit T. S. (Unteroffizier, Grenzregiment 42 und Grenzregiment 36) vom 8. 4. 2008.
96 Befehle des Kommandeurs des Grenzkommandos Mitte, Nr. 41/72 bis 70/72, März bis November 1972, BArch, GT 5657, Bl. 10.
97 Ebd., Bl. 25.
98 Ebd., Bl. 25.

Zwei Grenzposten des Grenzkommandos Mitte überwachen Bahnanlagen

Die Einstufung der Postenbereiche wurde jeweils halbjährlich in einem Befehl des Regimentskommandeurs festgelegt und war außerhalb dieser Zeiten bei sich verändernden Rahmenbedingungen (Ausbau der Grenzanlagen, zunehmender »Druck des Gegners« usw.) zu aktualisieren. Die Arbeitsgrundlage für diese Einstufung bildete die »Personalanalyse« der Kompanie.[99] Diese Analysen hatte der jeweilige Zugführer zu erarbeiten. Sie mussten für jeden Angehörigen der Grenztruppen kontinuierlich erstellt und weitergeführt werden. In der Regel erfolgte sie erstmals bereits in den Grundausbildungseinheiten und musste, wenn sie noch fehlte, spätestens drei Monate nach einer Zuführung des betreffenden Soldaten in die grenzsichernde Einheit nachgeholt werden.[100] Die Analyse gab neben den allgemeinen Personendaten des Soldaten Auskunft über seine persönliche Entwicklung vor der Einberufung

---

99 Ebd., Bl. 10.
100 Ebd., Bl. 16.

7. Dienstrhythmus, Grenzaufzüge, Postenvorplanung

(darunter Beurteilung seines Betriebes, Einstellung zum Kollektiv), den Grad seiner politisch-ideologischen Festigkeit (wie Klassenstandpunkt, Mitarbeit im Politunterricht), die Erfüllung seiner militärischen Pflichten (Erfüllen von Befehlen, militärisches Verantwortungsbewusstsein usw.), die erkannten Erziehungsschwerpunkte sowie über alle aufgrund dieser Erkenntnisse durch seine Vorgesetzten veranlassten Maßnahmen.[101] Dieser Vorgang fand in enger Anlehnung an mögliche Ergebnisse des Filtrierungsvorgangs durch das MfS statt.[102]

Die hierauf aufbauende Postenvorplanung war ausschließlich dem Kompaniechef oder dessen Stellvertreter vorbehalten; die Einbindung von Zugführern in diesen Prozess war ausdrücklich untersagt. Hier zeigt sich erneut das bezeichnende Wesensmerkmal im Grenzdienst. Der Zugführer als Offizier war in der Regel bereits frühzeitig auf seine Standfestigkeit zum politisch-ideologischen System der DDR überprüft und für tauglich befunden worden. An dieses frühzeitige »Auswahlverfahren« schloss sich eine mehrjährige Aus- und Weiterbildung an, die mit weiteren Hürden und Kontrollen verbunden war und lediglich standfeste und linientreue Offiziere zur »Truppe« zulassen sollte. Trotz einer strikten Trennung der Dienstgradgruppen nach Mannschaften, Unteroffizieren und Offizieren erschien der Zugführer aufgrund der räumlichen und strukturellen Nähe zu den einzusetzenden Postenpaaren (vergleichsweise geringe personelle Größe eines Zuges) ungeeignet, um in den Auswahl- und Entscheidungsprozess eingebunden zu werden. Somit stellte die Planung durch den Kompaniechef nicht nur eine einfache Notwendigkeit (Durchmischung des Personals aller Züge einer Kompanie), sondern auch wiederum eine weitere Kontrollinstanz des Systems an sich dar. Im Zuge seiner Planung musste der Kompaniechef zudem eine Reihe weiterer Punkte beachten. Ein entscheidender Faktor bestand neben der bereits angesprochenen Zusammensetzung von politisch standfesten mit weniger linientreuen Soldaten darin, etwaige Gemeinsamkeiten oder persönliche Bindungen untereinander zu verhindern. Jede noch so kleine Unwägbarkeit musste von vornherein ausgeschlossen und das Risiko einer Absprache zwischen den Grenzposten minimiert werden. Somit war der Einsatz von Grenzsoldaten aus gleichen Heimatorten, Schulen, Betrieben oder Institutionen sowie von miteinander verwandten Soldaten als Postenpaar strikt untersagt. Ebenso musste »eine mehrmalige Postenpaarung

---

101 Ebd., Bl. 17 ff.
102 Chronik des Grenzregiments 33, Dezember 1969 bis November 1972, BArch, GT 5114, Bl. 96.

gleicher Armeeangehöriger hintereinander oder in kurzen Zeitabständen« unbedingt verhindert werden.[103]
Und wiederum unterlag die Kontrollinstanz des Kompaniechefs einer erneuten Kontrolle. Die von ihm verfasste Planung musste stets dem zuständigen Abwehroffizier des MfS vorgelegt und mit diesem abgestimmt werden. Somit hatte dieser die Möglichkeit, Erkenntnisse, die sich aus seiner Tätigkeit und der seiner Informanten ergeben hatten, in die Postenzusammensetzung einfließen zu lassen und hier Änderungen zu erwirken. Die über allem stehende Zielsetzung all dieser Vorgaben war, ein Maximum an Absicherung zu ermöglichen und möglichst zuverlässige, nach der sozialistischen Ideologie gefestigte Angehörige der jeweiligen Kompanie als Postenpaar zusammenzufügen.[104] Diese Vorgehensweise machte es unmöglich, die einzelnen Gruppen oder Züge der jeweiligen Kompanien geschlossen im Grenzdienst einzusetzen. Das Zusammenstellen der Postenpaare führte daher bei jedem neuen Grenzaufzug zu einer umfassenden Durchmischung des Personals aller Züge der jeweiligen Grenzkompanie. Kräfte anderer Einheiten, die im Rahmen des regulären Grenzdienstes unterstützend oder zusätzlich eingesetzt waren, wie etwa die Wehrpflichtigen der Grenzausbildungseinheiten, mussten ebenso in den Gesamtvorgang der Postenvorplanung eingebunden werden. Zusammengehörigkeit und Kameradschaft, einer der wesentlichen Stützpfeiler einer jeden Armee, wurde somit im unmittelbaren Grenzdienst von vornherein ausgeschlossen. Das Band der auf Vertrauen gründenden Kameradschaft wurde durch ein Herrschaftssystem ersetzt, das sich auf Überwachung und Misstrauen stützte.

Der Vorgang der Zusammenstellung erfolgte mit Hilfe eines komplexen Verfahrens (EDV-Varianten) im Postenvorplanungsbuch der jeweiligen Kompanie. Hierbei erhielt, beginnend mit dem Kompaniechef, jeder Angehörige der Kompanie eine Schlüsselzahl, welche dann die Zusammenstellung verschiedener Sicherungsvarianten für die einzelnen Grenzaufzüge der Kompanie ermöglichte. Zu Beginn der Einführung der Postenvorplanung war das gesamte Personal noch in die drei Stufen Kern (positiver Teil des Kollektivs), Reserve (schwankend und unklar) und Rest (hemmend und negativ) eingeteilt worden.[105] Hierbei waren die Stufen mit den Buchstaben A, B und C belegt

---

103 Befehle des Kommandeurs des Grenzkommandos Mitte, Nr. 41/72 bis 70/72, März bis November 1972, BArch, GT 5657, Bl. 13.
104 Dienstanweisung 10/81: Über die politisch-operativen Aufgaben bei der Gewährleistung der territorialen Integrität der DDR [...], 1981, BStU, MfS, ZKG 2970, Bl. 23.
105 Handakte des Chefs der Grenztruppen, 1961 – 1969, BArch, GT 363, Bl. 143.

7. Dienstrhythmus, Grenzaufzüge, Postenvorplanung

Abschrift aus einem Handbuch des Zugführers zur Personalanalyse[106]

Soldat	M Ü L L E R, Gerd*
geb. am:	27.07.1946 in Merseburg
wohnhaft in:	Merseburg, Steinstraße 16
Beruf:	Traktorist
organisiert:	FDJ, ASV
Familienstand:	ledig
Bemerkung:	Verwandte II. Grades in WD
25.10.1966	Ausbildung, Disziplin, Ordnung befriedigend Verhalten gegenüber Vorgesetzten unmilitärisch widerstrebende Befehlsausführung braucht festes Kollektiv Anwendung der Schusswaffe klar
15.12.1966	Verhältnis zum Elternhaus i.O. regelmäßiger Briefverkehr Freundin in Barneberg (Eva Schmidt*) bisher keine negativen Auswirkungen
05.01.1967	Verhältnis zur Freundin gefestigt positive Beeinflussung des M. in Postenführerschulung wenig Initiative
28.07.1967	Geldprämie für vorbildliche Festnahme Entwicklung zum positiven Kern, will Kandidat der SED werden
10.03.1967	Vorschlag zum Postenführer allgemein mit Perspektive einer weiteren Entwicklung
*	Namen zur Wahrung der Persönlichkeitsrechte redaktionell verändert.

---

106 Handakte des Chefs der Grenztruppen, 1961–1969, BArch, GT 363, Bl. 156. Die Abschrift zeigt eine frühe Version des Handbuches und sollte als Schulungsmaterial für die Grenztruppen dienen. Besonders auffällig ist der Fokus der Bemerkungen auf die negativen Charaktereigenschaften des betroffenen Grenzsoldaten. Die Notizen scheinen sich nahezu ausschließlich auf negative Merkmale zu konzentrieren und lassen positive Entwicklungen in den Hintergrund treten. Die angeführte »Westverwandtschaft« ermahnt zusätzlich zu Vorsicht und besonderer Sorgfalt im Umgang mit ihm. Spätere Vorgaben führten weitere personelle Angaben des Soldaten, etwa Angaben über Eltern oder Ehefrau, Spezialausbildungen, Schulbildung, Verwandte im Ausland u.a. auf und differenzierten die Entwicklungsschritte in übergeordneten Abschnitten. Vgl. dazu: Befehle des Kommandeurs des Grenzkommandos Mitte, Nr. 41/72 bis 70/72, März bis November 1972, BArch, GT 5657, Bl. 14.

worden, was im Sprachgebrauch der Truppe dazu führte, dass man von verschiedenen »Blutgruppen« der Posten sprach. Die Postenplanung war durch den Kompaniechef streng geheim zu halten und durfte erst unmittelbar vor der Vergatterung bekanntgegeben werden.[107] Somit erfuhren die einzelnen Soldaten erst dort, in welchem Abschnitt und mit wem sie während ihrer nachfolgenden Schicht eingesetzt sein würden.

An das Aufrufen der Postenpaare im Zuge des Antretens in der Kaserne schlossen sich die Befehlsausgabe zur Grenzsicherung und der formale Akt der Vergatterung aller Angehörigen der Kompanie zum Grenzdienst an. Der Befehl zur Grenzsicherung umfasste dabei in der Regel den Bestand der Grenzsicherungskräfte, die Dienstzeiten, die Aufgabe(n) der eingesetzten Kräfte, die An- und Abmarschwege in und vom Grenzabschnitt, das Zusammenwirken mit Nachbarn und weiteren Kräften des Grenzregimes sowie die potentiellen Handlungen des Gegners.[108] Die Vergatterung löste die Soldaten aus ihrem regulären Unterstellungsverhältnis heraus und unterstellte sie für die Zeit des Grenzdienstes unter die dort eingesetzten Vorgesetzten (Kommandeur Grenzsicherung, Zugführer). In diesem Zusammenhang erhielten sie zudem die Anweisung, die Staatsgrenze zuverlässig zu sichern, Grenzprovokationen und Grenzdurchbrüche nicht zuzulassen und Grenzverletzer »zu verhaften oder zu vernichten«.[109] Im Anschluss erfolgte die Verlegung der ablösenden Kompanie mit Lastkraftwagen in den Grenzabschnitt und zu den ihnen zugewiesenen Bereichen. Die Kräfte der ablösenden Kompanie entbanden die seit mehreren Stunden im Grenzabschnitt eingesetzten Angehörigen einer anderen Grenzkompanie und übernahmen die Grenzsicherung. Die abgelösten Kräfte wurden von den Transportfahrzeugen aufgenommen und zurück in die Unterkünfte und Kasernenanlagen des Grenzregiments 33 verlegt. Nach ihrer Rückkehr wurden die Soldaten je nach Art ihrer Dienstzeit (Schicht) in den Garnisonsdienst eingebunden.

---

107 Befehle des Kommandeurs des Grenzkommandos Mitte, Nr. 41/72 bis 70/72, März bis November 1972, BArch, GT 5657, Bl. 14. Der militärische Vorgang der »Vergatterung« löste die betroffenen Soldaten für die Dauer des Dienstes (Wache, Grenzdienst, etc.) aus ihrem bisherigen Unterstellungsverhältnis heraus und unterstellte sie für die Dauer des entsprechenden Auftrags den jeweiligen Vorgesetzten im Wach- oder Grenzdienst.
108 Dienstvorschrift DV 718/0/005: Einsatz der Grenztruppen zum Schutz der Staatsgrenze, Grenzkompanie, 1985, BStU, MfS, HA I Nr. 15595, Band 4, S. 64.
109 Zeitzeugengespräch mit R. E. (Unteroffizier, Grenzregiment 33) vom 19.3.2008.

8. Einsatz der Postenpaare

Die Grenzregimenter verfügten neben den regulären Grenzkompanien über eine Reihe weiterer Kräfte, insbesondere schwere Waffen in Form von Artillerie- und Granatwerferbatterien. Die militärische Hauptaufgabe der Grenzsicherung und damit die Durchführung des eigentlichen Grenzdienstes wurde innerhalb der einzelnen Grenzregimenter des Grenzkommandos Mitte jedoch im Wesentlichen durch die Angehörigen der regulären Grenzkompanien ausgefüllt. Die Zielsetzungen für die Artillerie- und Granatwerferbatterien waren im Grunde auf die Erfüllung derselben Hauptaufgabe ausgerichtet, sie verfügten jedoch mit ihren Waffensystemen über ein Einsatzspektrum, das ihre Integration in den alltäglichen Grenzdienst nicht ohne weiteres ermöglichte. Gemäß den Dienstanweisungen der Grenztruppen war zwar ihr zeitweiliger Einsatz zum Grenzdienst möglich, eine Einbindung dieser Waffengattung in den eigentlichen Grenzabschnitt erfolgte jedoch in der Regel erst mit Auslösung bestimmter Alarmstufen (Gefechtsalarm, gefechtsmäßige Grenzsicherung).[110] Ebenso wie der Einsatz der schweren Waffen war auch jener der Grenzausbildungsregimenter an der Staatsgrenze keineswegs als ständiger Bestandteil des alltäglichen Dienstes, sondern vielmehr zu Zwecken der Ausbildung, zur Verstärkung der regulären Grenzsicherung, zur Unterstützung des pioniertechnischen Ausbaus oder als Reserve vorgesehen.[111] Den Kompaniechefs des Grenzregiments 33 standen somit hauptsächlich die ihnen unterstellten Züge und Gruppen als Grenzsicherungskräfte zur Verfügung. Die Masse der im Grenzabschnitt eingesetzten Kräfte bildeten dabei die Wehrdienstleistenden in Form der einfachen Grenzposten. Dabei unterschied man zwischen Beobachtungsposten, Sicherungsposten, Grenzstreifen, Suchposten, Horchposten sowie Wachposten.[112] Beobachtungsposten wurden in der Regel als Postenpaar auf den Grenztürmen eingesetzt, die in Abständen von wenigen hundert Metern im Grenzabschnitt standen. Dieses Postenpaar setzte sich stets aus einem Postenführer, in der Regel ein erfahrener Mannschaftsdienstgrad oder ein Unteroffizier, und einem Posten zusammen. Jeder der Türme hatte einen eigenen, vorgegebenen Beobachtungsbereich, der unmittelbar an die Bereiche

---

110 Dienstvorschrift DV 718/0/005: Einsatz der Grenztruppen zum Schutz der Staatsgrenze, Grenzkompanie, 1985, BStU, MfS, HA I Nr. 15595, Band 4, S. 425.
111 Ebd., S. 512–513.
112 Dienstvorschrift DV 018/0/009: Einsatz der Grenztruppen zur Sicherung der Staatsgrenze, Zug bis Grenzposten, 1976, BStU, MfS, HA I Nr. 15595, Band 4, S. 359.

der angrenzenden Türme heranreichte, um eine durchgängige Sicherung des Grenzabschnitts zu gewährleisten. Die Postenführer verfügten über »Postentabellen«, die ihnen anhand der dort aufgeführten Geländeskizzen mit dem Verlauf der Grenzanlagen, Funkaufträgen, Sprechtafeln, Parolen und einer zusätzlichen Signalausrüstung (Signalpistole) als Führungsmittel dienen sollten.[113] So gab es für eine Vielzahl von Situationen, etwa den Grenzdurchbruch von Ost nach West oder aber das Überschreiten der vorderen Postenbegrenzung durch einen Grenzposten, genau festgelegte Signalmeldungen, die der Postenführer zusätzlich zu den Meldungen über das Grenzmeldenetz mittels seiner Signalpistole weitergeben konnte.

Die Postenpaare verließen lediglich in wenigen Situationen, wie beispielsweise zur Durchführung der Ablösung mit nachfolgenden Grenzkompanien, ihre Beobachtungstürme. Sie waren somit mehrheitlich unbeweglich im Grenzabschnitt eingesetzt. In den Fällen, in denen es einem Flüchtling gelungen war, die gesamte Tiefe der vorgeschalteten Kontroll- und Sperrinstanzen zu überwinden und er nicht bereits frühzeitig durch die Grenztruppen erkannt und festgenommen worden war (siehe Kapitel II.10 Einsatzarten der Grenzsicherung), trennten ihn somit lediglich noch die Grenzmauer und die Grenzposten von der Vollendung seiner Flucht. In diesem Fall sah sich das Postenpaar mit nur zwei möglichen Handlungsalternativen konfrontiert: den Flüchtenden mehr oder weniger unbehelligt zu lassen[114] oder ihn unter Inkaufnahme seiner Verletzung oder seines Todes durch den gezielten Schusswaffeneinsatz an der Flucht zu hindern. In der Mehrheit der Fälle nahmen das absichtlich geschürte Misstrauen der Grenzposten untereinander (siehe Kapitel III »Das Ministerium für Staatssicherheit – Akten, Fakten und Fragestellungen«) oder die Furcht vor Repressalien unmittelbaren Einfluss auf die Entscheidung der jungen Wehrpflichtigen. Die detaillierten Gründe und Hintergründe für diese zweite Handlungsoption werden im Kapitel IV (»Gegen Verräter ist die Schußwaffe anzuwenden!« – Grenzsoldaten und ihre Motive für den Grenzdienst) diskutiert.

Eine weitere Möglichkeit war der Einsatz als Horchposten. Der Aufzug von Horchposten war im Besonderen während der Nacht und bei begrenzter Sicht zur Wahrnehmung von Aufklärungsaufgaben vorgesehen. Ein ehemaliger Un-

---

113 Dienstvorschrift DV 718/0/005: Einsatz der Grenztruppen zum Schutz der Staatsgrenze, Grenzkompanie, 1985, BStU, MfS, HA I, Nr. 15595, Band 4, S. 211.
114 In Zeitzeugengesprächen berichtet eine Reihe der ehemaligen Grenzsoldaten von gezielten Fehlschüssen über die oder den Flüchtenden hinweg.

8. Einsatz der Postenpaare

Urkunde über die erfolgreiche Prüfung zum Postenführer der Grenztruppen, Januar 1988

teroffizier des Grenzregiments 33 erinnert sich: »Die im Grenzabschnitt vorhandenen Postentürme (Beobachtungstürme) waren immer fest von einem Postenpaar besetzt, eine Ausnahme bildete aufkommender Nebel. In diesem Fall erhielten alle Postenpaare auf den Türmen den Befehl abzusitzen und Horchposten zu bilden.«[115] Der Einsatz als Sicherungsposten erfolgte beispielsweise zur Absicherung der an den Grenzübergangsstellen eingesetzten Einheiten des MfS (Passkontrolleinheiten), zur Absicherung von notwendigen Reparatur- und Wartungsarbeiten an den pioniertechnischen Anlagen im Grenzabschnitt oder aber zur Absicherung einer Bootsanlegestelle.[116] Suchposten kamen, oftmals im Verbund mit einem Hundeführer, bei besonderen

---

115 Zeitzeugengespräch mit T. S. (Unteroffizier, Grenzregiment 42 und Grenzregiment 36) vom 8. 4. 2008.
116 Dienstvorschrift DV 018/0/009: Einsatz der Grenztruppen zur Sicherung der Staatsgrenze, Zug bis Grenzposten, 1976, BStU, MfS, HA I Nr. 15595, Band 4, S. 360. Im Grenzabschnitt des GR 33 waren Bootsanlagestellen für die dort eingesetzten Bootskompanien vorhanden.

Lagen (versuchter Grenzdurchbruch) zum Aufspüren von Grenzverletzern im Grenzabschnitt und im Schutzstreifen zum Einsatz.

Eine reguläre Grenzkompanie des Grenzregiments 33 verfügte ab der zweiten Jahreshälfte 1973 gemäß ihrem Stellenplan über 86 (einfache) Soldaten, die für die Besetzung der Postenpaare eingesetzt werden konnten. Im Grenzregiment geführte Analysen zur Grenzsicherung zeigten auf, dass in der Regel 27 Angehörige aller Dienstgradgruppen einer Kompanie aufgrund von Urlaub, Krankheit, Diensten außerhalb des Grenzdienstes, Pionier- und Wartungsaufträgen sowie Aus- und Weiterbildungen nicht für den täglichen Grenzdienst verfügbar waren.[117] Somit war die maximal verfügbare Anzahl an Kräften für den täglichen Grenzdienst bereits eingeschränkt. Im Rahmen der eingeführten Regimentssicherung existierte im Grenzabschnitt des Grenzregiments 33 ein Bedarf an insgesamt 66 Grenzposten.[118] Folglich war im regulären Grenzdienst der größte Teil aller wehrpflichtigen Soldaten einer Kompanie eingebunden.

Die Einsatzorte der Postenpaare wurden als Postenpunkte (PoP) bezeichnet, wobei das Grenzregiment 33 allein über rund 30 gefährdete Postenpunkte und eine weitaus größere Anzahl übriger Postenpunkte verfügte.[119] Während die regulären Züge des Grenzregiments für die Sicherung der Grenze in unmittelbarer Nähe der eigentlichen Grenzanlagen verantwortlich waren, wurden oftmals weitere Kräfte der Grenzausbildungsregimenter zur Hinterlandsicherung eingesetzt. Diese bestreiften, ebenso als Postenpaare, die Bereiche vor dem Sperrstreifen, um frühzeitig mögliche Grenzverletzer aufspüren und stellen zu können. Zusätzlich zu diesen Kräften war in diesem Bereich der Einsatz der freiwilligen Helfer der Grenztruppen und der Deutschen Volkspolizei vorgesehen.

9. Spezialkräfte der Grenzsicherung

Die Grenztruppen verfügten neben den regulären Grenzkompanien über eine Reihe weiterer Spezialkräfte, die mit ihren Fähigkeiten in das System der Grenzsicherung eingebunden waren. Innerhalb des Grenzregiments zählten mit der Einnahme der Kommandostruktur dazu insbesondere eine Dienst-

---

[117] Grenzregiment 33: Analysen über Ergebnisse der Grenzsicherung, 1975–1977, BArch, GT 7567, Bl. 7.
[118] Ebd., Bl. 7.
[119] Ebd., Bl. 8–9.

9. Spezialkräfte der Grenzsicherung

hundestaffel, ein Aufklärungszug, ein Taucherzug sowie eine Pionierkompanie.[120] Zusätzlich besaßen die Grenzregimenter 33, 35, 38 und 44 im Rahmen ihres Grenzdienstes Grenzsicherungsboote aus dem Bestand der Bootskompanien, mit denen sie »die Durchsetzung der Hoheitsrechte auf den Grenzgewässern im Grenzabschnitt sicherzustellen« hatten.[121] Im Dezember 1976 hatte das Grenzkommando Mitte in der Kaserne in Berlin-Rummelsburg den Taucherzug 26 aufgestellt, der dem Leiter des Pionierwesens im Grenzkommando unterstand.[122] Sein Auftrag bestand darin, die Berliner Grenzgewässer mittels Sperren zu sichern und diese in eigener Zuständigkeit zu warten.[123] Zusätzlich war der Einsatz im Fall von Schiffshavarien in den Grenzgewässern vorgesehen. Die Grenzsicherungsboote im Grenzkommando Mitte kamen schwerpunktmäßig auf den Grenzgewässern in den Bereichen Spandauer Schifffahrtskanal, hier von der Kieler Brücke bis zur Marschallbrücke, sowie im Bereich der Spree von der Schillingbrücke bis zur Einmündung des Flutgrabens zum Einsatz.[124] Der Auftrag der Bootsbesatzungen bestand, ebenso wie für die Grenzposten an Land, in der Sicherung der Staatsgrenze und der Verhinderung von Grenzfluchten. Zusätzlich hatten sie im Zusammenhang mit der Abwehr dieser Fluchtversuche für die Rettung von Menschenleben und die Bergung von verwundeten oder getöteten Grenzflüchtlingen zu sorgen. Der entsprechende Befehl des Kommandeurs des Grenzkommandos Mitte führt diese Aufgabe dabei als letzte Strichaufzählung und Aufgabe der Grenzsicherungsboote an.[125] Der Zeiteinsatz zur Ausbildung der Bootsbesatzungen in entsprechenden Rettungs- und Bergungstechniken sowie in erster Hilfe war vergleichsweise gering. Er betrug monatlich zwei Stunden und musste der »Gesamtzeit der Gefechtsausbildung« entnommen werden. Im Falle eines Zusammentreffens der Bootsbesatzungen mit »Westberliner Organen oder Kräften« bei Rettungs- oder Bergungsmaßnahmen galten strikte Vorgaben. Die Bootsführer der Grenztruppen durften in diesen Fällen lediglich genau

---

120 Chronik des Kommandos der Grenztruppen, Dezember 1970 bis November 1971, BArch, GT 4082, Bl. 9.
121 Befehle des Kommandeurs des Grenzkommandos Mitte im Ausbildungsjahr 1977, Band 2, BArch, GT 7702, Bl. 147.
122 Befehle des Kommandeurs des Grenzkommandos Mitte im Ausbildungsjahr 1976, Juni bis Dezember 1976, BArch, GT 7700, Bl. 159.
123 Befehle des Kommandeurs des Grenzkommandos Mitte im Ausbildungsjahr 1976, Januar bis November 1976, BArch, GT 7699, Bl. 206.
124 Ebd., Bl. 36.
125 Ebd., Bl. 37.

vorgegebene Texte nutzen und wurden monatlich darin »trainiert«, nichts außer diesen Inhalten von sich zu geben.[126] Ein Überschreiten der Gewässergrenzen zur Bundesrepublik zur Rettung von Personen war den Bootsbesatzungen strikt verboten. Im Zuge dieser Aufgaben wurden dazu den jeweiligen Grenzregimentern einzelne Grenzsicherungsboote unterstellt und in das System der Grenzsicherung integriert. Der Kommandeur des Grenzregiments 33 verfügte hierbei beispielsweise ständig über ein an der Grenzübergangsstelle Marschallbrücke stationiertes Grenzsicherungsboot, das im Bereich von dort bis zur Kieler Brücke zum Einsatz kam.[127]

Die Diensthundestaffel war für die im Grenzdienst eingesetzten Tiere verantwortlich. Der Einsatz von Wachhunden in den Laufanlagen des Grenzabschnitts hatte gemäß den Dienstvorschriften der Grenztruppen in einer Entfernung von mindestens 200 Metern von den Einsatzorten der regulären Grenzposten zu erfolgen. Die Tiere fanden dabei auf einer maximalen Breite von 100 Metern, vorrangig auf Höhe der Grenzsignalzaunanlagen, Verwendung, wobei sie für mindestens vier Tage im Monat zur Versorgung und Pflege aus ihrem Einsatzbereich herausgelöst werden sollten.[128] Eingeteilte Pflege- und Futtertrupps der Hundestaffeln waren für die Pflege und Fütterung der Tiere sowie für Arbeiten in und um die Laufanlagen (Reparatur der Hundehütten, Laufgeschirre etc.) zuständig. Ein ehemaliger Unteroffizier der Hundestaffel des Grenzregiments 44 (Potsdam-Babelsberg) erinnert sich:

> Die Pflege- und Futtertrupps kamen je nach Bedarf und Witterungslage zum Einsatz, in der Regel aber einmal wöchentlich. Das Herauslösen der Hunde aus ihrem Einsatzbereich wurde sehr unterschiedlich gehandhabt; teilweise war es aufgrund der Rahmenbedingungen (Anzahl der Hunde) jedoch gar nicht machbar. In einigen Fällen etwa, in denen die Hunde verhaltensgestört waren und bereits mit dieser Auffälligkeit von den Grenztruppen übernommen worden waren, fand zwar die Pflege und Fütterung der Tiere statt, aber es erfolgte in einem Zeitraum von drei Jahren keinerlei Ablösung aus ihrer Laufanlage.[129]

---

126 Ebd., Bl. 40.
127 Ebd., Bl. 37.
128 Dienstvorschrift DV 718/0/005: Einsatz der Grenztruppen zum Schutz der Staatsgrenze, Grenzkompanie, 1985, BStU, MfS, HA I Nr. 15595, Band 4, S. 103.
129 Zeitzeugengespräch mit R. S. (Unteroffizier, Diensthundestaffel des Grenzregiments 44) vom 7.2.2011. Jeder Aufenthalt des Futter- und Pflegetrupps wurde im Dienstbuch des OpD festgehalten. Ob diese Bücher in den Bestand des BArch in Freiburg eingegangen sind, konnte bis zum Erscheinen dieser Abhandlung leider nicht festgestellt werden.

9. Spezialkräfte der Grenzsicherung

Auch die Flucht über Gewässer sollte unterbunden werden: Grenzboot des Grenzkommandos Mitte auf einer Kontrollfahrt

Im Grenzkommando Mitte dienten zudem Fährtenhunde zum Aufspüren von Grenzflüchtlingen im Grenzgebiet, dazu gab es Schutz- und Wachhunde in Kasernenanlagen der Grenztruppen.[130] 1986 betrug die Anzahl aller im Grenzkommando Mitte eingesetzten Hunde über 820; vorgesehen gemäß Stellen- und Ausrüstungsnachweis (STAN) waren 634.[131]

Die Kräfte der Pionierkompanie hatten die Wartung, Pflege sowie den Auf- und Ausbau der »pioniertechnischen Anlagen«, also der technischen Sperranlagen und der Mauer selbst, im Grenzabschnitt zu gewährleisten. Im jährlichen Befehl des Kommandeurs des Grenzkommandos Mitte legte dieser für jedes Grenzregiment Vorgaben zum weiteren Aus- oder Umbau der Grenzanlagen fest, wobei besonders ab der Mitte der siebziger Jahre der Ausbau der Grenzabschnitte mit der Grenzmauer 75 im Vordergrund stand.[132]

Der Aufklärungsauftrag war ein wesentlicher Bestandteil des Grenzdienstes und erforderte eine Reihe von Spezialkräften. Dazu dienten im Grenzabschnitt des Grenzregiments 33 neben den allgemeinen Grenzposten hauptsächlich der regimentseigene Aufklärungszug, die Aufklärungszüge der Grenzausbildungsregimenter, Grenzaufklärungsoffiziere sowie Offiziersbeobachtungsposten.[133] Das Ziel dieser Grenzaufklärung lag darin, durch ständige Beobachtung und Überwachung des eigenen Grenzabschnitts sowie im Besonderen des West-Berliner Vorfelds und der dort eingesetzten bewaffneten Organe »frühzeitig Angaben über zu erwartende gegnerische Handlungen [...], alle Vorbereitungshandlungen für Provokationen [...] [und] Vorbereitungshandlungen für Grenzdurchbrüche beiderseits der Staatsgrenze rechtzeitig aufzudecken und zu erkennen«.[134] Die gewonnenen Erkenntnisse sollten den Grenztruppen eine Informationsüberlegenheit und somit auch vorzeitige Handlungsmöglichkeiten im Grenzdienst ermöglichen. Der Aufgabenbereich war umfangreich und beinhaltete für das einsehbare Gebiet von West-Berlin die Aufklärung aller Operationen und Bewegungen der »bewaffneten West-

---

130 Auskunftsbericht über das Grenzkommando Mitte mit dazugehörigen Anlagen, 15. 3. 1989, BStU, MfS, HA I Nr. 14605, Bl. 4.
131 Chronik Kommando der Grenztruppen, 1. 12. 1986 – 30. 11. 1987, BArch, DVH 32/111682, Bl. 166.
132 Befehle des Kommandeurs des Grenzkommandos Mitte im Ausbildungsjahr 1976, Januar bis November 1976, BArch, GT 7699, Bl. 197.
133 Anordnungen des Stabschefs des Grenzkommandos Mitte Nr. 13/74 bis 49/74, Januar 1974 bis Dezember 1974, BArch, GT 5729 – 5730, Bl. 239.
134 Grenzregiment 33: Dokumente Grenzsicherung, Dezember 1972 bis Dezember 1973, BArch, GTÜ 5114, Bl. 2.

9. Spezialkräfte der Grenzsicherung

Versorgung der Tiere in der Diensthundestaffel des Grenzregiments 44, Sommer 1983

Berliner Organe«, den Einsatz von Nachrichtenmitteln in Grenznähe, das Auftreten von bekannten Einzelpersonen ziviler, politischer oder militärischer Führungsebenen oder Personengruppen, Neueinführungen von Waffen oder Geräten sowie jegliche baulichen Veränderungen im West-Berliner Vorfeld.[135] Mit den »bewaffneten Organen« in West-Berlin waren die West-Berliner Polizei, der Zollgrenzdienst sowie die in ihren Sektoren stationierten Besatzungstruppen der Alliierten gemeint. Im eigenen Grenzabschnitt sollte sich die Aufklärung gegen mögliche Annäherungswege von Grenzverletzern, die Passierbarkeit von bestimmten Geländeabschnitten oder verdächtige Handlungen wie etwa Schleusertätigkeiten richten.[136] Die Aufklärungstechniken reichten dabei von Fotoaufnahmen bis zu Mitschnitten mit Schmalfilmkameras. In der Anordnung Nr. 43/74 vom 1. November 1974 legte der Stabschef des Grenz-

---

135 Ebd., Bl. 2.
136 Anordnungen des Stabschefs des Grenzkommandos Mitte Nr. 13/74 bis 49/74, Januar bis Dezember 1974, BArch, GT 5729–5730, Bl. 235.

kommandos Mitte unter anderem für das Grenzregiment 33 besondere Räume für die Aufklärung fest. Diese befanden sich in den Bereichen VEB Bergmann-Borsig, am Invalidenfriedhof, am Nordgraben sowie an Straßen wie etwa der Fontane-, der Mühlen-, der Eberswalder oder der Scharnhorststraße.[137] Im einsehbaren Gebiet West-Berlins sollten vor allem der Güterbahnhof Nord, die Bernauer, Garten-, Liesen-, Boyen- und Heidestraße aufgeklärt und gesondert beobachtet werden. Zusätzlich zur Grenzaufklärung mit den »eigenen Mitteln« der Grenztruppen, die lediglich vom Staatsgebiet der DDR aus betrieben werden konnte, führte das MfS eine zusätzliche Form der Aufklärung durch. Das Ziel dieser Aufklärung bestand neben der Verhinderung von Grenzfluchten darin, das »gegnerische Territorium« von West-Berlin beziehungsweise Westdeutschland aus aufzuklären und Informationen über »Störungen und Angriffe gegen die Staatsgrenze«, die Kräfte der westdeutschen Grenzüberwachung und der NATO zu gewinnen.[138] Für das Grenzkommando Mitte waren unterhalb des Bereiches Aufklärung der Hauptabteilung I des MfS vier Unterabteilungen Aufklärung (Berlin-Treptow, Blankenfelde, Groß-Glienicke, Henningsdorf) zuständig, welche ihre Kräfte in den Westsektoren Berlins einsetzten und somit zur »Westarbeit des MfS« beitrugen.[139] Die Mitarbeiter der jeweiligen Unterabteilungen mussten ihre Vorhaben dabei meist zwangsläufig unmittelbar im Grenzgebiet beginnen oder beenden. Somit waren sie für die Dauer dieser Operationen spürbar im Einsatzraum der Grenztruppen präsent, so dass ihr Wirken diesen keinesfalls verborgen blieb. Zudem wirkten sich diese Vorhaben zuweilen direkt auf den Grenzdienst aus, so dass Postentürme statt von Grenzsoldaten kurzfristig von MfS-Angehörigen besetzt wurden oder bestimmte Postenbereiche für eine gewisse Dauer nicht überwacht wurden.[140] Ebenfalls zu den Spezialkräften in der Grenzsicherung zählte die Sicherungskompanie 26 (SiK 26). Sie stellte eine selbständige taktische Einheit dar und war gemäß dem entsprechenden Befehl über ihre Grundsätze dem Kommandeur des Grenzkommandos Mitte direkt unterstellt. Diese eindeutige Zuordnung zum Grenzkommando Mitte erscheint jedoch fraglich, da in der entsprechenden Akte der Grenztruppen im Zusammenhang mit der »Formierung und [dem] Einsatz der Sicherungskompanie 26« die Bezeichnung »Son-

---

137 Ebd., Bl. 237.
138 Befehl Nr. 56/62 des Ministers zur Aufgabenstellung der Abteilung Aufklärung beim Kommando der Grenze der NVA, 19. 1. 1962, BStU, MfS, DSt 100330.
139 Stephan Wolf: Hauptabteilung I: NVA und Grenztruppen, MfS-Handbuch Teil III/13, Berlin 1995, S. 37 ff.
140 Ebd., S. 40.

9. Spezialkräfte der Grenzsicherung

derkompanie der Verwaltung 2000« zu finden ist. Dieser Hinweis und ihre speziellen Aufgaben legen die Vermutung nahe, dass diese Sondereinheit eher dem MfS als dem Grenzkommando Mitte zugeordnet war.[141] Eine Sicherungskompanie stellte für das Grenzregiment 33 keine Besonderheit dar, hatte es vor Einnahme der Kommandostruktur doch noch über drei dieser Kompanien (6., 7., 8. SiK) verfügt.[142] Die SiK 26 zeichnete sich jedoch dadurch aus, dass sie auf gesonderten Befehl besondere Aufklärungs- und Sicherungsaufträge sowie pionier- und nachrichtentechnische Spezialaufgaben durchzuführen hatte.[143] Strukturen des MfS unter dem Deckmantel der Grenztruppen waren keinesfalls eine Seltenheit: Bereits im Oktober 1964 hatte das MfS den vormaligen Kanalisations- und Tunnelzug der Stadtkommandantur Berlin als Sicherungskompanie mit Spezialaufgaben, unter anderem die »Verhinderung von schweren – insbesondere bewaffneten Grenzdurchbrüchen« und die »Liquidierung von Provokationen«, übernommen. Das Personal der Kompanie, das durch das MfS gesondert geschult worden war, wurde als regulärer Bestandteil der Grenztruppen »legendiert« und ihr eigentlicher Zweck so verschleiert.[144] Zu den Spezialaufgaben der Sik 26 gehörte die Absicherung der Pionierkräfte und Grenzposten der Grenztruppen im Rahmen besonderer Baumaßnahmen wie etwa die Errichtung neuer Sperranlagen (Grenzmauer 75). Besonders im Zuge solcher weitläufigen Bauvorhaben befürchtete man verstärkt Fahnenfluchten der eigenen Grenztruppen und wollte diese durch zusätzliche, besonders gesinnungstreue Kräfte abgesichert wissen. Der Grundsatz, dass die vollständigen Kräfte der SiK 26 nur durch den Kommandeur des Grenzkommandos Mitte und selbst Teile nur durch die Kommandeure der Grenzregimenter zu führen waren, trägt zusätzlich zur Vermutung ihrer Zuordnung zum MfS bei.[145] Der Einsatz der Kompanie war ebenso vielfältig wie ihr Aufgabenspektrum und konnte in Form von Grenzposten, in einzelnen Gruppen oder Zügen oder in voller Stärke erfolgen, wobei auch die selbständige Führung eines Grenzab-

---

141 Kommandeur Grenzkommando Mitte: Formierung und Einsatz der Sicherungskompanie, 26. 3. 1975 bis September 1977, BArch, GT 7712, Bl. 1.
142 Chronik des Grenzregiments 33, Dezember 1969 bis November 1972, BArch, GT 5114, Bl. 81.
143 Kommandeur Grenzkommando Mitte: Formierung und Einsatz der Sicherungskompanie 26, März 1975 bis September 1977, BArch. GT 7712, Bl. 11 – 12.
144 Wolf, Hauptabteilung I, S. 81 – 82.
145 Kommandeur Grenzkommando Mitte: Formierung und Einsatz der Sicherungskompanie 26, März 1975 bis September 1977, BArch, GT 7712, Bl. 12.

schnitts möglich war.[146] Ihre Einsatzdauer beschränkte sich im Monat auf acht bis zwölf Tage an der Staatsgrenze zu West-Berlin und auf zehn bis zwölf Tage im Gelände oder auf Truppenübungsplätzen. Die Angehörigen der Sik 26 waren zunächst in der Kasernenanlage des Grenzregiments 33 in Berlin-Treptow untergebracht worden und zogen erst im Zuge der Fertigstellung eines eigenen Unterkunftsgebäudes im Juli 1975 in den Standort des Grenzregiments 35 nach Berlin-Rummelsburg um.[147]

10. Einsatzarten der Grenzsicherung

Der alltägliche Einsatz der Grenztruppen an der Staatsgrenze erfolgte in Form der regulären oder einfachen Grenzsicherung. Diese Einsatzform stellte den eigentlichen »Grundbetrieb« der Grenzregimenter dar. Dabei kamen die beschriebenen Kräfte und Mittel in der vorgesehenen Stärke und Umfang zum Einsatz. Im Rahmen dieser Einsatzart kam es in der Regel zu keiner größeren Beeinträchtigung der übrigen Dienstbereiche (Ausbildung, Wartungs- und Instandsetzungsarbeiten, Freizeitplanung usw.), da alle den für sie vorgesehenen Aufgaben nachgehen konnten. Die tiefe Staffelung des Grenzregimes machte es Flüchtenden äußerst schwer, die eigentlichen Sperranlagen der Grenze schnell und zudem unentdeckt zu erreichen.[148] In den Fällen, in denen eine solche Annäherung dennoch geglückt war, führten die massiven Sperrelemente und die dichte Postenkette in der überwiegenden Mehrheit zu einer unmittelbaren Festnahme vor Ort. In vielen Fällen kam es hierbei auch zum Einsatz der Schusswaffe durch den oder die Grenzposten und somit zur Verwundung oder gar zum Tod des Flüchtenden. Die hier beschriebene Abfolge mit der Verhinderung einer Flucht im »letzten Moment« stellte dabei jedoch keineswegs die Regel, sondern eher die Ausnahme dar. Die Sicherung der Grenzanlagen beinhaltete im Wesentlichen verschiedene taktische Verfahren, um potentielle Grenzverletzungen und Grenzdurchbrüche zu verhindern. Dazu gehörten unter anderem »Sicherung«, »Abriegelung«, »Verfolgung«, »Suche«, »Einkreisung«, »Hinterhalt«, »Verteidigung« oder »Angriff mit einem begrenz-

---

146 Ebd., Bl. 13.
147 Ebd., Bl. 1.
148 Im Grenzkommando Mitte ist mit der Tiefe der Staffelung weniger die Breite der eigentlichen Grenzanlagen und des Sperrstreifens, sondern vielmehr die Art und der Umfang der vorgeschalteten Anteile des Grenzregimes (MfS, Volkspolizei, etc.) gemeint.

10. Einsatzarten der Grenzsicherung

ten Ziel«.[149] Diese taktischen Varianten sollten den gesamten Bereich aller erdenklichen Vorfälle im Grenzabschnitt abdecken. Das Verfahren der Abriegelung kam stets dann zur Anwendung, wenn im Grenzabschnitt Flüchtlinge entdeckt worden waren und diese möglichst weit im Vorfeld der eigentlichen Grenzanlagen gestellt und festgenommen werden sollten. Hierbei wurden die Kräfte im Grenzabschnitt unter Einführung von Reserven (Alarmgruppe, freiwillige Helfer der Grenztruppen, weitere Züge) in der »wahrscheinlichsten Bewegungsrichtung« der Flüchtenden konzentriert, um diesen den weiteren Weg abzuschneiden.[150] Ein ähnliches Vorgehen war für das Verfahren des Hinterhalts vorgesehen. Diese taktische Option setzte dabei ein gewisses Zeitfenster voraus, da sie vorsah, eine Reihe von Kräften frühzeitig in einem Bereich zusammenzuziehen, in dem mit dem Erscheinen eines Flüchtlings zu rechnen war. Im Anschluss an diese Vorbereitung sollten der oder die Flüchtenden dann umstellt und festgenommen werden. Hierbei wurden die offensiv vorgehenden Kräfte der Grenztruppen in Form eines »Überfalltrupps« durch weitere eigene Kräfte in Form eines »Sicherungstrupps« selbst abgesichert und zusätzlich durch »Beobachtungs- und Reservetrupps« verstärkt.[151]

Die nächsthöhere Stufe im Vergleich zur normalen Grenzsicherung stellte die »verstärkte Grenzsicherung« dar. Diese war immer dann auszulösen, wenn eine »erhöhte Aktivität gegnerischer Kräfte« nach Wahrnehmung der Grenztruppen den eigenen Auftrag an der Grenze mit den Mitteln der regulären Grenzsicherung zu gefährden schien.[152] Dazu gehörten auch entdeckte, versuchte oder erfolgte Grenzdurchbrüche. Auch fahnenflüchtige Grenzsoldaten, Angehörige anderer bewaffneter Organe oder der befreundeten Streitkräfte führten zur Auslösung der »verstärkten Grenzsicherung«. Das Zusammenziehen bewaffneter Kräfte oder deren verstärkte Bewegungen auf West-Berliner Seite konnten ebenfalls zur Einnahme dieser Bereitschaftsstufe führen. Das Ziel der »verstärkten Grenzsicherung« lag darin, innerhalb kürzester Zeit einen möglichst maximalen Einsatz der Kräfte und Mittel in einem begrenzten Abschnitt zu gewährleisten. Im Rahmen der Regimentssicherung konnte das durch den Einsatz von bis zu zwei zusätzlichen Zügen, durch die Abstellung einer weiteren Kompanie und damit den gleichzeitigen Einsatz von

---

149 Dienstvorschrift DV 018/0/009: Einsatz der Grenztruppen zur Sicherung der Staatsgrenze, Zug bis Grenzposten, 1976, BStU, MfS, HA I Nr. 15595, Band 4, S. 350.
150 Ebd., S. 351.
151 Ebd., S. 356.
152 Dienstvorschrift DV 718/0/005: Einsatz der Grenztruppen zum Schutz der Staatsgrenze, Grenzkompanie, 1985, BStU, MfS, HA I Nr. 15595, Band 4, S. 120.

zwei Grenzkompanien im Grenzabschnitt oder durch die Abstellung zusätzlicher Kräfte aus den Ausbildungsregimentern und den Einheiten der schweren Waffen erreicht werden.[153] Der jeweilige Kompaniechef konnte die Aufrechterhaltung dieser Einsatzform für bis zu 24 Stunden befehlen, wobei der Regimentskommandeur die Verlängerung für eine Dauer von bis zu fünf Tagen anordnen konnte.[154] Im Dienstrhythmus wurden dabei entweder die regulären Acht-Stunden-Schichten beibehalten oder aber die Dauer der Schichten auf zwölf Stunden erhöht, was unweigerlich zu erheblichen Einschränkungen für die nachgeordneten Bereiche führte. Insbesondere wirkte sich ein solcher Schritt aufgrund des zusätzlich eingesetzten Personals auf die Ausbildungs- und Urlaubsgestaltung, aber auch auf die Einbindung von Angehörigen der Grenztruppen in volkswirtschaftliche Prozesse (Metall- und Bauarbeiten der Pioniere) aus.[155]

Die höchste Einsatz- und Bereitschaftsstufe war die »gefechtsmäßige Grenzsicherung«. Diese war lediglich in unmittelbarer zeitlicher Nähe zu einem Kriegsausbruch oder aber nach Auslösung einer Spannungsperiode vorgesehen und konnte sowohl aus der regulären als auch aus der verstärkten Grenzsicherung heraus ausgelöst werden.[156] Im Zuge dieser Einsatzart trat der militärische Auftrag der Grenztruppen besonders in den Vordergrund, da hier die gesamten Kräfte und Mittel aller Kompanien des Grenzregiments direkt in den Auftrag der Landesverteidigung eingebunden wurden. Jede Kompanie musste dann ihre Kasernenanlage mit voller Ausrüstung und Bewaffnung verlassen und in unmittelbarer Nähe zur Staatsgrenze (500 Meter bis drei Kilometer) einen »Kompaniestützpunkt« im Gelände errichten. Die Kompaniestützpunkte hatten Ausmaße von rund 800 mal 500 Meter und sollten durch den

---

153 Dienstvorschrift DV 718/0/002: Einsatz der Grenztruppen zur Sicherung der Staatsgrenze, Grenzregiment, 1977, BStU, MfS, HA I Nr. 15595, Band 4, S. 517–518.
154 Ebd., S. 516.
155 Dienstvorschrift DV 718/0/005: Einsatz der Grenztruppen zum Schutz der Staatsgrenze, Grenzkompanie, 1985, BStU, MfS, HA I Nr. 15595, Band 4, S. 120–121. Die Soldaten der NVA und der Grenztruppen wurden neben ihrem regulären Dienst auch als kostengünstige und zudem dringend benötigte Arbeitskräfte eingesetzt und leisteten in allen Bereichen der DDR-Volkswirtschaft (Industrie, Landwirtschaft usw.) umfangreiche Arbeitseinsätze. So wurden etwa in einem dreimonatigen Arbeitseinsatz im Jahr 1972 über 1.500 Angehörige der Grenztruppen in der chemischen Industrie zur Aufholung von Arbeitsrückständen eingesetzt. Vgl. dazu: Rogg, Armee, S. 468.
156 Dienstvorschrift DV 718/0/005: Einsatz der Grenztruppen zum Schutz der Staatsgrenze, Grenzkompanie, 1985, BStU, MfS, HA I Nr. 15595, Band 4, S. 124.

10. Einsatzarten der Grenzsicherung

Ausbau von Feuer- und Wechselstellungen, insbesondere für die Granatwerfer und Panzerabwehrwaffen, zur Rundumverteidigung vorbereitet werden. Das Personal dieser schweren Waffen war unbedingt von jeglichen Einsätzen zur Sicherung der Staatsgrenze zu entbinden, um die ständige Einsatzbereitschaft der Geschütze und Granatwerfer sicherzustellen.[157] Der Stützpunkt diente dabei keineswegs nur als Verteidigungsstellung, sondern sollte den nunmehr in unmittelbarer Nähe der Grenzanlagen versammelten Grenztruppen auch ermöglichen, Operationen gegen die »gegnerischen Kräfte« auf Westgebiet zu führen. Der Nationale Verteidigungsrat der DDR hatte bereits 1979, ausgehend von einer Direktive des Oberkommandierenden der Streitkräfte des Warschauer Paktes, ein »neues System der Überführung der Nationalen Volksarmee vom Friedens- in den Kriegszustand« beschlossen.[158] Das Grenzkommando Mitte verfügte ab 1986 nach der daraus abgeleiteten »Kriegsstruktur« im Wesentlichen über folgende Verbände und Einheiten: die Grenzregimenter 33, 34, 35, 38, 42, 44, die Grenzausbildungsregimenter 39 und 40, das Grenzersatzregiment 26, die Ausbildungskompanie 26, die Nachrichtenkompanie 26, die Pionierkompanie 26, die Stabskompanie 26, die Sicherungskompanie 26, das Instandsetzungsbataillon 26 sowie die Kompanie Chemische Abwehr 26. Der Personalbestand betrug insgesamt knapp über 10 000 Angehörige.[159] Als weiterer Schritt dieser Struktur erfolgte die Aufstellung der 56. Grenzbrigade und des 5. Grenzregiments. Im Falle eines Krieges war vorgesehen, das gesamte Grenzkommando Mitte mit Ausnahme der 56. Grenzbrigade dem Kommando der Landstreitkräfte zu unterstellen. Die konkreten Aufgaben des Grenzkommandos Mitte in diesem Zusammenhang werden im Kapitel VI betrachtet. Dieser Schritt hätte unweigerlich die Entbindung aller Kräfte des Grenzkommandos Mitte von ihrer ursprünglichen Aufgabe der »Grenzsicherung« zur Folge gehabt, die in den Augen der Parteiführung jedoch keineswegs hinfällig werden durfte. Diese Aufgabe sollte die 56. Grenzbrigade – bestehend aus dem Grenzregiment 36, den Grenzbataillonen 34, 38, 42 und 44, dem Grenzersatzbataillon 56 und der Reservegrenzkompanie 56 – übernehmen.[160]

---

157 Ebd., S. 125–126.
158 Protokoll der 58. Sitzung des Nationalen Verteidigungsrates der DDR, 7.9.1979, BArch, DVW 1/39518–39519, Bl. 97.
159 Chronik Kommando der Grenztruppen, 1.12.1986–30.11.1987, BArch, DVH 32/111682, Bl. 119 ff.
160 Ebd., Bl. 120.

11. Die Grenztruppen im Grenzabschnitt – letzte Instanz des Grenzregimes

Die Grenztruppen waren lediglich ein Teil des gesamten Grenzregimes der DDR. Das gesamte System der Grenzsicherung war ein dichter Verbund von verschiedenen Institutionen der Staatsgewalt, wobei neben den Grenztruppen maßgeblich das Ministerium für Staatssicherheit (MfS) sowie die Kräfte der Deutschen Volkspolizei mit den nachgeordneten Ebenen der Transportpolizei und der Wasserschutzinspektionen in die Grenzordnung eingebunden waren. Das Grenzkommando Mitte war in seinem Verantwortungsbereich auf eine Zusammenarbeit mit dem Präsidium der Volkspolizei Berlin, der Bezirksbehörde der Deutschen Volkspolizei Potsdam, der Verwaltung für Staatssicherheit Groß-Berlin, der Bezirksverwaltung des MfS Potsdam, dem Bereich Passkontrolle Berlin des MfS sowie den Bezirksverwaltungen Berlin und Potsdam angewiesen.[161] Das Grenzregiment 33 setzte diese Zusammenarbeit auf den Ebenen der Volkspolizeiinspektionen und Kreisdienststellen Pankow, Prenzlauer Berg und Mitte sowie des Transportpolizeiamtes Berlin um. Es ging darum, »den Einsatz der Kräfte mit dem Ziel zu organisieren, daß bereits Angriffe auf die Staatsgrenze in der Tiefe des Bezirkes Potsdam und des Stadtgebietes der Hauptstadt der DDR frühzeitig erkannt [wurden] und die Festnahme vor Erreichen des Handlungsstreifens erfolgt[e]«.[162] Die Kräfte der Volkspolizei bildeten somit weit im Vorfeld der eigentlichen Grenzanlagen einen vorgelagerten Kontrollbereich der »Tiefensicherung«, in dem möglichst alle versuchten Grenzdurchbrüche aufgeklärt und verhindert werden sollten.[163] Hierbei wurden keineswegs nur potentielle Flüchtlinge, sondern auch eine große Zahl weiterer Personen im Grenzabschnitt aufgegriffen, die mit ihrem Aufenthalt dort gegen die Grenzordnung verstießen. Die Hauptgründe für die aus diesen Verstößen resultierenden Festnahmen waren Verwandten- und Bekanntenbesuche im Grenzgebiet, das Nichtbeachten oder Neugier im Zusammenhang mit ausgewiesenen Sperrbereichen sowie Arbeiten in diesen Bereichen ohne gültige Dokumente.[164]

---

161 Grenzregiment 33: Beschluss KEL-Mitte, Protokolle ZW und ZA, Arbeitspläne ZW und ZA, Ablaufplan Übung ZW, 27.4.1970–4.11.1972, BArch, GT 5126, Bl. 15.
162 Ebd., Bl. 14.
163 Chronik des Grenzregiments 33, Dezember 1969 bis November 1972, BArch, GT 5114, Bl. 313.
164 Chronik des Grenzregiments 33, Dezember 1972 bis November 1975, BArch, GT 5295, Bl. 263.

11. Die Grenztruppen im Grenzabschnitt – letzte Instanz des Grenzregimes

Im Grenzabschnitt des Grenzregiments 33 war das Zusammenwirken dieser Kräfte im Wesentlichen auf der Grundlage eines gemeinsamen Arbeitsplans, von Dienstversammlungen sowie von Koordinierungs-, Stabs- und Arbeitsberatungen mit allen beteiligten Ebenen organisiert. Der Plan des Zusammenwirkens gab hierbei unter anderem Auskunft über die genauen Aufgaben aller Beteiligten im allgemeinen Dienstbetrieb. Die jeweils »operativen Diensthabenden« des Grenzregiments und der Volkspolizeiinspektionen führten täglich zwischen 6.00 Uhr und 7.00 Uhr morgens einen Lage- und Informationsaustausch durch, um die Führung ihrer eigenen Kräfte an etwaige Entwicklungen und Ereignisse im Grenzabschnitt anzupassen.[165] Der Aufgabenbereich der Volkspolizei umfasste verschiedene, auf das Einsatzspektrum der einzelnen Fachkräfte ausgerichtete Funktionen. Die Transportpolizei etwa war für die Sicherung des Güterzugverkehrs zum Osthafen, aber auch für die zusätzliche Absicherung der Bahnhöfe als »Ausgangspunkte der Grenzverletzer« zuständig. Die Kräfte der Wasserschutzinspektionen sicherten im Besonderen die Grenzgewässer und kamen bei Havariefällen in diesen Bereichen zum Einsatz. Die Volkspolizei verfügte über mit dem Grenzregiment genau besprochene Streifenräume und Schwerpunktobjekte im Vorfeld des Grenzabschnitts, die sie zu bestimmten Zeiten kontrollierte. Weiterhin übernahm sie durch die Einbindung der Notausgänge der U- und S-Bahnen in diese Streifenräume deren zusätzliche Absicherung.[166] In den Fällen, in denen Volkspolizeiinspektionen in ihrem Zuständigkeitsbereich polizeiliche Fahndungsmaßnahmen eingeleitet hatten, konnten die Grenztruppen ihrerseits Schritte zur »Erhöhung der Sicherheit an der Staatsgrenze« unternehmen und somit unterstützend eingreifen.[167] Das Vorgehen zur »Ereignisort- und Spurensicherung« sowie bei Katastrophenfällen war ebenso Teil des Plans zum Zusammenwirken aller Kräfte. Die verschiedenen Handlungsanweisungen mussten im Rahmen regelmäßig stattfindender Übungen, der sogenannten systematischen Trainings, vertieft und überprüft werden. So fanden im Ausbildungsjahr 1970/71 im Grenzregiment 33 15 und im ersten Halbjahr 1972 zehn dieser Übungen mit den Volkspolizeiinspektionen statt.[168]

---

165 Grenzregiment 33: Beschluß KEL-Mitte, Protokolle ZW und ZA, Arbeitspläne ZW und ZA, Ablaufplan Übung ZW, 27.4.1970–4.11.1972, BArch, GT 5126, Bl. 20.
166 Ebd., Bl. 25.
167 Ebd., Bl. 22.
168 Ebd., Bl. 37.

Das System der Grenzsicherung war über die Zusammenarbeit mit den Volkspolizeiinspektionen und Kreisdienststellen hinaus in zusätzlichen Bereichen verankert. Das Grenzregiment 33 führte hierzu durch den 1. Stellvertreter des Regimentskommandeurs und die Kompaniechefs Beratungen mit den Bezirksräten für Inneres, den Kommissionen für Ordnungen und Sicherheit der Stadtbezirke sowie den staatlichen Leitern der sozialistischen Großbetriebe.[169]

Zusätzlich zu den staatlichen Organen war der Großteil der grenznahen Bevölkerung durch die Grenzordnung in verschiedener Weise in das System der Grenzsicherung integriert. Diese Einbindung erfolgte durch die staatliche Vorgabe für die grenznahe Bevölkerung, die grenzsichernden Kräfte der Staatsgewalt, etwa durch die Meldung verdächtiger Personen oder Ereignisse oder aber durch das Mitwirken bei Suchoperationen im Grenzgebiet, aktiv zu unterstützen. Im Blickfeld der Grenztruppen lagen dabei beispielsweise die Wohngebietsausschüsse im Grenzgebiet, die zur aktiven Mitarbeit gewonnen werden sollten.[170] Die staatliche Weisung zur Mitarbeit richtete sich an alle »gesellschaftlichen Kräfte« und war daher auch für alle im Grenzgebiet ansässigen Betriebe und Einrichtungen verbindlich.[171] Die Vorgaben der Grenzordnung sahen dabei strikte Regelungen zum Betreten und zum Verschluss der grenznahen Betriebe, zur Sicherung solcher Kraftfahrzeuge, die sich für potentielle Grenzdurchbrüche eigneten (Planierraupen, schwere Transportfahrzeuge), sowie periodische Begehungen der Betriebe zur Kontrolle aller Maßnahmen vor.[172]

Ein Großteil der vorgegebenen Unterstützungsleistungen der Grenzbevölkerung erfolgte dabei durch die Auswahl von »freiwilligen Helfern der Grenztruppen« (FHG). Die Grundlage für deren Einsatz bildete die »Verordnung über die Zulassung und die Tätigkeit der freiwilligen Helfer zur Unterstützung der Grenztruppen« vom März 1964. Hierin wurde festgelegt, »klassenbewußte männliche Bürger von 18 bis 65 Jahren, die im Grenzgebiet wohnen oder dort arbeiten«, zur Unterstützung des Grenzregimes auszuwählen und diese schwerpunktmäßig als Reserve der Grenztruppen, der NVA oder ande-

---

169 Ebd., Bl. 19.
170 Chronik des Grenzregiments 33, Dezember 1972 bis November 1975, BArch, GT 5295, Bl. 317.
171 Ebd., Bl. 260.
172 Chronik Grenzkommando Mitte für die Ausbildungsjahre 1973/74 – 1975/76, Dezember 1973 bis November 1976, BArch, GT 6780, Bl. 190.

11. Die Grenztruppen im Grenzabschnitt – letzte Instanz des Grenzregimes

Verhinderte Grenzdurchbrüche und Festnahmen im Abschnitt des Grenzregiments 33 von 1971–76

Zeitraum	Festnahmen wegen Verstößen gegen Grenzordnung insgesamt	Davon Festnahmen durch DVP/TPA*	Davon Festnahmen durch GR 33	Verhinderte Grenzdurchbrüche insgesamt**	Davon verhinderte Grenzdurchbrüche durch GR 33	Davon verhinderte Grenzdurchbrüche durch DVP/TPA
Dez. 1971 – Mai 1972	124	107	17	30	10	20
Juni 1972 – Nov. 1972	154	Keine Angaben	Keine Angaben	20	8	12
Dez. 1972 – Mai 1973	159	Keine Angaben	Keine Angaben	33	13	20
Juni 1973 – Nov. 1973	Keine Angaben	Keine Angaben	Keine Angaben	38	Keine Angaben	Keine Angaben
Dez. 1973 – Mai 1974	174	147	17	20	10	10
Juni 1974 – Nov. 1974	139	126	13	19	12	7
Dez. 1974 – Mai 1975	140	109	31	19	11	8
Juni 1975 – Nov. 1975	131	116	15	24	11	11
Dez. 1975 – Mai 1976	203	184	19	15	9	6
Juni 1976 – Nov. 1976	120	112	18	17	6	9
Gesamt	1344	901	130	235	90	103

* Zusammenfassung aus verschiedenen Chroniken des Grenzkommandos Mitte und des GR 33.
** Abkürzungen: DVP = Deutsche Volkspolizei, TPA = Transportpolizeiamt.
*** Die Zahl der verhinderten Grenzdurchbrüche ist nicht immer deckungsgleich mit der Zahl der in diesem Zuge festgenommenen Personen. So wurden im Zeitraum zwischen Dezember 1971 und Mai 1972 insgesamt 52 Personen im Rahmen der 30 verhinderten Grenzdurchbrüche festgenommen.

rer bewaffneter Organe einzusetzen.[173] Diese Hilfskräfte sollten insbesondere unter den Mitgliedern und Mitarbeitern von Produktionsgenossenschaften, von Verkehrsbetrieben, der Deutschen Post sowie unter Forst- und Straßenarbeitern, Lehrkräften und Verkaufspersonal rekrutiert werden.[174] Diese Personen- oder Berufsgruppen waren keineswegs zufällig festgelegt worden. Ihre Angehörigen hatten eine Vielzahl von täglichen Berührungspunkten mit einer großen Zahl von Personen im Grenzabschnitt und eigneten sich daher im besonderen Maße dazu, unbekannte und somit potentiell verdächtige Individuen oder Gruppierungen zu melden. In diesem Zusammenhang erscheint es nicht weiter verwunderlich, dass Personen, die über verwandtschaftliche Bindungen ersten oder zweiten Grades nach West-Berlin verfügten, vom Einsatz als FHG generell ausgenommen waren.

Innerhalb der einzelnen Grenzregimenter waren die jeweiligen Kompaniechefs für den Prozess der Gewinnung und Ernennung der Helfer der Grenztruppen verantwortlich und hatten auch für deren Ausbildung zu sorgen.[175] Die Ausbildung dieser Kräfte konnte aber auch auf der Ebene der Grenzregimenter stattfinden. Sie umfasste die Schulung im Gebrauch und Einsatz der Schusswaffe, in politisch-ideologischen Inhalten und taktischen Operationen an der Staatsgrenze. Alle Helfer wurden in halbjährlichen Abständen über die Geheimhaltung ihrer Aufgaben belehrt und kamen im Zuge der Regimentssicherung in der Regel auf Befehl des Regimentskommandeurs zum Einsatz. Hierbei wurden sie in Form von Gruppen und Zügen organisiert. Die dem Anschein nach am stärksten politisch und militärisch befähigten Angehörigen erhielten die Funktion eines Gruppen- oder Zugführers zugewiesen.[176] Die Stärke einer solchen Gruppe betrug dabei zwischen sieben und zehn Personen, der Zug setzte sich im Allgemeinen aus 23 bis 30 Grenzhelfern zusammen.[177] Das Aufgebot der Helfer der Grenztruppen konnte im direkten Verbund mit den regulären Grenzposten der Grenztruppen oder aber losgelöst von diesen in selbständigen Gruppierungen erfolgen. Die Dienstzeiten der FHG lagen hierbei im Allgemeinen außerhalb der geregelten Arbeitszeiten, wobei ihr Einsatz nicht vergütet wurde. Eine Unterbrechung ihrer beruflichen Tätigkeit

---

173 Dienstvorschrift DV 718/0/002: Einsatz der Grenztruppen zur Sicherung der Staatsgrenze, Grenzregiment, 1977, BStU, MfS, HA I Nr. 15595, Band 4, S. 634.
174 Ebd.
175 Ebd.
176 Ebd.
177 MfNV: Ordnung Nr. 018/9/001 über die Arbeit mit den freiwilligen Helfern der Grenztruppen der DDR, 1983, BStU, MfS, HA I Nr. 15595, Band 3, S. 787.

war lediglich im Ausnahmefall vorgesehen. Die Aufgaben der FHG bestanden im Wesentlichen darin, bestimmte Objekte und Abschnitte im grenznahen Bereich oder im Umfeld ihres Arbeitsplatzes zu überwachen, verdächtige Personen zu erkennen und aufzuspüren und allgemein die Augen offen zu halten. Auch außerhalb ihrer Dienstzeiten als FHG waren sie berechtigt und verpflichtet, in Verdachtsfällen selbständig tätig zu werden. Hierzu konnten sie verdächtige Personen im Grenzabschnitt einer Kontrolle unterziehen, diese wenn nötig festnehmen und der nächsten Dienststelle der Grenztruppen oder der Polizei überstellen.[178] Zusätzlich zu den FHG war auch die restliche Grenzbevölkerung zur aktiven Mithilfe verpflichtet. Im Zeitraum zwischen 1970 und 1972 wurden im Grenzkommando Mitte insgesamt 60 Personen bei versuchten Grenzfluchten oder wegen Verstößen gegen die Grenzordnung durch gezielte Hinweise und Meldungen aus der Grenzbevölkerung frühzeitig festgenommen.[179] Gegen Ende der achtziger Jahre konnten die Grenztruppen insgesamt auf rund 3000 dieser freiwilligen Helfer zurückgreifen.[180] Im Grenzabschnitt des Grenzregiments 33 gab es FHG-Züge des VEB Bergmann-Borsig, des Zentralen Instituts für Schweißtechnik sowie der Humboldt-Universität.[181] Der Einsatz dieser Hilfskräfte erfolgte vor allem an Schwerpunkttagen. Im Ausbildungsjahr 1969/70 setzte das Grenzregiment 33 insgesamt 59 freiwillige Helfer der Grenztruppen ein, die durch ihren Einsatz zur Festnahme von fünf Personen wegen Verstößen gegen die Grenzordnung beitrugen und in zwei weiteren Fällen versuchte Grenzdurchbrüche verhinderten.[182]

Insgesamt konnten die Grenztruppen im Zuge der Sicherstellung ihres Auftrages auf eine Vielzahl unterschiedlicher Kräfte im Grenzabschnitt zurückgreifen. Neben den aus mehrheitlich eigenem Antrieb agierenden Gruppierungen der bewaffneten Organe wurde somit ein Großteil der grenznahen Bevölkerung geradezu in eine aktive Mitarbeit bei der Verhinderung von Grenzfluchten gepresst. Das Grenzregime nutzte diesen Verbund, um der Staatsgrenze bereits weit im Vorfeld der eigentlichen Sperranlagen und vor dem unmittelbaren Wirkungsradius der Grenztruppen eine nahezu unüber-

---

[178] Dienstvorschrift DV 718/0/002: Einsatz der Grenztruppen zur Sicherung der Staatsgrenze, Grenzregiment, 1977, BStU, MfS, HA I Nr. 15595, Band 4, S. 636–637.
[179] Leitungsvorlagen des Grenzkommandos Mitte, Nr. 1/71 bis 26/72 (lückenhaft), Januar 1972 bis Oktober 1972, BArch, GT 5670–5671, Bl. 227.
[180] Lapp, Grenztruppen, S. 240.
[181] Chronik des Grenzregiments 33, Dezember 1969 bis November 1972, BArch, GT 5114, Bl. 313.
[182] Ebd., Bl. 332.

windbare Sperrwirkung zu verleihen. Das findet besonders deutlich seinen Niederschlag in der Statistik und grafischen Darstellung verhinderter Grenzdurchbrüche und festgenommener Personen im Grenzabschnitt des Grenzregiments 33 oder der 1. Grenzbrigade. Hier wird im Besonderen die hohe, bereits weit vor dem direkten Wirkungsbereich der Grenztruppen einsetzende »Wirksamkeit« des Grenzregimes deutlich.

12. Der Garnisonsdienst – zwischen Einsatz, Ausbildung und Reserve

Dem Grenzdienst als eigentliche militärische Hauptaufgabe des Grenzregiments stand der Garnisonsdienst als vorbereitende und umrahmende Grundlage gegenüber. Er beinhaltete nahezu alle für den Grenzdienst notwendigen vor- und nachbereitenden Maßnahmen und Inhalte, wie die kontinuierliche Ausbildung in den Stammeinheiten, politische Schulungen der Angehörigen des Regiments, Qualifizierungen, Wartung aller vorhandenen Fahrzeuge, Waffen und Geräte, die Sicherstellung der Verpflegung des Regiments, Einteilung und Durchführung von Wach- und Sonderdiensten. Die Verantwortung für die Organisation des Garnisonsdienstes im Grenzregiment 33 lag hauptsächlich bei den Kompaniechefs, die monatliche Planungen zu erstellen und sie wöchentlich zu »präzisieren« hatten.[183] Ein wesentlicher Aspekt dieses Dienstes war die zielgerichtete Planung der gering bemessenen Freizeit der Angehörigen des Regiments. Hierbei wurden die Gruppen der Berufs- und Zeitsoldaten sowie jene der Wehrpflichtigen stark unterschiedlich betrachtet, was sich in den Anweisungen und Richtlinien zur »Dienstfreiplanung« niederschlug. Die Berufssoldaten einer Grenzkompanie waren im Wesentlichen der Kompaniechef, sein Stellvertreter, die Zugführer und ihre Stellvertreter sowie der Hauptfeldwebel und wenige andere Soldaten.[184] Diesen stand der überwiegende Anteil der Kompanie in Form der Mannschaftsdienstgrade sowie der Unteroffiziere auf Zeit gegenüber. Im Rahmen der Freizeitplanung unterschieden die Grenztruppen die Freizeit in die »dienstfreie Zeit in der Grenzkompanie« (auch dienstfreier Tag oder dienstfrei genannt), den »Erholungs- sowie Sonderurlaub« und das »Dienstfrei an Wochenenden«.[185]

---

183 Chronik des Grenzregiments 33, Dezember 1972 bis November 1975, BArch, GT 5294, Bl. 127.
184 Ebd., Bl. 122.
185 Kommando der Grenztruppen, Stellvertreter und Chef des Stabes für Grenzsicherung: Grenzüberwachung, Maßnahmen zur Grenzsicherung, Mai 1971 bis Oktober 1976, BArch, GT 6554, Bl. 119–120.

Der dienstfreie Tag war hierbei vorgesehen als Ausgleich für Sonn- und Feiertage, an denen Grenzdienst geleistet worden war. Anspruch darauf bestand unabhängig vom Dienstgrad oder Status für alle Angehörigen, die im ständigen Dienstsystem, etwa in den Grenzkompanien, eingesetzt waren. Er konnte lediglich im Anschluss an die Ableistung eines Frühaufzuges im Grenzdienst gewährt werden und beinhaltete einen genau festgelegten dienstfreien Zeitraum von 20 Stunden. Jeder Angehörige hatte im Monat einen Anspruch auf vier dieser Tage. Die Einteilung zum Frühdienst am vorherigen Tag (6.00 bis 14.00 Uhr) bedingte in der Regel den Einsatz im Spätdienst am folgenden Tag (14.00 bis 22.00 Uhr), wobei eine zweistündige Dienstnachbereitung nach Abschluss des Frühdienstes sowie eine ebenso lange Zeit zur Dienstvorbereitung vor Beginn der Spätschicht die Zeitspanne von 20 Stunden ergab.[186] Im Zuge des dienstfreien Tages konnten die Wehrpflichtigen generell ihre Möglichkeit zum Freigang oder Ausgang aus der Kaserne nutzen, wobei dies aber immer nur einem Bruchteil der Kompanie zugutekam. Angesichts der wahrgenommenen Bedrohung durch die NATO bestand die Vorgabe, dass stets 75 Prozent aller Kräfte in Bereitschaft zu halten waren. Somit konnte nur eine geringe Anzahl der Wehrpflichtigen den Ausgang nutzen und die Kaserne verlassen. Es existierten eine Reihe von Klubs und Interessengemeinschaften wie etwa Sport- oder Singegruppen, die unterschiedlich stark genutzt wurden. In der Regel verfügte eine Kaserne auch über Gemeinschaftsgebäude oder Einrichtungen in Form von Bibliotheken oder sogenannten Klubräumen, in denen die Angehörigen des Regiments einen Teil ihrer gering bemessenen Freizeit verbringen konnten. Der Empfang von Besuch war für den einfachen Soldaten ebenfalls möglich, allerdings nur in besonderen Besuchsräumen der Kaserne.[187]

Eine »Erläuterung der Dienstfreiplanung an Wochenenden für Berufssoldaten der Grenzkompanie« aus dem Jahr 1975 führt für die einzelnen Dienstaufzüge leicht abweichende Dienstzeiten an und zeigt dabei folgende Varianten für den Wochenenddienst in der Grenzsicherung einer Kompanie auf. Im Zeitraum von Freitag bis Montag musste jede Kompanie des Grenzregiments drei Schichten, etwa die Frühschicht am Freitag (5.00 bis 13.00 Uhr), die Spätschicht am Samstag (13.00 bis 21.00 Uhr) und die Nachtschicht von Sonntag auf Montag (21.00 bis 5.00 Uhr), stellen. Der Zeitraum zwischen dem Ende

---

186 Ebd., Bl. 120.
187 In der Kaserne des GR 33 war hierfür ein solcher Raum im Stabsgebäude eingerichtet worden. Zeitzeugengespräch mit R. E. (Unteroffizier, Grenzregiment 33) vom 19.3.2008.

des ersten und dem Beginn des dritten Grenzaufzugs betrug somit 56 Stunden. Innerhalb dieser Zeitspanne war der Anspruch auf dienstfreie Zeit für Berufssoldaten auf 48 Stunden erweitert worden. So konnte entweder für Freitag und Samstag, Samstag und Sonntag oder Sonntag und Montag Ausgang gewährt werden.[188] Dieses »Dienstfrei an Wochenenden« bedeutete damit die Herauslösung des betroffenen Berufssoldaten aus einem der Dienstaufzüge des Wochenendes seiner Einheit.[189] Die Dienstbefreiung wurde in der Regel zwei Mal im Monat gewährt und auf die vier dienstfreien Tage eines jeden Angehörigen einer Grenzkompanie angerechnet. In einer Grenzkompanie mussten von zwölf Dienstaufzügen eines Wochenendes (Früh-, Spät- und Nachtschicht jeweils von Freitag bis Montag) mindestens zehn für die Planung der Freizeit von Berufssoldaten genutzt werden. Die Angehörigen einer Grenzkompanie verfügten über die dienstfreien Tage hinaus über zusätzliche allgemeine Urlaubsansprüche, die sich für die einzelnen Dienstgradgruppen wie folgt zusammensetzten: Offiziere und Fähnriche hatten einen Anspruch von 30 Urlaubstagen im Kalenderjahr, Berufsunteroffizieren standen 24 Tage und den Wehrpflichtigen 18 Tage innerhalb der 18 Monate ihres Wehrdienstes zu.

Außerhalb des Urlaubs und der Freistellungen vom Dienst war der Großteil der Zeit nach oder vor den Grenzaufzügen für die Ausbildung der Angehörigen der Kompanien vorgesehen. Das Schichtsystem des Grenzdienstes bot hierbei nur wenige sinnvoll nutzbare Zeitfenster, wodurch maßgeblich der Zeitraum vor dem Antritt eines Spätdienstes für die Ausbildung genutzt wurde.[190] Die Inhalte und zeitlichen Rahmenbedingungen der Schulungen im Grenzkommando Mitte waren im bereits genannten jährlichen Befehl des Kommandeurs zur Sicherung der Staatsgrenze für das jeweilige Ausbildungsjahr festgelegt.[191] Der entsprechende Befehl Nr. 40/76 über »Die Aufgaben des Grenzkommando Mitte zur Sicherung der Staatsgrenze der Deutschen Demokratischen Republik im Ausbildungsjahr 1976/77« vom 8. November 1976 legte beispielsweise als Ausbildungsinhalte fest, dass die Führungskräfte der Offiziere, Fähnriche und Unteroffiziere der Einheiten im Ausbildungsjahr generell zwei Stunden physische Ausbildung (militärische Körperertüchtigung) pro Woche, vier Stunden militärisches Studium pro Monat und einen Ausbildungskurs mit ins-

---

188 Kommando der Grenztruppen, Stellvertreter und Chef des Stabes für Grenzsicherung: Grenzüberwachung, Maßnahmen zur Grenzsicherung, Mai 1971 bis Oktober 1976, BArch, GT 6554, Bl. 119.
189 Ebd., Bl. 120.
190 Zeitzeugengespräch mit R. E. (Unteroffizier, Grenzregiment 33) vom 19. 3. 2008.
191 Vgl. dazu Kapitel II.

12. Der Garnisonsdienst – zwischen Einsatz, Ausbildung und Reserve

gesamt 48 Stunden pro Jahr zu absolvieren hatten.[192] Die Hauptmethode der Weiterbildung war hierbei das Selbststudium (militärisches Studium). Spezial- oder Fachkräfte wie etwa Artillerieoffiziere erhielten eigene oder zusätzliche Fachausbildungen, die einen wesentlich längeren Zeitraum in Anspruch nahmen.[193] Die Kompaniechefs und Zugführer der Grenzausbildungsregimenter erhielten zusätzlich zum genannten Umfang monatlich 16 Ausbildungsstunden für die Dienstvorbereitung, wobei der Schwerpunkt in der »Grenz- und Schießausbildung« sowie in der »methodisch-pädagogischen Gestaltung der Gefechtsausbildung« lag.[194] Die Vorgaben für das Jahr 1976/77 wichen nur unwesentlich vom vorherigen Ausbildungsjahr 1975/76 und dem entsprechenden Befehl 40/75 des Kommandeurs des Grenzkommandos Mitte ab.[195]

In den einzelnen Grenzkompanien trug der Kompaniechef die Verantwortung für die Aus- und Weiterbildung seiner Soldaten. Die Schulung der Gruppen- und Truppführer dieser grenzsichernden Einheiten war mit 80 Stunden je Ausbildungsjahr angesetzt, wovon 50 Prozent zur Verbesserung der Befähigung des Personenkreises zur Ausbildung der unterstellten Soldaten genutzt wurden.[196] Die einfachen Soldaten erhielten halbjährlich zwischen den Dienstaufzügen verschiedene Schulungen oder Ausbildungen. Sie hatten an 48 politischen Schulungen, 22 aktuellen Gesprächen, vier Schutzausbildungen (Schutz vor Massenvernichtungswaffen), acht Schießausbildungen, vier Schulungen in Dienstvorschriften, vier Exerzierausbildungen und 36 »physischen Ausbildungen« (Sport) teilzunehmen. Fachkräfte unter ihnen, etwa Kraftfahrer oder Richtschützen, erhielten zusätzliche Spezialausbildungen.[197] Die Durchführung des Großteils dieser Inhalte erfolgte in der regimentseigenen Kasernenanlage oder in deren nahem Umfeld.

Der eindeutige Schwerpunkt in der Aus- und Weiterbildung im Garnisonsdienst lag jedoch in der Durchführung von Truppenübungsplatzaufenthalten. Das bedeutete die Herauslösung einzelner Kompanien aus dem regulären

---

192 Befehle des Kommandeurs des Grenzkommandos Mitte im Ausbildungsjahr 1976, Januar bis November 1976, BArch, GT 7699, Bl. 229.
193 Die Artillerieschießausbildung etwa betrug 108 Stunden im Ausbildungsjahr. Vgl. ebd., Bl. 232.
194 Ebd., Bl. 231.
195 Befehle des Kommandeurs des Grenzkommandos Mitte, Nr. 1/75 bis 48/75, Januar bis August 1975, BArch, GT 5662, Bl. 168 ff.
196 Befehle des Kommandeurs des Grenzkommandos Mitte im Ausbildungsjahr 1976, Januar bis November 1976, BArch, GT 7699, Bl. 236.
197 Ebd., Bl. 244.

Grenzdienst. Der Schichtdienst band in der Regel vier der fünf Kompanien der Grenzregimenter ein, so dass stets mindestens eine Kompanie aus der Grenzsicherung herausgenommen wurde. Der Kommandeur des Grenzkommandos Mitte legte auch diese Herauslösung der Kompanien fest: »Die Grenzkompanien und die Aufklärungszüge sind zur Durchführung der Ausbildung je Ausbildungshalbjahr für 10 Tage auf die Truppenübungsplätze Streganz bzw. Rüthnick zu verlegen. [...] Nach Abschluß der Ausbildung sind 2 Parktage im Standort durchzuführen.«[198] Die wesentliche Zielsetzung der Übungsplatzaufenthalte war die Erhöhung der Gefechtsbereitschaft der Grenztruppen. Dies sollte vor allem durch die Durchführung von taktischen Schieß- und Gefechtsübungen erfüllt werden, die den größten zeitlichen Anteil der Aufenthalte ausmachten. So war im Befehl 40/76 festgelegt worden, dass allein 66 von den insgesamt 84 einzelnen Ausbildungspunkten und Terminen durch die Bereiche »taktische Grenz-, Schutz- und Schießausbildung« auszufüllen seien.[199] Themen- oder Zielvorgaben dieser taktischen Übungen mit Gefechtsschießen waren dabei unter anderem »Das Grenzregiment im Angriff aus der Bewegung auf eine Stadt« oder »Die Kompanie als Sturmgruppe im Angriff auf ein Sturmobjekt«.[200]

An dieser Stelle fällt auf, dass sich die Übungsinhalte nur schwerlich mit den möglichen Inhalten einer Ausbildung zum Schutz der Staatsgrenze vereinbaren lassen. Schnell wird deutlich, dass ein wesentlicher Schwerpunkt in der Ausbildung der Grenztruppen nicht wie vielleicht angenommen in der Vermittlung von Techniken und taktischen Vorgehensweisen zur frühzeitigen Festnahme von Flüchtlingen lag, sondern vielmehr in denselben Ausbildungsinhalten, die auch bestimmend für die restliche NVA waren: Gefechtsausbildung mit leichten und schweren Waffen, mit denen auch die motorisierten Schützeneinheiten der NVA ausgerüstet waren. Die NVA war als »sozialistische Koalitionsarmee« und zentraler Bestandteil der Landesverteidigung der DDR eindeutig auf die Erfüllung des militärischen Auftrags im Rahmen des Warschauer Paktes ausgerichtet.[201] Ihr wesentlicher operativer Auftrag

---

198 Ebd., Bl. 243.
199 Ebd., Bl. 244.
200 Chronik Grenzkommando Mitte für die Ausbildungsjahre 1973/74 – 1975/76, Dezember 1973 bis November 1976, BArch, GT 6780, Bl. 65; Befehle des Kommandeurs des Grenzkommandos Mitte im Ausbildungsjahr 1976, Januar bis November 1976, BArch, GT 7699, Bl. 244.
201 Torsten Diedrich, Hans Ehlert und Rüdiger Wenzke (Hg.): Im Dienste der Partei. Handbuch der bewaffneten Organe der DDR, Berlin 1998, S. 30.

Grenzsoldaten bei der Schießausbildung für ein Gefecht

bestand darin, im dichten Verbund mit der GSSD (Gruppe der sowjetischen Streitkräfte in Deutschland) nach einem angenommenen, in Wahrheit jedoch nie beabsichtigten Angriff des westlichen Militärbündnisses massive militärische Operationen auf dem Gebiet der Bundesrepublik durchzuführen.[202] Die Grenztruppen übernahmen in diesem Szenario als zweiter Teil der »mobilen Kräfte der Landesverteidigung« eine wesentliche Rolle und mussten entspre-

---

202 Ebd., S. 483.

chend auf diese Aufgabe vorbereitet werden.[203] Die genauen Inhalte und Hintergründe dieser zweiten Aufgabe werden im Kapitel VI (Der zweite Auftrag der Grenztruppen – Militärisches Mittel in einer »bipolaren Welt«) detailliert diskutiert.

Im Zuge dieser Ausbildungsaufenthalte konnten auch mehrere Kompanien eines Grenzregiments aus der Grenzsicherung herausgelöst werden. Zur Ermöglichung dieser Übungsvorhaben wurden dabei dem übenden Truppenteil Kräfte anderer Truppenteile vorübergehend unterstellt, um den regulären Schichtbetrieb aufrechtzuerhalten. So regelte der »Entschluss zur Sicherung der Staatsgrenze während der Herauslösung des Grenzregiments zur Gefechtsausbildung vom 05.12.69, 14.00 Uhr bis 13.12.69, 14.00 Uhr« des Regimentskommandeurs des Grenzregiments 31, in welchem Umfang Kräfte des betroffenen Regiments in ihrem Objekt zu verbleiben hatten und welche Einheiten und Verbände zur Unterstützung und zur Übernahme des betroffenen Grenzabschnitts eingesetzt wurden. In diesem Fall wurde die Grenzsicherung für den Zeitraum der Gefechtsausbildung durch Teile der benachbarten Regimenter 33, 35, 37 und 38 übernommen und die Grenzsicherung vorübergehend durch verschiedene Maßnahmen verstärkt.[204] Ende März und Anfang April 1976 erhielt das Grenzregiment 33 eine Grenzkompanie des Grenzregiments 38, um seinen Hauptauftrag weiterführen zu können.[205]

---

203 Ebd., S. 30.
204 Bericht über Kontrollen in den Grenzregimentern und den selbständigen Einheiten der 1. Grenzbrigade, 1969–1970, BArch, VA 07/16781, Bl. 14 und 17.
205 Befehle des Kommandeurs des Grenzkommandos Mitte, Nr. 1/75 bis 48/75, Januar 1975 bis August 1975, BArch, GT 5662, Bl. 179.

III. Das Ministerium für Staatssicherheit – Akten, Fakten und Fragestellungen

Das Ministerium für Staatssicherheit (MfS) war ein in nahezu allen gesellschaftlichen Bereichen der DDR, wenn natürlich zumeist »hinter den Kulissen« operierender, fester Bestandteil des alltäglichen Lebens.[1] Die Beschaffung von Informationen und das Einwirken auf Organe, die dem Schutz des Staates dienten, wie etwa der Deutschen Volkspolizei oder der NVA, waren dabei von besonderer Wichtigkeit.[2] Den Grenztruppen der DDR wurde somit während ihrer gesamten Entwicklungsgeschichte eine »bevorzugte Aufmerksamkeit« der »Firma« zuteil.[3] Das MfS verfügte Ende der achtziger Jahre über 91 000 offizielle Mitarbeiter, welche die benötigten Informationen hauptsächlich durch ihre Arbeit mit inoffiziellen Mitarbeitern unter den Kürzeln »IM«, »FIM«, »GMS« und weiteren Arbeitsbezeichnungen erhielten.[4] Eine ihrer Hauptaufgaben bestand ganz konkret in der Bespitzelung und De-

---

1 Vgl. BStU (Hg.): Abkürzungsverzeichnis. Häufig verwendete Abkürzungen und Begriffe des Ministeriums für Staatssicherheit, Berlin 2007, S. 3.
2 Wolf, Hauptabteilung I, S. 3.
3 Diedrich/Ehlert/Wenzke, Im Dienste der Partei, S. 240. Das MfS wurde im Volksmund u. a. mit den Begriffen »die Firma« oder »VEB Horch und Guck« belegt.
4 Jens Gieseke: Mielke-Konzern. Die Geschichte der Stasi 1945–1990, München 2001, S. 104, 112–113. IM = Inoffizieller Mitarbeiter; FIM = Führungs-IM; GMS = Gesellschaftlicher Mitarbeiter für Sicherheit.

nunziation bestimmter Einzelpersonen oder Gruppen, um der Staatssicherheit eine Ausgangslage für ihr weiteres Vorgehen zu schaffen. Die Zahl aller inoffiziellen Mitarbeiter des MfS im Zeitraum zwischen 1950 und 1989 betrug aktuellen wissenschaftlichen Erkenntnissen zufolge 624 000.[5] Angesichts dieser Zahlen und der damit verbundenen Feststellung, dass das MfS über eine immense Größe im Verhältnis zur Bevölkerung verfügte, stellt sich die Frage, welchen Einfluss dieses Organ innerhalb der Grenztruppen hatte. Wie war es um die Durchsetzung der Grenztruppen mit hauptamtlichen und inoffiziellen Mitarbeitern des MfS bestellt? Und wie stellte sich das Wirken der Staatsicherheit in den Grenztruppen konkret dar?

Die beim Bundesbeauftragten für die Unterlagen des Staatssicherheitsdienstes der ehemaligen Deutschen Demokratischen Republik erhaltenen Akten stellen den Betrachter dabei vor eine Reihe grundlegender Probleme. Zum einen beträgt der Gesamtumfang dieser Bestände schätzungsweise 178 Kilometer Akten mit einer Größenordnung von jeweils rund 10 Millionen Blatt Papier für jeden einzelnen dieser Kilometer.[6] Die Auswertung aller für den Einfluss und die Wirkungsweise des MfS in den Grenztruppen bezeichnenden Akten ist somit ein Prozess, der einen Zeitraum von mehreren Jahren oder gar Jahrzehnten in Anspruch nehmen dürfte. Die hier vorgestellten Erkenntnisse können daher nur den bis zum Zeitpunkt der Präsentation aufgearbeiteten Forschungsstand widerspiegeln. Eine Ergänzung der hier präsentierten Ergebnisse oder aber auch eine Veränderung bestimmter Schwerpunkte wird daher eine unausweichliche Folge weiterer Forschungsarbeiten sein. Erwähnt werden muss auch, dass das MfS im Zuge des Zusammenbruchs der DDR im Zeitraum 1989/90 einen erheblichen Bestand seiner eigenen Akten vernichtet hat, der nicht mehr vollständig rekonstruiert werden konnte.[7] Zudem hatten damalige Stasi-Mitarbeiter genügend Zeit und Spielraum, um eigene Akten zu manipulieren und Material gezielt zu entfernen. Erschwerend kommt hinzu, dass ein Teil der Bestände im Zuge der Erstürmung der Stasi-Zentra-

---

5 Derzeit existiert nach Angaben von Helmut Müller-Enbergs noch immer keine empirisch gesicherte Gesamtzahl der IM des MfS. Gleichwohl ergibt sich seinen Untersuchungen nach die hier angeführte Zahl aus einer Kombination von gesicherten zahlenmäßigen Angaben und Hochrechnungen zu den IM des MfS (ausgenommen die HV A). Helmut Müller-Enbergs: Inoffizielle Mitarbeiter des Ministeriums für Staatssicherheit. Band 3: Statistiken, Berlin 2008, S. 35, 40.
6 Friso Wielenga: Schatten deutscher Geschichte. Der Umgang mit dem Nationalsozialismus und der DDR-Vergangenheit in der Bundesrepublik, Vierow 1995, S. 73.
7 Ebd., S. 75–76.

len durch erboste Bürger aus ihrem logischen Gefüge gerissen und teilweise stark beschädigt wurden.⁸ Bei all diesen Umständen muss im Verlauf einer Auswertung der Stasi-Unterlagen besonders auf eine kritisch-reflektierende Auseinandersetzung mit den dort zu findenden Inhalten geachtet werden. Die Quellenkritik, also die Überprüfung der gefundenen Angaben auf ihre Schlüssigkeit und Glaubwürdigkeit durch den Vergleich mit anderen Quellen und die Einordnung aller Informationen in den Gesamtzusammenhang muss hier an erster Stelle stehen. Nur auf diese Weise ist eine Annäherung an eine möglichst wahrheitsgetreue Darstellung der Ergebnisse, die Präsentation einer historischen Wirklichkeit möglich.

1. Die Grundorganisation des MfS im Zuständigkeitsbereich der Grenztruppen

Die grundlegende Aufgabe der Staatssicherheit im Bereich der Grenztruppen geht unter anderem aus der Dienstanweisung 10/81 »Über die politisch-operativen Aufgaben bei der Gewährleistung der territorialen Integrität der DDR sowie der Unverletzlichkeit ihrer Staatsgrenze zur BRD und zu Westberlin und zu ihrer Seegrenze« des MfS hervor.⁹ Demnach hatte das MfS den Auftrag, »eigenverantwortlich«, wenn auch in enger Zusammenarbeit mit allen anderen Organen der Grenzsicherung, die staatliche Sicherheit im Grenzgebiet unter allen Lagebedingungen zu gewährleisten.¹⁰ Im Einzelnen umfasste dies eine enorme Bandbreite an Aufgaben wie etwa:¹¹
- Militärische Spionageabwehr,
- Schutz der militärischen Einrichtungen, Waffen und Ausrüstung vor Sabotage und Diebstahl,
- Überprüfung des Personalbestands der Grenztruppen auf ihre politische und ideologische Standfestigkeit und Zuverlässigkeit,
- Analyse von Meinungen und Stimmungen in den Grenztruppen,
- Untersuchung besonderer Vorkommnisse (Fahnenfluchten, Unfälle etc.),

---

8 Ebd., S. 76.
9 Dienstanweisung 10/81: Über die politisch-operativen Aufgaben bei der Gewährleistung der territorialen Integrität der DDR [...], 1981, BStU, MfS, ZKG 2970.
10 Ebd., Bl. 15.
11 Stephan Wolf: Das Ministerium für Staatssicherheit und die Überwachung der NVA durch die Hauptabteilung I, in: Militär, Staat und Gesellschaft in der DDR. Forschungsfelder, Ergebnisse, Perspektiven, hg. von Hans Ehlert und Matthias Rogg, Berlin 2004, S. 326–327.

- Verhinderung von Fahnenfluchten und Verratsdelikten,
- Beschaffung von Information (Aufklärung) über polizeiliche und militärische Einrichtungen im »Operationsgebiet« (Gebiet von West-Berlin oder der Bundesrepublik in einer Tiefe von 30–50 Kilometern).

Der »Unverletzlichkeit der Staatsgrenze« war dabei die höchstmögliche Priorität eingeräumt worden, wodurch sie Verfassungsrang besaß.[12] Dies bedeutete nichts Geringeres, als dass dieser Anspruch mit dem Artikel 7 der DDR-Verfassung von 1968 den größtmöglichen rechtlichen Stellenwert erhielt und unter »staatlichen Schutz« gestellt wurde. Jegliche Zuwiderhandlung gegen diese »Unverletzlichkeit« stellte einen Verstoß gegen dieses hochrangige Rechtsgut dar.[13] Das MfS und sein Aufgabenspektrum im Grenzgebiet waren daher im hierarchischen System der SED-Diktatur eindeutig oberhalb der Grenztruppen angesiedelt. Dieses Verhältnis zwischen MfS und der NVA, beziehungsweise der Grenztruppen, wird auch dadurch besonders deutlich, dass das MfS nicht nur im Rahmen von Personalentscheidungen bei »höheren Offizieren im MfNV, den Kommandos und Stäben« in vielen Fällen die Letztverantwortung trug, sondern diese auch vielfach in anderen Bereichen für sich reklamierte.[14] Die angesprochenen übrigen Organe der Grenzsicherung waren dabei im Wesentlichen die Grenztruppen der DDR sowie die Deutsche Volkspolizei, aber auch die freiwilligen Helfer der Grenztruppen und die im Grenzgebiet ansässigen Kombinate und Betriebe. Letztere waren angehalten, genau umrissene spezifische Aufgaben im Grenzgebiet wahrzunehmen und die Grenzsicherung aktiv zu unterstützen.

Das MfS verfügte über eine Aufbauorganisation, die sich vertikal in Hauptabteilungen (HA) für genau zugewiesene Aufgabenbereiche unterteilte, wobei etwa die Hauptabteilung XVIII für die »Sicherung der Volkswirtschaft« oder die Hauptabteilung XIX für »Verkehr, Post, Nachrichtenwesen« zuständig waren.[15] Den jeweiligen Hauptabteilungen waren auf der untergeordneten Ebene selbständige Referate oder Abteilungen mit entsprechenden Unterabteilungen nachgeordnet. Die hauptverantwortliche Diensteinheit für den Bereich der NVA und Grenztruppen war die auch unter der armeeinternen

---

12 Wolf, Ministerium für Staatssicherheit, S. 324.
13 Vgl. Kurt Sevim: Zeitliche Überbegriffe. Die Umgehung des Rückwirkungsverbotes durch Rückgriff auf Naturrecht, Norderstedt 2009, S. 13–15.
14 Wolf, Ministerium für Staatssicherheit, S. 324; Wolf, Hauptabteilung I, S. 5.
15 BStU. Abkürzungsverzeichnis, S. 109.

1. Die Grundorganisation des MfS im Zuständigkeitsbereich der Grenztruppen

Bezeichnung »Verwaltung 2000« geführte Hauptabteilung I, die von 1981 bis 1989 unter der Leitung von Generalleutnant Manfred Dietze stand. Zur Durchführung ihres Auftrags verfügte diese über mehrere Aufgabenbereiche, die jeweils von einem Stellvertreter des Ministers (»Stellvertreterbereiche«) geführt wurden.[16] Der Bereich des ersten Stellvertreters (von 1987 bis 1989 Generalmajor Manfred Dietel) zeichnete maßgeblich für die Abteilungen Luftstreitkräfte/Luftverteidigung und Volksmarine der NVA sowie für die Abteilung Äußere Abwehr (unter anderem Spionageabwehr) verantwortlich.[17] Oberst Helmut Heckel führte den Bereich des 2. Stellvertreters und war damit für die Landstreitkräfte und die Abteilungen Territorialverteidigung, Militärbezirk III und Militärbezirk V zuständig.[18] Der für die Grenztruppen verantwortliche Bereich des 3. Stellvertreters, der mit der »Wahrnehmung der politisch-operativen Gesamtinteressen des MfS gegenüber den Grenztruppen der DDR« betraut war, wurde ab 1981 von Oberst Günter Nieter geleitet.[19] Dieser Stellvertreterbereich unterteilte sich in die beiden Bereiche Abwehr und Aufklärung. Der Bereich Aufklärung war für die »Realisierung spezifischer Aufklärungsaufgaben im Operationsgebiet Berlin (West)« zuständig und sollte somit eigenständige Aufklärungsergebnisse aus dem westlichen Grenzvorfeld beschaffen.[20] Das MfS schleuste hierzu eigene Mitarbeiter durch das Grenzgebiet auf das »gegnerische Territorium«, welche die Kräfte der westdeutschen Grenzüberwachung und der NATO gezielt observierten.[21] Nicht selten nahmen diese Aktionen auch Einfluss auf den Grenzdienst, wobei das MfS gegenüber den Grenztruppen auf seine Vormachtstellung zurückgriff.[22] Der Schwerpunkt des Bereiches Abwehr lag im Besonderen auf der Absicherung der Grenztruppen, also der Überwachung der politischen und ideellen

---

16 Zudem verfügte die Hauptabteilung I über weitere Abteilungen (etwa Abt I/XII) und eine Auswertungs- und Kontrollgruppe, die aus Gründen der Übersichtlichkeit hier nicht weiter angeführt werden.
17 Wolf, Hauptabteilung I, S. 14.
18 Ebd., S. 31–33.
19 Ebd., S. 33 ff.; Dienstanweisung 10/81: Über die politisch-operativen Aufgaben bei der Gewährleistung der territorialen Integrität der DDR [...], 1981, BStU, MfS, ZKG 2970, S. 17–18.
20 Auskunftsbericht über das GKM mit dazugehörigen Anlagen, März 1989, BStU, MfS, HA I Nr. 14605, Bl. 8.
21 Befehl Nr. 56/62 des Ministers zur Aufgabenstellung der Abteilung Aufklärung beim Kommando der Grenze der NVA, 19. 1. 1962, BStU, MfS, DSt 100330.
22 Vgl. Kapitel II.9 Spezialkräfte der Grenzsicherung.

Standhaftigkeit und Zuverlässigkeit aller ihrer Angehörigen. Es kam darauf an, den Personalbestand der Grenztruppen durch »zielgerichtete Nutzung aller geeigneten, insbesondere der inoffiziellen Möglichkeiten« so zu durchleuchten, dass insbesondere Fahnenfluchten frühzeitig aufgedeckt und verhindert werden konnten.[23]

An dieser Stelle offenbart sich bereits ein wesentlicher Charakter des MfS und damit auch des ihm vorstehenden politischen Systems der DDR. Ganz im Sinne der Lenin zugesprochenen Redewendung »Vertrauen ist gut, Kontrolle ist besser!« sollte nach Möglichkeit der »gläserne« Grenzsoldat geschaffen werden. Die Führungsmaxime »Misstrauen und Überwachung« machte somit auch nicht vor den Angehörigen der Grenztruppen halt, die der eigenen Öffentlichkeit als Elite der militärischen Organe vorgestellt wurden. Dazu gehörte auch, dass bereits im Zuge der Nachwuchsgewinnung »zuverlässige und geeignete Kader« (Führungskräfte) auf ihre Eignung zum Einsatz im Grenzdienst hin überprüft wurden.[24] Dies bedeutete im Grunde nichts anderes, als dass die Hauptabteilung I über die gesamte Dienstzeit eines Grenzsoldaten, unabhängig von seiner Laufbahn als Wehrdienstleistender, Berufs- oder Zeitsoldat, beginnend mit seiner Musterung über den Zeitraum seiner Ausbildung bis hin zur gesamten Dauer seiner Verwendung im Grenzdienst mit besonderem Nachdruck inoffizielle Mitarbeiter zu seiner Überwachung einsetzte.

Trotz eines deutlichen Hierarchiegefälles zwischen der Hauptabteilung I und den Grenztruppen fand in vielen Bereichen und auf den verschiedenen Führungsebenen eine stetige Zusammenarbeit zwischen diesen beiden Organen statt. Auf der höchsten Ebene standen sich dabei das MfS (Hauptabteilung I/3) und das Kommando der Grenztruppen gegenüber. Die Grenzkommandos Nord, Mitte und Süd arbeiteten mit den entsprechenden Bezirksverwaltungen des MfS zusammen, während die Grenzregimenter mit den Grenzkreisdienststellen des MfS kooperierten.[25] Analog zu diesen Ebenen gestaltete sich die Zusammenarbeit mit den Führungsstufen des Ministeriums des Innern und der Deutschen Volkspolizei.

Neben den anderen Aufgabestellungen der Hauptabteilung I, die hier nicht detailliert beschrieben werden können, hatte das MfS einen weiteren Auftrag

---

23 Dienstanweisung 10/81: Über die politisch-operativen Aufgaben bei der Gewährleistung der territorialen Integrität der DDR [...], 1981, BStU, MfS, ZKG 2970, S. 17 und S. 23.
24 Ebd. S. 22.
25 Ebd, S. 64–65.

im Grenzdienst. Der »erlaubte Grenzübertritt« und damit der Grenzverkehr von Ost nach West und in umgekehrter Richtung wurde nahezu ausnahmslos über die Grenzübergangsstellen (GÜST) ermöglicht.[26] Die Abwicklung dieses Grenzverkehrs an den Grenzübergangsstellen war alleinige Aufgabe des MfS, auch wenn dessen hier eingesetztes Personal seinen Dienst in Uniformen der Grenztruppen leistete. Diese Angehörigen des MfS wurden unter der Bezeichnung Passkontrolleinheit (PKE) geführt und hatten die Aufgabe, »die politisch-operativen Interessen des MfS bei der Kontrolle, Überwachung und Sicherung des grenzüberschreitenden Verkehrs umfassend wahrzunehmen«.[27] Die Angehörigen der Grenztruppen fungierten an den jeweiligen Grenzübergangsstellen als unterstützende Absicherung der Passkontrolleinheiten. Als Kommandant der Grenzübergangsstellen war jeweils ein Offizier der Grenztruppen eingesetzt, der jedoch auf enge Zusammenarbeit mit dem jeweiligen Leiter der Passkontrolleinheit, einem Mitarbeiter des MfS, angewiesen war.[28] Die Arbeit des MfS in den Grenzübergangsstellen soll jedoch nicht den Schwerpunkt dieser Untersuchung bilden, zumal die Grenzübergänge keine maßgebliche Bedeutung für den originären Auftrag der Grenztruppen hatten. Den Kern des Wirkens des MfS in den Grenztruppen bildeten die Abteilung Abwehr der Hauptabteilung I und die von hier eingeleitete und gesteuerte Durchsetzung der Grenztruppen mit inoffiziellen Mitarbeitern.

2. Aufbau und Aufgaben der Abteilung Abwehr für den Bereich Grenzkommando Mitte

In einem »Auskunftsbericht über das Grenzkommando Mitte mit dazugehörigen Anlagen« vom März 1989 legte Generalleutnant Dietze in seiner Funktion als Leiter der Hauptabteilung I detailliert die Struktur und Aufgaben des MfS in diesem Bereich dar.[29] Die Abteilung Abwehr unterteilte sich, parallel

---

26 An der Staatsgrenze zu West-Berlin verfügte die DDR über 25 GÜST, die sich in 13 Straßen-, vier Eisenbahn- und acht Wasserstraßen-GÜST unterteilten. Vgl. Auskunftsbericht über das GKM mit dazugehörigen Anlagen, 1989, BStU, MfS, HA I Nr. 14605, S. 4.
27 Dienstanweisung 10/81: Über die politisch-operativen Aufgaben bei der Gewährleistung der territorialen Integrität der DDR [...], 1981, BStU, MfS, ZKG Nr. 2970, S. 87.
28 Kurzeinschätzung der Kommandanten und Diensthabenden Offiziere auf den Grenzübergangsstellen, BStU, MfS, HA I Nr. 13380, S. 1.
29 Auskunftsbericht über das GKM mit dazugehörigen Anlagen, 1989, BStU, MfS, HA I Nr. 14605. S. 7 ff.

zur Struktur der Grenztruppen, in die drei Abteilungen Grenzkommando Nord, Süd und Mitte. Geführt wurden diese Abteilungen jeweils durch einen Oberst oder Oberstleutnant. Dem Leiter der Abteilung Grenzkommando Mitte stand zur Führung seines Verantwortungsbereiches eine Arbeitsgruppe, bestehend aus einem Stellvertreter und zwölf Angehörigen in den Funktionen Koordinierung, Spionageabwehr, Rückwärtige Dienste, Funker, Chiffreur sowie Datenerfassung zur Verfügung.[30] Der Unterbau dieser Abteilung war wiederum in enger Anlehnung an die Struktur des Grenzkommandos Mitte gegliedert. Die Abteilung verfügte über zehn Unterabteilungen Abwehr, die jeweils einem Grenzregiment, einem Grenzausbildungsregiment sowie dem Stab des Grenzkommandos Mitte und den Stabseinheiten einzeln zugeordnet und für diese verantwortlich waren.[31] Die Personalstärke der einzelnen Unterabteilungen richtete sich nach dem »Umfang des Sicherungsgegenstandes«, also der Größe des zu überwachenden Truppenteils, und variierte zwischen neun und zwölf Angehörigen des MfS.[32] Die gesamte Abteilung Abwehr im Grenzkommando Mitte verfügte über 122 Planstellen. Der Hauptanteil dieser Stellen (80 Angehörige) war dabei mit der Führung und Bearbeitung der Hauptinformationsquellen der Unterabteilungen, der FIM, IM und GMS und damit der »inoffizielle[n] Verankerung« in entscheidenden Funktionen der Einheiten und Truppenteile beauftragt.[33]

Als Hauptauftrag der Abteilung Abwehr war die »maßgebliche Einwirkung im Interesse der funktionellen Sicherheit, insbesondere in den Führungsorganen des Grenzkommandos Mitte« festgelegt.[34] Dies beinhaltete, neben der Verhinderung von schwerwiegenden militärischen Straftaten und dem »Zurückdrängen von Übersiedlungsanträgen«, vorrangig die Vorbeugung und Verhinderung von Fahnenfluchten von Angehörigen der Grenztruppen. Die Überwachung der Angehörigen der Grenztruppen sollte zu einer möglichst lückenlosen »Sicherung der inneren Stabilität im Personalbestand des Grenzkommandos Mitte« führen. Die Arbeit der Abteilung Abwehr umfasste zwei grundlegende Gebiete. Das erste beinhaltete alle Bereiche der »offiziellen« und damit offenen Arbeitsweise der Abteilung, wohingegen das zweite Gebiet alle »inoffiziellen« und damit verdeckten Maßnahmen des MfS umfasste. Die-

---

30 Ebd.
31 Ebd., S. 6.
32 Ebd., S. 7.
33 Ebd., S. 7.
34 Ebd., S. 7 – 8.

se beiden Arbeitsgebiete waren dabei eng miteinander verzahnt und traten in ständige Wechselwirkungen zueinander. Das offene Arbeitsgebiet der Abteilung spiegelte sich beispielsweise in der Zusammenarbeit mit den Bezirksverwaltungen Berlin/Potsdam und den Kreisdienststellen der Grenzstadtbezirke wieder.[35] Der jeweilige Leiter einer Kreisdienststelle führte zusammen mit den Leitern der Unterabteilungen Abwehr der entsprechenden Truppenteile in bestimmten Abständen Sicherheitsberatungen durch.[36] Im Rahmen dieser Beratungen standen der Informationsaustausch zu Verfehlungen und Auffälligkeiten im Grenzdienst der jeweils überwachten Angehörigen der Grenztruppen, der Volkspolizei oder der grenznahen Bevölkerung sowie die Auswertung von Stimmungsberichten aus dem Grenzgebiet im Mittelpunkt. Darüber hinaus wirkte die Abteilung bei weiteren Sicherheitsberatungen, etwa bei den durch die Kommandeure der Grenzregimenter im Zusammenspiel mit den anderen Schutzorganen der Grenzsicherung (Volkspolizei, Transportpolizei) durchgeführten Aussprachen mit.[37] Die offene Arbeitsweise der Abteilung Abwehr beinhaltete zudem das Zusammenwirken mit anderen Hauptabteilungen des MfS. So war zum Beispiel eine direkte Zusammenarbeit mit der Hauptabteilung XIX »Verkehr, Post, Nachrichtenwesen« notwendig, wenn der private Postverkehr eines besonders »auffälligen« Angehörigen der Grenztruppen überwacht werden sollte. Der Hauptanteil der in der offenen Arbeit genutzten Informationen ergab sich in der Regel aus den Vorgängen des zweiten Arbeitsgebiets der Abteilung Abwehr. Das Zentrum der verdeckten Arbeit bildeten die Ausbildung, der Einsatz, die Führung und Auswertung der inoffiziellen Mitarbeiter in den Grenztruppen. Dieses komplexe Arbeitsgebiet soll im Weiteren detailliert dargestellt werden.

3. Das IM-Netz im Grenzkommando Mitte – Arbeitsgrundlage des MfS

Die inoffiziellen Mitarbeiter des MfS bildeten das eigentliche Rückgrat des Bereiches Abwehr und der angegliederten Abteilungen. Das Netz dieser Mitarbeiter wurde konsequent weiter ausgebaut sowie optimiert und hatte sich im

---

35 Ebd., S. 8.
36 In der Unterabteilung des GR 44, Grenzkommando Mitte fanden 1983 drei, im Jahr 1984 lediglich eine Sicherheitsberatung statt. Vgl. Bericht zum Stand und zu den Ergebnissen der Durchsetzung der DA 10/81, 25.2.1985, BStU, MfS, HA I Nr. 15440, S. 4.
37 Ebd.

Laufe der Zeit so weit entwickelt, dass in den Grenztruppen ein System der »totale[n] Überwachung und flächendeckende[r] IM-Arbeit« vorherrschte.[38] Dieser Weg der Informationsbeschaffung war keineswegs zeitgleich mit den Grenztruppen geschaffen worden. Bereits die Vorgängerorganisation der Grenztruppen, die Grenzpolizei, wurde vom MfS überwacht, das für seine Zwecke auf Spitzel und angeworbene »Informatoren« zurückgriff.[39] Generalleutnant Dietze führte im März 1989 zur Verbildlichung dieser Tatsache konkrete Zahlen für das Grenzkommando Mitte an.[40] »Als Hauptkraft in der politisch-operativen Arbeit stehen zu jedem Zeitpunkt ca. 1.400 IMS, GMS und in anderen in der RL 1/79 erfaßten Kategorien sowie eine Vielzahl offizieller Stützpunkte zur Verfügung. [...] Mit der Führung des inoffiziellen Netzes sind gegenwärtig 80 Angehörige der Abteilung beauftragt.« Das Grenzkommando Mitte verfügte Ende der achtziger Jahre über insgesamt 11504 Angehörige; somit war im Durchschnitt jeder Achte davon ein inoffizieller Mitarbeiter des MfS. Im »Bericht über die Ergebnisse des Kontrolleinsatzes in der Abteilung Abwehr/GK-Mitte zum Stand und zur Wirksamkeit der politisch-operativen Arbeit und deren Leitung im Kampf zur vorbeugenden Verhinderung von Fahnenfluchten«, verfasst von der Auswertungs- und Kontrollgruppe der Hauptabteilung I (Stab der HA I) im Juni 1987, wird die »Durchsetzung« der Grenztruppen im Grenzkommando Mitte mit IM und GMS noch offensichtlicher. »In allen 10 Unterabteilungen existieren einsatzfähige und den jeweiligen Erfordernissen gerecht werdende IM-Netze. Alle Wehrdienstverhältnisse sind ausreichend inoffiziell gesichert. Offiziere = 1:4,9; Fähnriche = 1:4,5; BU = 1:7,4; UaZ = 1:7,7; Soldaten im GWD = 1:13,6 und ZB = 1:11,5.«[41]

Am konkreten Beispiel stellte sich die Durchsetzung der Grenztruppen wie folgt dar: Im April 1985 kamen auf 355 Angehörige des Grenzregiments 34 insgesamt 28 IM, so dass jeweils zwölf regulären Grenzsoldaten ein IM gegenüberstand.[42] Im Grenzregiment 44 waren auf 240 Angehörige der Bootskom-

---

38 Wolf, Hauptabteilung I, S. 5.
39 Vgl. Gerhard Sälter: Grenzpolizisten. Konformität, Verweigerung und Repression in der Grenzpolizei und den Grenztruppen der DDR 1952 bis 1965, Berlin 2009, S. 303.
40 Auskunftsbericht über das GKM mit dazugehörigen Anlagen, 1989, BStU, MfS, HA I Nr. 14605, S. 7.
41 Bericht über die Ergebnisse des Kontrolleinsatzes, BStU, MfS, HA I Nr. 15896, S. 445. Erläuterung der Abkürzungen: BU = Berufsoffiziere, UaZ = Unteroffiziere auf Zeit, GWD = Grundwehrdienst, ZB = Zivilbeschäftigte.
42 Bericht zum Stand und zu den Ergebnissen der Durchsetzung der DA 10/81, 25.2.1985, BStU, MfS, HA I Nr. 15440, S. 40.

panie, der 3. Grenzkompanie und eines Flammenwerferzuges insgesamt 33 IM und GMS verteilt.[43] Das Verhältnis von regulären Grenzsoldaten zu inoffiziellen Mitarbeitern betrug somit 1:7. Im Vergleich dazu betrug im Mai 1986 im 1., 2. und 3. Grenzbataillon des Grenzkommandos Nord mit einer Gesamtsollstärke von 1224 Angehörigen die Zahl der IM 67 Personen. Hier kam jeweils ein IM oder GMS auf 18 Grenzsoldaten.[44] Das verdeutlicht, dass der Grad der Durchsetzung der Grenztruppen durchaus variierte. In Schwerpunkteinheiten, etwa den Grenzkompanien, war die Zahl der IM in der Regel höher als in anderen, vergleichsweise geringer »gefährdeten« Einheiten.[45]

Dieses Verhältnis zwischen regulären Angehörigen der Grenztruppen und inoffiziellen Mitarbeitern wurde seitens des MfS unter der Bezeichnung »Absicherungsverhältnis« geführt, wobei der Minister konkrete Vorgaben erließ. Die geforderte Absicherung der Grenztruppen sollte im Verhältnis 1:20 erfolgen.[46] Dieses Verhältnis traf zumeist für den Zeitraum der Ausbildung der zukünftigen Grenzsoldaten in den Grenzausbildungsregimentern zu. Zielsetzung der Hauptabteilung I für den Dienst in den Grenzregimentern war es jedoch, dieses Verhältnis weiter zu erhöhen, da die Wahrscheinlichkeit für eine Fahnenflucht, vor allem in das nichtsozialistische Ausland (also Westdeutschland), in den grenznahen Einheiten höher war.[47]

Es existierten verschiedene Arbeitsbezeichnungen für inoffizielle Mitarbeiter (IM) des MfS, die teilweise Rückschlüsse auf deren Aufträge und Einsatzmöglichkeiten zuließen.[48] Neben den IM zur »Sicherung bestimmter Bereiche« und zur »aktiven Feindbekämpfung« führte die Abteilung Abwehr

---

43 Ebd., S. 8.
44 Bericht über die Ergebnisse der Überprüfung des Standes der FIM-Arbeit in der Abteilung Abwehr GKN/Unterabteilung GR-S, 12.5.1986, BStU, MfS, HA I Nr. 15439, S. 3.
45 Bericht über die Ergebnisse des Kontrolleinsatzes, o. D., BStU, MfS, HA I Nr. 15896, S. 445.
46 Filtrierung 88, 27.10.1988, BStU, MfS, HA I Nr. 13038, S. 16.
47 Bericht über die Ergebnisse des Kontrolleinsatzes, o. D., BStU, MfS, HA I Nr. 15896, S. 445–447.
48 Müller-Enbergs zeigt in seinen Ausführungen zu den IM auf, dass das MfS im Laufe seiner Entwicklung neben den hier beschriebenen Kategorien eine Vielzahl weiterer IM-Arbeitsbezeichnungen führte (etwa »geheimer Mitarbeiter« oder »Informator«). Er unterteilt die IM in drei grundlegende Kategorien: IM zur Sicherung bestimmter Bereiche, IM zur aktiven »Feindbekämpfung« und IM für logistische Aufgaben. Vgl. Müller-Enbergs, Inoffizielle Mitarbeiter, S. 53.

ab 1979 auch IM für logistische Aufgaben: Sogenannte IMK/KW, also »inoffizielle Mitarbeiter zur Sicherung, Konspiration und des Verbindungswesens/konspirative Wohnung«, stellten ihre Wohnungen oder Diensträume als geschützte Bereiche zur Durchführung konspirativer Treffen der IM zur Verfügung.[49] »Konspirations-IM« mit der Bezeichnung IMK/S hatten aufgrund ihrer Dienststellung die Aufgabe einer »legendierten Zuführung« der IM einer Einheit. Um einer »Dekonspiration«, also der Enttarnung eines IM vorzubeugen, mussten diese möglichst unauffällig zu den jeweiligen Treffen und Auswertungsgesprächen gelangen. Die IMK/S, etwa der Hauptfeldwebel als Verantwortlicher für den Innendienst innerhalb einer Kompanie oder aber der Kompaniechef, konnten dies durch die frühzeitige Berücksichtigung von Sonderdiensten (beispielsweise Brandwache oder Küchendienst) ohne besondere Verdachtsmomente ermöglichen.[50] Die Verteilung der verschiedenen IM-Kategorien ist für das Grenzregiment 44 belegbar: Die insgesamt 33 inoffiziellen Mitarbeiter in der Bootskompanie, der 3. Grenzkompanie und einem Flammenwerferzug des Grenzregiments setzten sich aus 15 IM, elf GMS, drei IMK/KW und vier weiteren Mitarbeitern zusammen.[51]

Die angeführten Absicherungsverhältnisse der einzelnen Dienstgradgruppen lassen erkennen, dass es in jeder dieser Laufbahnen IM gab. In den Reihen der Soldaten im Grundwehrdienst begann deren Überprüfung auf eine mögliche Eignung zum Einsatz als IM bereits im Rahmen ihrer Musterung beim zuständigen Wehrkommando. Das MfS war hier in Gestalt eines Mitarbeiters vertreten, der neben einem »weitestgehende[n] Nachweis der politischen Zuverlässigkeit« des Wehrdienstleistenden auch dessen Verwendbarkeit als künftiger IM/GMS betrachtete.[52] In den Reihen der Vorgesetzten, also der Unteroffiziere, Fähnriche und Offiziere, war der Anteil der IM höher als in den untergeordneten Bereichen, was wohl auf die geringere zahlenmäßige Stärke dieser Dienstgradgruppen und zum Teil auch auf ihre längere Verwendungsdauer zurückzuführen ist. So standen Ende der achtziger Jahre im Grenz-

---

49 Bericht über die Ergebnisse der Überprüfung des Standes der FIM-Arbeit in der Abteilung Abwehr GKN/Unterabteilung GR-S, 12.5.1986, BStU, MfS, HA I Nr. 15439, S. 4.
50 Filtrierung 88, 27.10.1988, BStU, MfS, HA I Nr. 13038, S. 28.
51 Bericht zum Stand und zu den Ergebnissen der Durchsetzung der DA 10/81, 25.2.1985, BStU, MfS, HA I Nr. 15440, S. 8.
52 Filtrierung 88, 27.10.1988, BStU, MfS, HA I Nr. 13038, S. 18–19; Wolf, Hauptabteilung I, S. 3.

kommando Mitte rund 1300 Offiziere und knapp 2500 Berufsunteroffiziere und Unteroffiziere auf Zeit nahezu 7200 Soldaten gegenüber.[53]

Arbeit und Ergebnisse der IM basierten zu einem großen Teil auf dem Aufbau einer scheinbaren Vertrauensbasis zwischen der zu überwachenden Person und dem zu ihrer Bearbeitung angesetzten IM. Das streng hierarchisch gegliederte System der NVA und der Grenztruppen machte den Aufbau eines solchen Verhältnisses zwischen einfachen Soldaten und beispielsweise einem Zugführer nahezu unmöglich. Dieses konnte somit lediglich dann entstehen und genutzt werden, wenn sich der betroffene Angehörige der Grenztruppen und der zu seiner Überwachung eingesetzte IM auf derselben Führungsebene befanden. Die Mehrheit der Vorgesetzten im Grenzkommando Mitte nahm dabei jedoch nicht das Aufgabenfeld eines einfachen IM wahr, sondern bekleidete vielmehr die Position eines FIM, eines Führungs-IM. Die Stellung und Aufgaben dieser IM-Kategorie werden nachfolgend aufgezeigt.

4. Schnittstelle zwischen IM-Netz und MfS – der Hauptsachbearbeiter

Das flächendeckende IM- und GMS-Netz in den Grenztruppen bedurfte aufgrund der Anzahl seiner Mitarbeiter einer hierarchischen Struktur. Die IM mussten zunächst einmal für das MfS gewonnen und danach mit ihren grundlegenden Aufträgen versehen werden. Zu einem späteren Zeitpunkt mussten ihre gewonnenen Erkenntnisse gesammelt, ausgewertet und an die Unterabteilung des MfS weitergeleitet werden. Ein auf sich selbst gestelltes und autark funktionierendes IM-Netz war schlichtweg undenkbar. Die Führung bestand aus den sogenannten Hauptsachbearbeitern der Unterabteilung Abwehr des MfS. Die hauptamtlichen Mitarbeiter des MfS waren, gekleidet in reguläre Uniformen der Grenztruppen, unterhalb der Unterabteilungen Abwehr des MfS in den jeweiligen Truppenteilen und Verbänden direkt vor Ort eingesetzt. In der Regel hatten sie zur Vorbereitung auf ihre spätere Tätigkeit als Mitarbeiter des MfS die Offiziersschule der Grenztruppen absolviert und daran anschließend etwa ein Jahr Erfahrungen als regulärer Angehöriger der Grenztruppen gesammelt. Es folgten die Entlassung aus den Grenztruppen und der Beginn der Ausbildung beim MfS, zumeist als Leutnant oder Oberleutnant.[54] Der spätere Dienstposten eines Hauptsachbearbeiters war in der

---

53 Auskunftsbericht über das GKM mit dazugehörigen Anlagen, 1989, BStU, MfS, HA I Nr. 14605, S. 3.
54 Das MfS griff im Zuge seiner Rekrutierungswege von hauptamtlichen Mitarbeitern

Regel eine Hauptmanns- oder Majorsstelle. Damit bewegte er sich sozusagen auf »Augenhöhe« mit dem Chef der Kompanie, für die er zuständig war, welcher ebenfalls Hauptmann oder Major war.[55] Innerhalb des Führungsstrangs der Grenztruppen wurde er als »Abwehroffizier« oder »Verbindungsoffizier« bezeichnet und im Sprachgebrauch der Soldaten zuweilen als »Vau-Null« verballhornt.[56] Seine Hauptaufgabe bestand – wie bereits angedeutet – darin, das IM-Netz innerhalb der Grenztruppen im Sinne des MfS aufzubauen und zu instrumentalisieren. Der Hauptsachbearbeiter war somit für die Erstellung konkreter Aufträge für die einzelnen IM, die Auswahl bestimmter zu bespitzelnder Zielpersonen, das Einholen der Ergebnisse der IM-Arbeit sowie die Auswertung und Weitergabe dieser an die zuständige Unterabteilung des MfS verantwortlich. Aufgrund der Größe des IM-Netzes bedienten sich die Hauptsachbearbeiter wiederum einer weiteren Verzweigung dieses Netzwerks. Jedem Hauptsachbearbeiter war dabei eine Gruppe von sogenannten Führungs-IM (FIM) untergeordnet, die er führte und deren Aufträge er koordinierte.[57]

Die Führungs-IM rekrutierten sich zumeist aus den mittleren und oberen Führungsebenen der Grenztruppen. Ein FIM musste, stärker noch als ein IM oder GMS, über eine Reihe von Fähigkeiten, Fertigkeiten und vor allem über die richtige Gesinnung verfügen, um in dieser Funktion eingesetzt werden zu können. Die Bereitschaft zur Zusammenarbeit mit dem MfS und das Vorhandensein bestimmter Führungsqualitäten waren nur zwei der erforderlichen

---

gern und gezielt auf ehemalige und somit »gediente« Angehörige der bewaffneten Organe der DDR zurück. So lag der Anteil der Mitarbeiter, die vor ihrem Eintritt in das MfS entweder in der NVA, den Grenztruppen oder dem Wachregiment »Feliks E. Dzierzynski« gedient hatten, 1982 bei 49 Prozent. Vgl. Jens Gieseke: Die hauptamtlichen Mitarbeiter der Staatssicherheit. Personalstruktur und Lebenswelt 1950–1989/90, Berlin 2000, S. 326.

55 Zeitzeugengespräch mit F. T. (Oberleutnant, ehemaliger hauptamtlicher MfS-Mitarbeiter, Unterabteilung Aufklärung im Grenzregiment 37, danach Unterabteilung Operative Grenzlage) vom 14. 4. 2008, Berlin.

56 Wolf, Hauptabteilung I, S. 3.

57 Bericht über die Ergebnisse der Überprüfung des Standes der FIM-Arbeit in der Abteilung Abwehr GKN/Unterabteilung GR-S, 12. 5. 1986, BStU, MfS, HA I Nr. 15439, S. 6. Die optimale Auslastung eines Hauptsachbearbeiters betrug gemäß MfS sechs bis acht FIM. Eine größere Anzahl von FIM hätte die erforderliche »Sorgfalt« im Führungsvorgang eventuell beeinträchtigt. So wurde die Situation im GKM im Jahr 1984 als schwierig eingestuft, da zwei Hauptsachbearbeiterdienstposten nicht besetzt waren und somit die dort anfallenden Aufgaben auf die übrigen Bearbeiter aufgeteilt werden mussten. Vgl. hierzu: Bericht zum Stand und zu den Ergebnissen der Durchsetzung der DA 10/81, 25. 2. 1985, BStU, MfS, HA I Nr. 15440, S. 40.

4. Schnittstelle zwischen IM-Netz und MfS – der Hauptsachbearbeiter

Voraussetzungen. Jedem FIM wiederum war im Allgemeinen eine kleinere Anzahl von IM oder GMS in der Größenordnung 1:2 oder 1:3 zugeordnet.[58] Ein FIM mitsamt seinen IM wurde dabei als »FIM-Gruppe« bezeichnet.

Die FIM mussten einen möglichst engen Kontakt zur unterstellten Truppe haben, um sich und die von ihnen geführten IM im Rahmen der häufigen Treffs nicht zu enttarnen. Ein mehrmaliges Zusammentreffen eines Soldaten (IM) mit einem anderen Angehörigen der Grenztruppen, mit dem er eigentlich wenig Berührungspunkte im täglichen Dienst hatte, hätte auf eine Verbindung zum MfS schließen lassen können. Die enge Verbindung zum nachgeordneten Bereich sollte den FIM zusätzlich in die Lage versetzen, sich bereits selbst ein Bild von den Angehörigen seiner Einheit für die Arbeit mit seinen IM zu machen. Gleichzeitig musste ihm seine dienstliche Stellung auch ausreichend zeitliche Freiräume für seine inoffizielle Arbeit lassen. Die Masse der FIM entstammte daher aus den Bereichen der Hauptfeldwebel und der Zugführer, da sich – gemäß einem internen Auswertungsbericht des MfS – »die Dienststellungen Stellvertreter des Kompaniechefs für politische Arbeit, Zugführer und Hauptfeldwebel bei der Besetzung mit geeigneten Kadern am zweckmäßigsten für die Arbeit als FIM eignen«.[59] Der Dienstposten des Stellvertreters des Kompaniechefs für Grenzsicherung erwies sich in den Augen des MfS für den Einsatz als FIM als ungeeignet, da diesem oftmals die dienstgebundene Beziehung zu den Soldaten in der aktiven Grenzsicherung fehlte.[60] Ebenso wurde der Dienstposten des Kompaniechefs als wenig effektiv für diese Aufgabe eingeschätzt, da diese Stellung aufgrund ihrer Verantwortung und einer immensen zeitlichen Belastung keine weiteren Freiräume zuließ. Das bedeutete jedoch nicht, dass das MfS Letzteren grundsätzlich von einer Funktion als FIM ausschloss, sondern ihn auch entgegen der eigenen Einschätzung, wo immer dies aussichtsreich erschien, als FIM zu gewinnen suchte: »Die Suche und Auswahl der FIM-Kandidaten in grenzsichernden Einheiten konzentrierte sich in der Unterabteilung Abwehr/GR-8 auf Berufskader in den Dienststellungen Hauptfeldwebel, Zugführer und Kompaniechef.«[61] Im Zuge der Offizier- und Fähnrichausbildung an der Offizierhochschule der Grenztruppen war das MfS verstärkt darauf bedacht, sich »auf die Vorbereitung von FIM-Kandidaten un-

---

58 Bericht über die Ergebnisse der Überprüfung des Standes der FIM-Arbeit in der Abteilung Abwehr GKN/Unterabteilung GR-S, 12.5.1986, BStU, MfS, HA I Nr. 15439, S. 3.
59 Ebd., S. 2.
60 Ebd.
61 Ebd.

ter den Offiziers- und Fähnrichsschülern zu konzentrieren, um dadurch den Soforteinsatz als FIM mit Beginn des Truppendienstes zu ermöglichen«.[62] Die gesammelten Informationen von und über seine FIM leitete der Hauptsachbearbeiter an den Leiter seiner Unterabteilung weiter, der diese wiederum im Rahmen von Dienstbesprechungen auswertete. Diese Auswertungen führten, neben den direkten Anweisungen und Aufträgen für die jeweiligen FIM, zu einer ständigen Prognose über alle FIM bezüglich ihrer Effektivität und ihrer weiteren Verwendung. Der Leiter der Unterabteilung erhielt als Ergebnis der Besprechungen Anweisungen zur weiteren Qualifizierung, Schulung oder aber zu Erziehungsmaßnahmen der von ihm geführten FIM.[63]

Zusätzlich zur Bearbeitung der vorhandenen FIM hatten die Hauptsachbearbeiter auch für die zeitgerechte Auswahl und Nachbesetzung der freiwerdenden FIM-Stellen in den grenzsichernden Einheiten zu sorgen. Das Aufgabenfeld des Hauptsachbearbeiters oder Abwehroffiziers beinhaltete zudem die Beurteilung der Postenführer sowie die Zusammenarbeit mit dem jeweiligen Kompaniechef der Grenztruppen bei der Ausarbeitung der Postenvorplanung.[64] Er musste die vom Kompaniechef erstellte Postenvorplanung auf mögliche »Unsicherheitsmerkmale«, also etwa die Einteilung ein und desselben Postenpaars in kurzen, aufeinanderfolgenden Zeitabständen, überprüfen und sie gegebenenfalls anpassen. Die Postenführer waren auf ihre »politische Zuverlässigkeit und die konsequente Erfüllung« von Rechtsvorschriften und militärischen Bestimmungen zu beurteilen und bedurften stets der Bestätigung des Abwehroffiziers.[65]

Der Hauptsachbearbeiter nahm seinen Dienst in der Regel von seinem Dienstzimmer aus wahr, das sich im Kompaniegebäude befand und mit einer Polstertür und einem Briefschlitz ausgestattet war. Letzterer war insbesondere deswegen notwendig, damit IM, die nur sehr eingeschränkt selbst über ihre Dienstzeiten und Aufenthaltsorte bestimmen konnten, jederzeit ungesehen Nachrichten an den Hauptsachbearbeiter weiterleiten konnten.[66] Zudem bot

---

62 Ebd., S. 9.
63 Ebd., S. 7.
64 Vgl. Kapitel II.7 Dienstrhythmus, Grenzaufzüge, Postenvorplanung.
65 Befehl Nr. 55/87 über die Auswahl, Bestätigung und Ausbildung von Postenführern sowie die Arbeit mit den Postenführern in den Grenzkompanien, Sicherungs- und Bootseinheiten, 31. 8. 1987, BStU, MfS, HA I Nr. 15675, S. 7.
66 Zeitzeugengespräch mit F. T. (Oberleutnant, ehemaliger hauptamtlicher MfS-Mitarbeiter, Unterabteilung Aufklärung im Grenzregiment 37, danach Unterabteilung Operative Grenzlage) vom 14. 4. 2008.

sich so auch dem regulären Wehrpflichtigen, der keine direkte Tätigkeit als IM ausübte, die Möglichkeit, dem Mitarbeiter des MfS wichtige Informationen zukommen zu lassen, denn trotz seiner Aufmachung in der Uniform der Grenztruppen blieben seine Funktion und Position den Wehrpflichtigen keineswegs vollständig verborgen.

5. Die Arbeitsweise des IM-Netzes im Detail – die »Filtrierung 88«

Das bestehende System der sechsmonatigen Ausbildung der jungen Wehrpflichtigen in den Grenzausbildungsregimentern wurde ab dem Zeitraum zwischen November 1988 und Februar 1989 auf lediglich drei Monate reduziert.[67] Einer der maßgeblichen Gründe hierfür lag in den über einen längeren Zeitraum anhaltenden hohen Fehlzahlen im Personalbestand der Grenztruppen, welche durch eine schnellere Zuführung von Soldaten aufgefangen werden sollten. Die Umstellung der Ausbildung hatte unmittelbare Folgen für die »inoffizielle Arbeit« des MfS in den Grenztruppen, da das gesamte System und alle Arbeitsabläufe an die geänderten Rahmenbedingungen angepasst werden mussten. In diesem Zusammenhang wurde seitens der Hauptabteilung I des MfS in den Grenzausbildungsregimentern 5 und 7 des Grenzkommandos Nord ein »Neuerervorschlag« unter der Bezeichnung »Filtrierung 88« erarbeitet, der nachfolgend im Grenzkommando Mitte und dann in den gesamten Grenztruppen umgesetzt wurde.[68] Der Bericht, datiert vom 27. Oktober 1988, führt detailliert alle zur Umstellung des IM-Systems erforderlichen Schritte auf und gewährt einen Einblick in die konkreten zeitlichen und inhaltlichen Abläufe der Aufklärungsarbeit des MfS in den Grenztruppen. Dabei wirft diese Aufstellung gleichermaßen Licht auf die »alte« Arbeitsweise des MfS im Rahmen der sechsmonatigen wie auf die »neue« Vorgehensweise im Zuge der verkürzten Ausbildung.

Die Durchleuchtung der Grenztruppen unter »politisch-operativen Gesichtspunkten« und die daraus resultierende Aufteilung in die beiden Kate-

---

67 Die Akten des MfS weisen unterschiedliche Angaben auf. Das neue System sollte im November 1988 erstmalig im Grenzkommando Mitte eingeführt werden, begann wohl jedoch erst im Februar 1989.
68 Filtrierung 88, 27.10.1988, BStU, MfS, HA I Nr. 13038, S. 1. Der Begriff des Neuerervorschlags bezeichnete Vorschläge zur Verbesserung oder Neuentwicklung von Arbeitsmitteln, Arbeitsmethoden und Arbeitsabläufen zur Förderung des wissenschaftlich-technischen Fortschritts, die im Rahmen der Neuererbewegung des sozialistischen Wettbewerbs eingereicht wurden.

gorien der für die Grenzsicherung geeigneten und ungeeigneten Kandidaten bezeichnete das MfS als »Filtrierung«. Ihr Ziel war es, den möglichst zu 100 Prozent überprüften Grenzsoldaten zu ermöglichen, der bei jeder Andeutung eines ungewollten Verhaltens oder einer ungewünschten Gesinnung sofort aus der Truppe entfernt werden sollte. Die zentrale Fragestellung lautete: »Wer ist wer?«.[69] Bestand die Zielsetzung während des Dienstes der Wehrpflichtigen in den Ausbildungseinrichtungen hauptsächlich darin, möglichst alle nach Auffassung des MfS zum Grenzdienst ungeeigneten Soldaten bereits vor deren Versetzung zu den grenzsichernden Einheiten zu identifizieren, so herrschten im Grenzdienst andere Schwerpunkte vor. In den Grenzregimentern ging es in erster Linie darum, alle Faktoren herauszufinden und zu unterbinden, welche die Tauglichkeit des Grenzsoldaten zur Durchführung seines Grenzdienstes schmälern oder gar verhindern konnten.

Im Rahmen der Grenzausbildungsregimenter lag der Schwerpunkt der Arbeit zunächst auf der Auswahl und dem Gewinnen der zukünftigen IM in den Reihen der Wehrdienstleistenden. Die erste Verbindungsaufnahme zu den jungen Soldaten erfolgte dabei bereits kurz nach ihrer Einberufung, in der Regel bis zu fünf Tage nach Dienstantritt.[70] Die Vorgehensweise hierbei gestaltete sich wie folgt: »Zur Legendierung der Verbindungsaufnahme wird im Verhältnis 1:5 Wehrpflichtigen gesprochen. Dabei konzentriert sich der Hauptsachbearbeiter auf die Wehrpflichtigen, welche vorläufig als Schwerpunkt eingestuft wurden und die, die er auf eine Eignung zur inoffiziellen Zusammenarbeit überprüft.«[71] Da zu diesem frühen Zeitpunkt noch keine Verbindung zwischen dem jeweiligen Hauptsachbearbeiter oder FIM und ihren potentiellen IM bestand, konnte diese erste Verbindungsaufnahme nur im Rahmen von Einzelgesprächen stattfinden. Bereits hier musste einem Anfangsverdacht auf eine mögliche Zusammenarbeit ausgesuchter Soldaten mit dem MfS in den Reihen der übrigen Wehrpflichtigen vorgebeugt werden.

Die erste Einschätzung, inwieweit ein Wehrdienstleistender als zukünftiger IM in Frage kam, resultierte aus dem vorangegangenen Musterungsprozess der Wehrpflichtigen, den das MfS mit dem Decknamen »Aktion grün« be-

---

69 Ebd., S. 7.
70 Der Bericht des MfS wurde anhand von Ergebnissen aus Grenzausbildungsregimentern des Grenzkommandos Nord für seine spätere Umsetzung im Grenzkommando Mitte erstellt. Das neue System der dreimonatigen Ausbildung sollte für alle GAR, beginnend mit den GAR 39 und 40 im Grenzkommando Mitte im November 1988 eingeführt werden. Vgl. Filtrierung 88, 27. 10. 1988, BStU, MfS, HA I, Nr. 13038, S. 1 ff.
71 Ebd., S. 27.

zeichnete. Hier waren stets Mitarbeiter des MfS zugegen, um frühzeitig erste Erkenntnisse zu gewinnen. Diese Ergebnisse erreichten über die Bezirksverwaltungen des MfS die zuständigen Unterabteilungen im MfS.[72] Hier wurden sie in Akten dokumentiert und die potentiellen IM in einem Verteilungsplan gleichmäßig allen Ausbildungseinheiten zugewiesen. Diese Schritte sollten gemäß den Vorgaben der Filtrierung 88 bis 14 Tage vor der Einberufung zur eigentlichen Ausbildungseinheit der Grenztruppen erfolgen. Die Auswahl als IM oder aber der Verzicht auf dessen Einsatz erfolgte dabei oftmals schrittweise.

Der Prozess der Anwerbung war keineswegs darauf ausgelegt, einen zukünftigen IM ohne weiteres beim ersten Treffen direkt zur Mitarbeit zu gewinnen. Sehr oft folgten vor einer Anwerbung als IM erst verschiedene Erprobungen oder Prüfungen. So wurde etwa ein Soldat im Zuge seines ersten Treffs generell auf seine Bereitschaft, sich mit einem Mitarbeiter offen zu unterhalten, geprüft und beobachtet, wie sich dieser in diesem Gespräch verhielt. Dann konnte zum Beispiel ein fingierter Anruf für den Mitarbeiter des MfS erfolgen, der eine »unvorhergesehene« Unterbrechung bedeutete, wobei jedoch zuvor eine unverbindliche Einigung für ein zweites Treffen mit dem Soldaten getroffen wurde. Beim ersten Treffen war der Soldat dabei noch vom Kompaniechef geschickt worden, und da es dann für das zweite Treffen keine 100% Vorgaben gab, konnte der Mitarbeiter des MfS sehen, wie oder ob dieser Soldat dann ein zweites Treffen mit ihm wahrnahm. Diese Tests ermöglichten also eine sehr fundierte Einschätzung potentieller IM vor ihrer eigentlichen Anwerbung.[73]

Im Anschluss an die erste Auswahl geeignet erscheinender IM legte der Hauptsachbearbeiter, teilweise über einen FIM, die Art und Weise der zukünftigen Verbindungsaufnahme des IM fest und nannte ihm, wenn möglich, bereits erste personelle Schwerpunkte oder allgemeinen Informationsbedarf. Jeder Hauptsachbearbeiter hatte hier einen Verantwortungsbereich von zwei Ausbildungskompanien mit insgesamt 140 Wehrpflichtigen, wobei der Auswahlprozess im Allgemeinen eine Woche in Anspruch nahm.[74]

Nachdem diese erste Verbindungsaufnahme stattgefunden hatte, erhielten die IM ihre ersten konkreten Aufträge. Diese konnten im Sammeln allgemei-

---

72 Ebd., S. 11.
73 Zeitzeugengespräch mit F. T. (Oberleutnant, ehemaliger hauptamtlicher MfS-Mitarbeiter, Unterabteilung Aufklärung im Grenzregiment 37, danach Unterabteilung Operative Grenzlage) vom 14. 4. 2008, Berlin.
74 Filtrierung 88, 27. 10. 1988, BStU, MfS, HA I Nr. 13038, S. 19.

ner Informationen oder aber in der gezielten Bespitzelung einzelner oder mehrerer Soldaten bestehen. Das Beschaffen allgemeiner Informationen bedeutete etwa das Auffassen von grundlegenden Meinungen und Stimmungen eines Zuges oder einer Kompanie. In den Augen des MfS waren nahezu alle privaten und dienstlichen Bereiche geeignet, unerwünschte Wirkungen auf Angehörige der Grenztruppen auszuüben. Der IM war im Zuge der Bespitzelung einzelner oder mehrerer Soldaten angewiesen, seiner Informationsgewinnung folgende Fragen zugrunde zu legen: Wie stand es um die familiäre Situation des Betroffenen? Wie gestaltete sich das Verhältnis zu seinen Eltern, zu seiner Freundin, Verlobten oder Ehefrau? Unterhielt er regelmäßigen Briefkontakt zu ihnen? Alle diese Punkte waren nach Ansicht des MfS sogenannte Bindungsfaktoren für den Soldaten.[75] Je besser und enger diese Faktoren ausgeprägt waren, umso weniger musste mit einer möglichen Fahnenflucht des Soldaten nach Westdeutschland gerechnet werden. Andererseits musste die Art der Bindung dem Betroffenen auch genug Raum für die gewissenhafte Erfüllung seiner Aufgaben lassen und diesen nicht etwa zu einem privaten Schäferstündchen mit seiner Freundin während der Dienstzeit ermutigen. Einen weiteren Schwerpunkt der Informationsgewinnung bildete die »politisch-ideologische Haltung« des Bespitzelten. Wie gestaltete sich dessen Auftreten im Kollektiv? Beteiligte er sich an politischen Diskussionen, und ließen sich bei ihm eventuell Widersprüche hierzu im Rahmen seiner Freizeitgestaltung feststellen?

Die Wehrpflichtigen füllten nach ihrer »Zuschleusung« (Ankunft in den Einheiten) Personalerfassungsblätter aus, auf denen sie zu Auskünften über ihre persönlichen Verhältnisse aufgefordert wurden. Ein Großteil der eingeforderten Auskünfte bezog sich hierbei auf mögliche Problemfelder für den zukünftigen Grenzdienst, wie etwa Westverwandtschaften innerhalb der Familie oder bereits eingereichte Übersiedlungsanträge zur Ausreise nach Westdeutschland.[76] Natürlich verfügten die Dienststellen im Zuge der bereits begonnenen Durchleuchtung der Soldaten über die meisten der hier abverlangten Informationen. Von besonderem Interesse war aber, ob ein Soldat dem MfS bereits bekannte Problemfelder oder andere Punkte, wie etwa die Existenz einer Verlobten, absichtlich verschwieg. Ein solches Verhalten führte unweigerlich zu einer Einstufung als »Schwerpunkt« und zog automatisch den gezielten Einsatz von IM zur Überwachung des Soldaten nach sich. Der Prozess der Filtrierung 88 sah vor, dass in diesen Fällen weitere Aussprachen

---

75 Ebd., S. 28.
76 Ebd., S. 47 ff.

mit den betroffenen Soldaten zu erfolgen hatten und bei Bedarf erste »operative Maßnahmen« zur weiteren Durchleuchtung eingeleitet wurden. Das konnte die Einleitung weiterer Überprüfungen, die Befragung von Personen aus dem näheren Umfeld des Soldaten, das Abfangen seiner Post oder aber die Durchleuchtung der Verlobten enthalten. Die Hauptsachbearbeiter befragten im Rahmen ihrer Informationsgewinnung zusätzlich die Gruppenführer der einzelnen Soldaten, hatten diese doch die meisten Berührungspunkte mit ihren Unterstellten.[77]

Die bereits angesprochene Umstellung der Ausbildung auf die verkürzte dreimonatige Ausbildung bedeutete zwangsläufig eine Verringerung der »Qualität« der Arbeit der IM und des MfS in den Grenzausbildungsregimentern. Die zuvor praktizierte halbjährige Ausbildung der jungen Wehrpflichtigen hatte dem MfS einen wesentlich größeren Zeitraum für ihre Ermittlungen gelassen. Im Zuge des alten Systems hatte die erste Verbindungsaufnahme zwischen dem Hauptsachbearbeiter und FIM und ihren zukünftigen IM drei bis vier Wochen nach deren Ankunft erfolgen können.[78] Die gezielte Informationsgewinnung durch die ausgewählten IM war direkt im Anschluss daran aufgenommen worden. Das neue, verkürzte System führte zu einer Straffung des Ausbildungs- und Zeitplans der Wehrpflichtigen und zwang die Hauptsachbearbeiter und IM dazu, den Hauptanteil ihrer Aufklärungsarbeit in die ohnehin geringe Freizeit zu verlegen. Zusätzlich dazu war nun, im Gegensatz zu vorher, die vollständige Ausstattung der FIM mit der angestrebten Anzahl an IM nicht mehr zu gewährleisten.[79] Die Überprüfung der als Schwerpunkte ausgewählten Soldaten hatte im Zeitraum von sechs Monaten überaus gründlich und tiefgehend erfolgen können. In der Regel hatten die FIM in ihre Einschätzungen Aufklärungsergebnisse zur Familie und zu den Verwandten ersten Grades des überwiegenden Teils der jeweiligen Wehrpflichtigen mit einfließen lassen können. Die verkürzte Ausbildung ließ hierzu oftmals keine Möglichkeiten mehr.[80] Die beschriebenen Verringerungen der Effektivität der IM-Arbeit sind im Rahmen einer Gesamtbetrachtung des MfS in den Grenztruppen jedoch ohne maßgebliche Bedeutung, wirkten sie sich doch nur auf einen sehr kurzen Zeitraum (ab November 1988) aus.

---

77 Ebd., S. 30.
78 Ebd., S. 8.
79 Ebd., S. 9.
80 Ebd.

Die »Abschöpfung« all dieser Informationen von den jeweiligen IM durch den FIM und den Hauptsachbearbeiter erfolgte in den bereits zuvor angesprochenen Treffs. Eine erste Zielsetzung dieser Treffs lag darin, schriftliche Berichte (verwendet wurde das Formblatt F 405a, Treff-Formular für FIM) zu erarbeiten, die maßgeblich auf den gesammelten Informationen der IM und GMS beruhten. Diese hatten im Zuge ihrer Tätigkeit »Angaben zum Persönlichkeitsbild zu weiteren 5 bis 6 Angehörigen der Grenztruppen der DDR abgeschöpft«.[81] Dieser Teil des FIM-Führungsvorgangs gestaltete sich im Bereich des Grenzkommandos Nord wie folgt:

> So wurden z. B. mit 10 IM und GMS, die nach ihrer Zuführung sofort an 5 FIM in den Grenzkompanien übergeben wurde, im Zeitraum von 8 Monaten 91 Treffs durchgeführt. Dabei wurden 114 schriftliche Berichte erarbeitet und 328 weitere Informationen abgeschöpft. Durch diese Arbeitsweise wird erreicht, daß die FIM in den Hauptsachgebieten I. bis III. Grenzbataillon fast 60 % des monatlichen Informationsaufkommens erarbeiten. Konkreter Ausdruck für die Qualität des durch die FIM mit ihren Gruppen erarbeiteten Informationsaufkommens ist die Tatsache, daß sie über 50% der operativen Erstinformationen in den grenzsichernden Einheiten erarbeiten.[82]

An dieser Stelle wird eindeutig ersichtlich, welche Bedeutung das MfS dem FIM-Netz in den Grenztruppen der DDR einräumte.

Die zweite Zielsetzung der FIM-Treffs bestand in einer Weitergabe von konkreten Aufträgen der Unterabteilungen des MfS über den entsprechenden Hauptsachbearbeiter und seine FIM an die jeweiligen IM und GMS. Hierbei wurden etwa Schwerpunkte, also bestimmte, gezielt zu beobachtende Soldaten, und weiterer Informationsbedarf, wie beispielsweise zu ermittelnde Grund- und Gruppenstimmungen, festgelegt.[83] Um eine ständige Betreuung und Führung aller IM und GMS der grenzsichernden Einheiten sicherzustellen, war im Bereich der FIM ein sogenannter »Springer« vorgesehen. Dieser hatte die Aufgabe, den hauptamtlichen FIM in Fällen von Krankheit oder längerfristiger Abwesenheit zu vertreten und dessen Aufgabenbereich für diesen Zeitraum zu übernehmen. In diesem Zusammenhang war von Bedeutung, dass der »Springer« nicht etwa aus demselben Dienstteilbereich, also etwa

---

81 Bericht über die Ergebnisse der Überprüfung des Standes der FIM-Arbeit in der Abteilung Abwehr GKN/Unterabteilung GR-S, 12. 5. 1986, BStU, MfS, HA I Nr. 15437, S. 3.
82 Ebd.
83 Ebd.

derselben Kompanie, sondern vielmehr aus einem anderen Bereich stammte, um mögliche Komplikationen oder eine »Dekonspiration« dieser Position zu vermeiden.[84]

Alle zusammengetragenen Daten mündeten schließlich in sogenannte Personalanalysen, die als Arbeitsgrundlage für monatliche Sitzungen einer Kommission des MfS dienten. Diese Analysen sollten ausweisen, inwieweit ein Wehrpflichtiger eine gesellschaftliche Fehlentwicklung durchlaufen hatte (Minderwertigkeitsgefühle, Unberechenbarkeit) oder wie ausgeprägt dessen negative politische Einstellungen waren (etwa prowestliche Sichtweisen). Aufgrund dieser Analysen wurden den Kandidaten verschiedene Wesensmerkmale zugewiesen. Eine solches Merkmal konnte beispielsweise die Einschätzung als »geistig schwach/ausnutzbar« darstellen. Die Kommission, die gemäß Weisung AO 22/87 gebildet worden war, traf auf Grundlage der durch die IM ermittelten Erkenntnisse konkrete Entscheidungen zum Verbleib oder aber zur »Aussonderung« ausgesuchter Grenzsoldaten. Sie setzte sich dabei aus einem Leiter, den Unterabteilungsleitern der Hauptabteilung I des MfS, den entsprechenden FIM und den Kompaniechefs der zu betrachtenden Grenzausbildungskompanien zusammen.[85]

Im Rahmen ihrer ersten Sitzung, in der Regel zehn bis zwölf Tage nach Einberufung der Wehrpflichtigen, verschaffte sich die Kommission einen Gesamtüberblick über alle als Schwerpunkt erkannten Soldaten und beriet über mögliche einzuleitende Maßnahmen. Die zweite Sitzung erfolgte etwa drei Wochen später und diente einer Präsentation der eingeleiteten Schritte. Zusätzlich wurde, je nach ausgewerteten Ergebnissen und Schlussfolgerungen, über den Verbleib jedes betrachteten Soldaten im Fokus der Kommission entschieden. Diejenigen Wehrpflichtigen, bei denen sich anfängliche Verdachtsmomente nicht erhärtet hatten und die aus Sicht der Kommission somit als geeignet für den Grenzdienst erschienen, erhielten entsprechende Vermerke. So wies der Vermerk »o. B.« aus, dass der entsprechende Soldat nach seiner Ausbildung ohne Beanstandung innerhalb der Grenztruppen eingesetzt werden konnte.[86] Im Zuge der dritten Sitzung wurden gezielte Verfahren zur Aussonderung der ausgewählten Wehrpflichtigen zu den grenzsichernden Einheiten eingeleitet.[87] Soldaten, die eine solche Einstufung erhalten hatten, etwa aufgrund ei-

---

84 Filtrierung 88, 27.10.1988, BStU, MfS, HA I Nr. 13038, S. 34–35.
85 Ebd., S. 31.
86 Ebd., S. 15.
87 Ebd., S. 32.

nes Übersiedlungsersuchens der Eltern, wurden an rückwärtigen Standorten auf Posten eingeplant, die erst gar keine Möglichkeit zu Fahnenfluchten nach Westdeutschland boten (Heizer, Schlosser usw.). Wehrpflichtige, die zwar Anlass zu kritischen Betrachtungen, jedoch keine wirklichen Ausschlussgründe zum Einsatz im Grenzdienst boten, erhielten vor ihrer Übergabe an ihre zukünftigen Grenzregimenter ebenfalls entsprechende Aktenvermerke. Ein solcher Vermerk war etwa die Bezeichnung »PS«, welche auf Einschränkungen und besondere Vorsicht bei der Einplanung als Grenzposten hinwies. Die vierte Arbeitssitzung der Kommission, am 6. des jeweiligen »Abversetzungsmonats«, schloss die eingeleiteten und angedachten Schritte der dritten Sitzung und damit die Kommissionsarbeit ab.[88] Im Rahmen der »Abschleusungsvorbereitungen« der Wehrpflichtigen von ihren Ausbildungseinrichtungen zu den Grenzregimentern wurden ebenso die bereits vorhandenen IM bedacht. Das Konzept der Filtrierung 88 sah vor, dass diese durch ihre jeweiligen FIM zu ihren Einsatz-, Verwendungs- und Standortwünschen zu befragen waren; diese sollten so weit möglich berücksichtigt werden.[89] Die Akten der IM wurden nach ihrer Versetzung zu ihren neuen Einheiten an die dortigen Hauptsachbearbeiter übergeben, die dann erneut über eine Übernahme und einen weiteren Einsatz als Mitarbeiter für das MfS entschieden. Im Falle einer Übernahme wurden die IM sofort wieder aktiv und zur weiteren Bespitzelung ihrer Kameraden eingesetzt. Die Entscheidung über eine Übergabe oder aber das Auslaufen einer Tätigkeit als IM traf der Hauptsachbearbeiter aufgrund seiner Einschätzung der »Effektivität« seiner IM und GMS. Im Bericht des MfS heißt es dazu, dass die »Entscheidung für eine Übergabe an FIM [...] im Ergebnis einer intensiven Trefftätigkeit in den Grenzausbildungseinrichtungen (im Durchschnitt 5 bis 9 Treffs) berechtigt getroffen werden« konnte.[90] Somit erfolgte lediglich die Übergabe der als wirksam eingestuften IM an die Hauptsachbearbeiter und deren FIM der grenzsichernden Einheiten.[91] Die zur weiteren Zusammenarbeit mit dem MfS übergebenen IM und GMS waren direkt im Anschluss an ihre Weitergabe an die Grenzregimenter aktiv.

Bis zu einem Tag vor der eigentlichen »Zuschleusung« der Wehrpflichtigen erfolgte in enger Absprache zwischen dem MfS und den jeweiligen Kom-

---

88 Ebd.
89 Ebd., S. 12.
90 Bericht über die Ergebnisse der Überprüfung des Standes der FIM-Arbeit in der Abteilung Abwehr GKN/Unterabteilung GR-S, 12. 5. 1986, BStU, MfS, HA I Nr. 15439, S. 3.
91 Ebd.

paniechefs der Ausbildungskompanien eine Festlegung der Kompanie- und Zugstrukturen. Ziel des MfS war es dabei zum einen, eine möglichst flächendeckende Aufteilung bereits angedachter IM zu erzielen, und zum anderen die Bündelung von potentiellen »Problemfällen« in einer Gruppe, einem Zug oder einer Kompanie zu verhindern.

Im Jahr 1987 verfügten alle zehn Unterabteilungen Abwehr im Grenzkommando Mitte über insgesamt 56 FIM.[92] Die Verteilung dieser FIM und FIM-Gruppen variierte innerhalb der einzelnen Grenzregimenter. So existierten etwa im Grenzregiment 36 elf FIM-Gruppen, wohingegen im Grenzregiment 35 lediglich drei und in den Regimentern 34, 35 und 38 jeweils zehn FIM-Gruppen vorhanden waren. Die weitere Führungsleistung der FIM in den grenzsichernden Einheiten bestand darin, ebenso wie bereits in den Ausbildungseinheiten, in gewissen Abständen Treffs mit den einzelnen Mitgliedern ihren IM-Gruppen durchzuführen. In diesem Rahmen sollte ein stetiger Informationsaustausch gewährleistet werden. So wird die Anzahl dieser Treffs für einige Bereiche des Grenzkommandos Nord im Zeitraum um 1986 mit einmal monatlich für jeden IM durch seinen jeweiligen FIM angegeben.[93] Eine Auswertung des MfS zur FIM-Tätigkeit in den Unterabteilungen des Grenzkommandos Mitte legt dar, dass im Grenzregiment 34 im Jahr 1986 insgesamt 307 Treffs durchgeführt wurden.

Eine wesentliche Besonderheit des IM-Netzes muss an dieser Stelle noch deutlich werden. Die Tätigkeit als IM für das MfS bewahrte diesen Personenkreis keineswegs davor, selbst durch andere IM überwacht zu werden. Im Gegenteil: Die Wirkungsweise des IM-Netzes zielte darauf, dass auch und im Besonderen ein IM nicht wusste, wer etwaige andere IM in seinem Umfeld waren. Nur wer nicht wusste, ob nicht auch er selbst im Fokus anderer IM stand, wurde seiner Aufgabe als IM, allein schon aufgrund der Furcht vor Sanktionen, stets »gerecht«. Wer spitzelte, musste zumindest jedoch die Möglichkeit in Betracht ziehen, dass er seinerseits bespitzelt wurde, ob er seinen Spitzelpflichten umfassend nachkam.

---

92 Bericht über die Ergebnisse des Kontrolleinsatzes, o. D. BStU, MfS, HA I Nr. 15896, S. 445.
93 Ebd.

6. Beweggründe für die Zusammenarbeit mit dem MfS in den Grenztruppen

Aus heutiger Sicht erscheint es, wenn nicht gar unverständlich, dann zumindest schwierig, die Beweggründe der inoffiziellen Mitarbeiter und ihrer moralisch fragwürdigen Spitzeltätigkeiten nachvollziehen zu können. Welche Motive hatten sie, ihr direktes Umfeld, den Kameraden aus derselben Stube, den Posten neben ihnen zu bespitzeln? Die Beweggründe der einzelnen IM waren ebenso vielfältig wie die Spitzel selbst, lassen sich jedoch bei genauerer Betrachtung in zwei wesentliche Hauptkategorien unterteilen. Wie bereits dargestellt, durchzog das IM-Netz alle Dienstgradgruppen der Grenztruppen und reichte somit vom einfachen Grenzposten und Mannschaftssoldaten über den Unteroffizier oder Fähnrich bis hin zum Offizier oder Stabsoffizier, etwa in seiner Funktion als Zugführer oder Regimentskommandeur. Die unterschiedlichen Werdegänge, Hintergründe und Merkmale dieser Dienstgradgruppen machen bereits deutlich, dass die Motive eines einfachen Grenzpostens sich in der Regel von den Beweggründen eines Hauptmanns und Kompaniechefs unterschieden.

Zunächst soll hier auf die Beweggründe der »einfachen« Wehrpflichtigen eingegangen werden. Auch sie lassen sich zur Vereinfachung des Verständnisses in zwei Hauptgruppen unterteilen. Die erste Gruppe führt dabei erneut das perfide System des MfS und seine Arbeitsweise vor Augen. »Wie gesagt bestand das Hauptargument zur Überzeugung der Soldaten [d. h. die IM unter den Wehrpflichtigen] im Schutz des eigenen Lebens, insbesondere bei Fahnenfluchten.«[94] Fluchten von Grenzsoldaten hatten bereits im Zuge der Errichtung der Berliner Mauer und früher stattgefunden und führten, wie etwa beim fliehenden 19-jährigen Conrad Schumann als prominentes Beispiel, oftmals zu einer entsprechenden Wahrnehmung durch die Weltöffentlichkeit und Presse.[95] Die Zahl der Fahnenfluchten unterlag im Verlauf der Entwicklungsgeschichte des Grenzregimes zwar starken Schwankungen, sie konnten jedoch zum großen Ärgernis der SED-Führung nie vollständig »zurückgedrängt« werden. Das bezeichnende Merkmal für die Arbeit des MfS mit dem

---

94 Zeitzeugengespräch mit F. T. (Oberleutnant, ehemaliger hauptamtlicher MfS-Mitarbeiter, Unterabteilung Aufklärung im Grenzregiment 37, danach Unterabteilung Operative Grenzlage) vom 14. 4. 2008.
95 Vgl. Anne Vorbringer: Flüchtender DDR-Grenzsoldat soll als Denkmal verewigt werden. Berliner Zeitung vom 10. 1. 2008.

6. Beweggründe für die Zusammenarbeit mit dem MfS in den Grenztruppen

IM-Netz lag weniger in der Fahnenflucht an sich, sondern in der Tatsache, dass im Zuge dieser Fluchten Grenzsoldaten von den eigenen, flüchtenden Kameraden erschossen oder getötet wurden. Das MfS baute hier angesichts der wenigen Fälle, in denen dies geschehen war, bewusst ein Drohszenario für die Wehrpflichtigen auf: Die aktuellen wissenschaftlichen Untersuchungen zu den Grenztoten in und um Berlin weisen eine Zahl von acht im unmittelbaren Zusammenhang mit dem Grenzdienst getöteten Grenzsoldaten nach.[96] Von diesen wurden vier, zwei davon sogar irrtümlich, von eigenen Kameraden (Angehörige der NVA und der Grenztruppen), die übrigen von Flüchtenden, Fluchthelfern, Volkspolizisten oder dem Querschläger eines West-Berliner Polizeibeamten getötet.[97]

Trotz der vergleichsweise geringen Zahl dieser tödlichen Vorfälle führte die enge gegenseitige Überwachung und Bespitzelung der Grenzsoldaten dennoch dazu, dass einige die geplante Flucht aus ihrer Sicht nur dadurch sichergestellt sahen, dass sie ihre Posten oder Postenführer mit Gewalt ausschalteten. In den Informationsberichten der Hauptabteilung I des MfS finden sich einige Beispiele hierfür: »Im Vorgehen der Täter prägte sich die Tendenz zur Gewaltanwendung und höheren Risikobereitschaft weiter aus. Bei Fahnenfluchten wurde ein Postenführer erschossen [...], ein Postenführer niedergeschlagen«.[98] In einem anderen Bericht heißt es: »Der Gefreite zwang während des Grenzdienstes mit durchgeladener MPi seinen Posten zur Übergabe der Waffe und überwand danach an der Begrenzung einer Minensperre die Staatsgrenze.«[99]

In sehr seltenen Fällen führte die Gewaltanwendung des Fahnenflüchtigen dabei zum Tod des Postens oder Postenführers: »Nach Meuchelmord am Postenführer wurde der Grenzsoldat Bunge (GKM) nach Westberlin

---

96 Diese Zahlen beziehen sich auf den Zeitraum zwischen 1961 und 1989. Vgl. Stiftung Berliner Mauer/Zentrum für Zeithistorische Forschung, Todesopfer, S. 439 ff.
97 Die von eigenen Kameraden getöteten Grenzsoldaten waren: Unteroffizier Jörg Schmidtchen († 18. 4. 1962), Unteroffizier Günter Seling († 30. 9. 1962), Unteroffizier Egon Schultz († 5. 10. 1964) und Unteroffizier Ulrich Steinhauer († 4. 11. 1980). Vgl. Stiftung Berliner Mauer/Zentrum für Zeithistorische Forschung, Todesopfer, S. 440 ff.
98 Verwaltung 2000: Informationsbericht zu einigen bedeutsamen Erscheinungen und Stimmungen in der NVA und den Grenztruppen der DDR, 1. Quartal 1982, BStU, MfS, HA I Nr. 15740, S. 20.
99 Verwaltung 2000: Informationsbericht zu einigen bedeutsamen Erscheinungen und Stimmungen in der NVA und den Grenztruppen der DDR, Januar 1981, BStU, MfS, HA I Nr. 15739, S. 4.

fahnenflüchtig.«[100] Die SED-Führung konstruierte einen regelrechten Heldenkult um diese im Grenzdienst getöteten Soldaten, der unter den jungen Wehrpflichtigen seine Auswirkungen zeigte. Die hier unterschwellig immer mitschwingende Angst, als Posten oder Postenführer im Grenzdienst mit einer solchen Situation konfrontiert zu werden, wusste das MfS gezielt zum Ausbau seines IM-Netzes auszunutzen. Vor allem besonders aufsehenerregende Fälle mit massiver Gewaltanwendung, etwa den Fall Weinhold, führten die Hauptsachbearbeiter den jungen Grenzsoldaten immer wieder vor Augen, um sie zu einer aktiven Mitarbeit zu bewegen. Im Dezember 1975 hatte der Wehrpflichtige Werner Weinhold eine Waffe, Munition und ein Kfz aus der Kaserne des 14. Panzerregiments der Nationalen Volksarmee in Spremberg entwendet und im Zuge seiner Flucht in die Bundesrepublik die zwei Grenzsoldaten Klaus-Peter Seidel und Jürgen Lange erschossen. Die Flucht und ein nachfolgender Prozess wegen Totschlags in der Bundesrepublik führten zu einem starken Medienecho auf beiden Seiten der Mauer. Weinhold, der unmittelbar nach seiner Flucht in die Bundesrepublik festgenommen worden war – die DDR-Behörden hatten den Vorfall umgehend öffentlich gemacht – gab an, in Notwehr gehandelt zu haben. Die DDR-Behörden sprachen hingegen von »Doppelmord«. Entgegen der Forderung der DDR-Führung, Weinhold auszuliefern, fand der Prozess gegen ihn in Essen statt. In erster Instanz wurde Weinhold am 2. Dezember 1976 von der Anklage des Totschlags freigesprochen, was einen staatlich gelenkten »Sturm der Entrüstung« in der DDR zur Folge hatte. In einem zweiten Verfahren wurde Weinhold 1978 wegen Totschlags an den beiden Grenzsoldaten zu fünfeinhalb Jahren Freiheitsstrafe verurteilt. Der Bundesgerichtshof bestätigte das Urteil.[101] Der Gedanke, seine Kameraden und sich selbst vor solchen Zwischenfällen zu bewahren, spielte der Hauptabteilung I die Mehrheit der wehrpflichtigen IM geradezu in die Arme.

Die zweite Hauptgruppe der Beweggründe der wehrpflichtigen Grenzsoldaten für ihre Mitarbeit als IM umfasst nahezu alle menschlichen Regungen, angefangen von einer naiven Gutgläubigkeit über Hoffnung zur »Optimierung des sozialistischen Klassensystems« bis hin zu persönlichen, niedrigen Beweggründen, wie etwa mögliche Sonderstellungen und Vorzüge im Dienst.

---

100 Verwaltung 2000: Informationsbericht zu einigen bedeutsamen Erscheinungen und Stimmungen in der NVA und den Grenztruppen der DDR, November 1980, BStU, MfS, HA I Nr. 15738, S. 111.
101 Vgl. http://www.chronik-der-mauer.de/index.php/de/Chronical/Detail/year/1978 (Stand: 10.2.2011); http://www.spiegel.de/sptv/reportage/0,1518,208376,00.html (Stand: 10.2.2011).

6. Beweggründe für die Zusammenarbeit mit dem MfS in den Grenztruppen

Das MfS war bestrebt, sich möglichst alle denkbaren und zur Verfügung stehenden Motive der Grenzsoldaten für ihre Zwecke nutzbar zu machen: Bei der Spinddurchsuchung in Abwesenheit eines Soldaten fand man bei diesem eine Bibel, wodurch man ihn aufgrund seines religiösen oder kirchlichen Hintergrunds vom Grenzdienst abzog und ihn in der Küche einsetzte. Im Umfeld der Küche hatten dabei bereits geraume Zeit zuvor mehrfach Unterschlagungen und Schiebereien stattgefunden, ohne dass es zu einer Feststellung der Täter gekommen war. Als dann dieser dort eingesetzte Soldat diese Vorgänge selbst mitbekam und missbilligte, trat der Abwehroffizier auf ihn zu und konnte ihn in diesem Zusammenhang erfolgreich als IM für das MfS gewinnen.[102]

Auch für die Unteroffiziere, Offiziere und Stabsoffiziere lassen sich zwei Hauptgruppen von Beweggründen für die Mitarbeit als IM oder FIM beschreiben. Die erste beinhaltete dieselben persönlichen Motive (eigenes berufliches Fortkommen, persönliche Vorteile etc.) wie bei den Wehrpflichtigen. Die zweite Motivkategorie in diesen Dienstgradgruppen beruhte zu einem großen Anteil auf der Entwicklung, Prägung und Ausbildung, die ihre Angehörigen durchlaufen hatten. Im Gegensatz zu den Wehrpflichtigen, die ausnahmslos aufgrund des Wehrpflichtgesetzes ihren Dienst in den Grenztruppen oder der NVA versahen, hatten sich Unteroffiziere und Offiziere bewusst für diesen Beruf und die damit verbundenen Aufgaben entschieden. Diese »freiwillige« Berufswahl darf dabei keineswegs undifferenziert betrachtet werden, da die DDR-Behörden im Zuge der Nachwuchsgewinnung gerade bei den zukünftigen Offizieren und Unteroffizieren frühzeitig auf eine Mischung aus »Schönreden des militärischen Alltags und damit verbundenen Versprechungen über politisch moralische Suggestivfragen mit nötigendem Unterton bis hin zu offenen Drohungen oder auch Beleidigungen bei offensichtlicher Unwilligkeit des Beworbenen [...] zurückgriffen«.[103] Die Berufswahl der Bewerber fand somit zwar bewusst, jedoch keineswegs immer aus freien Stücken statt.

In einigen Dienststellungen, etwa der des Kompaniechefs, waren die Offiziere durch Vorschriften und Weisungen dazu verpflichtet, mit den Organen des MfS, hier in der Regel der Hauptsachbearbeiter (Abwehroffizier), zusammenzuarbeiten. Dies war beispielsweise im Zuge der Postenvorplanung oder der Ernennung und Bestätigung von Postenführern der Fall, wo dieser Vor-

---

102 Zeitzeugengespräch mit F. T. (Oberleutnant, ehemaliger hauptamtlicher MfS-Mitarbeiter, Unterabteilung Aufklärung im Grenzregiment 37, danach Unterabteilung Operative Grenzlage) vom 14. 4. 2008.
103 Müller, Tausend Tage, S. 88.

gang stets der Billigung und Freigabe des zuständigen Abwehroffiziers bedurfte.[104] Ein anderes durch eine entsprechende Dienstanweisung festgelegtes Betätigungsfeld war, zumindest vorübergehend, der Einsatz des Kompaniechefs als »GHI/W«. In dieser Funktion sollte er gezielt die Rahmenbedingungen für die Zusammenarbeit des Abwehroffiziers mit den geheimen Informatoren unter den Wehrpflichtigen (GI/W), also IM, optimieren.[105] Eine Weigerung zur Zusammenarbeit in diesen genau definierten Arbeitsfeldern hätte massive Zweifel an der ideologischen Standfestigkeit und Linientreue des betroffenen Offiziers zur Folge gehabt und schon im günstigsten Fall massive Repressalien (Disziplinarstrafen, Parteistrafen o. ä.) nach sich gezogen. In bestimmten Situationen war somit für einen Teil der hier angesprochenen Dienstgradgruppe die aktive Zusammenarbeit mit dem MfS schlichtweg Teil des täglichen Dienstes und damit unausweichlich.

Ein wesentlich anderer Beweggrund dieser Motivkategorie beruhte jedoch auf der persönlichen Freiwilligkeit der Betroffenen. Unteroffiziere und Offiziere hatten, ebenso wie die wehrpflichtigen Grenzsoldaten, bereits seit ihrer Kindheit und Jugend den Prozess der Militarisierung durch die staatlichen Instanzen der DDR durchlaufen. In allen Alters- und Entwicklungsstufen waren sie mit Hilfe von »Friedensspielzeug« (Spielzeugpanzer usw.), paramilitärischen Freizeitveranstaltungen (Orientierungsläufe, Handgranatenweitwurf usw.) und durch Pflichtfächer im Schulwesen (Fach Wehrunterricht) systematisch auf den späteren Dienst in den bewaffneten Organen vorbereitet worden.[106] Bereits hier hatte oftmals eine enge Bindung der Betroffenen an die ideologische Grundlinie der SED stattgefunden, die Voraussetzung für ihre spätere mehrjährige Ausbildung und ihren Dienst in den Grenztruppen war und dort weiter verfestigt wurde. Ein Großteil der Unteroffiziere und Offiziere war von der Notwendigkeit des politischen und militärischen Systems in der DDR überzeugt und damit daran interessiert, mögliche Bedrohungen dieser Ordnung frühzeitig auszuschließen. Die Gefährdung dieser Ordnung äußerte sich für sie in einer enormen Bandbreite und betraf bereits die Auseinandersetzung mit anderen als den sozialistischen Wertevorstellungen. In einer monat-

---

104 Vgl. Kapitel II.7 Dienstrhythmus, Grenzaufzüge, Postenvorplanung.
105 Dienstanweisung Nr. 16/67 des Leiters der Hauptabteilung I: Einsatz und Arbeit mit geheimen Hauptinformatoren/Wehrpflichtigen (GHI/W) in den Linieneinheiten der Abwehr des Kommandos der Grenztruppen, der Stadtkommandantur Berlin und der Grenzbrigade Küste, BStU, MfS, HA I Nr. 15556, S. 1 ff.
106 Vgl. Kapitel IV.1 Vorbereitung für den »Ehrendienst« – die Militarisierung der DDR-Gesellschaft.

lich erstellten Einschätzung zu »bedeutsamen Erscheinungen und Stimmungen in der NVA und den Grenztruppen« zeigte sich die Hauptabteilung I im höchsten Maße darüber alarmiert, dass es »bei Einleitung von Maßnahmen [...] durch Armeeangehörige vielfach zu Stellungnahmen [kommt], in denen ausgedrückt wird, daß man nach Dienstschluß machen könne, was man wolle bzw. daß es jedermanns Recht wäre, andere Argumente kennenzulernen, um sich damit auseinandersetzen zu können«.[107] Die Bandbreite dieser politischen und nonkonformistischen Verhaltensweisen von Grenzsoldaten ist aufgrund der Parallelen zwischen dem Dienst und den militärischen Rahmenbedingungen der Grenztruppen und der NVA mit den hier auftretenden »armeetypischen« Erscheinungen vergleichbar. Aus Sicht der aus Überzeugung mit dem MfS zusammenarbeitenden Unteroffiziere und Offiziere umfassten diese Verhaltensweisen (auszugsweise) folgende Punkte: zielgerichteter Empfang westlicher Medien, Verbreitung DDR-kritischer Parolen und Gerüchte, Interpretation wichtiger politischer Ereignisse im westlichen Sinne, passiver Widerstand gegen Vorgesetzte, Festhalten an einer kirchlichen Bindung, keine oder nicht ausgeprägte Bereitschaft zur Erfüllung militärischer Aufgaben, Desertion/Fahnenflucht.[108] In vielen dieser Fälle wurde der von der politischen und ideologischen Grundlinie der SED überzeugte Vorgesetzte, unabhängig von seinem Dienstgrad als Unteroffizier, Offizier oder Stabsoffizier, aus persönlichem Antrieb heraus tätig. Das MfS war sich in diesen Fällen stets der Motive der angeworbenen Soldaten, aber auch ihrer Zuarbeit für die Ziele der Hauptabteilung I bewusst und fasste diese in Einschätzungen zusammen: »Sein sicherheitspolitisches Denken und Handeln ist ausgeprägt. Zu unserem Organ besteht ein aufgeschlossenes Verhältnis. Seine Zuverlässigkeit ist gegeben.« Diese Feststellung war dabei mehr die Regel als die Ausnahme: »OSL Löbel ist ein erfahrener und geachteter Offizier. [...] Zum MfS hat er ein gutes offizielles und vertrauliches Verhältnis.«[109]

---

107 Verwaltung 2000: Informationsbericht zu einigen bedeutsamen Erscheinungen und Stimmungen in der NVA und den Grenztruppen der DDR, Oktober 1978, BStU, MfS, HA I Nr. 15737, S. 5.
108 Rüdiger Wenzke (Hg.): Staatsfeinde in Uniform? Widerständiges Verhalten und politische Verfolgung in der NVA, Berlin 2005, S. 9.
109 Kurzeinschätzungen der Kommandanten und Diensthabenden Offiziere auf den Grenzübergangsstellen, BStU, MfS, HA I Nr. 13380, S. 1.

7. Zur »Wirksamkeit« der »inoffiziellen Arbeit« des MfS in den Grenztruppen

Hatte das IM-Netz des MfS in den Grenztruppen »Erfolg«? Konnte es alle als Gefährdung des Systems deklarierten Entwicklungen zum Stillstand bringen oder ihnen zumindest entgegenwirken? Und was war ein Gradmesser für ein erfolgreiches oder auch nicht erfolgreiches Erfüllen dieser »inoffiziellen Arbeit«? Um diese Frage beantworten zu können, muss sich der Betrachter erneut die beiden dominierenden Zielsetzungen der Hauptabteilung I vor Augen führen: der gläserne Grenzsoldat, der bei Anzeichen von »Unsicherheitsmerkmalen« entweder bereits vor dem eigentlichen Beginn seines Grenzdienstes »ausgesondert« oder aber spätestens in den Grenzregimentern als solcher erkannt und abgezogen wurde.[110] Des Weiteren sollte jede Form der Fahnenflucht unbedingt verhindert und im besten Falle vor ihrem Beginn vereitelt werden.

Zur ersten Zielsetzung (Filtrierung) wurde bereits deutlich, dass das MfS seine Vorgaben teilweise sogar »zu gut« umzusetzen wusste.[111] Anfang der siebziger Jahre hatte die Aussonderung einer erheblichen Anzahl der für den Dienst in den Grenztruppen vorgesehenen Wehrpflichtigen dazu geführt, dass sich dieser Fehlbestand bereits auf die Ausgestaltung des Grenzdienstes selbst auswirkte. Das MfS belegte diese sich bereits als problematisch auswirkende »Effektivität« in internen Berichten: »In diesem Filtrierungsprozeß wird nach der bisherigen Praxis eine beträchtliche Anzahl [der] für den Einsatz an der Linie Vorgesehenen, vorwiegend aus operativen Gründen, als für den unmittelbaren Grenzdienst nicht geeignet eingeschätzt.«[112] Im Zeitraum zwischen Januar 1971 und Juni 1972 hatte diese Entwicklung zu einer »Nichtzuführung« von nahezu 1200 Wehrpflichtigen im gesamten Zuständigkeitsbereich der Grenztruppen geführt. Allein im Grenzkommando Mitte betrug die Zahl der für den Grenzdienst ausgesonderten Soldaten knapp 280.[113] Die Fortsetzung dieses Vorgangs im Zuge des Grenzdienstes selbst tat ein Übriges. Im oben genannten Zeitraum betrug die Anzahl der »Abzüge von der Linie«

---

110 BStU, MfS, HA I Nr. 15896, S. 7.
111 Vgl. Kapitel II.2 Der Grenzdienst – Grundlagen und Entwicklungen.
112 Bericht über Probleme der operativ bedingten Abversetzungen von Angehörigen der Grenztruppen aus den Linieneinheiten, Oktober 1972, BStU, MfS, HA I Nr. 15869, S. 15–16.
113 Bericht über die Ergebnisse des Kontrolleinsatzes, o. D., BStU, MfS, HA I Nr. 15869, S. 17.

in den Grenztruppen insgesamt über 500; im Grenzkommando Mitte wurden 54 Wehrpflichtige vom Dienst an der Mauer ausgeschlossen. Diese Zahlen sind keinesfalls dazu geeignet, die »Wirksamkeit« des MfS in den Grenztruppen in ihrer Gesamtheit zu erfassen.

Die zweite Zielsetzung der Hauptabteilung I, das Verhindern jeglicher Fahnenfluchten, erwies sich als deutlich schwieriger zu erreichen. Im gesamten Zeitraum des Bestehens der Grenztruppen konnte die Zahl der Fahnenfluchten mit einigen Schwankungen insgesamt zurückgedrängt werden. Dies lag nicht nur am Wirken des MfS in den Grenztruppen, sondern teilweise auch an der stetig zunehmenden Perfektionierung und Sperrwirkung der Grenzanlagen. Gelang in den ersten Jahren nach Errichtung der Mauer noch einer ganzen Reihe von Grenzsoldaten die Fahnenflucht (im Jahr 1962 in und um Berlin 39, im Jahr 1963 mit 38 nur unmerklich weniger), so nahm diese Zahl im Laufe der Entwicklung des Grenzregimes stetig ab. Das Grenzkommando Mitte verzeichnete in den Jahren zwischen 1971 und 1972 nur zwei erfolgreiche, zwischen 1973 und 1976 lediglich eine erfolgreiche sowie zwei versuchte und im Zeitraum von 1977 bis 1986 insgesamt lediglich 17 erfolgreiche Fahnenfluchten.[114] An dieser Stelle muss der Vollständigkeit halber erwähnt werden, dass die Rahmenbedingungen des Grenzdienstes und der Sperranlagen in und um Berlin im Vergleich zur innerdeutschen Grenze eine Besonderheit darstellten und dass dort die Zahl der Fahnenfluchten weitaus höher war als im Berliner Bereich.

Die Tatsache, dass eine hundertprozentige »Absicherung« der Grenztruppen schlichtweg unmöglich war, klang in den Einschätzungen des MfS stets, wenn auch nur unterschwellig, mit. »Die Zahl der potentiellen Fahnenflüchtigen liegt jedoch höher. Der Abzug von 90 Angehörigen der Grenztruppen aus Linieneinheiten wegen Anzeichen für Fluchtabsichten (1982 = 69) sowie die weitere Zunahme von Hinweisen auf Fluchtwilligkeit verdeutlichen in etwa die Entwicklungstendenzen.«[115] In der Gesamtheit war das MfS jedoch der Auffassung, die von der SED-Führung vorgegebenen Ziele stets zu einem Großteil erfüllen zu können. Es legte dies in seinen Berichten, etwa in einer

---

114 Vgl. Chronik des Grenzkommandos Mitte, Juni 1971 – November 1972, BArch, GT 5735–5736, S. 129 Ursachen, Motive und begünstigende Bedingungen für Fahnenfluchten von Angehörigen der Grenztruppen der DDR und der NVA, September 1987, BStU, MfS, HA I Nr. 13452, S. 151.
115 Informationsbericht zu einigen bedeutsamen Erscheinungen und Stimmungen in der NVA und den Grenztruppen der DDR, Februar 1984, BStU, MfS, HA I Nr. 15740, S. 104.

Auswertung des Jahres 1983, detailliert vor: »43 Angehörige der Streitkräfte haben zeitweilig den Entschluß zur Fahnenflucht gefaßt und wurden mit vorbeugenden Maßnahmen der Militärabwehr an der Tatausführung gehindert (1982 = 40). Unter ihnen befanden sich 40 Angehörige der Grenztruppen (1982 = 31).«[116] Die hier erwähnten vorbeugenden Maßnahmen bestanden in der Regel, nach der Feststellung eines Anfangsverdachts, in einer ganzen Reihe weiterer »operativer Vorgänge«. In einem »Operativplan« legte der Mitarbeiter des MfS detailliert fest, wie gegen den oder die Verdächtigen vorzugehen war. Im Zuge eines solchen Vorgehens gegen einen Hauptmann des Grenzregiments 35 wurde dieser etwa verdächtigt, sich durch Fahnenflucht dem Dienst in den Grenztruppen entziehen zu wollen. Die Grundlage für diese Vermutung bildeten seine »negative Entwicklung« im Dienst, Verbindungen zu Verwandten in der Bundesrepublik und »Kontaktaufnahmen« zu Personen aus anderen, nichtsozialistischen Staaten. Die Maßnahmen der nun einsetzenden »Operativen Personenkontrolle (OPK)« umfassten den Einsatz verschiedener IM im unmittelbaren Umfeld des Betroffenen, die Überwachung und Überprüfung des Wohnhauses sowie die Einleitung von Ermittlungen über seine Eltern. Die zum Einsatz kommenden IM hatten dabei den Auftrag, »auf Basis der Abschöpfung« – also durch unterschwellige Befragung oder unauffällige Gespräche – den Offizier in seinem gesamten privaten und dienstlichen Umfeld auf weitere mögliche Verdachtsmomente zu bespitzeln. Die an den Mitarbeiter des MfS übergebenen Informationen mündeten über »Zwischeneinschätzungen« in entsprechende Maßnahmen und schließlich in einen Abschlussbericht. Im vorliegenden Fall stellte ein Bericht vom 20. Mai 1977 fest, »daß der Hauptmann [Name durch BStU unkenntlich gemacht] der PID (politisch-ideologischen Diversion) unterliegt und einen Unzuverlässigkeitsfaktor innerhalb der Grenztruppen darstellt«. Die Sanktion des MfS erfolgte umgehend: »Der Hauptmann [Name durch BStU unkenntlich gemacht] wird aufgrund seiner politischen Unzuverlässigkeit mit Wirkung vom 31.5.1977 aus den Grenztruppen der DDR entlassen.«[117]

Insgesamt hatte das MfS, im Besonderen die Hauptabteilung I, die Grenztruppen mit einem umfassendem Netzwerk an Spitzeln, Informanten und wei-

---

116 Ebd.
117 Operativplan zur Einleitung einer zeitweiligen OPK über den Angehörigen der Grenztruppen der DDR, 21.12.1976, BStU, MfS, HA I Nr. 13723, S. 114. Ob das MfS oder das MfNV letztendlich die Entlassung vollzog, geht aus den Akten nicht eindeutig hervor.

teren Quellen durchzogen, das es ihm erlaubte, die gesteckten Ziele mit einer hohen »Erfolgsquote« zu erreichen. Die Dunkelziffer, etwa bei der Zahl der potentiellen Fahnenflüchtigen, erlaubt jedoch keine genau quantifizierbare Auswertung der Wirksamkeit des MfS.

IV. »Gegen Verräter ist die Schußwaffe anzuwenden!« – Grenzsoldaten und ihre Motive für den Grenzdienst

Die Berliner Mauer hatte eine zentrale Aufgabe, einen einfachen und dennoch entscheidenden Zweck: Eine militärische Sperre, als solches war die Berliner Mauer zweifelsohne konzipiert worden, soll einen Abschnitt für den Gegner unpassierbar machen und diesen zudem in die gewünschte Richtung der eigenen Truppen lenken. Im Fall der DDR sah die Staatsführung den Gegner hierbei weniger in der Nato oder deren Verbündeten, sondern vielmehr in den Teilen der eigenen Bevölkerung, die der Diktatur durch eine Flucht zu entkommen suchten. Als militärische Sperranlage verwehrte die Mauer den Flüchtlingen den Zutritt zum Gebiet der Bundesrepublik Deutschland und lenkten diese in die Arme der Grenztruppen oder anderer Instanzen des Grenzregimes. Die Folge dieser Aufgabe kostete nach neuesten Erkenntnissen allein an der Berliner Mauer nicht weniger als 136 Menschen das Leben.[1]

Die Mauer als Bauwerk und militärische Sperre war hierbei jedoch in den wenigsten Fällen allein verantwortlich für den Tod der Flüchtlinge. Die überwiegende Zahl der Todesopfer resultierte aus dem unmittelbaren Eingreifen der an der Mauer eingesetzten Grenztruppen und hier im Besonderen durch die gezielte Anwendung der Schusswaffe. Jedes dieser Todesopfer wirft die Frage auf, aus welchen Beweggründen der oder die Grenzsoldaten den ihnen

---

1 Vgl. Stiftung Berliner Mauer/Zentrum für Zeithistorische Forschung, Todesopfer.

befohlenen Auftrag zur »zuverlässigen Sicherung der Staatsgrenze der DDR« ausführten und dabei den Tod dieser Menschen scheinbar billigend in Kauf nahmen.[2] Angesichts der starken gruppendynamischen Prozesse in Armeen und unter Berücksichtigung der konkreten Situation, in der ein Grenzsoldat bewusst von seiner Waffe gebraucht machte, erscheint die Beantwortung dieser Frage vermeintlich einfach oder zumindest naheliegend. Der Zeitpunkt, an dem ein Grenzsoldat der DDR seine Waffe gegen einen »Republikflüchtling« anwendete, stellte immer nur einen sehr kleinen Ausschnitt seiner gesamten Dienstzeit und für sich betrachtet jeweils lediglich eine Einzelhandlung dar. In den wenigen Sekunden, die dem Entschluss zur Anwendung der Waffe vorausgingen, stürzten eine Vielzahl von Stressfaktoren, Reize und Eindrücke wie etwa die Tages- und Witterungsbedingungen, die Sichtverhältnisse des Grenzabschnitts oder mögliche persönliche Konflikte des Soldaten auf diesen ein und beeinflussten bewusst oder unbewusst seine Entscheidung. Doch bei näherem Hinsehen erweist sich diese Sicht als zu oberflächlich, und es wird deutlich, dass die Beantwortung dieser Frage nicht ausschließlich auf Grundlage des Dienstes, sondern bereits wesentlich früher ansetzen muss.

Die Tatsache, dass Flüchtlinge an der Berliner Mauer durch Handlungen der Grenztruppen um ihr Leben kamen, blieb der Bevölkerung der DDR – trotz der Bemühungen der SED-Führung, die Einzelheiten dieser Fälle zu vertuschen oder gezielt für eigene Zwecke zu manipulieren – keinesfalls gänzlich verborgen.[3] Die militärische und politische Führung verunglimpfte die Flüchtenden öffentlich als Feinde und Verräter an ihrem politisch-ideologischen Weltbild und ließ bereits im Jahr 1961 keinen Zweifel an ihrem Willen, diese auch mit Waffengewalt an ihrem Vorhaben zu hindern: »Gegen Verräter und Grenzverletzer ist die Schußwaffe anzuwenden. Es sind solche Maßnahmen zu treffen, dass Verbrecher in der 100 m Sperrzone gestellt werden können. Beobachtungs- und Schußfeld ist in der Sperrzone zu schaffen.«[4] Nicht zuletzt folgte auf jeden getöteten Flüchtling an der Berliner Mauer ein massives Echo der westdeutschen Medien, das der Bevölkerung der DDR keineswegs verborgen

---

2   Dieser Auftrag wurde seitens des NVR offiziell als Hauptaufgabe der Grenztruppen definiert; die Wirklichkeit sprach eine andere Sprache. Vgl. Protokoll der 4. Sitzung des NVR, 20.1.1961, BArch, DVW 1/39461, S.6.
3   Stiftung Berliner Mauer/Zentrum für Zeithistorische Forschung, Todesopfer, S.11.
4   Vgl. »Die Mauer wird in 50 und auch in 100 Jahren noch bestehen bleiben« – Mauerstrategien der SED (1962–89), in: Die Berliner Mauer. Vom Sperrwall zum Denkmal, hg. vom Deutschen Nationalkomitee für Denkmalschutz, Bonn 2009, S.114–123.

blieb. Musste sich somit nicht jeder zukünftige Angehörige der Grenztruppen bereits frühzeitig und zwangsläufig mit der Möglichkeit auseinandersetzen, bei der Durchführung seines Auftrags die Schusswaffe gezielt gegen »Republikflüchtlinge« anwenden zu müssen? Was bewegte sie, den Grenzdienst als notwendig und rechtmäßig und damit die Waffe als legitimes Mittel dieses Dienstes zu betrachten? Diese Untersuchung kann dabei keineswegs einen Beitrag zu Klärung der juristischen Fragestellungen leisten.[5] Im Zentrum der Betrachtung sollen hier die sozialgeschichtlichen Hintergründe stehen, die ausschlaggebend für die Motivation der Angehörigen der Grenztruppen waren, ihren Dienst an der Grenze durchzuführen.

Hierbei muss innerhalb der Grenztruppen der DDR zunächst deutlich zwischen den verschiedenen Dienstgradgruppen dieser bewaffneten Kräfte (Offiziere, Unteroffiziere, Mannschaften) unterschieden werden. Die Beweggründe und Einstellung eines (Berufs-)Offiziers oder eines (Berufs-)Unteroffiziers der Grenztruppen für den Dienst an der Grenze wichen in der Regel deutlich von denen der zum Wehrdienst herangezogenen und damit unfreiwillig eingesetzten Soldaten ab. Ein Bewerber, der sich für die Laufbahn eines Unteroffiziers, eines Fähnrichs oder aber eines Offiziers entschied, hatte sich in der Regel mit den Anforderungen und Bedingungen seines zukünftigen Berufes auseinandergesetzt und trat wissentlich und zumindest zu einem Teil auch willentlich seinen Dienst in den Grenztruppen an. Die Wehrdienstleistenden, welche die Masse der Soldaten im Grenzdienst darstellten, wurden zumeist erst im aktiven Dienst mit allen Rahmenbedingungen konfrontiert. An dieser Stelle muss zudem erwähnt werden, dass diese Betrachtungen keinesfalls alle Motive der Grenzsoldaten oder alle Hintergründe für den Grenzdienst abdecken können. Sie müssen vielmehr als der Versuch einer möglichst engen Annäherung an diese Beweggründe, als ein Beitrag zum Gesamtverständnis der Motivation der Grenztruppen für ihren Dienst an der Grenze betrachtet werden.

---

5   Zur Klärung der juristischen Rahmenbedingungen existieren eine Reihe von Betrachtungen, wie etwa: Felix Herzog (Hg.): Die Strafrechtliche Verantwortlichkeit von Todesschützen an der innerdeutschen Grenze, Heidelberg 1993.

1. Vorbereitung für den »Ehrendienst« – die Militarisierung der DDR-Gesellschaft

Der Beruf des Soldaten hat seit jeher eine stark polarisierende Wirkung auf die Gesellschaft und spaltet diese oftmals in die Lager der Befürworter auf der einen und der Gegner auf der anderen Seite.[6] Die persönliche Einstellung zu einem Beruf ist wesentlich mitbestimmend dafür, mit welcher Motivation und Überzeugung, mit welcher persönlichen Einsatzbereitschaft jeder Einzelne an die Aufgaben und Herausforderungen herantritt. Wie stand es nun um die persönlichen Einstellungen der zukünftigen Grenzsoldaten vor ihrer Einberufung oder Ernennung? Wie und in welcher Weise wurde ihre Sicht des Soldatenberufs maßgeblich geprägt? Kennzeichnend für die Gesellschaft der DDR war der staatlich geleitete Prozess der »Militarisierung«. Dieser Vorgang hatte das Ziel, die Gesellschaft nicht nur zu einer breiten und umfassenden Akzeptanz der militärischen Strukturen und Ordnungen innerhalb der DDR, sondern darüber hinaus zu einer erhöhten persönlichen Einsatzbereitschaft für dieses System zu erziehen.[7] Eine entscheidende Säule im Rahmen der Militarisierung war dabei die Wehrerziehung, die sich über nahezu das gesamte Leben eines Menschen in der DDR erstreckte.[8] Den Anfang bildete die vorschulische Erziehung in der Kinderkrippe, im Zuge derer Kleinkinder spielerisch an die ersten Grundlagen zur Unterscheidung von »Gut und Böse« herangeführt wurden.[9] In Kindergärten setzte sich diese Erziehung weiter fort. Kinderspielzeug in Form von Spielzeugpanzern und das Singen von Liedern mit Texten wie beispielsweise »Lieber Soldat, du trägst ein Gewehr. Lieber Soldat, dich

---

6   Diese starke Polarisierung unterliegt gegenwärtig durchaus einer Veränderung und verschiebt sich nach Meinung des ehemaligen Bundespräsidenten Horst Köhler mehr und mehr in Richtung eines »freundlichen Desinteresses« am Soldatenberuf. Vgl. dazu Einsatz für Freiheit und Sicherheit – Rede von Bundespräsident Horst Köhler bei der Kommandeurtagung der Bundeswehr in Bonn am 10.10.2005. http://www.bundespraesident.de/Reden-und-Interviews-,11057.626864/Rede-von-Bundespraesident-Hors.htm?global.back=/%2C11057%2C0/Reden-und-Interviews.htm%3Flink%3Dbpr_liste (Stand: 20.2.2011).
7   Michael Koch: Die Einführung des Wehrunterrichts in der DDR, Erfurt 2000, S. 40.
8   Im Wehrdienstgesetz der DDR waren unter § 5 alle staatlichen Organe und Vereinigungen sowie Schulen verpflichtet, »alle Bürger auf den Wehrdienst vorzubereiten«. Vgl. 64. Sitzung des NVR, 2.10.1981, BArch, DVW 1/39525, Bl. 171.
9   Koch, Einführung des Wehrunterrichts, S. 12.

lieben wir sehr. Mit Panzer und Flugzeug bist du stets bereit für uns Kinder alle im Ehrenkleid« sollten den Kindern »ihre« Soldaten näherbringen.[10]

Im Lebensabschnitt zwischen dem sechsten und sechzehnten Lebensjahr erfolgte die Vermittlung der wehrpolitischen Erziehung maßgeblich in den Schulen sowie den Jugendorganisationen der SED (Jungpioniere, Freie Deutsche Jugend). Die politisch-ideologischen Inhalte sahen hier vor allem die Vermittlung von Heimatliebe und die Bereitschaft zum Schutz der Heimat vor. Weitere Schwerpunkte wurden besonders im Zuge der im Januar 1967 eingeführten »Hans-Beimler-Wettkämpfe« vermittelt. Im Verlauf dieser Veranstaltungen standen die Ausbildung von Mut und Gewandtheit durch die Teilnahme an »Wehrsportlichen Einzel- und Mannschaftswettkämpfen« (Handgranatenweitwurf, Luftgewehrschießen usw.) und »Geländespielen« (Orientierungsmärsche, Überwinden von Hindernissen usw.) im Mittelpunkt.[11] Dabei beschränkte sich die Ausdehnung der Wehrerziehung keinesfalls nur auf den schulischen Bereich. Die Massenmedien der DDR nahmen in Form verschiedener Jugendzeitschriften gezielt Einfluss auf die Einstellung der Zielgruppe gegenüber den eigenen bewaffneten Organen. So sollten die Zeitschriften *ST – Sport und Technik*, *Funkamateur* und *Modellbau heute* die Jugendlichen systematisch für technische Inhalte begeistern. Die Ausgaben *Flieger-Revue*, *Poseidon* (Tauchsport) und *Visier* (Schießsport) sprachen zielgerichtet weitere, speziell für einen späteren militärischen Werdegang interessante Inhalte an.[12] Der Herausgeber dieser Zeitschriften war dabei die Gesellschaft für Sport und Technik, die als paramilitärische Jugendorganisation maßgeblichen Einfluss auf die Wehrerziehung der Jugendlichen nahm. Ähnlich den »Hans-Beimler-Wettkämpfen« führte sie internationale Sportwettkämpfe durch und hatte das Ziel, weite Teile der Jugend durch bestimmte Sportarten und Hobbys (Segelfliegen, Schieß- und Tauchsport usw.) auf zukünftige militärische Verwendungen vorzubereiten. So erscheint es nicht weiter verwunderlich, dass Kinder und Jugendliche in spielerischen Handlungen Abbilder militärischer Bereiche schufen. »Manchmal sieht man Kinder auf Straßen oder Wiesen, die ›Grenzverletzer‹ spielen. Einer versucht ›abzuhauen‹, die anderen jagen ihn mit Holzstöcken, die als Schießgewehre dienen.«[13]

---

10 Brigitte Deja-Lohöffel: Erziehung nach Plan. Schule und Ausbildung in der DDR, Berlin 1988, S. 113.
11 Koch, Einführung des Wehrunterrichts, S. 10.
12 Gunter Holzweißig: Massenmedien in der DDR, Berlin 1983, S. 91–92.
13 Deja-Lohöffel, Erziehung, S. 113.

1. Vorbereitung für den »Ehrendienst« – die Militarisierung der DDR-Gesellschaft

In den weiterführenden Schulen der DDR (erweiterte Oberschule, polytechnische Oberschule) konnten die Schüler aufgrund ihres Alters konkret auf den bevorstehenden Wehrdienst vorbereitet werden. Zu diesem Zweck war im September 1978 zunächst für die neunte und ein Jahr später auch für die zehnte Klasse das Fach Wehrkunde in die polytechnische Oberschule eingeführt worden.[14] Armeegeneral Hoffmann gab in seiner Funktion als Verteidigungsminister der DDR Auskunft über die Hintergründe und Ziele dieses Faches. In den Augen der Staatsführung war die Jugend zu empfänglich für »Parolen des Gegners«, die diese besonders in Form von Film- und Funksendungen erreichten.[15] Ziel der Wehrerziehung müsse es somit sein, dem Nachwuchs der DDR konkrete Inhalte zum Klassenauftrag, über den Sinn des Soldatseins sowie der friedlichen Koexistenz der DDR und BRD und zum militärischen Auftrag des eigenen Landes zu vermitteln. Der Schwerpunkt liege zudem auf der Weitergabe eines »klaren Freund-Feind-Bildes«.[16] Die Wirksamkeit dieses Faches sollte sich aufgrund verschiedener Faktoren lediglich als begrenzt erweisen. So konnte bei einem Großteil der Schüler zwar ein besseres Verständnis für die Aufgaben und Inhalte der bewaffneten Organe der DDR erreicht werden, die Auswirkung auf die persönliche Einsatzbereitschaft für diese Dienste blieb jedoch hinter den Erwartungen der politischen Führung zurück.[17]

In der betrieblichen Ausbildung war die systematische Militarisierung ebenso an der Tagesordnung. »Außerdem hielt man uns Lehrlingen jeden Tag zehn Minuten Unterricht, der sich ›aktuelle Zeitungsschau‹ nannte. Hier wurde von einem Funktionär meist der Leitartikel des *Neuen Deutschland* vorgelesen und interpretiert.«[18] Die monatlich erscheinende Zeitung *Der Kämpfer* richtete sich speziell an die »Kampfgruppen der Arbeiterklasse« und erreichte somit auch die jungen Auszubildenden in den volkseigenen Betrieben. In ihren Ausgaben wurden den Betriebsangehörigen die »Todfeinde des Volkes an den Schalthebeln der Macht in der BRD« aufgezeigt. Dies waren beispielsweise der damalige Inspekteur des BGS sowie der Generalinspekteur der Bundes-

---

14 Koch, Einführung des Wehrunterrichts, S. 1.
15 Ebd., S. 26.
16 Ebd., S. 4.
17 Es gab u. a. eine Reihe von Schülern, die Teile des Wehrunterrichts (z. B. Schießen) verweigerten. Zudem regte sich innerhalb der Kirche und auch unter Studenten Kritik an den Inhalten der Ausbildung. Vgl. Koch, Einführung des Wehrunterrichts, S. 44 und 46.
18 Frederik Hetmann: Enteignete Jahre. Junge Leute berichten von drüben, München 1962, S. 26.

wehr, die der Bevölkerung der DDR als »willfährige Büttel des Todfeindes des Volkes« mit aggressiven Eroberungsplänen gegenüber der DDR präsentiert wurden.[19] Die gezielte Ideologisierung der jungen Facharbeiter stellte einen wichtigen Faktor dar, war eine abgeschlossene Berufsausbildung doch Voraussetzung für einen Teil der Berufswege (Berufsunteroffizier, Fähnrich) bei den Grenztruppen.

In der Gesamtheit vollzog sich somit von der frühsten Kindheit bis zum Eintritt in den Wehrdienst oder den freiwilligen Wehrdienst als Unteroffizier, Fähnrich oder Offizier in den Grenztruppen eine kontinuierliche und gezielte Heranführung der Gesellschaft zu diesen Organen. Es lässt sich nicht eindeutig mit empirischen Werten nachweisen, wie wirksam die Gesamtheit dieser systematischen Militarisierung der Bevölkerung war. Festzuhalten ist jedoch, dass wesentliche Inhalte dieses Vorgangs, wie etwa das stringent aufgebaute Feindbild gegenüber der NATO und der Bundeswehr, als Grundlage für die weiterführende Ideologisierung der jungen Soldaten genutzt werden konnten. Die frühzeitig vermittelten Bilder der kriegsbereiten Truppen des Klassenfeindes hatten einen hohen Wiedererkennungswert für die nachfolgende Politschulung in den Grenztruppen.

2. Zwischen politischem Zweckverhalten und offensichtlichem Widerspruch – Wehrpflichtige in den Grenztruppen

Die Nationale Volksarmee der DDR war mit ihrer Gründung im Jahr 1956 als eine Freiwilligenarmee aufgestellt worden, deren Nachwuchs sich ausschließlich aus interessierten und freiwilligen Bewerbern der Bevölkerung zusammensetzte. Die Phase des personellen »Ausblutens« der DDR, die dem Bau der Berliner Mauer vorangegangen war, hatte sich auch unmittelbar auf die Rahmenbedingungen für den Aufbau der landeseigenen bewaffneten Organe ausgewirkt. Das ohnehin schon bestehende Problem, dass die reelle Besetzung der NVA weit hinter der vorgegebenen Sollstärke zurückblieb, verstärkte sich in den Jahren vor 1961 zunehmend. Allein im Jahr 1960 verzeichnete die DDR nach eigenen Angaben eine Flucht von über 34 000 Jugendlichen zwischen 15 und 25 Jahren aus dem eigenen Land.[20] Erst die Abriegelung der DDR und die

---

19 Der Kämpfer, Dezember 1981, in: Holzweißig, Massenmedien, S. 92.
20 Vgl. Rüdiger Wenzke: Wehrpflicht und Wehrdienst in der DDR, Aspekte ihrer historischen Entwicklung, Onlineaufsatz, http://www.wissenschaft-und-frieden.de/seite.php?artikelID=1031 (Stand: 12.2.2011)

Einführung der Wehrpflicht durch das entsprechende Gesetz vom 24. Januar 1962 versetzte die DDR in die Lage, die NVA und andere Organe wie vorgesehen aufwachsen zu lassen. Das Wehrpflichtgesetz sah nun die Ableistung eines 18-monatigen allgemeinen Wehrdienstes für alle männlichen Bürger der DDR zwischen dem 18. und 50. Lebensjahr vor. Ein Teil der Wehrpflichtigen musste seinen Wehrdienst auch in den Grenztruppen ableisten, waren diese doch zentraler Bestandteil der NVA.

Wie groß war der Anteil dieser Wehrpflichtigen in den Grenztruppen? Ein grundlegendes Merkmal nahezu aller Streitkräfte ist das quantitative Verhältnis zwischen der vergleichsweise geringen Zahl der Führungskräfte und der breiten Masse der »einfachen« Soldaten als unterste Stufe der Befehlskette. Der Kampfwert von Streitkräften ist, neben den Fähigkeiten technischer Mittel und Waffen, unmittelbar von der Größenordnung der Personalstärke abhängig. Dabei bildet die breite Masse der Soldaten (Mannschaften) das tragende Grundgerüst für die Sicherstellung der Aufgaben und Aufträge. Dieses Grundgerüst wird dabei von Fachkräften in Form von Offizieren und Unteroffizieren geführt und angeleitet. Diese generelle Eigenschaft war auch bezeichnend für die Struktur der Grenztruppen der DDR beziehungsweise des Grenzkommandos Mitte. Das Grenzkommando Mitte verfügte zu Beginn der siebziger Jahre über eine Gesamtpersonalstärke von 13 155 Angehörigen. Diese setzten sich aus annähernd 1300 Offizieren, etwas mehr als 2800 Unteroffizieren und insgesamt 9000 Mannschaftsdienstgraden zusammen.[21] Somit betrug das Verhältnis zwischen den Dienstgradgruppen in etwa zehn Prozent Offiziere zu 21 Prozent Unteroffiziere und 68 Prozent Soldaten. In den nachfolgenden Jahren wurde dieses Verhältnis in der zweiten Hälfte der siebziger Jahre sowie erneut Mitte der achtziger Jahre aufgrund von Strukturanpassungen verändert. Diese bedeuteten jeweils eine Reduzierung des Gesamtpersonalbestands des Grenzkommandos Mitte. Gegen Jahresende 1979 sah der Stellenplan 1457 Offiziere, 355 Fähnriche, 863 Berufsunteroffiziere, 1563 Unteroffiziere auf Zeit, 8267 Soldaten und somit eine Gesamtstärke von 12 525 Angehörigen vor.[22] Der Dienstposten beziehungsweise der Dienstgrad des Fähnrichs war auf Beschluss des NVR im Rahmen seiner 43. Sitzung am 17. Mai 1973 geschaffen worden und bildete eine eigenständige Laufbahn zwischen den Offizieren und

---

21 Chronik des Grenzkommandos Mitte, Juni 1971 bis November 1972, BArch, GT 5735–5736, Bl. 211.
22 Chronik des Grenzkommandos Mitte, Dezember 1979 bis November 1981, BArch, GTÜ 14010, Bl. 6.

den Unteroffizieren.²³ Im Zuge der Bewertung seines Aufgaben- und Verantwortungsbereiches kann der Dienstposten des Fähnrichs jedoch mit einigen Ausnahmen im weiteren Sinne zur Dienstgradgruppe der Unteroffiziere gezählt werden. Das Verhältnis von Offizieren, Unteroffizieren und Soldaten zueinander betrug somit zwölf Prozent zu 22 Prozent sowie 66 Prozent und hatte sich im Vergleich zu den Werten von 1972 nicht wesentlich verändert. Im Zuge der Einführung einer neuen Militärdoktrin Mitte der achtziger Jahre hatten erneut Strukturänderungen des Grenzkommandos Mitte und damit einhergehend eine Reduzierung der Gesamtstärke auf 11 400 Angehörige stattgefunden. Trotz dieser Änderungen blieb das quantitative Verhältnis der Führungskräfte zu den untergeordneten Ebenen weitestgehend stabil. Gegen Ende des Jahres 1985 betrug der Anteil der Offiziere elf Prozent, der Anteil der Unteroffiziere 22 Prozent und der Anteil der Soldaten 67 Prozent am Gesamtbestand des Grenzkommandos Mitte.²⁴ Das hier beschriebene Verhältnis der Dienstgradgruppen innerhalb der Grenztruppen zeigt deutlich auf, dass die »Einsatzebenen« des Grenzkommandos Mitte, also die Einheiten, die den eigentlichen Grenzdienst durchführten, maßgeblich durch die Masse der Soldaten und damit durch junge Wehrdienstleistende geprägt waren. Somit war es in der Regel auch eben diese Gruppierung innerhalb der Grenztruppen, auf der im Falle eines »unerlaubten Grenzübertritts« die Entscheidung zur Anwendung der Schusswaffe oder der Unterlassung eben dieser Handlung ruhte.

Es erscheint heute schwierig, eine differenzierte Einteilung aller Wehrpflichtigen in grundlegende Haltungskategorien zum Wehrdienst in den Grenztruppen durchzuführen. So liegen dem Wissen des Verfassers nach keinerlei konkreten Aufzeichnungen vor, wie groß der Anteil der Wehrpflichtigen war, der den Wehrdienst in den Grenztruppen mit Überzeugung antrat, und wie hoch die Zahl derer war, die sich schlichtweg den Bestimmungen des Gesetzes beugten. Einige wesentliche Rahmenbedingungen im Vorfeld der Einberufung und des späteren Grenzdienstes ermöglichen jedoch durchaus einen Einblick in die Fragestellung, inwieweit der Grenzdienst seitens der Wehrpflichtigen als notwendig oder aber gar als verhasst erachtet wurde. Die erste Vorauswahl der Wehrpflichtigen begann bereits im Zuge der Musterung beim zuständigen Wehrkommando. Das wesentliche Element zur Auswahl für den späteren Grenzdienst bestand in der Überprüfung der »politischen Zuverlässigkeit« des jungen Wehrpflichtigen. Hierzu war eigens ein Mitarbeiter des

---

23 43. Sitzung des NVR der DDR, 17.5.1973, BArch, DVW 1/39500–39501, Bl. 17.
24 Chronik der 1. Grenzbrigade, 1.12.1963–30.11.1964, Bl. 52.

2. Zwischen politischem Zweckverhalten und offensichtlichem Widerspruch 163

Ministeriums für Staatssicherheit (MfS) zugegen, der eine Sichtung aller aussagekräftigen Unterlagen (Aufzeichnungen aus Schule oder Betrieb, mögliche Erkenntnisse des MfS zu seinen Eltern oder Umfeld) durchführte.[25] Zudem wurde der zukünftige Soldat befragt, ob er im Falle des Falles die Schusswaffe anwenden werde. Das Auftreten von möglichen Risikofaktoren (etwa »Westverwandtschaft«), die Ablehnung des Waffeneinsatzes (etwa aus religiösen Gründen) oder weitere Umstände führten in der Regel dazu, dass der Wehrpflichtige nicht für den Dienst in den Grenztruppen in Frage kam. Dies befreite ihn allerdings nicht automatisch vom gesamten Wehrdienst. Abhängig von der Art und dem Umfang dieser Hinderungsgründe für den Grenzdienst erfolgte daher eine Einberufung zu anderen Truppenteilen der NVA, wo die gewonnenen Erkenntnisse mit dem Dienst vereinbar erschienen.[26] Doch auch unter den Wehrpflichtigen, die für einen Dienst in den Grenztruppen vorgesehen waren, schienen keinesfalls alle von der vor ihnen liegenden Dienstzeit und Tätigkeit überzeugt:

> Auch bei einem Teil der Angehörigen der Grenztruppen entwickeln sich lange vor ihrer Einberufung neben positiven politischen Überzeugungen Vorbehalte zur gesellschaftlichen Entwicklung in der DDR. [...] Diese Vorbehalte erreichen speziell bei den Wehrpflichtigen, die für die Grenztruppen ausgewählt werden, nur in Ausnahmefällen die Wertigkeit einer negativen Haltung zum Sozialismus, sie beeinträchtigen jedoch in bestimmtem Maße das Feindbild und das Wehrmotiv. [...] Es muß deshalb davon ausgegangen werden, daß sich bei mehr als nur denen, die später fahnenflüchtig werden, die Überzeugtheit, nur im Sozialismus leben zu können, nicht mit der notwendigen Festigkeit herausbildet. Dieser Zustand ist im Alltag sehr schwer oder gar nicht erkennbar, weil er, abgesehen von einem nicht selten anzutreffenden politischen Zweckverhalten in Schule und Lehre, den Betreffenden unter normalen Bedingungen selbst nicht bewußt wird. Allerdings können sich unter dem Eindruck des Dienstes in den Grenztruppen diese Vorbehalte verstärken und zu politisch negativen Einstellungen und Ansichten ausweiten.[27]

---

25 Filtrierung 88, 27.10.1988, BStU, MfS, HA I Nr. 13038, S. 18–19; Wolf, Hauptabteilung I, S. 3.
26 Details siehe Kapitel III.5 Die Arbeitsweise des IM-Netzes im Detail – Die »Filtrierung 88«.
27 Ursachen, Motive und begünstigende Bedingungen für Fahnenfluchten von Angehörigen der Grenztruppen der DDR und der NVA, September 1987, BStU, MfS, HA I Nr. 13452, S. 153–154.

Die hier genannten Faktoren vermögen dem Betrachter jedoch nur diejenigen Wehrpflichtigen aufzuzeigen, die diesem Dienst grundsätzlich und bereits vor seinem eigentlichen Antritt ablehnend gegenüberstanden. Welche Haltung vertraten die jungen Grenzsoldaten, sobald sie mit dem Grenzalltag konfrontiert worden waren? Die folgenden Aspekte sollen hier einen differenzierten Blick auf diese Fragestellung ermöglichen. Zunächst setzte sich die im Zuge der Musterung begonnene Arbeit des MfS in der Ausbildung der jungen Grenzsoldaten und auch im späteren Grenzdienst weiter fort. Die einzelnen Schritte dieses Wirkens des MfS in den Grenztruppen werden detailliert im Kapitel III »Das Ministerium für Staatssicherheit – Akten, Fakten und Fragestellungen« behandelt und sollen an dieser Stelle daher lediglich zusammengefasst dargestellt werden.

Die Wehrpflichtigen sahen sich im täglichen Dienst mit einem Netz aus Spitzeln und Informanten konfrontiert, das oftmals zu einer gedrückten und von Anspannung geprägten Stimmung führte. Das Gefühl, auch bei persönlichen Gesprächen nach dem regulären Dienst auf seine politische »Standfestigkeit« oder mögliche Fluchtabsichten durchleuchtet zu werden, belastete die Soldaten immens. Ein Zusammenwachsen zu einer militärischen Gemeinschaft mit einem engen Zusammengehörigkeitsgefühl als zentraler und nahezu jede Armee prägender Bestandteil konnte so nur stark eingeschränkt erfolgen. Das Gefühl des Misstrauens durch die Vorgesetzten und politischen Machthaber setzte sich in vielen Bereichen des Grenzdienstes fort. In den Augen der Grenzsoldaten zeigte sich dies im Besonderen an der Maxime des »Vieraugenprinzips« im Grenzdienst. Die Vorgaben des Grenzdienstes sahen vor, dass die jungen Wehrpflichtigen, die hier mit Masse als Grenzposten eingesetzt waren, ihren Auftrag stets mit mindestens einem weiteren Soldaten versehen mussten. Was nach den Angaben ihrer Vorgesetzten zur gegenseitigen Unterstützung vorgesehen war, diente in Wirklichkeit einmal mehr der Absicherung vor möglichen Fahnenfluchten. Auch hier war und blieb der Faktor der Kontrolle das alles beherrschende Element.[28]

Der tägliche Dienst an der Berliner Mauer wurde zudem aus anderen Gründen als stark belastend empfunden. In einer internen Einschätzung der für die Grenztruppen zuständigen Abteilung des MfS wird dies besonders deutlich: »Der Dienst in den grenzsichernden Einheiten ist überdurchschnittlich anstrengend. Die ohnehin knapp bemessene Freizeit wird häufig durch Maßnahmen der verstärkten Grenzsicherung weiter eingeschränkt. [...] Für die Grenz-

---

28 Vgl. Kapitel II Alltag und Grenzdienst im Grenzkommando Mitte.

2. Zwischen politischem Zweckverhalten und offensichtlichem Widerspruch

posten ist der Dienst nicht nur anstrengend, sondern zugleich auch eintönig, weil für den einzelnen gesehen die meiste Zeit wenig oder nichts geschieht.«[29] Das bedeutendste Konfliktpotential des Grenzdienstes für die jungen Wehrpflichtigen jedoch wurde nur wenig später deutlich:

> In Vorbereitung auf ihren Dienst werden die Angehörigen der Grenztruppen vordergründig mit der Notwendigkeit des Schutzes der Staatsgrenze vor dem imperialistischen Gegner politisch motiviert. In der Praxis wehren sie aber hauptsächlich Grenzverletzer aus dem Inneren der DDR ab. Dieser Widerspruch ruft in Verbindung mit den unablässigen speziellen ideologischen Angriffen des Feindes bei politisch wenig Gefestigten innere Zweifel hervor, die u. a. durch die befohlenen Einschränkungen der Schußwaffenanwendungen noch verstärkt werden.[30]

Die unabhängig agierende Staatssicherheit und die politische Führung der DDR waren sich somit deutlich der Tatsache bewusst, dass die starke Diskrepanz zwischen dem proklamierten Zweck des »Antifaschistischen Schutzwalls« und der menschenverachtenden Wirklichkeit des Grenzregimes unweigerlich zu massiven Spannungen unter den Grenzsoldaten führen würde. Gerade unter den Wehrpflichtigen, die aufgrund des Wehrpflichtgesetzes zur Ableistung dieses Dienstes gezwungen waren, führte dieser offensichtliche Widerspruch zu einer stark ablehnenden Haltung. Die Tatsache, dass eine nicht unerhebliche Zahl der Wehrpflichtigen dem Grenzdienst bereits vor seinem Beginn zweifelnd gegenüberstand und ein weiterer Anteil von ihnen diesen Auftrag aus »politischem Zweckverhalten« – also ohne wirkliche Überzeugung – durchführte, lässt mit Blick auf die starken Belastungen des Grenzalltags nur eine Schlussfolgerung zu: Der Großteil der Wehrpflichtigen durchlief den Dienst in den Grenztruppen eher mit einer inneren Ablehnung als mit dem Gefühl einer Überzeugung. Diese Erkenntnis lässt die berechtigte Annahme zu, dass dieser Teil der Wehrpflichtigen, wenn schon von der Notwendigkeit ihres Dienstes nicht überzeugt, noch weniger bereit war, seine Waffe gegen Flüchtlinge einzusetzen. Zu dieser Einschätzung kam auch das MfS: »Auswirkungen der politisch-ideologischen Diversion zeigten sich vor allem in Argumenten, mit denen eine Reihe von Wehrpflichtigen den Dienst in den Grenztruppen der DDR ablehnten. Die dabei vertretenen Auffassun-

---

29 Ursachen, Motive und begünstigende Bedingungen für Fahnenfluchten von Angehörigen der Grenztruppen der DDR und der NVA, September 1987, BStU, MfS, HA I Nr. 13452, S. 155.
30 Ebd.

gen richteten sich gegen die Anwendung der Schußwaffe und gegen die hohen Anforderungen des Dienstes in den Grenztruppen.«[31] Die Zahl der Fälle, in denen Grenzsoldaten nachweislich auf den Gebrauch der Waffe verzichteten oder aber gezielt an den Flüchtenden vorbeischossen, stützt diese Annahme zusätzlich. Als weitere Indikatoren für die Ablehnung des Grenzdienstes und der Anwendung der Waffe können, zumindest für einen Teil der Wehrpflichtigen, die Fahnenfluchtbestrebungen und erfolgreichen Fahnenfluchten der jungen Soldaten betrachtet werden. So heißt es in einer Einschätzung des MfS zu den (verhinderten) Fahnenfluchten im Jahr 1987: »Die Gefahr von Fahnenfluchten tritt auch ein, wenn sich politisch negative Ansichten und Haltungen zum Sozialismus herausgebildet haben. [...] So wurden im 1. Halbjahr 1987 rund 250 Angehörige der Grenztruppen vorbeugend aus dem Grenzdienst abgezogen, die meisten davon (170) wiederum im GKS (Grenzkommando Süd). Hauptsächlich handelt es sich um Soldaten (71 Prozent), aber auch um 10 Offiziere und 9 Fähnriche.« Etwas weiter hält der Bericht zu den gescheiterten Fahnenflüchtigen fest: »Abgesehen von dem Offizier waren die Fahnenflüchtigen bis zum Tatzeitpunkt durchschnittlich rund 5 Monate in den grenzsichernden Einheiten eingesetzt (zwischen 2 und 10 Monaten). Bei der konkreten Motivbildung wird in 3 Fällen die Ablehnung der Schußwaffenanwendung als bestimmendes Moment sichtbar; [...]«[32]

Dennoch waren auch junge Wehrpflichtige direkt am Tod von Flüchtlingen beteiligt, und es kann hier angesichts der Zahl der Mauertoten und der daraus hervorgegangenen Mauerschützenprozesse keineswegs von Einzelfällen gesprochen werden.[33] Welche Faktoren waren für diese Soldaten ausschlaggebend für die Akzeptanz des Waffeneinsatzes als Grundlage des Grenzdienstes? Sie waren, wie zuvor aufgezeigt, lediglich die letzte Instanz der Befehlskette im Grenzregime. Die Führung, Erziehung, Ausbildung und Beeinflussung durch ihre Vorgesetzten nahm wesentlichen Einfluss auf ihre Einstellung und ihr Verhalten im Grenzdienst. Somit erscheint es an dieser Stelle zunächst not-

---

31 Vortrag »Die Nationale Volksarmee und die Grenztruppen der DDR. Kern der Landesverteidigung«, November 1985, BStU, MfS, HA I Nr. 15817, S. 48.
32 Ursachen, Motive und begünstigende Bedingungen für Fahnenfluchten von Angehörigen der Grenztruppen der DDR und der NVA, September 1987, BStU, MfS, HA I Nr. 13452, S. 178.
33 Im Rahmen der Verfolgung der »Regierungskriminalität« der DDR wurden im Zusammenhang mit Tötungen an der Grenze über 200 Ermittlungsverfahren geführt und mehr als 150 rechtskräftige Verurteilungen erwirkt. Vgl. Schöneburg, Charme des Rechtsstaates, S. 98.

wendig, die Motive dieser Laufbahngruppen aufzuzeigen. Eine abschließende Beantwortung dieser Fragestellung muss dann im Zusammenspiel mit dieser Auswertung erfolgen.

3. Berufswahl und Laufbahnen der Offiziere, Unteroffiziere und Fähnriche der Grenztruppen

Der militärische Beruf übte, nicht zuletzt aufgrund der durchgängigen Militarisierung der Gesellschaft, einen gewissen Reiz auf Teile der Jugend innerhalb der DDR aus. Die Nachwuchsgewinnung erfolgte zum großen Teil in den polytechnischen und erweiterten Oberschulen und richtete sich dabei im Besonderen an die Schüler der 9. und 10. Klasse. In einer Informationsbroschüre für den Dienst als Berufsunteroffizier und Offizier in den Grenztruppen führte Generalleutnant Baumgarten, einstiger Chef der Grenztruppen, einige Hintergründe zur Anziehungskraft seines Berufsstands an. »Der Dienst zum Schutz der Staatsgrenze fordert den ganzen Mann. Er ist mit vielen Bewährungssituationen verbunden, verlangt hohe Einsatzbereitschaft, Verantwortungsbewußtsein, Mut und persönliche Entschlußkraft. Und auch ein Stück Romantik gibt es im Grenzeralltag.«[34] Baumgarten sprach in direkter Weise existenzielle Grundbedürfnisse der Schüler an, indem er aufzeigte, dass die Grenztruppen unmittelbar für die Sicherung des Friedens und damit auch für den Schutz der eigenen Familien, ihres eigenen Umfelds verantwortlich seien. In den reich illustrierten Broschüren tauchte im Zuge der Beschreibung des »Grenzeralltags« wiederholt das Bild der aggressiven Grenzprovokateure in Gestalt des Bundesgrenzschutzes sowie der Soldaten der US-Armee auf.[35] Inwieweit diese Argumentationsweise Baumgartens, die auf der bereits zuvor in der Wehrausbildung vermittelten politischen Ideologie aufbaute, maßgeblich an der Entscheidung jugendlicher Nachwuchskräfte beteiligt war, lässt sich nicht eindeutig belegen. Denkbar erscheint zumindest, dass auch eine Reihe weiterer Faktoren einen nicht unerheblichen Anteil an der Berufswahl angehender Unteroffiziere, Fähnriche und Offiziere der Grenztruppen hatte.

Die illustrierten Informationsbroschüren der Wehrkreiskommandos präsentierten den Jugendlichen eine Reihe von Vorzügen ihrer zukünftigen Berufsfelder. Ein nicht zu vernachlässigender Anreiz ergab sich sicherlich aus

---

34 Militärische Berufe in den GT der DDR. Für Schüler und Eltern. Eine Schrift zur Berufswahl, Militärverlag der DDR, Ost-Berlin, Juni 1979, S. 1.
35 Ebd., S. 7.

den in Aussicht gestellten Einkünften. Unteroffizierschülern standen im Zeitraum um 1975 Bruttodienstbezüge von monatlich 200 Mark zu. Ein verheirateter Oberfeldwebel mit fünf Dienstjahren und zwei Kindern verfügte über Nettobezüge von circa 870 Mark monatlich. Im Vergleich dazu verdiente beispielsweise ein Lehrling um 1976 zwischen 90 und 150 Mark, eine Verkäuferin durchschnittlich 430 Mark, eine Facharbeiterin (Elektrotechnik) 600 Mark und ein Lehrer bis zu 900 Mark.[36] Die Bezüge eines verheirateten Offiziers (Oberleutnant) im sechsten Dienstjahr mit einem Kind betrugen Anfang der achtziger Jahre 1360 Mark. Neben den monatlichen Bezügen erhielten die Angehörigen der Grenztruppen zusätzliche Zuwendungen in Form von Wohnungs-, Verpflegungs- und Kindergeld sowie Zahlungen für erwerbsunfähige Ehefrauen.[37] Die Verpflegungsbezüge waren »für alle im Grenzdienst stehenden Armeeangehörigen« vorgesehen und setzten sich aus unterschiedlich hohen, täglichen und wöchentlichen Zulagen (etwa Grundnorm I, Zulage I a, I n) zusammen. »Diese Zulage war bestimmt zum Kauf hochwertiger Nahrungs- und Genußmittel, wie Obst, Südfrüchte, Schokolade, Konzentrate u. a.«[38]

Neben den finanziellen Anreizen wurde den zukünftigen Angehörigen der Grenztruppen für ihr soziales Umfeld ein nahezu sorgenfreies Bild in Aussicht gestellt. Unverheiratete Berufsunteroffiziere und Offiziere sollten großzügigen Wohnraum in »ansprechend eingerichteten Zwei-Bett-Zimmern« erhalten, wohingegen verheiratete Bewerber innerhalb eines Jahres mit einer angemessenen Wohnung oder einem Haus versehen werden sollten.[39] Der zukünftige Dienstort werde mit allem aufwarten, was für den alltäglichen Bedarf notwendig sei. Einkaufsmöglichkeiten, Frisör, Bäcker, zentral gelegene Schulen, Arztpraxen und weitere Einrichtungen. Die Angehörigen der Grenztruppen wurden dabei als integraler Bestandteil der jeweiligen Gemeinschaft und des sozialen Lebens in Form von Gemeindevertretern, Mitgliedern der ansässigen Sportvereine und anderer Bereiche dargestellt. Die Vorzüge der staatlichen Umsorgung sollten dabei keinesfalls mit dem Ende der mindestens zehnjährigen Dienstzeit in den Grenztruppen versiegen. Den interessierten Nachwuchs-

---

36 Bundesministerium der Verteidigung (Hg.): Die DDR. Schriftenreihe innere Führung, Bonn 1977, S. 115.
37 Berufsunteroffizier der Grenztruppen der DDR, Militärverlag der DDR, Ost-Berlin Februar 1975, S. 31.
38 NVA. Kommando der Grenztruppen. Materialstudie zur Entwicklung der Grenztruppen der NVA der DDR vom Jahre 1961 bis 1971, o. O., Juli 1972, S. 41.
39 Militärische Berufe. Für Schüler und Eltern. Eine Schrift zur Berufswahl, Militärverlag der DDR, Redaktion Milit.-Polit. Agitation, Ost-Berlin Januar 1982, S. 16–17.

3. Berufswahl und Laufbahnen

kräften wurde »eine umfassende Unterstützung bei der Eingliederung in den Arbeitsprozess« in Aussicht gestellt. Entsprechend der jeweiligen Qualifikation des Ausscheidenden sollten ihnen mittlere Leitungsfunktionen in einem Staatsorgan oder Studiengänge an Hoch- oder Fachschulen zukommen.[40] Das hier präsentierte Bild sollte in späteren Lebensabschnitten der Grenztruppenangehörigen allerdings oftmals davon abweichen. Im Besonderen stellte Wohnraumknappheit vor allem in ländlich strukturierten Gebieten die betroffenen Unteroffiziere, Fähnriche und Offiziere der Grenztruppen vor langfristige Probleme.[41]

Den zukünftigen Bewerbern standen, abhängig von ihrer Schulausbildung und weiteren Vorgaben, grundsätzlich drei Laufbahnen zur Auswahl: die Laufbahn des Berufsoffiziers, Fähnrichs oder des Berufsunteroffiziers.[42] Allen gemeinsam war eine Mindestverpflichtungszeit, nach deren Ablauf ein Übergang in das zivilberufliche Leben möglich war. Die Mindestdienstzeit für Berufsunteroffiziere betrug zehn, die der Fähnriche 15 und die der Berufsoffiziere 25 Jahre.[43] Neben diesen Laufbahnen, die als militärische Berufe im Rahmen des aktiven Wehrdienstes gekennzeichnet waren, existierten die Laufbahnen des Soldaten, des Unteroffiziers und des Offiziers auf Zeit. Die Mindestdienstzeit dieser Laufbahnen betrug jeweils drei Jahre.[44] Die Entscheidung zum Eintritt in ein solches Berufsverhältnis hatte dabei gemäß Dienstlaufbahnordnung der NVA vor dem Eintritt in den aktiven Dienst in den Grenztruppen und somit noch im Zivilleben des Bewerbers zu erfolgen.[45] Eine 1972 eingeführte Ordnung für Nachwuchssicherung des Ministers für Nationale Verteidigung sollte den Bedarf an Nachwuchskräften für die NVA und die Grenztruppen sicherstellen.[46] Im Zuge dieser gezielten und zentralisierten Nachwuchsgewinnung bediente sich die Parteiführung keineswegs nur der Anpreisung der Vorzüge des Soldatenberufs, in deren Zuge den Bewerbern oftmals das »Blaue vom Himmel« versprochen wurde. Angesichts des relativ schlechten Images des

---

40 Berufsunteroffizier der Grenztruppen der DDR, S. 32.
41 Dies betraf weniger die Angehörigen des Grenzkommandos Mitte als vielmehr die Angehörigen der Grenzkommandos Nord und Süd.
42 Die Laufbahn des Fähnrichs war erst im Jahr 1973 durch Beschluss des NVR in die Grenztruppen eingeführt worden.
43 Protokoll der 64. Sitzung des NVR, Top 4: Dienstlaufbahnordnung der NVA, 2.10.1981, BArch, DVW 1/39525, Bl. 246.
44 Ebd., Bl. 241–242.
45 Ebd., Bl. 240.
46 Müller, Tausend Tage, S. 87.

Soldatenberufs in den achtziger Jahren und der rückläufigen Bevölkerungsentwicklung sahen sich alle im Zuge der Nachwuchsgewinnung beteiligten Organe und insbesondere die Schulen mit einem nicht unerheblichen Erfolgsdruck konfrontiert. Dies führte dazu, dass ein Großteil der Beworbenen sehr frühzeitig mit zweifelhaften Methoden von Täuschungen bis hin zu Drohungen angegangen wurde, was jedoch keineswegs immer die erhofften Ergebnisse nach sich zog: »Statt dessen standen Direktoren und Lehrer angesichts von Parteiaufträgen an Schulparteiorganisationen und einem perfektionierten System von Maßnahmeplänen und turnusmäßigen Rapporten unter einem teilweise unerträglichen Ergebnisdruck, der die Gewinnung von ungeeigneten Bewerbern und die immer weitere zeitliche Vorverlegung der Werbung unter den Schülern bewirkte, was letztlich nur zum Unmut bei Schülern, Eltern und Lehrern führte.«[47]

Die Voraussetzungen für die Laufbahn des Berufsunteroffiziers und des Fähnrichs waren weitestgehend identisch. Als Grundlage musste der Bewerber die zehnte Klasse der polytechnischen Oberschule und eine sich anschließende Facharbeiterbildung erfolgreich abgeschlossen beziehungsweise sich dieses Ziel gesetzt haben.[48] Ein weiterer wesentlicher Faktor war die »richtige« politische Gesinnung des zukünftigen Bewerbers. In Betracht kam nur, wer »der Arbeiterklasse und ihrer marxistisch-leninistischen Partei treu ergeben« war und dies beispielsweise durch seine aktive Mitarbeit in den Grund- und Jugendorganisationen der SED unter Beweis stellte.[49] Erfüllte ein Bewerber diese Voraussetzungen, so war er in der Regel zum Ende der neunten Klasse zur Einreichung seiner Bewerbung an seiner Schule aufgefordert. Diese erreichte über den Beauftragten für Nachwuchssicherung beziehungsweise den Schuldirektor das entsprechende Wehrkreiskommando. Eine ärztliche Untersuchung des Antragstellers, die der Feststellung der Tauglichkeit für den Wehrdienst diente, war zusätzlicher Bestandteil des Bewerbungsverfahrens. War diese Prüfung, in der Regel in einem Zeitraum von zwei Monaten, befriedigend verlaufen, wurde er in das »Bewerberkollektiv für militärische Berufe« der FDJ aufgenommen. In dieser Gruppe sollten die Bewerber »mit anderen künftigen Mitstreitern bei Truppenbesuchen erste Eindrücke vom Soldatenalltag« und ihren späteren Aufgaben sammeln.[50] Den Angehörigen des Be-

---

47 Vgl. Kapitel III.6; Müller, Tausend Tage, S. 90.
48 Militärische Berufe in den GT der DDR, S. 7.
49 Berufsunteroffizier der Grenztruppen der DDR, S. 30.
50 Militärische Berufe in den GT der DDR, S. 29.

3. Berufswahl und Laufbahnen

Meldung an einen Kontrolloffizier im Grenzgebiet vor dem Reichstagsgebäude, wahrscheinlich sechziger Jahre

werberkollektivs wurden zudem aktive Unterstützungen und Hilfeleistungen des Wehrkreiskommandos zur Erlangung einer (der nur begrenzt verfügbaren) geeigneten(n) Lehrstelle oder aber zur (ebenfalls begrenzten) Zulassung zur Abiturausbildung in Aussicht gestellt. Angesichts der Nachwuchsprobleme fungierten NVA und Grenztruppen zweifelsohne als »Auffangbecken« für leistungsschwache Schüler, wobei einem Teil der Bewerber massiv über die »schulischen Klippen« geholfen wurde: «Hast du Abitur mit 4, wirste Offizier.«[51]

Der militärische Ausbildungsgang des Berufsunteroffiziers begann anschließend mit der Teilnahme an einem sechsmonatigen Unteroffizierlehrgang an der Unteroffizierschule »Egon Schultz«, an dessen Ende die Ernen-

---

51 Rogg, Armee, S. 237.

nung zum Unteroffizier stand. Die Laufbahn des Berufsunteroffiziers wurde als militärischer Meisterberuf geführt und war somit einer zivilberuflichen Meisterqualifikation gleichgestellt. Die Qualifikation zum Meister, dem Dienstgrad eines Feldwebels, konnte dabei auf dem Weg eines mehrmonatigen Fachlehrgangs an einer militärischen Lehreinrichtung oder aber durch den in der Regel dreijährigen Dienst in der gewählten Laufbahn erreicht werden.[52] Die zukünftigen Aufgabenbereiche eines Berufsunteroffiziers waren beispielsweise die Position des stellvertretenden Zugführers, eines Diensthundestaffelführers, eines Gruppenführers in einem Ausbildungsregiment oder etwa eines Waffen- oder Funkmeisters. Im weiteren Sinne fanden Berufsunteroffiziere somit als Fachkräfte in bestimmten Funktionen Verwendung.[53]

Die Ausbildung zum Unteroffizier auf Zeit konnte entweder in der jeweiligen Einheit, also im aktiven Dienst, oder aber an einer Ausbildungseinrichtung der NVA erfolgen.[54] Bewerber mit »besonderen Fähigkeiten und Spezialkenntnissen« konnten ohne die erwähnte Ausbildung in das Dienstverhältnis eines Unteroffiziers auf Zeit übernommen werden.[55]

Die Laufbahn des Fähnrichs gestaltete sich über einen längeren Zeitraum. Der Bewerber hatte dabei die Möglichkeit einer Teilnahme am bereits erwähnten Unteroffizierlehrgang mit anschließenden Fachlehrgängen oder einem Direkt- beziehungsweise Fernstudium, eines zweijährigen Studiums als Fähnrichschüler an einer militärischen Lehreinrichtung oder eines dreijährigen Direktstudiums an einer zivilen Fachschule mit einem nachgestellten Lehrgang. Am Abschluss dieser Ausbildung stand jeweils die Ernennung zum Fähnrich, welche einem zivilen Fachschulabschluss gleichgestellt war.[56] Die Verwendungsbereiche eines Fähnrichs erstreckten sich in der Regel auf die Führung eines Spezialgebiets, beispielsweise des Bereichs Technik oder Bewaffnung, oder die Führung des gesamten Innendienstes einer Grenzkompanie. In Betracht kam auch die Verwendung in einer Lehrtätigkeit an der Unteroffizier- oder Offizierschule der Grenztruppen.[57]

---

52 Militärische Berufe in den GT der DDR, S. 7.
53 Militärische Berufe in den GT der DDR, S. 8 – 9.
54 Protokoll der 64. Sitzung des NVR, Top 4: Dienstlaufbahnordnung der NVA, 2.10.1981, BArch, DVW 1/39525, Bl. 240.
55 Vgl. ebd. Dies galt für Personen, die bereits Angehörige der NVA waren, ebenso wie für Zivilpersonen.
56 Militärische Berufe in den GT der DDR, S. 6.
57 Ebd., S. 6.

3. Berufswahl und Laufbahnen

Die Ausbildung zum Berufsoffizier setzte neben der erwähnten politischen Grundgesinnung das Abitur an der erweiterten Oberschule oder aber den Abschluss einer Berufsausbildung mit Abitur voraus. Entscheidend für diese Voraussetzungen war das restriktive Schulsystem der DDR, das nur einem geringen Teil des jeweiligen Jahrgangs die Zulassung zur erweiterten Oberschule (EOS) ermöglichte. Der Besuch der EOS war nicht nur von dem Leistungsbild des Schülers, sondern auch von der politischen Zuverlässigkeit des Elternhauses sowie der eigenen politischen Gesinnung des jeweiligen Schülers abhängig. Das grenzte den Auswahlkreis zukünftiger Offizierbewerber der Grenztruppen weiter ein. Zusätzlich zu den Bewerbern mit Abiturabschluss konnten Antragsteller auch im Anschluss an eine zweijährige Berufsausbildung bereits als Offizierschüler im Zeitraum von einem Jahr die Hochschulreife erlangen.[58] Offiziere auf Zeit durchliefen ebenfalls eine Ausbildung an einer Ausbildungseinrichtung der Grenztruppen, wobei ihre Ausbildungszeit lediglich zwei Jahre betrug, an die sich dann ihre einjährige Verwendung in der Truppe anschloss. Wie bei den Unteroffizieren auf Zeit war auch hier bei Bewerbern mit besonderen Voraussetzungen die Übernahme in das Berufsverhältnis ohne vorherige militärische Ausbildung möglich. Mitte der achtziger Jahre durchliefen etwa 3000 Offizierschüler die vier Offizierschulen der NVA, wobei sich die Offizierschule der Grenztruppen in Suhl befand. In internen Auswertungen fasste das MfS die wesentlichen Motive der jungen Offizierbewerber zusammen:

> Bei der Entscheidung junger Menschen, sich als Berufsoffizierbewerber (BOB) zu verpflichten, spielen nicht selten der Wunsch nach Bewährung, das Streben nach Anerkennung, technisches Interesse, materielle Erwägungen, Überlegungen, als Offiziersbewerber vorrangig die EOS besuchen und das Abitur ablegen zu können vorerst eine dominierende Rolle, während politische Überzeugungen im Motiv für die Berufswahl wenig entwickelt sind.[59]

Bereits im Vorfeld der Verpflichtungszeit und der Ausbildung verringerte sich die Zahl der Bewerber spürbar:

> Dafür spricht u. a. der relativ hohe Anteil von BOB, die noch vor Studienbeginn ihre Verpflichtung zurücknehmen. 1985 handelte es sich um rund 1.300 BOB; das sind 29 % der Gesamtzahl und bedeutet gegenüber 1984 eine Zunahme

---

58 Ebd., S. 7.
59 Informationsbedarf für die Erarbeitung einer Einschätzung über den Wirkungsanteil der politisch-ideologischen Diversion und anderer feindlichen Einflüsse an negativen Erscheinungen im Offizierskorps der NVA und der GT/DDR, Februar 1986, BStU, MfS, HA I Nr. 15539, S. 58–59.

um ca. 7 %. Ein Teil dieser BOB leistet zwar der Einberufung an die OHS [Offizierhochschulen] folge, zieht jedoch unter dem Eindruck der Anforderungen des Dienstbetriebes bis zur Vereidigung seine Verpflichtung zurück. Das Verwerfen der Offizierslaufbahn in dieser Phase wird überwiegend mit anderen Berufsinteressen begründet. Von einer bedeutenden Anzahl an BOB wird der Offiziersberuf als eine Möglichkeit beruflicher Entwicklung angesehen und beim Vorliegen vermeintlich günstigerer Gelegenheiten wieder fallengelassen. Politische Überzeugung hinsichtlich der Notwendigkeit des Offiziersberufes [ist] für diesen Teil kein tragendes Motiv. Eine zu beachtende Anzahl von BOB nimmt jedoch, vorrangig weil sie keine günstigeren Entwicklungsmöglichkeiten in anderen Bereichen sehen, ungenügend politisch motiviert das Studium an der OHS auf.[60]

Das hier gezeichnete Bild barg ein enormes Risikopotential für die Grenztruppen in sich. Es wird deutlich, dass das MfS und damit auch die politische Führung der DDR bewusst Offiziere in den Grenztruppen in Kauf nahm, deren innere Einstellung keineswegs in Einklang mit den strengen politischen und ideologischen Vorgaben der SED stand oder diesen sogar widerstrebte. Musste die Staatsführung aufgrund schwindender Musterungsjahrgänge auf Offizierbewerber zurückgreifen, die ohne Überzeugung in ihren späteren Dienstalltag eintraten und die sich durch die harten Anforderungen des »Grenzeralltags« noch weiter von dieser Position entfernen würden? Die Einschätzung des MfS scheint diese Annahme zu stützen:

> Die jungen Offiziere werden trotz Praktika als OS [Offizierschüler] nach ihrer Zuversetzung in die Truppe relativ hart mit den konkreten Gegebenheiten konfrontiert. So weichen die Dienst- und Lebensbedingungen z. T. spürbar von denen an den OHS ab. Die dienstlichen Anforderungen/Belastungen werden häufig als unzumutbar hoch empfonden. [...] Daraus resultierende Probleme im Dienst (Erziehung Unterstellter/Verhältnis zu Vorgesetzten) und in der Familie können Entpflichtungsabsichten fördern bzw. erstmalig hervorrufen. [...] Speziell Offiziere, die im vorgenannten Sinne auch nach dem Studienabschluß nicht über ein gefestigtes Berufsmotiv verfügen, sehen sich in ihren persönlichen Erwartungen enttäuscht und resignieren relativ schnell.[61]

Diese Bilanzen machen deutlich, dass sich das in den Informationsbroschüren und anderen Nachwuchsgewinnungsprozessen dargebotene Idealbild des »Grenzeralltags« bereits früh an der Wirklichkeit messen lassen musste. Im alltäglichen Dienst zeigten sich im Besonderen für die Unteroffiziere und Of-

---

60 Ebd., S. 59.
61 Ebd., S. 61.

fiziere schnell die Schattenscheiten dieses Berufes. Die anfänglichen Motive für den Dienst in den Grenztruppen unterlagen in nicht wenigen Fällen den harten Bedingungen des Grenzregimes und schlugen sich in Dienstunzufriedenheit, persönlicher Belastung und anderen negativen Erfahrungen nieder. Nicht zuletzt kann auch die in der gesamten Zeitspanne des Bestehens der Grenztruppen niemals vollständig zurückgehende Zahl der Fahnenflucht dieser Dienstgradgruppen als Indikator für die Diskrepanz zwischen Erwartungen und Wirklichkeit gewertet werden.

An dieser Stelle werden grundlegende Parallelen zwischen den Dienstgradgruppen der Grenztruppen, angefangen von den Soldaten über die Unteroffiziere und Fähnriche bis hin zu den Offizieren, deutlich. Ein nicht unerheblicher Anteil von all diesen Gruppen stand dem Grenzdienst und der Anwendung der Schusswaffe ablehnend oder zumindest kritisch gegenüber. Was bewegte jedoch den übrigen Teil, den Grenzdienst als notwendig sowie rechtmäßig und damit die Waffe als legitimes Mittel dieses Dienstes zu betrachten? Die Untersuchung der anfänglichen Motive aller Dienstgradgruppen für die Ableistung des Grenzdienstes allein scheint keine zufriedenstellende Antwort auf diese Fragestellung geben zu können. In diesem Zusammenhang erscheint es daher notwendig, auf einige Rahmenbedingungen speziell im Grenzdienst einzugehen, die eine elementare Rolle bei der Entwicklung der Grenzsoldaten einnahmen.

4. Die »politisch-moralische und psychologische Bereitschaft der Grenzsoldaten« – zur zielgerichteten Förderung der »Entschlussfreudigkeit« im Grenzdienst

Es existieren eine ganze Reihe von Aussagen der politischen Führungsspitze der SED zur Einschätzung des Grenzdienstes, die diesen vor den Augen der eigenen Gesellschaft stets als notwendig, rechtmäßig, jedoch auch als herausfordernd proklamierten. Allen diesen Aussagen ist im Kern gemein, dass sie eine Wirklichkeit zu beschreiben suchten, welche die Masse der an der Berliner Mauer eingesetzten Grenzsoldaten deutlich anders wahrnahm. Der Widerspruch zwischen der proklamierten Abwehr eines äußeren Feindes in Gestalt imperialistischer Großmächte und der alltäglichen Bewachung der eigenen Bevölkerung war spätestens nach wenigen Dienstwochen an der Grenze offensichtlich. Die Parteiführung war sich dieser Tatsache durchaus bewusst und suchte die Grenztruppen zum einen durch ein allumfassendes Netzwerk des MfS unter Kontrolle zu halten. Das zweite wesentliche Element, um diese militärische Organisation nach Parteivorgaben zu prägen und von der Notwendigkeit des Dienstes an der Grenze zu überzeugen, bestand in der gezielten politischen und ideologischen Manipulation.

> Für die Entwicklung der moralischen Geisteshaltung der Angehörigen der Grenztruppen und die Erhöhung ihrer Bereitschaft und Fähigkeit, die Aufgaben zur zuverlässigen Sicherung der Staatsgrenze zu erfüllen, ist und bleibt die marxistisch-leninistische Ideologie das entscheidende Fundament. Sie beeinflußt unmittelbar die psychische Standhaftigkeit der Grenzsoldaten und bildet den inneren ideologischen Rückhalt dafür, jede beliebige Aufgabe im Grenzdienst und im Gefecht erfolgreich zu meistern.[62]

Der bereits beschriebene Prozess der Militarisierung hatte eine erste Grundlage für diese Zielsetzung geschaffen, auf der nun die weiterführenden Schritte in der Dienstzeit aufbauten. Die hier vermittelten Inhalte können bei näherer Betrachtung durch drei wesentliche »Lernziele« charakterisiert werden. Zunächst sollte jeder Angehörige der Grenztruppen verinnerlichen, dass die Grenze und somit die Berliner Mauer »die Konfrontationslinie zwischen Sozialismus und Kapitalismus dar[stelle], an der sich die mächtigsten militärischen Gruppierungen der Welt gegenüberstehen [...]«[63]. An dieser zentralen Schnittstelle zwischen dem »Guten« und dem »Bösen« kam den Grenztruppen somit eine entscheidende Rolle zu. Das »Handbuch für den Grenzdienst«, das allen Grenzsoldaten, vornehmlich jedoch den Unteroffizieren und Offizieren als Grundlage für den Grenzdienst zur Verfügung stand, bewertete diese Aufgabe als existenziell für die DDR:

> Der militärische Schutz unserer souveränen sozialistischen Deutschen Demokratischen Republik ist eine objektive Notwendigkeit, solange der Imperialismus besteht. [...] Ausgehend von der Existenz und Politik des Bonner revanchistischen Staates sowie der widerrechtlichen Aufrechterhaltung des Besatzungsregimes der Westmächte in Westberlin bestehen zwei gefährliche Unruhe- und Provokationsherde in Europa, die den Frieden ernsthaft gefährden.[64]

---

62 E. Peter: Psychologische Anforderungen des Grenzdienstes an die Angehörigen der Grenztruppen der DDR, in: Psychologische Vorbereitung auf das Gefecht. Ausgewählte Erkenntnisse und Erfahrungen über die psychologische Stählung in der Nationalen Volksarmee und in den Grenztruppen der DDR, hg. von H. Grosse et al., Militärverlag der DDR, Berlin 1980, S. 280.
63 Ebd., S. 279.
64 Handbuch für den Grenzdienst, Deutscher Militärverlag, 1969, BStU, MfS, HA I Nr. 20133, S. 27.

4. Die »politisch-moralische und psychologische Bereitschaft der Grenzsoldaten«

In einer Zusammenfassung von Aufsätzen zum Thema der psychologischen Vorbereitung von (Grenz-)Soldaten hebt der ehemalige Chef der Grenztruppen die Bedeutung jedes einzelnen »Grenzers« hervor. Der Leitsatz, » [...] die entscheidende Rolle in der modernen Grenzsicherung spielen die Menschen«, sollte jeden Grenzsoldaten von seiner eigenen wichtigen Bedeutung für den Erhalt der gesellschaftlichen Ordnung überzeugen. Die Vermittlung dieses »Lernziels« erfolgte dabei im Wesentlichen durch gezielte Politschulungen von eigens dafür ausgebildeten Politoffizieren. Eine weitere Vorgabe bestand zudem darin, »die politisch-moralische und psychologische Komponente [...] in allen Ausbildungsfächern und fortführend auch im Grenzdienst – bewusst zu berücksichtigen [...]«[65] Auf diese Weise war der erste Schritt in der Beeinflussung der Grenztruppen getan – zumindest nach Lehrmeinung der Parteiführung: Der Grenzsoldat war von der Notwendigkeit seines Auftrages und seiner eigenen Rolle an der Grenze durchdrungen.

Im zweiten Schritt sollte eine direkte Verknüpfung mit dem alltäglichen Dienst an der Grenze und im Wesentlichen mit der Verhinderung von Grenzfluchten geschaffen werden. Der Grenzsoldat musste erkennen, dass jeder Grenzdurchbruch, also jeder Fluchtversuch aus der DDR, dem imperialistischen Klassengegner direkt in die Hände spielte. Jeder Flüchtling avancierte zum indirekten Gehilfen des militärisch aggressiv ausgerichteten Machtblocks aus der NATO, der Bundeswehr und ihren Verbündeten. Neben den regulären Ausbildungsabschnitten und Politschulungen erfolgte die Prägung der Grenztruppen zudem durch gezielt hierfür aufgestellte Sondereinheiten und Programme. Mit dem Befehl des Ministers für Nationale Verteidigung »Die Spezialpropaganda der Nationalen Volksarmee« aus dem Jahr 1967 und der Anordnung Nr. 2 des Chefs der Grenztruppen aus dem Jahr 1971 über »Die Spezialpropaganda in den Grenztruppen der Nationalen Volksarmee« ergingen klare Vorgaben für diese Sondereinheiten.

> In allen Grenzregimentern wurden Oberinstrukteure für Spezialpropaganda eingesetzt. Durch Schulungen und Qualifizierungen am Arbeitsplatz wurden sie zur Erfüllung ihrer funktionellen Pflichten befähigt. [...] Zur offensiven Abwehr und Zerschlagung der ideologischen Diversionen des Gegners wurden Informationen, Vorträge und Dias erarbeitet und vor Kommandeuren, Politabteilungen, Schulungsgruppenleitern sowie Partei- und FDJ-Funktionären

---

65 Peter, Psychologische Anforderungen, S. 280.

gehalten. Danach wurde zur Entlarvung des Gegners und zur Schaffung eines klaren Feindbildes bei den Armeeangehörigen beigetragen.[66] Im Zuge der Grenzdienstausbildung sollte der jeweilige Ausbilder den Soldaten ein aus den Augen der Parteiführung realistisches Bild des typischen »Grenzverletzers« vermitteln. Dieser war durch seine aggressive und sozialistische Grundwerte ablehnende Einstellung geprägt. Das Vernachlässigen dieses Feindbildes »verharmlost [...] auf unverantwortliche Weise diese Verbrecher. Ein solcher Ausbilder bildet entgegen der Wirklichkeit aus ...«[67] Das »Handbuch für den Grenzdienst«, das allen Ausbildern der Grenztruppen auch als weiterführende Grundlage für die Ausbildung diente, unterstreicht in diesem Zuge die Zielsetzung und Gefährlichkeit der »Grenzverletzer« nur allzu deutlich. Im Kapitel »Gegner« wird der Flüchtling als eindeutiger Gehilfe des imperialistischen Systems vermeintlich entlarvt:

> Ziel und Absicht und damit Hauptinhalt der Bonner Staatspolitik ist es, unseren Arbeiter-und-Bauern-Staat zu liquidieren und unser Gebiet an die BRD anzugliedern. [...] Mit der Störung der Ordnung an unserer Staatsgrenze und im Grenzgebiet verfolgt der Gegner das Ziel, die zuverlässige Sicherung der Staatsgrenze zu unterminieren, sie durchlässig zu machen, ständige Unruhe und Unsicherheit zu erzeugen und den Nährboden für Konflikte und Zwischenfälle frisch zu halten. Dabei wendet er verschiedene Formen, Methoden und Listen an. Hauptform seiner Tätigkeit sind: [...] – Organisierung, Führung und aktive Unterstützung von Grenzdurchbrüchen in beide Richtungen; [...][68]

Der »Durchbruch« an der Grenze durch einen »Grenzverletzer« lag somit nicht nur im Interesse der Bundesrepublik, sondern schien geradezu von den »Bonner Ultras« verdeckt in Auftrag gegeben worden zu sein. Die Überzeugung, dass jeder Flüchtling im Sinne des Feindes handelte, versetzte jeden Grenzsoldaten in die Pflicht, alles zu unternehmen, um diese Handlungen zu verhindern. »Sie [die Eigenschaften Selbstbewusstsein, Selbstsicherheit und

---

66 Chronik des Grenzkommandos Mitte. Juni 1971 bis November 1972, BArch, GT 5735–5736, Bl. 47.
67 H. Thieme: Aufgaben zur psychologischen Vorbereitung der Angehörigen der Grenztruppen in der Gefechtsausbildung, in: Psychologische Vorbereitung auf das Gefecht. Ausgewählte Erkenntnisse und Erfahrungen über die psychologische Stählung in der Nationalen Volksarmee und in den Grenztruppen der DDR, hg. von H. Grosse et al., Militärverlag der DDR, Ost-Berlin 1980, S. 285.
68 Handbuch für den Grenzdienst, Deutscher Militärverlag, 1969, BStU, MfS, HA I Nr. 20133, S. 82.

4. Die »politisch-moralische und psychologische Bereitschaft der Grenzsoldaten«

Selbstvertrauen des Grenzsoldaten] erwachsen aus dem Wissen um das moralische Recht und die gesetzliche Rechtmäßigkeit, den Sozialismus gegen jeden imperialistischen Anschlag verteidigen zu müssen und zu dürfen.«[69] Die Gefährlichkeit des Gegners stelle zudem eine direkte Gefährdung der Grenzsoldaten dar, der auf geeignete Weise begegnet werden müsse: »Meist schließen sich Grenzverletzer bereits in der Vorbereitung zu kleineren Gruppen zusammen. [...] Pistolen, Dolche, feststehende Messer, Totschläger, Schlagringe und andere Gegenstände dienen der Gewaltanwendung gegen den GP (Grenzposten), um ihre verbrecherischen Absichten verwirklichen zu können.«[70] Das zweite »Lernziel« zur Ausrichtung der Grenzsoldaten für den Grenzdienst war mit der Vermittlung dieser Denkweise erreicht: In seinen Augen nahm jeder Flüchtling den Status eines aggressiven Verbrechers und Erfüllungsgehilfen des Klassengegners an, der vor der Umsetzung seines Vorhabens aufgehalten werden musste.

Im letzten Schritt sollte die Bereitschaft des Grenzsoldaten geschaffen werden, dieses Ziel unbedingt, auch mit dem letzten aller Mittel umsetzen zu wollen. Diese Vorgabe stellte mit großer Wahrscheinlichkeit die größte Hürde im Zuge des gezielten Manipulationsvorgangs der Grenzsoldaten dar. War zuvor die »politisch-moralische und psychologische Bereitschaft der Grenzsoldaten« geschaffen worden, musste nun auch die »emotional-willensmäßige Standhaftigkeit« und »funktionale Stabilität jedes Einzelnen« erreicht werden. Das Ziel war eindeutig: Der Grenzsoldat sollte die Anwendung seiner Waffe gegen Flüchtlinge als legitimes und notwendiges Mittel einschätzen und bereit sein, dieses ohne Zweifeln oder Zögern auch einsetzen. »Gefragt ist [...] die ständige Bereitschaft und Fähigkeit aller Soldaten, Unteroffiziere, Fähnriche und Offiziere, auch künftig in jeder Lage und unter allen Bedingungen zu handeln und handeln zu wollen.«[71]

Bestand angesichts der Grenzanlagen mit ihren meterhohen Mauern, den Streckmetall- und Stacheldrahtzäunen, Sperrgräben und Hundelaufanlagen überhaupt noch eine Notwendigkeit, einen Flüchtling mit Waffengewalt an

---

69 D. Gunkel: Überlegungen zur Herausbildung der psychologischen Stabilität der Grenzsoldaten, in: Psychologische Vorbereitung auf das Gefecht: Ausgewählte Erkenntnisse und Erfahrungen über die psychologische Stählung in der Nationalen Volksarmee und in den Grenztruppen der DDR, hg. von H. Grosse et al., Militärverlag der DDR, Ost-Berlin 1980, S. 294.
70 Handbuch für den Grenzdienst, Deutscher Militärverlag, 1969, BStU, MfS, HA I Nr. 20133, S. 83.
71 Peter, Psychologische Anforderungen, S. 282.

seinem Vorhaben zu hindern? Die Grenzmauer und Sperranlagen waren seit der Abriegelung der DDR stetig weiter verbessert und ausgebaut worden. Dennoch hatte auch hier der militärische Grundsatz, dass Sperren stets durch Soldaten überwacht werden müssen, keineswegs an Gültigkeit verloren. Der Grenzsoldat musste, sollte er von der Zweckmäßigkeit des Waffengebrauchs überzeugt werden und bleiben, die Notwendigkeit dieses Mittels erkennen. In einem Rückblick des Grenzregiments 33 heißt es in diesem Zusammenhang:

> Erneut zeigte sich als ideologisches Problem, daß die eingesetzten technischen Mittel überbewertet wurden. Die Überschätzung der zweifellos höheren Möglichkeiten der Technik, führte bei vielen zur Unterschätzung der Rolle und der Verantwortung des Grenzers für die Aufrechterhaltung der Grenzsicherung. Viele Soldaten, Unteroffiziere und ein Teil der Offiziere glaubten, daß der pionier-technische Aufbau die Grenzverletzer aufhalten und aktive Handlungen von seiten der Grenzposten nicht mehr im Vordergrund stehen würden. Der Kommandeur, die Politabteilung und die Parteiorganisationen reagierten auf diese Probleme sofort. In den Politschulungen der Einheiten, in der Qualifizierung der Führungskräfte sowie Postenführer wurde aufgezeigt, welche Möglichkeiten und Grenzen der Technik innewohnen und welche Bedeutung dem aktiven und initiativreichem Handeln des Grenzers zukommt.[72]

Die Mauer allein schien kein ausreichendes Mittel zur Verhinderung von »Grenzdurchbrüchen« zu sein. Selbst in den Fällen, in denen die Flucht des Grenzverletzers zunächst an den Sperranlagen scheinbar zum Erliegen kam, bedurfte es des unbedingten Einsatzes der Grenzsoldaten. Diese sahen sich dann jedoch einem angeblich zu allem bereiten »Verbrecher« gegenüber, der vor keinem Mittel haltmachte: »Wenn die Grenzverletzer durch den GP festgestellt oder an ihren Handlungen gehindert werden, wendet die Mehrzahl zur Verwirklichung ihrer Vorhaben Waffengewalt an. Nicht zuletzt werden Kfz, Zugmittel und landwirtschaftliche Großgeräte benutzt, um die Staatsgrenze gewaltsam zu durchbrechen.«[73] Die Notwendigkeit des Handelns und hier insbesondere auch des Schusswaffengebrauchs wurde den jungen Soldaten somit immer wieder plastisch vor Augen geführt: »Am 08.07.1973, in unmittelbarer Vorbereitung auf die Weltfestspiele, drangen Provokateure in Zivil unter Duldung der westberliner Polizisten, bis an die Staatsgrenze der DDR vor und be-

---

72 Grenzregiment 33: Truppengeschichte des Truppenteils »Heinrich Dorrenbach«, BArch, GTÜ 6636, Bl. 27.
73 Handbuch für den Grenzdienst, Deutscher Militärverlag, 1969, BStU, MfS, HA I Nr. 20133, S. 84.

4. Die »politisch-moralische und psychologische Bereitschaft der Grenzsoldaten« 181

gannen die pionier-technischen Anlagen zu zerstören und die Grenzposten zu beschimpfen und zu bewerfen. Nur durch das politisch richtige Handeln und schnelle Reagieren der zum Grenzdienst eingesetzten Kräfte, zum Teil unter Anwendung der Schußwaffe, konnten diese Angriffe abgewehrt werden.«[74]

Hatte der Grenzsoldat die Notwendigkeit dieses Mittel einmal für sich und seinen Aufgabenbereich akzeptiert, war er als junger Mensch immer noch dem Konflikt mit seinen inneren Grundwerten und möglichen Zweifeln ausgesetzt. Gerade in der Situation, in der ein Flüchtling versuchte, die Sperranlagen zu überwinden, und lediglich die Anwendung der Waffe diese bevorstehende Flucht und damit das »Versagen« des Grenzposten verhindern konnte, blieb in den Augen der militärischen Führung immer noch das Restrisiko, dass er sich aus Gewissensgründen gegen den Waffengebrauch entschied. Eine letztendliche Absicherung gegen diesen »Unsicherheitsfaktor« konnte es nicht geben, und dennoch waren die Führungsebenen im Grenzregime sehr darauf bedacht, diesen so gering wie möglich zu halten:

> Die Erfahrung lehrt: Wenn der Grenzsoldat vor Beginn des Grenzdienstes arbeitete, ausgebildet wurde, Schach spielte oder im Fernsehen ein Fußballspiel verfolgte, dann entstehen bei ihm während des Dienstes unausbleiblich Gedanken über die vorangegangenen emotionalen und geistigen Erlebnisse. Daraus folgt: Je emotional eindrucksvoller die Tätigkeit vor dem Grenzdienst war, desto schwerer fällt es dem Grenzsoldaten, die Aufmerksamkeit auf die unmittelbare Befehlserfüllung umzustellen.[75]

Gerade vom Grenzsoldaten, der die letzte Hürde zwischen einem Flüchtling und seinem Bestreben nach Freiheit darstellte, verlangte die Parteiführung die Umsetzung des letzten Mittels mit unnachgiebiger Stringenz: »Die widerspruchlose und bedingungslose, zugleich aber initiativreiche Erfüllung der Befehle ist hier die Norm [...].«[76]

---

74 Grenzregiment 33: Truppengeschichte des Truppenteils »Heinrich Dorrenbach«, BArch. GTÜ 6636, Bl. 19.
75 S. Beck: Überraschungen blitzschnell beggnen, Hindernisse trainiert überwinden, in: Psychologische Vorbereitung auf das Gefecht. Ausgewählte Erkenntnisse und Erfahrungen über die psychologische Stählung in der Nationalen Volksarmee und in den Grenztruppen der DDR, hg. von H. Grosse et al., Militärverlag der DDR, Berlin 1980, S. 288.
76 D. Gunkel: Überlegungen zur Herausbildung der psychologischen Stabilität der Grenzsoldaten, in: Psychologische Vorbereitung auf das Gefecht. Ausgewählte Erkenntnisse und Erfahrungen über die psychologische Stählung in der Nationalen Volksarmee und in den Grenztruppen der DDR, hg. von H. Grosse et al., Militärverlag der DDR, Berlin 1980, S. 316.

Die zuvor aufgezeigten »Lernziele« zur Verinnerlichung der Anwendung der Schusswaffe im Grenzdienst waren keineswegs mit einer solchen Konkretheit in den Ausbildungsunterlagen der Grenztruppen oder der zuständigen Politabteilungen festgelegt. Diese einzelnen Stufen lassen sich jedoch zweifelsohne direkt aus den Überzeugungen, dem Wertekanon und den politischen Ansichten, denen die Angehörigen der Grenztruppen bereits vor und noch stärker im eigentlichen Dienst ausgesetzt waren, ableiten. Erst die Akzeptanz, die Waffe im Grenzdienst auch gezielt einsetzen zu können und zu wollen, machte den Grenzsoldaten in den Augen der Parteiführung zu einem effektiven Mittel ihres Herrschaftsanspruchs gegen die eigene Bevölkerung. Dieses Ziel konnte dabei keinesfalls bei allen Angehörigen der Grenzsoldaten erreicht werden. Allein die hohe Masse der jungen Wehrpflichtigen, die der grundlegenden Intention des Grenzregimes ablehnend gegenüber standen, belegt diesen Umstand. Ein Teil derjenigen unter ihnen, die sich empfänglich für die politische und ideologische Beeinflussung der Parteiführung zeigten und sich im Grenzdienst von der Gefährlichkeit der »Grenzverletzer« überzeugen ließen, machte sich durch die Anwendung der Waffe zum Erfüllungsgehilfen des menschenverachtenden Grenzregimes. Wie die Zahl der Maueropfer und die Mauerschützenprozesse leidvoll belegen, blieb diese Zielsetzung des SED-Regimes in den Grenztruppen keineswegs wirkungslos.

V. Disziplin, Ordnung, Fahnenfluchten und soziale Spannungsfelder – zum Stimmungsbild im Grenzkommando Mitte

Die Staatsführung der DDR erhob die Angehörigen der Grenztruppen in den Augen der eigenen Öffentlichkeit stets zur militärischen und ein Stück weit auch zur gesellschaftlichen Elite. Der Grenzsoldat avancierte zum Sinnbild für Tugendhaftigkeit, Zuverlässigkeit und politische Standfestigkeit. Doch wie war es, angesichts der im Zusammenhang mit den verschiedenen Motiven für den Grenzdienst bereits aufgezeigten Besonderheiten, wirklich um den inneren Zustand der Grenztruppen bestellt? Entsprach die Mehrheit der Offiziere, Unteroffiziere und Soldaten, allein schon angesichts der ständigen Überwachung durch das MfS, diesen Idealvorstellungen? Disziplin und Ordnung bilden neben einer Vielzahl weiterer Eigenschaften unersetzliche Grundlagen für jede Armee. Das nachlässige Ausführen von Anweisungen, die Missachtung von Sicherheitsbestimmungen oder gar Ungehorsam führen bereits im Ausbildungsbetrieb einer Einheit zu massiven Problemen, die nicht nur den Einzelnen, sondern große Teile dieser militärischen Gemeinschaft betreffen. Wurde diesen Erscheinungen durch die Vorgesetzten nicht bereits im Garnisons- oder Ausbildungsdienst entschieden begegnet, war mit einer Ausweitung auf weitere Angehörige und den Einsatzbetrieb zu rechnen. Im Einsatzbetrieb, für die Grenztruppen somit im Grenzdienst, konnten diese Umstände schnell die »Funktionalität« des gesamten »Systems Grenze« gefährden oder sogar außer Kraft setzen. Wenn vereinzelte Posten den ihnen zugewiesenen Aufgabenbereich verließen oder ihre Waffen aufgrund mangelhafter Pflege nicht einsatzbereit waren, wenn Vorgesetzte ihre Kontrollpflichten nur ungenügend oder gar nicht wahrnahmen, wurde die Mauer an diesen Stellen »durchlässig«. Diese Gefahr musste die Partei- und Militärführung frühzeitig abwenden.

Im Zuge der Auseinandersetzung mit den Begriffen der militärischen Disziplin und Ordnung ist zu beachten, dass das heutige Verständnis nur zu einem Teil auf die historischen Gegebenheiten im Grenzkommando Mitte angewandt werden kann. So steht außer Frage, dass der Diebstahl von Eigentum eines Soldaten durch einen anderen Soldaten (»Kameradendiebstahl«) in allen Armeen unter Strafe stand und steht und auch in den Grenztruppen einen nach Möglichkeit zu verhindernden Missstand darstellte. Ebenso wie grob fahrlässig verursachte Unfälle oder der Verlust von Material und Munition war eine solche Handlung oftmals ein Indiz für mangelndes Pflichtgefühl der betroffenen Soldaten. Das Weltbild und die ideologische Ausrichtung der Grenztruppen jedoch führten dazu, dass eine Vielzahl von Vergehen, die aus heutiger Sicht als weniger bedenklich bewertet werden, als Ausdruck eines Mangels in der militärischen Disziplin und Ordnung eingestuft wurde. Gerade von den bewaffneten Kräften der DDR erwartete das SED-Regime die uneingeschränkte Ausrichtung auf die politischen und ideologischen Vorgaben. Bereits das augenscheinliche Interesse an anderen als der sozialistischen Weltanschauung oder Lebens- und Verhaltensweisen erfüllte in den Augen der Staatsführung den Tatbestand der »Diversion«. Die Einschätzung, welche Handlungen genau unter diesem Tatbestand zusammengefasst wurden, wollte die Parteiführung keinesfalls dem Einzelnen oder den Armeeangehörigen selbst überlassen.[1] In der Meldeordnung des MfS werden all diejenigen Erscheinungen und Tatbestände aufgeführt, die das MfS als potentielle Bedrohung der NVA und der Grenztruppen ansah. Die jeweils eingesetzten Abwehroffiziere und die Unterabteilungen Abwehr im Grenzkommando Mitte hatten neben einer ganzen Reihe von Straftaten (Sabotage, Spionage, Mord usw.) auch die »Konzentration/Massierung feindlicher oder negativer Stimmungen in der oder gegen die NVA, die Grenztruppen« umgehend bis zum Leiter der Abteilung I zu melden.[2] Eine Vorgabe zur Dringlichkeit solcher Meldungen sah vor, dass sie innerhalb einer Stunde nach Bekanntwerden des Vorfalls abzusetzen war. Kritische oder abweichende Haltungen, die fester Bestandteil

---

1 Rogg, Armee, S. 366.
2 Befehl Nr. 21/74: Meldeordnung, MfS, Hauptabteilung I/Abwehr, 1.6.1974, BStU, MfS, HA I Nr. 15535, S. 25.

eines gesunden, demokratischen Systems und seiner Streitkräfte sind und keineswegs eine Bedrohung dafür darstellen, bewertete das repressive System der DDR gänzlich anders. Diese Einschätzung nahm stets einen zentralen Anteil an der Gesamteinschätzung des inneren Zustands der Grenztruppen ein.

Im besonderen Maße muss der Tatbestand der Fahnenflucht in den Grenztruppen differenziert und kritisch betrachtet werden. Das eigenmächtige Verlassen der Truppe mit der Absicht, sich seinen militärischen Pflichten dauerhaft zu entziehen, stellt grundsätzlich in jeder Armee eine mögliche Gefährdung ihrer Schlagkraft dar. Auch ein demokratischer Staat, der an den Grundrechten ausgerichtet ist, hat ein anerkanntes Bedürfnis, seine Exekutive davor zu schützen und solche Bestrebungen unter Strafe zu stellen. In einem diktatorischen System wie der DDR, in dem lediglich eine Flucht in ein Land außerhalb des Einflussbereiches der politischen Machthaber eine Befreiung von den Restriktionen versprach, musste ein solches Verhalten grundlegend anders bewertet werden. Ein nicht unerheblicher Teil der ostdeutschen Bevölkerung suchte bis zum Niedergang des SED-Regimes, diesem Staat durch eine Flucht in das »nichtsozialistische Ausland« zu entkommen. Wenn gerade die Wehrpflichtigen aufgrund eines entsprechenden Gesetzes zur Ableistung eines Dienstes angehalten waren, der sie geradezu dazu zwang, als Grenzsoldat ein Teil dieses menschenverachtenden Regimes zu werden, hatte dieser Teil der Bevölkerung dann nicht in besonderem Maße das Recht, sich diesem Dienst zu entziehen? Hier soll keineswegs ein juristischer Diskurs im Vordergrund stehen. Vielmehr muss an dieser Stelle deutlich werden, dass eine Bewertung der inneren Ordnung der Grenztruppen mit heutigen Maßstäben nicht ohne weiteres möglich ist. Im Strafgesetzbuch der DDR tritt dies im Zuge der Auseinandersetzung mit dem Tatbestand der Fahnenflucht deutlich zutage. Das Gesetz unterschied hier die Fahnenflucht noch einmal in den »normalen« und den »schweren Fall«. Ein »schwerer Fall« war unter anderem immer dann gegeben, wenn »die Tat mit dem Ziel begangen wurde, die DDR zu verlassen«.[3] Die Strafandrohung lag in diesem Fall weitaus höher. Die Fahnenflucht in das »nichtsozialistische Ausland« bedrohte in den Augen der Staatsführung allein schon aufgrund ihrer Wirkung auf die Truppe und des zu erwartenden Presseechos in den westdeutschen Medien in stärkerem Maße die innere Ordnung der Grenztruppen als eine Fahnenflucht, die auf das eigene Territorium begrenzt blieb.

---

3 Rühmland, NVA, S. 134.

1. Zur Haltung des Offizier- und Unteroffizierkorps im Grenzkommando Mitte

Das MfS und auch die militärische Führung der Grenztruppen waren sich der Tatsache bewusst, dass ein nicht unerheblicher Teil der Offiziere und Unteroffiziere seine Entscheidung zum Dienst »an der Grenze« weniger aus politischer Überzeugung denn aus materiellen oder anderen, auf zukünftige Vorteile ausgerichteten Überlegungen getroffen hatte. Das war keineswegs ein Alleinstellungsmerkmal für die Grenztruppen der DDR. Jede Berufswahl und somit auch die Entscheidung für den Beruf des Offiziers oder Soldaten beruht seit jeher und auch gegenwärtig noch auf einer Mischung aus unterschiedlichsten Beweggründen.[4] Auch in vielen anderen Berufen wird diese Entscheidung bereits vor dem Beginn der Ausbildung ohne die notwendige Überzeugung oder Motivation getroffen. Im Zuge der weiteren Auseinandersetzung mit dem gewählten Beruf führt dies nicht selten zu einer wachsenden Ablehnung der Tätigkeit, die sich in widerwilligem Arbeitsverhalten, Antriebslosigkeit und anderen negativen Begleiterscheinungen äußert. Gerade im Beruf des Offiziers und Soldaten, in dem dieser immer eine hohe Verantwortung für andere, ihm unterstellte Soldaten trägt und als Vorbild dienen soll, kann eine solche Haltung schnell einen kritischen Zustand erreichen. Das Vernachlässigen der Pflichten aufgrund persönlicher Aversionen gegen den Dienst oder die ihn begleitenden Umstände wirkt sich unmittelbar auf den Gesamtzustand der militärischen Gemeinschaft aus. Die Tatsache, dass ein nicht geringer Anteil der Offiziere der Grenztruppen eine distanzierte oder kritische Haltung zu ihrem Dienst eingenommen hatte, schlug sich in den Bewertungen des MfS zur inneren Lage der Grenztruppen nieder.

Neben Berichten zum Ausbildungs- und Ausrüstungsstand der Truppe geben die eigenen Auswertungen des Grenzkommandos Auskunft über den Stand der militärischen Disziplin und Ordnung. In den Aufzeichnungen der 1. Grenzbrigade, die als direkter Vorläufer des Grenzkommandos Mitte für die Absicherung der Hauptstadt an der innerstädtischen Grenze verantwortlich zeichnete, findet sich kurz vor der Einnahme der neuen Kommandostrukturen zur Jahresmitte 1970 die nachfolgende Einschätzung: »Trotz der positiven Entwicklung konnte der Stand der Disziplin und Ordnung besonders mit Be-

---

4 Vgl. Thomas Buhlmann et al.: Berufswahl Jugendlicher und Interesse an einer Berufstätigkeit bei der Bundeswehr. Ergebnisse der Jugendstudie 2007 des Sozialwissenschaftlichen Instituts der Bundeswehr, Forschungsbericht 88, September 2009.

ginn des 1. Ausbildungshalbjahres nicht befriedigen, das kommt in dem Zulassen von Disziplinarverstößen, den entstandenen besonderen Vorkommnissen und in der Entwicklung der Kriminalität zum Ausdruck.« Die Bewertung des nachfolgenden Halbjahres verstärkt den ersten, durchaus kritischen Blick:

> Im 2. Ausbildungshalbjahr mangelte es an Konsequenz, um mit solchen wesentlichen Vorschriften wie der DV 10/3 und den ergänzenden Forderungen der Grenz- und Garnisonsdienstordnung zu einer grundlegenden Verbesserung der militärischen Disziplin und Ordnung zu gelangen. Eine Reihe von Vorgesetzten, besonders Offiziere waren labil und duldsam, vernachlässigten die Arbeit mit den Menschen, trugen wenig zur Vorbildlichkeit bei und versuchten die Befehle mit formalen Mitteln und Methoden durchzusetzen. Diese unzureichende Führungstätigkeit eines Teils der Offiziere des Stabes der Politabteilungen und Einheiten hatten trotz der richtigen Schlußfolgerungen, die gezogen wurden, keine umfassende Veränderung der militärischen Disziplin und Ordnung herbeigeführt.[5]

Die zuständigen Vorgesetzten im Grenzkommando Mitte, vorher der 1. Grenzbrigade, führten diese Einschätzung auf eine Reihe von Faktoren zurück. Zum einen setzten sie die positiven Würdigungen (Belobigungen) von Offizieren und Unteroffizieren ins Verhältnis zur Zahl der Belobigungen, die gegenüber den Soldaten ausgesprochen wurden. Zusätzlich betrachteten sie ebenfalls das Verhältnis dieser Belobigungen zu den Disziplinarverstößen, die in einem bestimmten Zeitraum begangen wurden. Die 1. Grenzbrigade verfügte zu Beginn der sechziger Jahre über rund 6100 Angehörige, darunter 563 Offiziere, 2055 Unteroffiziere und 3475 Soldaten. Diese Zahlen unterlagen durchaus erheblichen Schwankungen, da im Besonderen der Umwandlungsprozess zum neuen Grenzkommando erhebliche personelle Änderungen nach sich zog. Der Zeitplan für die Einnahme der neuen Struktur sah den Abschluss der Maßnahmen bis zum Juli 1971 vor. Danach sollte das neue Grenzkommando Mitte über mehr als 13 000 Angehörige verfügen. Die nachfolgende Tabelle ermöglicht einen Blick auf die einzelnen Zahlen für den Zeitraum zwischen Dezember 1969 und Mai 1972.

Die Aussagekraft dieser Zahlen muss allerdings kritisch betrachtet werden. Zum einen liegt die Vermutung nahe, dass trotz der engmaschigen MfS-Überwachung der Grenztruppen einige »Vergehen« nicht oder ohne konkrete Täterermittlung festgestellt wurden und somit die Dunkelziffer aller Disziplinarverstöße weitaus höher lag. Diese Tatsache hielt auch das MfS fest: »Darüber

---

5 Chronik der 1. Grenzbrigade, 1.12.1969–13.3.1971, BArch, GTÜ 16647, Bl. 279.

hinaus gibt es nicht wenige Vorkommnisse und Disziplinarverstöße, die entgegen den militärischen Bestimmungen nicht erfaßt, bewußt übersehen oder nicht festgestellt werden.«[6] Zum anderen lässt die Aussprache einer Belobigung keinen direkten Rückschluss auf die wirkliche Überzeugung oder innere Einstellung des Belobigten zu. So zeigt das MfS in einem Lagebericht zur Entwicklung der militärischen Disziplin in der NVA und den Grenztruppen für den Zeitraum zwischen Juni 1973 und Mai 1975 auf: »Viele der mit dem Bestentitel ausgezeichneten Armeeangehörigen wurden vor oder nach der Auszeichnung disziplinarisch auffällig. In 3 Truppenteilen der 6. Flottille waren von den disziplinarisch Bestraften 70 % Träger des Bestentitels.«[7] An einer weiteren Stelle wird die Aussprache von Belobigungen zusätzlich relativiert:

> Die Leistungen für Belobigungen sind vielfach sehr niedrig angesetzt und verlangen wenig Anstrengung. Belobigungen werden zu einseitig von der Erfüllung einzelner Aufgaben abhängig gemacht, während das Gesamtverhalten des Armeeangehörigen ungenügend Berücksichtigung findet. Viele der Armeeangehörigen sind innerhalb eines Jahres mehrfach belobigt und bestraft, ohne daß ihr Disziplinverhalten den Forderungen entspricht oder sich verbessert. Gegenwärtig ist ein Zustand erreicht, daß Belobigungen für militärische Verhaltensweisen nicht nur erwartet, sondern immer mehr zur Selbstverständlichkeit werden.[8]

Des Weiteren muss in diesem Zusammenhang beachtet werden, dass die Zahl der Belobigungen stets auch im Verhältnis zu den jeweiligen Größenordnungen der einzelnen Dienstgradgruppen gesehen werden muss. Da die Anzahl der Soldaten die Zahl der Offiziere um etwa das Sechsfache überstieg, musste auch die Menge der ausgesprochenen Belobigungen hier deutlich größer sein. Die Parteiführung stellte an einen Offizier oder Unteroffizier in seiner Rolle und Verantwortung als Vorgesetzter einen höheren Anspruch als an einen einfachen Soldaten. Gerade von den Vorgesetzten erwartete die Führung, allein schon mit Blick auf deren Vorbildfunktion, das Erbringen aller Voraussetzungen für eine möglichst hohe Zahl von Belobigungen.

---

6   Bericht über die Entwicklung der militärischen Disziplin und Ordnung, den Stand der Kriminalität, besonderer Vorkommnisse und Disziplinarverstöße und über die Durchsetzung der sozialistischen Gesetzlichkeit, 1.6.1973–31.5.1975, BStU, MfS, HA I Nr. 15912, S. 59.
7   Ebd., S. 63. Der Bericht differenziert an vielen Stellen nicht eindeutig zwischen der NVA und den Grenztruppen. Somit kann die Mehrheit der hier getätigten Einschätzungen sowohl für die NVA als auch für die Grenztruppen herangezogen werden.
8   Ebd., S. 70.

1. Zur Haltung des Offizier- und Unteroffizierkorps im Grenzkommando Mitte

Belobigungen und Disziplinarverstöße in der 1. Grenzbrigade (Ring um Berlin)

Zeitraum	Belobigungen	Offz	Uffz	Sdt	Disziplinarverstöße	Offz	Uffz	Sdt
12/69–05/70	1777	62	283	1432	234	24	55	155
06/70–11/70	2019	128	373	1518	276	13	70	193
12/70–05/71	1387	60	255	1072	230	16	69	145
06/71–11/71	1741	89	310	1342	287	7	91	189
12/71–05/72	1446	57	267	1122	246	11	72	163
Gesamt	8370	396	1488	6483	1273	71	357	845

Eine vergleichsweise abgesicherte Einschätzung lassen diese Zahlen dennoch zu: Der Anteil der Vorgesetzten (Offiziere und Unteroffiziere) an den festgehaltenen Disziplinarverstößen lag für diesen Zeitraum bei durchschnittlich 34 Prozent, wobei die Mehrheit davon den Unteroffizieren anzulasten war (28 Prozent). Im direkten Vergleich mit der gesamten NVA war die Zahl der Disziplinarverstöße innerhalb der Grenztruppen zwar geringer[9], jedoch stuften die Vorgesetzten diese Zahlen als durchaus kritischen Wert ein: »Die militärische Disziplin und Ordnung hat im Berichtszeitraum keine neue Qualität erreicht. Es ist nicht gelungen, auf den verschiedenen Gebieten der militärischen Disziplin und Ordnung einen Durchbruch zu erreichen. [...] Der Anteil der Vorgesetzten, besonders der Unteroffiziere ist mit 37 % entschieden zu hoch.«[10] Die Hintergründe der Disziplinarverstöße waren vielfältig und umfassten Verstöße gegen Grenzdienstvorschriften, unerlaubtes Entfernen von der Truppe, Ausgangs- und Urlaubsüberschreitungen sowie Verstöße gegen Befehle und Anordnungen. Hier müssen einige dieser Ursachen wiederum kritisch hinterfragt werden. So konnte der Verstoß gegen den »Radiobefehl«, also etwa der Empfang westdeutscher Rundfunkprogramme in der Kaserne, bereits zur Verhängung einer disziplinaren Strafe führen. Ebenso wie der Vorwurf der »Diversion« muss dieses Verhalten aus heutiger Sicht deutlich anders bewertet werden und kann daher nur bedingt für die Einschätzung des inneren Zustands der Grenztruppen herangezogen werden. Gleichwohl ist es,

---

9 Ebd., S. 59.
10 Chronik der 1. Grenzbrigade, 1.12.1969–13.3.1971, BArch, GTÜ 16647, Bl. 261–262.

wenn wiederum auch nur bedingt, dazu geeignet, die Einstellung der Soldaten zu bestimmten Befehlen im Dienst zu erfassen.

Die Folge der festgestellten Disziplinarverstöße waren Strafen, die zumeist von den zuständigen Vorgesetzten verhängt wurden (Ausgangssperre, Verweis, Arrest usw.). Bei schwereren Vergehen kam es zu einer Anklage durch die Militärstaatsanwaltschaft und zu einem Strafverfahren. Die Anwendung der Disziplinarstrafen war keineswegs unproblematisch, sondern trug teilweise zur Verschärfung der bereits angespannten inneren Lage bei. Die oftmals fehlerhafte Anwendung dieses eigentlich zur Aufrechterhaltung und Wiedererlangung der militärischen Disziplin gedachten Mittels verkehrte es geradezu:

> Im Gegensatz zu der teilweise zweifelhaften Belobigungspraxis werden die Disziplinarstrafen zunehmend als Maßnahme der »Vergeltung« für begangene Disziplinarverstöße angewandt. Nicht selten spielt hier die Frage der Schuld eine untergeordnete Rolle. Häufig werden für geringe Disziplinarverstöße ohne gründliche Feststellung der Ursachen und Umstände, ohne Aussprache mit dem Armeeangehörigen und ohne Beurteilung seiner Persönlichkeit strenge Disziplinarstrafen verhängt.[11]

Als weitere kritische Erscheinung, gerade in den Reihen der Vorgesetzten, schätzten die verantwortlichen Vorgesetzten der 1. Grenzbrigade die begangenen Straftaten ein: »Die militärische Disziplin und Ordnung konnte im Berichtszeitraum nicht verbessert werden, besonderen Ausdruck findet diese Einschätzung in dem Ansteigen der Kriminalität.«[12] Im Zeitraum zwischen Juni und November 1971 kam es im Zuständigkeitsbereich der 1. Grenzbrigade zu sieben Ermittlungsverfahren der Militärstaatsanwaltschaft, mehrheitlich wegen Diebstahls. In zwei Fällen waren Vorgesetzte die Beschuldigten, denen einzelne Diebstähle oder Unterschlagungen zur Last gelegt wurden.[13] Angesichts der gesamten Personalstärke des Truppenteils scheint diese Zahl

---

11 Bericht über die Entwicklung der militärischen Disziplin und Ordnung, den Stand der Kriminalität, besonderer Vorkommnisse und Disziplinarverstöße und über die Durchsetzung der sozialistischen Gesetzlichkeit, 1.6.1973–31.5.1975, BStU, MfS, HA I Nr. 15912, S. 71.

12 Chronik der 1. Grenzbrigade, 1.12.1969–13.3.1971, BArch, GTÜ 16647, Bl. 259–260.

13 »Diebstahl von persönlichem Eigentum im Wert von 100 Mark, Täter Uffz. Tuchel; Diebstahl von persönlichem Eigentum, Unterschlagungen im Wert von 235 Mark durch Fw (Feldwebel) Rabe; Diebstahl von gesellschaftlichem Eigentum, Lautsprecher im Wert von 2000 Mark, Täter: unbekannt, [...]« Siehe Chronik der 1. Grenzbrigade, 1.12.1969–13.3.1971, BArch, GTÜ 16647, Bl. 260.

1. Zur Haltung des Offizier- und Unteroffizierkorps im Grenzkommando Mitte 191

vergleichsweise gering; diese Taten lassen sich zumeist als Einzelvorgänge und nicht als bezeichnendes Verhalten einer ganzen Dienstgradgruppe einordnen. Der wesentliche Faktor lag hier jedoch nicht in der reinen Zahl der Straftaten, sondern vielmehr darin, dass gerade kriminelle Verfehlungen von Vorgesetzten, die sich im Gesichtsfeld ihrer Untergebenen ereigneten und dort unweigerlich zur Kenntnis genommen wurden, eine direkte Wirkung auf das Verhältnis zwischen diesen Dienstgradgruppen hatten. Die zuständige Hauptabteilung I des MfS wies in ihrem Bericht deutlich auf diese Entwicklung hin: »Die Vorbildlichkeit der Mehrzahl der Armeeangehörigen in Bewährungssituationen wird durch die Häufigkeit von Rechts-, Disziplin- und Dienstpflichtverletzungen im täglichen Dienstgeschehen und in der Öffentlichkeit abgewertet.«[14] Im Zeitraum zwischen Juni 1973 und Mai 1975 lag der Anteil der festgehaltenen Straftaten, die von Vorgesetzten begangen worden waren, in den gesamten Streitkräften der DDR bei 38,5 Prozent. Auch hier muss der Straftatbestand der Fahnenflucht berücksichtigt werden, jedoch lässt dieser Wert durchaus Rückschlüsse auf die Sichtweise zu, mit der die Untergebenen und damit vor allem die jungen Wehrpflichtigen ihren Vorgesetzten begegneten.[15]

Das Verhalten dieser Unteroffiziere und Offiziere war auch sonst nicht immer geeignet, Untergebene, die möglicherweise bereits eine mehr als dienstlich begründete, distanzierte Haltung zeigten, enger an sich zu binden. Nach Einschätzung des MfS kam ein Teil der Vorgesetzten ihrer vornehmlichen Aufgabe, dem Führen und Erziehen der Untergebenen, nur sehr bedingt nach:

> Noch unzureichend ist die Vorbildwirkung eines Teils der Offiziere und Unteroffiziere. Obwohl sie die Notwendigkeit der Festigung der militärischen Disziplin und Ordnung anerkennen, besteht zu ihren Handlungs- und Verhaltensweisen ein krasser Widerspruch. Sie zeigen persönlich wenig Bereitschaft, sich vorbehaltlos den Erfordernissen der Disziplin unterzuordnen. Durch ihre Disziplinlosigkeit werden die Maßstäbe für die Beurteilung des disziplinierten Handelns der Armeeangehörigen nach unten verschoben, die Autorität der Vorgesetzten abgebaut und undiszipliniertes Verhalten zur Gewohnheit. Neben übertriebenem autoritärem Auftreten gibt es Tendenzen labilen Verhaltens von Vorgesetzten. In einigen Fällen gibt es Meinungen, man scheue sich, die militärischen Bestimmungen konsequent durchzusetzen, weil man

---

14 Bericht über die Entwicklung der militärischen Disziplin und Ordnung, den Stand der Kriminalität, besonderer Vorkommnisse und Disziplinarverstöße und über die Durchsetzung der sozialistischen Gesetzlichkeit, 1.6.1973–31.5.1975, BStU, MfS, HA I Nr. 15912, S. 59.
15 Ebd., S. 61.

befürchten müsse, dafür in Partei- und FDJ-Versammlungen kritisiert zu werden.[16]

Das MfS räumte bei der näheren Ursachenforschung ein, dass ein Teil des Fehlverhaltens der Vorgesetzten durchaus auf ihre Ausbildung an der Offizier- oder Unteroffizierschule zurückzuführen sei:

> Den Offiziers- und Unteroffiziersschülern wird an den Lehreinrichtungen das Leben nach den Dienstvorschriften nur ungenügend anerzogen. Verbunden mit dem unterschiedlichen Stand in der politischen Reife und in der Persönlichkeitsentwicklung führt das bei einem Teil der Absolventen nach Übernahme ihrer ersten Dienststellung in der Truppe zu Schwierigkeiten. Diese äußern sich in Herabminderung der eigenen Autorität, [...] Unsicherheiten beim Auftreten gegenüber Unterstellten der älteren Dienstalbjahre, [...] mangelnde[n] Fähigkeiten in der täglichen Erziehungsarbeit und Durchsetzung der Befehle mit ungeeigneten Mitteln.[17]

Die Unsicherheit der Unteroffiziere gegenüber den Mannschaftsdienstgraden der »älteren« Dienstalbjahre geben an dieser Stelle einen Hinweis auf den für die NVA typischen Prozess der »EK-Bewegung«. Dieser bezeichnete einen gruppendynamischen Vorgang, der vornehmlich die dienstälteren wehrpflichtigen Soldaten der NVA mit informellen Rechten versah. Die »Entlassungskandidaten« trugen je nach Dienstalter verschiedene Bezeichnungen (»Dachse«, »Vizes«, »EKs«). Bezeichnend war dabei die interne Hierarchie, in der die jungen Wehrpflichtigen oftmals von den kurz vor ihrem Übergang ins Zivilleben stehenden Soldaten drangsaliert wurden.[18] Diese Erscheinung führte bei einem Teil der Wehrpflichtigen zu einer gespannten Atmosphäre, die nicht selten zu massiveren Problemen bis hin zu Selbsttötungsabsichten und Suiziden führte. Dieser Prozess hatte nicht nur Auswirkungen auf die Wehrpflichtigen. Die Art und Weise, mit der Unteroffiziere und Offiziere mit dieser Erscheinung umgingen, vermittelt einen Einblick in ihr eigenes Führungsverständnis. Die Soldaten des dritten Diensthalbjahres statteten sich selbst mit umfangreichen »Sonderrechten« aus und forderten diese gegenüber den Soldaten der »jüngeren« Diensthalbjahre rigoros ein. Die Grundlage für diese interne Hierarchie bildeten die abgeleistete Dienstzeit bzw. die

---

16 Ebd., S. 67.
17 Ebd., S. 68.
18 Ebd., S. 134.

1. Zur Haltung des Offizier- und Unteroffizierkorps im Grenzkommando Mitte

verbleibenden Tage im Dienst. Ein Bandmaß mit 150 cm Länge stand stellvertretend für 150 verbleibende Diensttage und wurde in einem gemeinsamen Ritual, dem sogenannten »Bandmaßanschnitt«, angeschnitten.[19] An jedem nachfolgenden Tag erfolgte nach Dienstschluss der Abschnitt eines weiteren Zentimeters. Der »Spurwechsel«, der Übergang vom 100. auf den 99. Tag, läutete das »zweigleisige Fahren« der Wehrpflichtigen, also die Vorbereitung auf ihre Entlassung ein. An der Spitze der Hierarchie standen die »EK« (Soldaten des dritten Diensthalbjahres), welche unter anderem die Blechöse des Bandmaßes »als äußeres sichtbares Erkennungszeichen eines ›EK‹ am Trainingsanzug mit Ring am Reißverschluß der Jacke und an der Uhr mit Ring« trugen.[20] Die Liste ihrer Vorrechte umfasste neben anderen Erscheinungen im Besonderen das Fernbleiben oder Abwälzen von verschiedenen unliebsamen Diensten (Frühsport, Stuben- und Revierreinigen etc.) auf die jüngeren Soldaten.[21] In vielen Fällen betraf diese künstlich geschaffene Hierarchie nicht nur den Dienst, sondern behielt ihre Wirkung auch weit über den Dienstschluss hinaus:

> Oft liegt die Führung nach Dienstschluß nicht in der Hand der Vorgesetzten und Diensthabenden, sondern bei den Angehörigen des 3. Diensthalbjahres. Überwiegend ist das den Vorgesetzten bekannt, ohne daß dagegen energisch eingeschritten wird [!], und ein großer Teil der Soldaten empfindet diesen Zustand, einschließlich bestimmter Formen der Ausschreitungen, als »normal«. Sie erhielten darüber schon vor ihrer Einberufung Kenntnis und hatten sich entsprechend darauf eingestellt.[22]

Die überwiegende Mehrheit der Vorgesetzten akzeptierte den Prozess der EK-Bewegung nicht nur, sondern sah in ihm oftmals sogar ein internes Mittel zur Disziplinierung der jungen Soldaten. Die Duldung und Instrumentalisierung dieser Bewegung führte jedoch dazu, dass die Position der »gestandenen« Entlassungskandidaten innerhalb des Systems zur Schmälerung der bereits geringen autoritären Stellung der jüngeren und unerfahrenen Unteroffiziere sowie teilweise auch der Offiziere beitrug. Dies war vor allem immer dann der Fall, wenn die von der Staatssicherheit angesprochenen Formen der Ausschreitungen das »normale« Maß überschritten und die Hauptabteilung I zur

---

19 Ebd., S. 134.
20 Ebd., S. 134.
21 Ebd.
22 Ebd., S. 78.

»Schadensbegrenzung« einschreiten musste.[23] Im Fall eines zwanzigjährigen Postenführers (Gefreiter) der 5. Grenzkompanie des Grenzregiments 42 schlug sich die EK-Bewegung wie folgt nieder:

> Seit den Herbstentlassungen 1969 trat [Name durch BStU unkenntlich gemacht] aktiv in der EK-Bewegung in Erscheinung. Er bezeichnete sich selbst in dieser Hinsicht als »Chef des Hauses« und versuchte alle anderen NVA Angh. seines Zuges seinem Willen zu unterordnen [!]. Mehrere NVA Angh. des 3. Diensthalbjahres unterstützten den [Name durch BStU unkenntlich gemacht] in seiner Haltung. [...] Am 08.02.1970 kam es unter der Mitwirkung des [Name durch BStU unkenntlich gemacht] zu einem folgenschweren Vorkommnis in der 5. GK. [Name durch BStU unkenntlich gemacht] schlug einen anderen NVA Angh. [in] seiner Unterkunft nieder. Dieser musste zur stationären Behandlung in das Armeelazarett Bad-Saarow eingeliefert werden. [Name durch BStU unkenntlich gemacht] äußerte sich unmittelbar vor dem Niederschlag gegenüber diesem NVA Angh. Gefreiter [Name durch BStU unkenntlich gemacht]: »Du denkst wohl, daß du [!] der Herrscher über den Zug bist, aber das bin immer noch ich – [Name durch BStU unkenntlich gemacht] – ich werde dir [!] zeigen was ein Boxer ist.« Bei dieser Auseinandersetzung in der Unterkunft war der ehemalige NVA Angh. dieser Einheit, der ebenfalls in der EK-Bewegung führend war, [Name durch BStU unkenntlich gemacht] zugegen. Nach eigenen Angaben des [Name durch BStU unkenntlich gemacht] wollte er diesem beweisen, daß er der »Herrscher« innerhalb des Zuges in der EK-Bewegung sei.[24]

In einem anderen Fall, in dem sich ein Gefreiter der 2. Sicherungskompanie des Grenzregiments 48, selbst ein »EK«, gegen die EK-Bewegung seiner Kameraden positionierte, bekam er ihren tatkräftigen Unmut zu spüren. »Gefreiter [Name durch BStU unkenntlich gemacht] tritt im Kollektiv positiv und parteilich auf, wendet sich gegen die »EK-Bewegung« und kritisiert Mängel und Mißstände im Zug und sprach die schlechte Dienstdurchführung und die Sorglosigkeit der Genossen auf der Parteiversammlung an. Namen nannte [Name durch BStU unkenntlich gemacht] auf der Parteiversammlung nicht.« Die Reaktion eines anderen Gefreiten der EK-Bewegung ließ nicht lange auf

---

23 Die Mehrheit der Ausschreitungen wurde seitens der HA I unter dem Vorwurf des Verstoßes gegen § 267 des StGB der DDR (Angriff, Widerstand und Nötigung gegen Vorgesetzte, Wachen, Streifen oder andere Militärpersonen) oder dem Vorwurf der »Störung der sozialistischen Beziehungen« operativ bearbeitet.
24 Realisierungsbericht zur Vorlaufakte – Operativ Reg. Nr. XVIII – 387/70, 20.2.1970, BStU, MfS, HA I Nr. 14422, S. 578.

sich warten. In einer nächtlichen Aktion ging dieser energisch gegen den vermeintlichen »Verräter« seiner Kameraden und der EK-Bewegung vor: »Der Gefr. [Name durch BStU unkenntlich gemacht] rüttelte mich munter und sagte zu mir: >[Name durch BStU unkenntlich gemacht] Du Schwein scheißt andere an.< [...] Mit der rechten Faust schlug er auf mich ein und traf meine linke Seite des Gesichtes. Beim zweiten Schlag drehte ich meinen Kopf nach rechts, um diesen auszuweichen und dabei traf er mein linkes Ohr, welches nachher blutete.«[25] Im Bericht des MfS zu den Hintergründen dieses Vorfalls gab der verletzte Gefreite an, dass seine eigene Ablehnung der EK-Bewegung maßgeblich zur Reaktion des anderen Gefreiten beigetragen habe: »Einen weiteren Grund sehe ich [darin], daß schon vor längerer Zeit ich mit der EK-Bewegung Schluß gemacht habe. Das haben mir die Gefr. übel genommen. Seitdem war zwischen uns kein gutes Verhältnis wie unter Freunden. Dabei traten die Gefr. [Name durch BStU unkenntlich gemacht] und [Name durch BStU unkenntlich gemacht] hervor, die mich deshalb provozierten.«[26]

In der Wahrnehmung verschiedener Zeitzeugen blieb das Ausmaß der EK-Bewegung in den Grenztruppen deutlich hinter der massiven Ausgestaltung in der restlichen NVA zurück.[27] Ein ehemaliger Wehrpflichtiger des Grenzregiments 36 führt einen entscheidenden Unterschied zwischen dem Dienst in der NVA und den Grenztruppen als Vermutung für diesen Eindruck an: »Bei uns in den Grenztruppen war dies [die EK-Bewegung] aber wesentlich weniger schlimm als in der regulären NVA. Wir hatten ja schließlich immer scharfe Munition am Mann.«[28] Da das MfS in seinen zusammenfassenden Berichten und Einschätzungen zur EK-Bewegung größtenteils nicht zwischen der NVA und den Grenztruppen unterschied, ist kein empirisch belegbarer Vergleich dieses Prozesses für beide Organe möglich. Die angeführten Fälle müssen sicherlich als extreme Ausmaße der EK-Bewegung innerhalb der Grenztruppen angesehen werden. Sie reichen jedoch aus, um Zweifel daran aufkommen zu lassen, ob dieser Vorgang im Vergleich zur NVA wirklich das von den Zeitzeu-

---

25 Abschrift Bericht, I/Stab/III, BStU, MfS, HA I Nr. 14422, S. 500.
26 Ebd., S. 501.
27 Viele Grenzsoldaten tauschen sich gegenwärtig intensiv über eigens geschaffene Internetforen zu ihren Erfahrungen aus. Aufgrund der oftmals anonymisierten Aussagen oder Identitäten der jeweiligen Forenmitglieder kann eine Auswertung dieser Berichte für wissenschaftliche Zwecke nur eingeschränkt und mit entsprechender Vorsicht erfolgen. Vgl. http://www.forum-ddr-grenze.de/t129f2-EK-Bewegung.html (Stand: 27.2.2011).
28 Zeitzeugengespräch mit K. N. (Wehrpflichtiger im GR 36, 1987–88) vom 10.4.2008.

gen beschriebene »eher zurückhaltende Maß« besaß. Die Einschätzung der Staatssicherheit unterstreicht diese Bedenken: »Die Schwere der Ereignisse hat zugenommen. Vorwiegend handelt es sich dabei um grobe Mißachtung der Menschenwürde, kriminelle Auswüchse, angemaßte Privilegien und um Schikanen älterer Diensthalbjahre gegenüber dienstjüngeren Soldaten. Die Vorkommnisse weisen zunehmend gewaltsame Züge auf, die in einem Fall mit tödlichem Ausgang sowie in anderen Fällen mit Körperverletzungen endeten (Anlage 7).«[29] Die Auswirkungen der EK-Bewegungen trugen in ihrer Konsequenz somit ihren Teil zum durchaus konfliktbeladenen Zustand des Unteroffizier- und Offizierkorps und ihrem Verhältnis zu den Wehrpflichtigen bei.

Die militärische Führung der Grenztruppen suchte der mit Sorge beobachteten Entwicklung, im Besonderen der hohen Beteiligung von Vorgesetzten an den festgestellten Disziplinarverstößen, strikt entgegenzuwirken. Alle Vorgesetzten wurden zu einer noch strengeren Überwachung und Verfolgung von Disziplinlosigkeiten und Verfehlungen im Dienst angehalten. Mitte der achtziger Jahre hatten sich dennoch keine wesentlichen Änderungen ergeben, und der Anteil der Vorgesetzten an den dienstlichen Verfehlungen lag, obgleich etwas gesunken, noch immer auf einem ähnlich hohen Stand. Im Zeitraum 1985/1986 betrug der Anteil der Offiziere, Unteroffiziere und Fähnriche an allen Disziplinarverstößen in den gesamten Grenztruppen 30 Prozent, nach 31 Prozent im Vorjahreszeitraum. In den Jahren 1984 bis 1986 waren bei den 1350 Offizieren, 2750 Unteroffizieren und 8970 Soldaten des Grenzkommandos Mitte insgesamt knapp 7100 Disziplinarverstöße und damit der höchste Wert aller Grenzkommandos, Schulen und anderer Einrichtungen der Grenztruppen festgestellt worden. Das Grenzkommando Süd hatte im Vergleich dazu rund 6500, das Grenzkommando Nord knapp 3500 Disziplinarverstöße zu verzeichnen.[30]

Die Position der Unteroffiziere war durch eine Reihe weiterer und für diese Dienstgradgruppe bezeichnender Erscheinungen geprägt. Die Bewertung des Unteroffizierkorps durch das MfS ergab ein alarmierendes Bild:

---

29 Bericht über die Entwicklung der militärischen Disziplin und Ordnung, den Stand der Kriminalität, besonderer Vorkommnisse und Disziplinarverstöße und über die Durchsetzung der sozialistischen Gesetzlichkeit, 1.6.1973–31.5.1975, BStU, MfS, HA I Nr. 15912, S. 77.
30 Chronik des Kommandos der Grenztruppen, 1.12.1985–30.11.1986, BArch, DVH 32/111681, Bl. 195.

Die Unteroffiziere werden in ihrer Rolle als Vorgesetzte oft ungenügend bestärkt. Undifferenzierte Aufgabenstellungen im täglichen Dienstgeschehen zwischen Unteroffizieren und Soldaten, falsche Erziehungspraktiken von Offizieren gegenüber Unteroffizieren sowie Mängel im persönlichen Verhalten von Unteroffizieren und ihre teilweise ungenügende Befähigung sind einige Faktoren, die gegenwärtig den Unteroffizier in seinem militärischen Stellenwert nur unwesentlich vom Soldaten unterscheiden. Der Unteroffizier fühlt sich mehr als Soldat und weniger als Vorgesetzter.[31]

Diese Einschätzung barg, mehr als andere zuvor, sozialen Sprengstoff in sich. Der Unteroffizier, der mit gewissen Erwartungen[32] einen anstrengenden Ausbildungsgang und eine entsprechende Verpflichtungszeit auf sich genommen hatte und nun in der Truppe seiner Verwendung entgegenstrebte, sah sich im täglichen Dienst mit einer scheinbar verkehrten Realität konfrontiert. Er, der als militärischer Vorgesetzter Menschen führen und sich selbst trotz seines jungen Alters als Autorität vor den Soldaten behaupten sollte, fand sich auf derselben militärischen Stufe wieder wie der junge Wehrpflichtige. Der Offizier setzte ihn im schlimmsten Falle als höher entlohnten und länger ausgebildeten Soldaten ein und nicht, wie vorgesehen, als Vorgesetzten. Dieser Zustand begünstigte im besonderen Maße eine tiefe Berufsunzufriedenheit und führte neben frühzeitigem Resignationsverhalten der betroffenen Unteroffiziere zuweilen auch zu weiterführenden Verfehlungen, die wiederum in »Disziplinarverstößen« enden konnten.

2. Von ideologischer Standfestigkeit und politischem Zweckverhalten – zur Verlässlichkeit des Stimmungsbildes im Grenzkommando Mitte

Im Vergleich zu den Ergebnissen, die im Kapitel zur Rolle des MfS in den Grenztruppen herausgestellt werden konnten, fällt ein auf den ersten Blick vermeintlicher Widerspruch auf. Nach IM-Berichten und Bewertungen der Hauptsachbearbeiter des MfS verfügte ein Großteil der Offiziere und Unterof-

---

31 Bericht über die Entwicklung der militärischen Disziplin und Ordnung, den Stand der Kriminalität, besonderer Vorkommnisse und Disziplinarverstöße und über die Durchsetzung der sozialistischen Gesetzlichkeit, 1.6.1973–31.5.1975, BStU, MfS, HA I Nr. 15912, S. 68.
32 Im Zuge der Nachwuchsgewinnung »köderten« die beteiligten Organe die künftigen Bewerber zum Teil mit massiv geschönten Beschreibungen des Dienstalltages. Vgl. dazu Kapitel IV.3 Berufswahl und Laufbahnen der Offiziere, Unteroffiziere und Fähnriche der Grenztruppen.

fiziere in den Grenztruppen über eine »gefestigte Grundhaltung zum Sozialismus« und ebenso zum Wirken der Hauptabteilung I in den Grenztruppen. Die Masse der Vorgesetzten hätte somit eigentlich zu einem positiven Stimmungsbild in den Grenztruppen beitragen müssen. Die gerade angeführten Einschätzungen laufen diesem Bild scheinbar zuwider, decken sie doch erhebliche Mängel in der Einstellung des Offizier- und Unteroffizierkorps auf. Schließen sich diese Aussagen nicht zwangsläufig gegenseitig aus? Die Schwierigkeit bei allen Einschätzungen und Bewertungen des MfS und der vorgesetzten Dienststellen im Grenzkommando Mitte liegt in der Feststellung der konkreten Größenordnungen. Wie viele Offiziere sind ein »Teil der Offiziere«, von wie vielen Unteroffizieren spricht das MfS, wenn es einen »Teil der Absolventen« anführt? Zwangsläufig drängt sich dem Betrachter die Frage auf, ob das MfS angesichts einer durch Schweigen und Misstrauen beherrschten Atmosphäre überhaupt in der Lage war, ein realitätsnahes Stimmungsbild in den Grenztruppen zu erfassen.

Bereits zu Beginn dieser Untersuchung wurde auf die unbedingte Notwendigkeit einer kritischen Auseinandersetzung mit den Quellen der Grenztruppen und des MfS hingewiesen. Gerade im Zusammenhang mit dem Stimmungsbild in den Grenztruppen erscheint es angebracht, diesen Schritt erneut aufzunehmen. Wie viel Wahrheitsgehalt steckt also in den Auswertungen des MfS? Die Aussage der Hauptabteilung I, dass die Mehrheit der Führungskräfte in den Grenztruppen über eine positive Haltung zum Sozialismus verfügte, leiteten die zuständigen Hauptsachbearbeiter und IM nicht selten auch aus deren Zusammenarbeit mit dem MfS und den hier gewonnenen Erkenntnissen ab. Einige dieser Vorgesetzten, insbesondere die Ebenen ab dem Kompaniechef aufwärts, waren nahezu täglich auf die unmittelbare Zusammenarbeit mit zuständigen Abwehroffizieren oder anderen Mitarbeitern des MfS angewiesen. Das deutliche Aussprechen oder Zurschaustellen möglicher Kritik an ausgesuchten Problemen des Sozialismus war für Offiziere in diesen Positionen keineswegs unproblematisch. Gerade aus Gesprächen mit Zeitzeugen geht hervor, dass sie zuweilen eine durchaus kritische Haltung gerade zur Arbeit der Abwehroffiziere hatten, diese jedoch angesichts der drohenden Sanktionen hinter politischem Zweckverhalten verbargen.[33] Ein Grund für diese Einstel-

---

33 Zeitzeugengespräch mit A. K (Major, GÜST-Sicherungsregiment, Grenzregiment 36, in Funktion des Zugführers, Kompaniechefs und zuletzt des Operativen Diensthabenden) vom 10.4.2008.

2. Von ideologischer Standfestigkeit und politischem Zweckverhalten 199

lung zu den Mitarbeitern des MfS konnte etwa aus dem Gefühl heraus entstehen, dass diese den Offizieren der Grenztruppen Informationen zu bestimmten Soldaten vorenthielten und sie erst dann zur Sprache brachten, wenn sie es für angebracht hielten. Ebenso wie bei den Zahlen der Disziplinarverstöße scheint im Zuge einer kritischen Auseinandersetzung mit den Einschätzungen des MfS die Dunkelziffer erheblich. Vorgesetzte oder Untergebene, die sich im Dienst aus welchen Gründen auch immer politischem Zweckverhalten hingaben, jedoch innerlich eine konträre Haltung zum System eingenommen hatten, waren für das MfS so gut wie nicht zu erfassen. Gerade das Wissen insbesondere der Vorgesetzten um das Informantensystem des MfS mahnte viele im Dienst zu ständiger Vorsicht. Andere Offiziere, besonders in den Stäben, hatten weitaus weniger Berührungspunkte mit den Mitarbeitern der Hauptabteilung I und konnten daher einen etwas »sorgloseren Umgang« mit offener Kritik am politischen System oder anderen Inhalten an den Tag legen. Diese Aussagen mussten sich angesichts des engmaschigen Spitzelsystems jedoch im überschaubaren Rahmen halten.

Was lässt sich zur Aussagekraft der beinahe schon rügenden Berichte der Hauptabteilung I zu den Grenztruppen feststellen? Insbesondere die missbilligenden Passagen, die aus den Bewertungen des MfS zum Stimmungsbild und den Entwicklungen in den Grenztruppen hervorgingen, lassen eine Schlussfolgerung zu. Die Tatsache, dass sich die zuständige Abteilung der Hauptabteilung I wiederholt zu den gleichen negativen Erscheinungen ausließ und diese über die vorgesetzten Ebenen des MfS direkt bis zur Parteiführung gelangten, gibt Grund zu der Annahme, dass die kritisierten Entwicklungen durchaus empfindlichen Einfluss auf das gesamte Stimmungsbild der Grenztruppen ausüben konnten. Die Erläuterungen, etwa zum Anteil der Vorgesetzten an den Disziplinarverstößen, waren sehr ausführlich und mündeten oftmals in konkrete Empfehlungen, um diesen »Missstand« zukünftig beheben zu können. Auffällig ist weiterhin, dass die Berichte augenscheinlich keinen Versuch unternahmen, das Ausmaß dieser Entwicklungen herunterzuspielen oder mit Hilfe einer ideologischen Sichtweise zu verklären. Zudem folgte den Berichten oftmals eine fundierte und umfangreiche Suche nach den Ursachen, die zu diesen Umständen geführt hatten. Den Mitarbeitern des MfS war sehr wohl bewusst, dass ihre Einschätzungen maßgeblichen Anteil daran hatten, wie die Parteiführung mit bestimmten Entwicklungen in den Grenztruppen umging. Fehleinschätzungen oder das Verkennen kritischer Tendenzen konnten zu Entscheidungen führen, die den Auftrag des Grenzregimes erheblich beeinträchtigen konnten. Die Hauptabteilung I war somit, schon zum Schutz der eigenen Interessen, an einer möglichst wirklichkeitsnahen Darstellung bedenklicher Faktoren im Grenzkommando Mitte interessiert. Zusammenfassend kann zur Aussagekraft der Bewertungen des MfS festgehalten werden, dass sich die Größenverhältnisse der dem System positiv gesonnenen Angehörigen der Grenztruppen und der eher verhalten bis ablehnend eingestellten Offiziere, Unteroffiziere und Soldaten hieraus nicht genau bestimmen lassen. Allein die nicht genau ermittelbare Zahl der Offiziere, die sich politischen Zweckverhaltens bedienten, verhindert eine wirklichkeitsgetreue zahlenmäßige Einschätzung zu diesen Gruppierungen. Deutlich wird jedoch auch, dass ein nicht unerheblicher Teil der Grenztruppen von einer missbilligenden Stimmung erfasst war, die auf einer Vielzahl von Problemen gründete. Für den Fall, dass das MfS dieser Erkenntnis keine besondere Bedeutung beigemessen hätte, wären die entsprechenden Berichte sicherlich nicht im erwähnten Umfang entstanden.

3. »Über die Mauer« – Fahnenfluchten als Sprungbrett in ein anderes Gesellschaftssystem

Bereits seit der Aufstellung der Grenztruppen bildeten Fahnenfluchten der eigenen Angehörigen, insbesondere der Offiziere und Unteroffiziere, einen Schwerpunkt, dem die militärische Führung und das MfS besondere Aufmerksamkeit zukommen ließen. Die Hintergründe und Lebensgeschichten, die hinter jeder einzelnen Fahnenflucht standen, waren ebenso vielschichtig wie die diskutierten Motive für den Dienst in den Grenztruppen. Bei genauerer Betrachtung lassen sich jedoch bestimmte, wiederholt auftretende Faktoren erkennen, die Rückschlüsse auf einen Großteil der Fahnenflüchtigen und damit auch auf das Offizier- und Unteroffizierkorps zulassen. Im Zeitraum zwischen 1977 und 1986 flohen insgesamt 107 Angehörige der Grenztruppen über die Grenzanlagen nach Westdeutschland (90) oder West-Berlin (17). Unter diesen Fahnenflüchtigen befanden sich neun Offiziere und 29 Unteroffiziere; der Anteil der Vorgesetzten betrug somit knapp 36 Prozent.[34] Das MfS zeigte sich angesichts dieser Entwicklungen alarmiert: »Bei einem Jahresdurchschnitt von rund 11 Fahnenfluchten liegen die niedrigsten Werte bei 8 und die höchsten bei 14 (Gesamtstärke der Grenztruppen ca. 45 000 Mann). Gesicherte Er-

---

34 Ursachen, Motive und begünstigende Bedingungen für Fahnenfluchten von Angehörigen der Grenztruppen der DDR und der NVA, September 1987, BStU, MfS, HA I Nr. 13452, S. 151.

3. »Über die Mauer« – Fahnenfluchten

kenntnisse über die Ursachen der Schwankungen konnten nicht gewonnen werden. Mit den bis Ende September 1987 stattgefundenen 15 Fahnenfluchten ist der Höchstwert der vergangenen 10 Jahre überschritten worden.«[35]

Die Suche nach den Beweggründen für die Fahnenfluchten im Offizier- und Unteroffizierkorps beinhaltete stets die Erkenntnis des MfS, dass ein Teil der Vorgesetzten nicht fest genug mit den Grundlagen der sozialistischen Weltanschauung verwurzelt seien. Diese Angehörigen der Grenztruppen seien deshalb besonders empfänglich für die »Diversion« durch den westlichen Lebensstil:

> Bei fast allen Fahnenflüchtigen wurde (zumeist im Nachhinein im Ergebnis der *intensiven offiziellen* Untersuchung) mehr oder weniger deutlich erkenn- bzw. vermutbar, daß sie von den Möglichkeiten der westlichen Lebensweise zumindest beeindruckt waren, Vorbehalte zu den vergleichbaren Verhältnissen in der DDR und zum Dienst in den Grenztruppen hatten, ihnen der Gedanke an ein Leben außerhalb des Sozialismus nicht fremd war und sie das Verlassen der DDR als Alternative zur Lösung persönlicher Probleme bzw. zur Erfüllung persönlicher Vorstellungen akzeptierten.[36]

Die Hauptabteilung I führte jedoch auch weitere Motive an, die – wenn ihnen nicht schnell genug begegnet wurde – zu Fahnenfluchten der Vorgesetzten führen konnten:

> Die durchweg jungen Zugführer (Offiziere) verfügen über wenig Lebenserfahrung, Menschenkenntnis und anwendungsbereites pädagogisches Wissen. An der OHS [Offizierhochschulen] nicht genügend auf die harten Bedingungen des Dienstes in den Grenzkompanien vorbereitet, haben sie z. T. selbst ernsthafte Schwierigkeiten, sich zurechtzufinden. Ihre Vorgesetzten, der Kompaniechef und der StPA [Stellvertreter für Politische Arbeit], sind oft nicht viel älter als sie, ihnen verbleibt wegen häufiger, von den vorgesetzten Stäben befohlener Abwesenheit zu wenig Zeit für die Arbeit in der Kompanie und speziell für die individuellen Probleme der Unterstellten. Da die Berufskader in den Grenzkompanien am stärksten belastet sind und besonders die geringe Freizeit und die ungenügenden Möglichkeiten, qualifikationsgerechte Arbeit für die Frauen zu finden, in den Familien Unzufriedenheit hervorrufen, streben die Offiziere danach, recht schnell vom direkten Grenzdienst wegzukommen.[37]

---

35 Ebd., S. 172–173.
36 Ebd., S. 180. Hervorhebung stammt aus dem Original.
37 Ebd., S. 176.

Die belastende Situation des Grenzdienstes betraf keineswegs nur die Offiziere und Unteroffiziere allein. In vielen Fällen erfuhr auch die eigene Familie durch den Dienstposten deutliche Nachteile, die sich stark auf die tägliche Lebensqualität auswirkten. Die internen Auswertungen des Grenzkommandos Mitte zeichneten ein durchaus kritisches Bild, gerade von der Wohnungssituation der jungen Offizier- und Unteroffizierfamilien.

> Besondere Bedeutung ist der Versorgung mit Wohnraum für die Offiziere, Fähnriche und Berufsunteroffiziere beizumessen. Der gegenwärtige Stand der Versorgung der Offiziere, Fähnriche, Berufsunteroffiziere und Zivilbeschäftigten des Verbandes mit Wohnraum, sowohl in der Hauptstadt der DDR, Berlin, als auch innerhalb des Bezirkes Potsdam, ermöglicht es nicht, die Anzahl der Wohnungssuchenden sichtbar zu verringern. Im Durchschnitt der Jahre 1979–1981 betrug die Anzahl der Wohnungssuchenden in Berlin 220 und im Raum Potsdam 200 Angehörige der Grenztruppen, die eine Erstversorgung mit Wohnraum, bzw. eine größere, kleinere oder den sozialen Erfordernissen entsprechende Wohnung beantragten, [...] Die Wohnungssuchenden für größeren oder moderneren Wohnraum warten in der Regel 2 bis 3 Jahre auf die Realisierung ihres Antrages. Die Wohnungssuchenden, die am Standort keine Wohnung haben, müssen, abhängig von der beantragten Wohnraumgröße, 1 bis 2 Jahre warten.[38]

Die harten Bedingungen des Grenzdienstes und die übrigen Probleme blieben nicht ohne Wirkung auf die jungen Offiziere und Unteroffiziere. In einigen Fällen führten die Umstände zu einem stark resignativen Verhalten des Betroffenen, das den übrigen Angehörigen der Truppenteile nicht lange verborgen blieb. Das Spitzelnetzwerk des MfS protokollierte diese unerwünschten Erscheinungen peinlich genau und legte zu nahezu jedem Fall eines von der Norm abweichenden Offiziers, Unteroffiziers oder Soldaten eine eigene Akte an. Ein konkreter Fall: Ein 28-jähriger Hauptmann des Grenzregiments 35 blieb gegen Jahresende 1976 im Suchraster der Hauptabteilung I hängen. Bei ihm wurde beobachtet, dass er anlässlich einer Feier im Dienst (30. Jahrestag der Grenztruppen) Gespräche mit Bürgern aus der Bundesrepublik aufnahm. Im Verlauf seiner Beobachtung durch inoffizielle Mitarbeiter des MfS wurden weitere »Abweichungen von der Norm« ersichtlich: »In seinem Verhalten und Gesprächen bringt der [Name durch BStU unkenntlich gemacht] zum Aus-

---

38 Grenzkommando Mitte: Umformierung im Grenzkommando Mitte zur Erhöhung der Effektivität der Grenzsicherung, August 1982 bis Oktober 1985, BArch, GT 15622, Bl. 24.

druck, daß er Zweifel an der Richtigkeit der Parteipolitik hat, [...] Der [Name durch BStU unkenntlich gemacht] negiert den Klassenkampf und sieht Fehler und Mängel in der Politik der Parteiführung.« Die Beweggründe für das offenkundige Fehlverhalten des betroffenen Offiziers lagen für das MfS auf der Hand: »Sowohl offiziell als auch inoffiziell wurde erarbeitet, daß der [Name durch BStU unkenntlich gemacht] mit seinem Verhalten das Ziel verfolgt, aus den Grenztruppen der DDR entlassen zu werden. Nach Einschätzung des IMV ›Karin Hammer‹ vom 20. 1. 1977 sieht [Name durch BStU unkenntlich gemacht] in der Armee einen Hinderungsgrund in seinem persönlichen und finanziellen Fortkommen.«[39]

In einigen Fällen hatten die Betroffenen weitaus umfassender mit dem System der DDR gebrochen. Aus der »Vorlaufakte-Operativ« über einen 36-jährigen Major des Grenzregiments 44 geht hervor, dass ihn das MfS der Aufwiegelung von Soldaten durch »hetzerische Äußerungen gegen die gesellschaftlichen Verhältnisse in der DDR« beschuldigte. In seiner Beschreibung wird festgehalten, »daß sich der Kandidat westlich orientiert und zu diesem Zweck in seiner Wohnung Feindsender abhört und im Kreise seiner Familie Westfernsehen sieht«. Seine »ständige westliche Beeinflussung« gehe deutlich aus seinen »Diskussionen zu allen Fragen der gesellschaftlichen Entwicklung in der DDR« hervor. In Gesprächen mit inoffiziellen Mitarbeitern, die auf ihn angesetzt worden waren, redete er sich um Kopf und Kragen:

> Im Zusammenhang mit dem abgeschlossenen Grundvertrag zwischen der DDR und der BRD erwähnte [Name durch BStU unkenntlich gemacht]: »Wir Armeeangehörigen sind auch wieder beschissen dran, wir können ja wieder nicht nach dem Westen.« Der gleiche IMV berichtete am 7. 12. 1972 über Äußerungen des [Name durch BStU unkenntlich gemacht]: »Erst sahnen die Bonzen alles ab und wir fressen die Späne und das nennt sich Sozialismus, ich habe hier in diesem Sauhaufen die Schnauze gründlich voll.« Aus einem Bericht vom 21. 12. 1972 des IMV «Blinker« ist zu entnehmen: «[Name durch BStU unkenntlich gemacht] war erregt und schimpfte sinngemäß auf diesen beschissenen Sozialismus, der nach rund 20 Jahren noch nicht einmal in der Lage ist die wichtigsten Probleme zu sichern. Für diesen Sozialismus bin ich nicht, da braucht sich keiner zu wundern, daß ich schimpfe und meckere.«[40]

---

39 Grenzkommando Mitte: Abschlußbericht zur operativen Personenkontrolle Nr. 01/77, angelegt am 3. 1. 1977 über den Angehörigen der Grenztruppen, Hauptmann [Name unkenntlich gemacht], geb. am: [unkenntlich gemacht] 1949, Grenzregiment 35, Berlin-Rummelsburg, BStU, MfS, HA I Nr. 13723, S. 118.
40 Grenzkommando Mitte: Abschlußbericht über die operative Bearbeitung der Vorlaufakte-Operativ Reg.-Nr.: XVIII-3042/72, 1972, BStU, MfS, HA I Nr. 14848, S. 8.

Für einen Teil der betroffenen Offiziere und Unteroffiziere ebneten diese negativen Wahrnehmungen den Weg zur Fahnenflucht. In der Niederschrift eines Verhörs legte ein fahnenflüchtiger Offizier der NVA, dessen Vorhaben gescheitert war, die Hintergründe und seine Entscheidung zu diesem Schritt dar:

> Die Grundfrage meines Lebens ist auf den Kopf gestellt. Wie kann der Sozialismus bei solcher Mißwirtschaft, bei dieser Verschwendung, bei diesem toten Verwaltungsapparat, bei diesem Lug und Trug, den wir uns tagtäglich gegenseitig in die Hosentasche stecken; wie kann da der Sozialismus überlegen sein? [...] Ich glaube, dem Kapitalismus gehört die Zukunft. Auch wenn es keine sonnenhelle Zukunft für alle Menschen sein wird. Der Sozialismus ist ein geschichtliches gutes Experiment, welches aber an seiner eigenen Starrheit zugrunde geht – leider, es hätte alles so schön sein können. [...] Die Lösung dieser Konflikte, vor allem politisch-moralischer Natur, bestand für mich darin, das Gesellschaftssystem zu wechseln. Daß damit eine Fahnenflucht verbunden ist, habe ich wohl nur als zweitrangig eingestuft.[41]

Das Offizier- und Unteroffizierkorps im Grenzkommando Mitte sah sich im täglichen Leben denselben Mangelerscheinungen ausgesetzt wie die restliche Bevölkerung der DDR: Knappheit bei bestimmten Lebensmitteln und Konsumgütern, Engpässen in der Versorgung und weiteren Problemen der Planwirtschaft. Zusätzlich brachten die Umstände des Dienstes in den Grenztruppen weitere erschwerende Faktoren hinzu: Wohnungsknappheit in und um Berlin trotz der Notwendigkeit oder des Anspruchs, eine Wohnung in der Nähe zur Einheit zu beziehen, sehr geringe Freizeit und einen belastenden sowie teilweise mit Widersprüchen beladenen Dienst an der Grenze. Einem Teil von ihnen schien die Fahnenflucht die einzig erfolgversprechende Lösung für diese Lebenssituation zu bieten. Die Tatsache, dass sie sich als »Grenzer« bereits in unmittelbarer Nähe zur Trennlinie zwischen dem aus ihrer Sicht mit Problemen behafteten Sozialismus und dem verheißungsvollen Kapitalismus befanden, ließ bei einigen den Fluchtplan zur Realität werden.

Die meisten Fahnenfluchten in den Grenztruppen und damit auch im Grenzkommando Mitte entfielen auf die Dienstgradgruppe der Mannschaften. Nicht wenige der Wehrpflichtigen hatten, wie bereits im Kapitel zur Motivation im Grenzdienst skizziert, im Vorfeld ihrer Fahnenflucht eine kritische oder gar ablehnende Haltung zum Dienst an der Grenze eingenommen. Unter den 107

---

41 Einschätzungen an MfNV: Information zum Stimmungs- und Meinungsbild im Personalbestand der NVA und den GT/DDR., 12.9.1981, BStU, MfS, HA I Nr. 15164, S. 124

3. »Über die Mauer« – Fahnenfluchten

Fahnenfluchten aus den Grenztruppen der DDR

Jahr	GKN	GKS	GKM	Gesamt
1977	3	7	–	10
1978	1	5	2	8
1979	1	5	2	8
1980	4	5	1	10
1981	–	11	3	14
1982	4	9	–	13
1983	4	5	2	11
1984	1	7	3	11
1985	–	8	–	8
1986	2	8	4	14
Gesamt	20	70	17	107

GKN = Grenzkommando Nord, GKS = Grenzkommando Süd, GKM = Grenzkommando Mitte

Angehörigen der Grenztruppen, die zwischen 1977 und 1986 fahnenflüchtig wurden und die DDR verließen, waren 69 Mannschaftsdienstgrade. Die Sperranlagen rund um Berlin waren aufgrund ihres bis zur Perfektion betriebenen Systems und der höheren Postendichte weitaus schwieriger zu überwinden als die weitläufigen Abschnitte an der »grünen Grenze« der Grenzkommandos Süd und Nord. Die meisten Fahnenfluchten gab es somit in diesen Grenzkommandos. Die Anzahl der Fluchten variierte von Jahr zu Jahr und nahm nach den sechziger Jahren stark ab. Dies lag weniger an der nachlassenden Tendenz der Grenzsoldaten, sich dem Dienst zu entziehen, sondern eher an der stetigen Perfektionierung der Grenzanlagen. Es gelang dem Grenzregime jedoch auf lange Sicht nicht, die Fahnenfluchtbewegung vollständig zum Erliegen zu bringen. Auch wenn die Anzahl der Fahnenflüchtigen im Grenzkommando Mitte für sich genommen vergleichsweise gering war, zeigte doch jede erfolgreiche Flucht – insbesondere diejenigen, die unter Gewalteinwirkung stattgefunden hatten – eine unmittelbare Wirkung auf die Moral der Truppe.

Die Bereitschaft der Fahnenflüchtigen, bei ihren Vorhaben Gewalt in Kauf zu nehmen oder aber mit Vorsatz anzuwenden, schien der Hauptabteilung I besondere Sorge zu bereiten.

Von den 107 Fahnenfluchten wurden 21 (18 Fälle – 3 Gruppenfahnenfluchten) unter Androhung oder Anwendung von Gewalt begangen. In den meisten Fällen entwaffnete der Posten seinen Postenführer oder umgekehrt, indem er unmißverständlich die durchgeladene MPi auf ihn richtete. 3 Fahnenflüchtige [Namen durch BStU unkenntlich gemacht] erschossen ihre Postenführer bzw. den Kommandeur des Grenzabschnittes [...]. Von den 18 Fällen der Androhung/Anwendung von Gewalt ereigneten sich 9 im GKS, 6 im GKN und 3 im GKM.[42]

Die hier beschriebene Gewaltbereitschaft der Fahnenflüchtigen drückte den unbedingten Willen der Betroffenen aus, ihr Vorhaben mit allen Mitteln zum Erfolg zu bringen und auch die Verwundung oder den Tod von Kameraden aus ihrem Umfeld zumindest billigend in Kauf zu nehmen. Angesichts der nahezu undurchlässigen Grenzanlagen und des engmaschigen Grenzregimes scheint die Frage nach den Gründen für diese Gewaltbereitschaft einfach zu beantworten. Die strikte Vorgabe der gegenseitigen Kontrolle der Grenzsoldaten, etwa durch die ständige Anwesenheit mindestens eines weiteren Soldaten (Posten und Postenführer) schien einigen »Grenzern« in ihren Augen keine andere Möglichkeit zu lassen, um ihre Flucht erfolgreich zu bestreiten.[43] Schwieriger erscheint hingegen die Frage, welche Beweggründe den Fahnenflüchtigen so eindringlich erschienen, dass diese die Risiken und Umstände einer solchen Flucht mitunter frühzeitig in Betracht zogen und sich zu diesem Schritt entschlossen. Bei der Ursachenforschung für die Fahnenfluchten führte das MfS verschiedene Gründe an, stellte jedoch einige besonders heraus:

> Die tiefere Ursache für Fahnenfluchten ist die unzureichende politische Bindung eines Teils der Angehörigen der Grenztruppen an die DDR. Trotz des positiven äußeren Erscheinungsbildes der Täter reicht ihre innere politische Bindung nicht aus, um sie besonders in Konfliktsituationen vor dem Überlaufen zum Gegner, den sie als solchen nicht begriffen haben, zu bewahren. Das trifft für die Mehrheit der Fahnenflüchtigen zu. Auch bei einem Teil der Angehörigen entwickeln sich lange vor ihrer Einberufung neben positiven po-

---

42 Ursachen, Motive und begünstigende Bedingungen für Fahnenfluchten, 23.9.1987, BStU, MfS, HA I Nr. 13452, S. 173.
43 Von den vier Fällen im Grenzkommando Mitte, in denen Grenzsoldaten von eigenen Kameraden getötet worden waren (vgl. Kapitel III), konnte lediglich ein Täter von der bundesdeutschen Rechtsprechung angeklagt werden. In zwei Fällen war ein Grenzsoldat versehentlich und im anderen Fall war der Täter im Zuge seiner Tat selbst tödlich verletzt worden. Im Fall des getöteten Unteroffiziers Steinhauer wurde der Täter wegen Totschlags angeklagt und verurteilt. Vgl. Hertle/Nooke, Todesopfer, S. 440 ff.

3. »Über die Mauer« – Fahnenfluchten

An dieser Stelle an der Bernauer Straße flüchtete am 1.8.1962 der Grenzsoldat Jürgen Cr., der zu Ausbesserungsarbeiten an der Mauer eingesetzt war (sog. Tatortfoto der Grenztruppen)

litischen Überzeugungen Vorbehalte zur gesellschaftlichen Entwicklung in der DDR. [...] Eine Rolle spielen aber auch die Gegebenheiten in der DDR, die sie als unbefriedigend empfinden (hauptsächlich Umfang und Qualität des Konsumgüterangebotes, Reisemöglichkeiten, Informationstätigkeit der Massenmedien) und die bei ihnen, insbesondere bei Wehrdienstpflichtigen, in Verbindung mit den Einflüssen aus dem NSA zu einer unterschwelligen Eingenommenheit für bestimmte Seiten des westlichen Lebens führen.[44] Die kritische Haltung zu den allgemeinen Problemen, mit denen das Offizier- und Unteroffizierkorps ebenso wie große Teile der Bevölkerung zu kämpfen hatten, bildete auch für viele der Wehrdienstleistenden die erste Grundlage für Fahnenfluchtgedanken. Diese grundlegende Bereitschaft wurde dann im Laufe des Dienstes an der Grenze durch zusätzliche Faktoren erhöht. »Der

---

[44] Ursachen, Motive und begünstigende Bedingungen für Fahnenfluchten, 23.9.1987, BStU, MfS, HA I Nr. 13452, S. 174.

Wunsch bzw. die Absicht, die DDR irgendwann einmal zu verlassen, bestand bei der Hälfte der Täter seit längerer Zeit. Akute Probleme im Dienst, in der Familie oder mit Intimpartnern, die für die Betreffenden Konfliktwert haben, lösten am häufigsten Fluchthandlungen aus.«[45] Ebenso wie bei den Offizieren und Unteroffizieren »begünstigte« die direkte Nähe zu den Grenzanlagen die so gewonnenen Fluchtabsichten. »6 (13) Angehörigen der Grenztruppen der DDR gelang die Flucht in die BRD«, stellte das MfS 1986 fest. »Dabei wurden die konkreten Kenntnisse über die vorhandenen Sicherungssysteme und das Kontrollregime ausgenutzt.«[46]

---

45 Chef der Verwaltung 2000: Bericht über den Stand und die Entwicklung der Kriminalität, besonderer Vorkommnisse und des Disziplinargeschehens sowie der Durchsetzung der sozialistischen Gesetzlichkeit in der NVA und den Grenztruppen der DDR für den Zeitraum vom 1.6.1985 bis 31.5.1986, BStU, MfS, HA I Nr. 15912, S. 189.
46 Ebd., S. 188.

VI. Der zweite Auftrag der Grenztruppen – militärisches Mittel in einer »bipolaren Welt«

Die Grenztruppen in und um Berlin verfügten neben den regulären Fahrzeugen und Krädern ebenso über schwere Waffen, Gerätschaften und Spezialfahrzeuge, die sich nur bedingt oder teilweise überhaupt nicht mit den Aufgaben der »regulären« Grenzsicherung verbinden ließen.[1] Die grenzsichernden Kräfte der DDR zeichneten sich jedoch bereits seit dem Beginn ihrer Aufstellung durch die gezielte Einbindung schwerer Waffen wie Artillerie und gepanzerten Fahrzeugen aus. Im Jahr 1966 etwa verfügte das Grenzregiment 33 noch über eine schwere Grenzkompanie. Diese war mit 57 mm-Panzerabwehrkanonen, rückstoßfreien Geschützen vom Kaliber 107 mm und 82 mm-Granatwerfern ausgestattet, die getrennt voneinander in typenspezifischen Zügen zusammengefasst waren. Nach Einnahme der Kommandostruktur Anfang der siebziger Jahre verfügte das neu gebildete Grenzkommando Mitte über die Geschosswerferabteilung 26, das Artillerieregiment 26 sowie mit einer Chemischen-Abwehr-Kompanie und dem Nachrichtenbataillon 26 über weitere

---

1 Die im weiteren Verlauf angeführten schweren Waffen konnten Ziele in Entfernungen von über drei Kilometern (Granatwerfer) bzw. über acht Kilometern (57mm PAK) bekämpfen und scheinen nur schwer mit einer »regulären« Grenzsicherung vereinbar.

Spezialkräfte.[2] Welche Funktion sollten diese Kräfte bei der Verhinderung von Fluchtversuchen an der Berliner Mauer als Hauptauftrag des Grenzkommandos Mitte übernehmen? Welchen Sinn machten Panzerabwehrkanonen angesichts unbewaffneter Flüchtlinge?

Die Aufgabe, welche die Parteiführung den Grenztruppen vor der Weltöffentlichkeit gestellt hatte, beinhaltete die militärische Grenzsicherung, also die Abwehr von Gegnern mit Hilfe von schweren Waffen. Bei näherer Untersuchung der Unterlagen der Grenztruppen und des MfS kommen dem Betrachter jedoch schnell Zweifel, ob die erwarteten Kampfhandlungen nur durch den rein defensiven Charakter bestimmt waren, der ihnen zugesprochen wurde. Gerade im Zuge der Entwicklung der »bipolaren Welt« prägte der Rüstungswettlauf der beiden Supermächte bereits zu Mitte der sechziger Jahre das Weltbild, vor allem in Ost- und Mitteleuropa.[3] Schien angesichts der Unnachgiebigkeit der großen Machtblöcke des Ostens und Westens ein militärischer Konflikt nicht geradezu unvermeidbar? Berlin nahm hierbei als »Vorposten der NATO« an der Trennungslinie zwischen beiden Bündnissen eine unangefochtene Sonderrolle als strategisches Ziel ein. Welcher der beiden Blöcke hatte vor, den ersten entscheidenden Schritt auf diesem Boden zu gehen?

1. Das sicherheitspolitische Bedrohungsszenario in Westeuropa und die Sonderrolle Berlins nach dem Mauerbau

Um die zweite Rolle des Grenzkommandos Mitte nachvollziehen zu können, ist es zunächst unumgänglich, sich die politische und militärische Situation in Westeuropa und im Besonderen in Berlin im Zeitalter des Kalten Krieges zu verdeutlichen. Die beiden Machtblöcke sahen sich als Verfechter ihrer eigenen Sicherheitsstrategie mit den Zielen des jeweils anderen Systems konfrontiert, die den eigenen Interessen offensichtlich zuwiderliefen. In den Augen der USA, des wichtigsten Vertreters des nordatlantischen Bündnisses, strebte die Sowjetunion als Führungsmacht des Warschauer Paktes den Ausbau und die Etablierung des weltweiten Kommunismus an. Die Sowjetunion hingegen be-

---

2 Chronik Kommando der Grenztruppen, Dezember 1970 bis November 1971, BArch, GT 4082, Bl. 9.
3 Daniel Proektor: Vom »Kalten Krieg« und seinem Ende: Mythen und Erkenntnisse (1945–1989), in: Deutsch-russische Zeitenwende. Krieg und Frieden 1941–1995, hg. von Hans-Adolf Jacobsen et al., Baden-Baden 1995, S. 616.

1. Das sicherheitspolitische Bedrohungsszenario in Westeuropa

fürchtete den Vormarsch des »imperialistischen Kapitalismus« in ihren Herrschaftsbereich. Der Bundesrepublik kam damit als dem östlichsten Partner des westlichen Bündnisses eine entscheidende Rolle zu, bildete ihre Grenze zur DDR doch die Nahtstelle zwischen den beiden Machtblöcken. Die merklich angespannte politische Lage war mit der Abriegelung der Staatsgrenzen durch den Bau der Berliner Mauer in eine neue Stufe eingetreten. Der Warschauer Pakt hatte mit der Errichtung dieses Sperrwalls eine nach außen hin deutlich sichtbare Trennlinie zwischen Ost und West geschaffen, die eine baldige Annäherung der beiden Bündnisse unerreichbar zu machen schien. Die Teilung Europas als übergeordnetes Abbild dieser Konfrontationspolitik zeigte sich in Berlin als geteilter Stadt im Kleinen – hier jedoch noch deutlicher spürbar. Berlin und seine Mauer wurden zum weithin sichtbaren Symbol des Kalten Krieges.

Die DDR sah sich ab Mai 1967 mit einer neuen Militärstrategie der NATO konfrontiert, welche die bis dahin bestehende Strategie der massiven Vergeltung (Massive Retaliation) ablöste. Die neue Strategie der flexiblen Reaktion (Flexible Response) sah im Fall eines Verteidigungskrieges der NATO ein abgestuftes Modell der militärischen Reaktionsmöglichkeiten vor. Die unterste Stufe bestand aus einer Direktverteidigung, bei der mit konventionellen Mitteln auf eine Aggression des Ostens reagiert werden sollte. Die Bundeswehr stellte unter den Armeen Westeuropas dabei den größten Anteil der Streitkräfte, wohingegen die Vereinigten Staaten erst nach einer Phase der Mobilisierung und des Aufmarsches das größte Kontingent der NATO in Europa übernommen hätten.[4] Musste der Warschauer Pakt angesichts einer deutlichen zahlenmäßigen Überlegenheit seiner eigenen konventionellen Streitkräfte überhaupt eine militärische Auseinandersetzung mit den USA und der NATO in Mitteleuropa fürchten? Schwarz weist in seinen Betrachtungen darauf hin, dass »man realistischerweise unterstellen [muss], dass in der Wahrnehmung der Kremlführung die amerikanischen Verpflichtungen zur Verteidigung Mitteleuropas sehr ernstgenommen« wurden.[5] Zudem wäre ein solcher Krieg nicht nur auf die herkömmlichen Mittel beschränkt geblieben. Die nächsthöhere Stufe der neuen Strategie sah eine vorbedachte Eskalation auf der nuklearen Ebene vor; sollte auch dieser Schritt versagen, war ein umfassender Einsatz

---

4 Vgl. Kapitel VI.2.
5 Klaus-Dieter Schwarz: Sowjetische Militärstrategie 1945–1978, in: Sicherheitspolitik. Analysen zur politischen und militärischen Sicherheit, hg. von Klaus-Dieter Schwarz, Bad-Honnef 1978, S. 387, 389.

des gesamten nuklearen Potentials der NATO anvisiert. Diese neue Strategie schloss keinesfalls die Möglichkeit eines nuklearen Erstschlags aus, zielte aber in erheblichem Maße auf die Verringerung einer vorzeitigen oder umfassenden Anwendung von Nuklearwaffen bei begrenzten militärischen Konflikten. In einem größeren militärischen Konflikt schien der begrenzte Einsatz von Nuklearwaffen, besonders aus Sicht der NATO, jedoch nicht ganz unproblematisch. Angesichts der zahlenmäßigen Überlegenheit der konventionellen Streitkräfte des Warschauer Paktes gegenüber der NATO sah sich letztere durchaus zu einem »frühzeitigen Nuklearwaffeneinsatz gezwungen«, wollte sie als Gewinner aus dieser Auseinandersetzung hervorgehen.[6] In den Augen der DDR besaß diese Verteidigungsdoktrin der NATO, und somit auch Westdeutschlands, keinesfalls einen defensiven Charakter. Ost-Berlin betrachtete sie vielmehr als »strategische Konzeption des westdeutschen Imperialismus im Rahmen der imperialistischen Globalstrategie«.[7] Die Konzeption der flexiblen Reaktion wurde als eine »Angriffsstrategie unter den spezifischen Bedingungen Mitteleuropas« bewertet.

Welche Bedeutung hatte diese Einschätzung der Parteiführung speziell für die Grenztruppen der DDR? Der Schutz und die Absicherung der Staatsgrenze, im Bedarfsfall auch mit militärischen Mitteln, sind zentraler Bestandteil der politischen und militärischen Selbstbestimmung jedes souveränen Landes. Diese Aufgabe wird oftmals von mehreren Organen der Staatsgewalt mit unterschiedlichen Schwerpunkten erfüllt. In der Regel sind diese in ein der Größenordnung des Landes angepasstes und räumlich in der Tiefe gestaffeltes System integriert. Das erste grenznahe Organ kann eine polizeiliche oder bereits militärische Instanz sein. In der DDR stellten die Grenztruppen die erste grenznahe Instanz der staatlichen Gewalt dar. Im Zuge der Herrschaftssicherung der SED bestimmte die kategorische Unterbindung des Flüchtlingsstroms der DDR-Bevölkerung nach Westdeutschland die Realität und den alltäglichen Dienst der Grenztruppen. Als Bestandteil der bewaffneten Organe der DDR waren die Grenztruppen ab dem Zeitpunkt der Abriegelung der DDR allerdings auch unverkennbar durch einen militärischen Charakter gekennzeichnet.[8] Die zentrale Aufgabe der Grenztruppen bestand gemäß dem

---

6   Schwarz, Militärstrategie, S. 387.
7   Stadtkommandantur Berlin: Auswertung der Ausbilderjahre, 1964–1968, BArch, VA 07/19885, Bl. 136.
8   Chronik Kommando der Grenztruppen, 1956 bis November 1962, BArch, GT 2933, Bl. 57.

Nationalen Verteidigungsrat der DDR in der »Verhinderung jeder Verletzung der Staatsgrenze der DDR und der Ausdehnung von Provokationen des Gegners auf das Staatsgebiet der DDR«.[9] Das beinhaltete in den Augen der Parteiführung den Einsatz der Grenztruppen zur Abwehr von Aggressoren oder zur Aufrechterhaltung des militärischen Status quo. Im Zuge ihrer Bewertung der NATO-Strategie hatte sich die DDR darauf eingestellt, im dichten Verbund mit der GSSD (Gruppe der sowjetischen Streitkräfte in Deutschland) nach einem angenommenen, in Wahrheit aber nie beabsichtigten Angriff des westlichen Militärbündnisses massive militärische Operationen auf dem Gebiet der Bundesrepublik durchzuführen.[10] Den ersten, zentralen Bestandteil der Landesverteidigung der DDR bildete die NVA, die als »sozialistische Koalitionsarmee« eindeutig auf die Erfüllung des militärischen Auftrags im Rahmen des Warschauer Paktes ausgerichtet war.[11] Die Grenztruppen übernahmen in diesem Szenario als zweiter Teil der »mobilen Kräfte der Landesverteidigung« eine wesentliche Rolle und mussten entsprechend auf diese Aufgabe vorbereitet werden.[12]

Die Sicherheitspolitik der NATO und im Besonderen ihre Militärstrategie waren somit von zentraler Bedeutung für die Grenztruppen und mussten sich zwangsläufig in ihrem Einsatzszenario und ihrer Ausbildung wiederfinden. Vermeintliche Beweise für die in den Augen der Grenztruppen aggressive Expansionspolitik der Bundesrepublik wurden immer wieder in Berichten festgehalten. In den Auswertungen der Jahre 1961 und 1962 lassen sich Situationen finden, welche die Grenztruppen als besonders bedrohlich einstufen. So wurden die »Handlungen des NATO-Gegners« im Oktober 1961 als massive Provokationen eingeschätzt, in deren Verlauf »US-Soldaten durch die Eskortierung mit Kfz und zu Fuß die Einfahrt von Zivilpersonen [...] in das Gebiet der Hauptstadt« erzwangen und »US-Panzer und SPW [Schützenpanzerwagen] an der Grenze in Stellung gebracht« wurden.[13] Die politisch-ideologische Haltung der Grenztruppen gegenüber der Bundesrepublik gab die Staatsführung von Grund auf vor, sie tolerierte dabei keinerlei Abweichungen. Dieses stringent aufgebaute Feindbild und die damit einhergehende ständige Furcht vor bevorstehenden Angriffshandlungen sollten zu einem Zustand ständiger

---

9 Protokoll der 4. Sitzung des NVR, 20. 1. 1961, BArch, DVW 1/39461.
10 Diedrich/Ehlert/Wenzke, Im Dienste der Partei, S. 483.
11 Ebd., S. 30.
12 Ebd.
13 Chronik der 1. Grenzbrigade, 16. 9. 1961 – 22. 8. 1962, BArch, VA 07/16641, Bl. 19.

Bereitschaft für Gefechtshandlungen innerhalb der Grenztruppen führen. So befahl Armeegeneral Hoffmann, Minister für Nationale Verteidigung, im Tagesbefehl zur Verleihung der Truppenfahne an die 1. Grenzbrigade im Februar 1962: »Allen Angehörigen der Nationalen Volksarmee ist der Haß gegenüber den Feinden unserer Heimat und die ständige Bereitschaft anzuerziehen, unter allen Bedingungen, getreu im Sinne des Fahneneides tapfer und mutig die Staatsinteressen der Deutschen Demokratischen Republik zu verteidigen.«[14]

In einer Auswertung des Ausbildungsjahres 1966/67 präsentierte der Stadtkommandant Berlins, Generalmajor Poppe, den anwesenden Offizieren der Grenztruppen ein sicherheitspolitisches Szenario, in dem er »die Verwirklichung von Stellvertreterkriegen lokalen Umfangs unter bestimmten politischen Bedingungen auch in Europa – speziell[e] gegen die DDR – als denkbar« einstufte.[15] Im Zuge der angeblich aggressiven Expansionspolitik der Bundesrepublik wies Poppe der Stadt Berlin dabei einen besonderen Stellenwert zu: »Westberlin ist Experimentierfall und Versuchsobjekt, wie weit und bis zu welcher Grenze kann man provozieren. Die Lage kann sich von Provokationen bis zu bewaffneten Auseinandersetzungen steigern.«[16] Im Rahmen seiner Rede zur Auswertung des Ausbildungsjahres 1969/70 betonte Poppe nochmals die Sonderrolle Berlins. In seinen Augen wollte die Bundesrepublik die Stadt als »gefährliches Provokationszentrum inmitten der Deutschen Demokratischen Republik« und als »Krisenherd und Auslöser militärischer Konflikte« nutzen.[17]

In den Militärstrategien des Warschauer Paktes und der USA stellte ein begrenzter Krieg in Europa durchaus eine denkbare zukünftige Option dar. Dabei erschienen verschiedene Szenarien möglich. Auf sowjetischer Seite beinhaltete das erste denkbare Szenario einen rein konventionellen militärischen Konflikt, ohne den Einsatz nuklearer Waffen. Dieser schien allerdings nur dann wahrscheinlich, wenn durch eine rasante Großoffensive des Warschauer Paktes mit einem tiefen Einbruch in die gegnerische Verteidigung der Einsatz der NATO-Nuklearwaffen teilweise oder ganz unterlaufen werden konnte. Das zweite Szenario beinhaltete die Führung eines konventionell-nuklearen

---

14 Chronik der 1. Grenzbrigade, 23. 8. 1962 – 30. 11. 1963, BArch, VA 07/16642, Bl. 3.
15 Ebd., Bl. 137.
16 Stadtkommandantur Berlin: Auswertung der Ausbilderjahre, 1964 – 1968, BArch, VA 07/19885, Bl. 138.
17 Stadtkommandantur Berlin: Auswertung der Ausbilderjahre, 1969 – 1970, BArch, VA 07/19887, Bl. 146.

1. Das sicherheitspolitische Bedrohungsszenario in Westeuropa

Krieges, der sich für beide Mächte in einem noch »tolerierbaren« Rahmen halten sollte.[18] Berlin kam hier aufgrund seines Status erneut eine Sonderrolle zu, schien die Gefahr erster militärischer Auseinandersetzungen doch hier am wahrscheinlichsten.

Wenn sich Ost und West gegenüberstanden, ohne durch eine gemeinsame Sicherheitsstruktur miteinander verbunden zu sein, dann konnte weder die eine noch die andere Seite ganz sicher sein, ob die Gegenseite nicht doch aggressive Absichten hegte. Folglich trafen beide Seiten Vorkehrungen, um in der befürchteten Konfrontation bestehen zu können – und bestärkten sich damit wechselseitig in dem Verdacht, mit aggressiven Akten der Gegenseite rechnen zu müssen.[19]

Ein direkter und unprovozierter Angriff des Warschauer Pakts gegen Westeuropa, der ohne jegliche Zeichen der Vorankündigung »über Nacht« losbrach, war zwar unwahrscheinlich, jedoch minimierte dies keinesfalls das grundsätzliche Risiko eines Krieges zwischen den beiden Militärbündnissen. Beide Blöcke hatten ein fundamentales Interesse daran, ihre politischen Ziele mit dem vorhandenen militärischen Potential abzusichern und im Falle des Falles durchzusetzen. Die NATO-Strategie sah dabei eine »Vorne-Verteidigung«, die Sowjetunion in ihren Planungen hingegen die »Vorwärts-Verteidigung« vor.[20] Der sowjetische Generalstab zielte im Rahmen seiner strategischen Planungen auf ein Kräfteverhältnis, in dem die eigenen Truppen und Mittel die der NATO um ein Vielfaches übersteigen sollten. So war etwa bei den Soldaten ein Verhältnis von eigenen zu gegnerischen Kräften von 2–3:1, bei den Panzern ein Verhältnis von 4:1 und bei der Artillerie von 5:1 vorgesehen. Die tatsächliche Entwicklung der konventionellen Streitkräfte des Warschauer Pakts zwischen 1965 und 1980 macht deutlich, dass es nicht nur bei theoretischen Planungen blieb: Während die NATO ihre Truppen in diesem Zeitraum um fast 50 000 reduzierte, wuchsen die Streitkräfte des Warschauer Pakts um 150 000 an. In Mitteleuropa stieg die Zahl der Kampfpanzer des Warschauer Pakts um 35 % auf 16 000, die Zahl der NATO-Panzer erhöhte sich hingegen nur um 500. Nach sowjetischen Angaben entstanden im Vergleich zu den USA zwischen 1977 und 1986 doppelt so viele eigene Flugzeuge und U-Boote und

---

18 Schwarz, Militärstrategie, S. 387.
19 Wilfried Loth: Vom »Kalten Krieg« zur Überwindung der Teilung Europas, in: Deutsch-russische Zeitenwende. Krieg und Frieden 1941–1995, hg. von Hans-Adolf Jacobsen et al., Baden-Baden 1995, S. 588–600, hier S. 595.
20 Schwarz, Militärstrategie, S. 392.

neunmal so viele Artilleriegeschütze und Luftabwehrraketen.[21] Ein nicht unerheblicher Teil der sowjetischen Streitkräfte befand sich zudem in einem Bereitschaftszustand, der es ihnen erlaubte, innerhalb von 24 Stunden marschbereit zu sein.[22] Die NATO zeigte sich in Mitteleuropa mit ihren konventionellen Mitteln im direkten Vergleich zum Warschauer Pakt deutlich unterlegen. Ihre Strategie ging im Wesentlichen davon aus, dass die sicherheitspolitische Lage eine gewisse Vorwarnzeit für einen militärischen Konflikt in Europa ermögliche, und beabsichtigte in diesem Fall, den Großteil ihrer Streitkräfte rechtzeitig dorthin zu verlegen.

Die so konstruierte sicherheitspolitische Ausgangslage bedeutete für die Verbände des Grenzkommandos Mitte nichts Geringeres, als einem zu erwartenden Gegner mit allen zur Verfügung stehenden militärischen Mitteln in »umfangreichen Gefechtshandlungen« entgegenzuwirken. Diese Fähigkeit zur militärischen Konfrontation mit dem Gegner wurde mit dem Begriff der »Gefechtsbereitschaft« beschrieben und gefordert. Die Waffen- und Schießausbildung, Ausbildung in chemischen Diensten, Körperertüchtigung, taktische Schulungen, politische Ausbildung und alle weiteren Kernthemen deckten lediglich die Grundfertigkeiten jedes einzelnen Soldaten im Rahmen seines Auftrags ab. Die Komplexität dieser Aufgabe stellte jedoch weitere Anforderungen an die Grenztruppen, die lediglich im Rahmen eines eigenen Ausbildungskonzeptes gewährleistet werden konnten und die im weiteren Verlauf aufgezeigt werden sollen.

2. Die »gefechtsmäßige Sicherung der Staatsgrenze« – die Grenztruppen im Wirkverbund mit der NVA und der GSSD

Wie aufgezeigt, sollten die Grenztruppen ihren Beitrag zu ihrer zweiten Rolle – der Landesverteidigung – dadurch beisteuern, indem sie ihre Mittel und Kräfte in zu erwartenden militärischen Kampfhandlungen in unmittelbarer Nähe der Staatsgrenze einbrachten. Sie sollten dabei in einem engen Verbund mit den regulären Streitkräften der DDR in Gestalt der NVA und der Gruppe der sowjetischen Streitkräfte in Deutschland (GSSD) zusammenwir-

---

21 Frank Umbach: Das rote Bündnis. Entwicklung und Zerfall des Warschauer Paktes 1955–1991, Berlin 2005, S. 246 ff.
22 Dazu gehörten als Divisionen der Kategorie A u. a. acht Luftlandedivisionen und zehn Luftsturmbrigaden der UdSSR sowie 27 Panzer- und Mot.-Schützendivisionen der Gruppe der sowjetischen Streitkräfte in Deutschland (GSSD). Vgl. Umbach, Bündnis, S. 278.

2. Die »gefechtsmäßige Sicherung der Staatsgrenze«

ken. In der DDR bildete die GSSD mit rund 321 000 Mann (Stand 1973), die aus den nach Kriegsende in Ostdeutschland verbliebenen Kräften der Roten Armee hervorgegangen war, den wesentlichen militärischen Faktor.[23] Diese Tatsache war das direkte Resultat der sowjetischen Militärstrategie nach Ende des Zweiten Weltkriegs, die bis zum Ende des Ost-West-Konflikts Ende der achtziger Jahre vorsah, dass die eigenen Streitkräfte den Hauptanteil der Warschauer-Pakt-Armeen in Zentraleuropa bildeten. Mitte der achtziger Jahre verfügte die GSSD über ein umfangreiches und schlagkräftiges Arsenal, das unter anderem die Waffensysteme Panzer T-80, modernisierte Versionen des T-64, Panzerhaubitzen 122 und 152 mm, Schützenpanzer BMP-1 und -2, Boden-Boden-Lenkflugkörper SS-1c und SS-21, Mehrfachraketenwerfer BM-24 und BM-27, Kampfhubschrauber Mi-24, Flugabwehr-LFK-Systeme SA-8 und SA-13, Erdkampfflugzeuge Su-25, Jagdbomber Su-24 und Jagdflugzeuge MiG-29 umfasste.[24] Die NVA war zwar »Vorzeige- und Juniorpartner« der sowjetischen Streitkräfte, diesen aber weder personell noch in ihrer Kampfkraft gleichwertig.[25] Die Parteiführung der DDR, welche die sowjetische Militärdoktrin wie selbstverständlich für die Ausrichtung der »eigenen« Streitkräfte übernommen hatte, leistete mit der zu ihren Hochzeiten etwa 170 000 Mann starken NVA einen militärischen Beitrag zu diesem System.[26]

Innerhalb des eigenen Staatsgebietes war die NVA als Kern der »sozialistischen Landesverteidigung« vorgesehen.[27] Die Grenztruppen wiederum bildeten mit ihrem Umfang von bis zu 50 000 Soldaten (davon Grenzkommando Mitte 13 000 Mann) eine wesentliche Ergänzung dazu.[28] Der Gesamtheit der

---

23 So eine Einschätzung des westdeutschen BND aus dem Jahr 1973. Vgl.: Armin Wagner und Matthias Uhl: BND contra Sowjetarmee. Westdeutsche Militärspionage in der DDR, Berlin 2010, S. 150.
24 Kurt Arlt: Sowjetische (russische) Truppen in Deutschland (1945–1994), in: Diedrich/Ehlert/Wenzke, Im Dienste der Partei, S. 593–632, hier S. 607.
25 Vgl. Winfried Heinemann: NVA-Pläne für eine »Berlin-Operation«, in: Die Streitkräfte der DDR und Polens in der Operationsplanung des Warschauer Paktes, hg. von Rüdiger Wenzke, Potsdam 2010, S. 61–70, hier S. 62; Diedrich/Ehlert/Wenzke, Im Dienste der Partei, S. 30.
26 Rüdiger Wenzke: Die Nationale Volksarmee (1956–1990), in: Diedrich/Ehlert/Wenzke, Im Dienste der Partei, S. 452.
27 Torsten Diedrich, Hans Ehlert und Rüdiger Wenzke: Die bewaffneten Organe der DDR im System von Partei, Staat und Landesverteidigung. Ein Überblick, in: Diedrich/Ehlert/Wenzke, Im Dienste der Partei, S. 41.
28 Ursachen, Motive und begünstigende Bedingungen für Fahnenfluchten von Angehörigen der Grenztruppen der DDR und der NVA, September 1987, BStU, MfS, HA I Nr. 13452, S. 176.

Warschauer-Pakt-Armeen stand in Westdeutschland vorrangig die Bundeswehr mit einem Friedensumfang von 495 000 Soldaten (ab Mitte der siebziger Jahre) gegenüber, die im Verteidigungsfall durch die übrigen NATO-Partner mit zusätzlichen Kräften unterstützt wurde.[29] Alle hier genannten Streitkräfte unterlagen im Laufe der Zeit personellen Schwankungen, jedoch blieben die Größenverhältnisse untereinander, also etwa die der Grenztruppen zur NVA, bis zum Niedergang der DDR in etwa bestehen. Bereits an dieser Stelle wird ersichtlich, dass die Grenztruppen aufgrund ihrer vergleichsweise geringen Größe keineswegs dazu imstande waren, »im Alleingang« militärische Operationen gegen die Bundeswehr oder andere Kräfte der NATO durchzuführen. Solche Operationen waren nur im Verbund mit der NVA und der GSSD denkbar, wobei die Grenztruppen in der Bewertung ihrer militärischen Schlagkraft eher eine Neben- als eine Hauptrolle einnahmen. Dennoch verfügten die Grenzkommandos mit ihrer Ausrüstung und ihrer Aufstellung über ein Potential, das die Teilnahme an einem Kriegsszenario ohne weiteres ermöglichte und auch ermöglichen sollte. Die genauen Aufgaben der Grenztruppen in diesem Zusammenhang und die sich daraus ableitenden Ausbildungsvorgaben wurden durch den Minister für Nationale Verteidigung (MfNV) in einem jährlich aufgestellten Befehl festgelegt.[30] Im Befehl des Ministers für Nationale Verteidigung Nr. 101/67 »über die Aufgaben der Grenztruppen der Nationalen Volksarmee zur Grenzsicherung und Gefechtsausbildung in den Ausbildungsjahren 1967/68 und 1968/69« hieß es dazu: »Im Falle der Entfesselung einer Aggression durch den Gegner haben die Grenztruppen durch geschickten, manöverreichen Einsatz die Staatsgrenze aktiv zu verteidigen, die Heranführung und Entfaltung der Landstreitkräfte zu decken und deren Gefechtshandlungen im eigenen und gegnerischen Grenzgebiet zu unterstützen.«[31] Er befahl in diesem Zusammenhang, »[d]ie Gefechtsbereitschaft der Grenztruppen [...] entsprechend den wachsenden Anforderungen, die im System der Landesverteidigung an sie gestellt werden, zielstrebig zu erhöhen«. Die Ausbildung die-

---

29 Georg Leber: Die konventionelle Verteidigung Mitteleuropas und die neue Mittelstreckenbedrohung, in: Vom kalten Krieg zur deutschen Einheit. Analysen und Zeitzeugenberichte zur deutschen Militärgeschichte 1945 bis 1995, hg. von Bruno Thoß, München 1995, S. 228.
30 Dieser Befehl trägt jeweils die Nr. 101 des entsprechenden Jahres, etwa Befehl des MfNV Nr. 101/63: Die Aufgaben der Grenztruppen im Ausbildungsjahr 1963/64, BArch, DVW 1/5004, Bl. 120.
31 MfNV: Befehle Nr. 100 und 101/67, BArch, DVW 1/5604, Bl. 129.

2. Die »gefechtsmäßige Sicherung der Staatsgrenze« 219

ser Fähigkeit sollte so weit getrieben werden, dass jeder Verband in der Lage war, in jeglicher Situation den »rechtzeitigen Übergang zur gefechtsmäßigen Sicherung der Staatsgrenze und zu aktiven Gefechtshandlungen« zu garantieren.[32] Diese grundlegenden Anweisungen des Ministers für Nationale Verteidigung setzten die Grenztruppen in konkrete Ausbildungskonzepte um. Die Gefechtsbereitschaft eines Verbandes oder einer Einheit musste durch ständiges Training der einzelnen Schritte geschult und stetig verbessert werden. Gleichzeitig waren die hierbei gezeigten Ergebnisse auszuwerten und zu dokumentieren, um die Leistungsfähigkeit der Truppe einschätzen zu können. In seinem »Plan der Maßnahmen zur Erhöhung der Gefechtsbereitschaft und der Qualität der Gefechtsausbildung im Grenzregiment 33« vom 23. Mai 1967 befahl der Regimentskommandeur eine »ständige Kontrolle und Überprüfung der täglichen Gefechtseinteilung« der einzelnen Bereiche seines Verbandes.[33] Der Maßnahmenkatalog zur Herstellung der »erhöhten« und der »vollen Gefechtsbereitschaft« umfasste dabei die anfängliche Alarmierung der Truppe innerhalb der Kasernenanlagen, das Zusammenziehen der außerhalb der Kasernen wohnenden Offiziere und Berufssoldaten, die Ausgabe der notwendigen Waffen, Munition, Materialien und Fahrzeuge an die Truppe, den schnellstmöglichen Transport der alarmierten Truppe zum befohlenen Grenzabschnitt oder Sammelraum und letztlich den Einsatz der Kräfte am Zielort.[34] Die Überwachung dieser Maßnahmen in Form von unangekündigten »Leistungskontrollen« des jeweiligen Truppenteils oder Verbands fand in verhältnismäßig kurzen Abständen statt. Der »Plan des Trainings von Elementen der Gefechtsbereitschaft« des Grenzregiments 33 wies allein für den Zeitraum vom Dezember 1974 bis zum Oktober 1975 acht solcher Überprüfungen durch den Regimentskommandeur nach. Zudem erfolgten neben diesen Kontrollen »weitere Überprüfungen zu Teilelementen«.[35]

---

32 Ebd., Bl. 135.
33 SKB, 1. GBr, GR 33: Vorbereitung und Organisation der zweiseitigen Regimentsübung, September 1967, BArch, VA 07/19888, Bl. 46.
34 Die wehrdienstleistenden Soldaten der Grenztruppen waren kasernenpflichtig, Offiziere und Berufssoldaten wohnten oftmals unweit ihrer jeweiligen Kasernen. Die Annahme der Alarmmeldung erfolgte zumeist über die Wache, den Gefreiten, Unteroffizier oder Offizier vom Dienst. Die Alarmierung konnte zu allen Tages- und Nachtzeiten erfolgen. Vgl. ebd., Bl. 46–47.
35 Chronik des Grenzregiments 33, Dezember 1972 bis November 1975, BArch, GT 5295, Bl. 270.

Eine weitere, grundlegende Maßnahme zur Ausbildung und Erhöhung der Gefechtsbereitschaft bestand in der Weiterbildung der Führungsebenen der Grenztruppen durch Lehrvorführungen, Schulungen und Lehrfilme. So erhielten beispielsweise die leitenden Offiziere des Grenzkommandos Mitte im Februar 1972 eine mehrtägige Weiterbildung, in deren Verlauf Vorträge, Seminare, Filme und Vorführungen unter anderem zu den Themen »Die Gewährleistung der ständigen Gefechtsbereitschaft sowie die schnelle Herstellung der Stufen der Gefechtsbereitschaft«, »Sturmtrupp – vorwärts« und »Die militärpolitische Bedeutung Westberlins in der Strategie der NATO« stattfanden.[36] Im Rahmen dieser Weiterbildungen wurden die Offiziere der Grenztruppen wiederholt mit den Kernthemen des militärischen Bedrohungsszenarios und den sich daraus ableitenden Folgerungen für die Gefechtsbereitschaft der Grenztruppen konfrontiert. Zudem wurden der Zielgruppe im Verlauf dieser Schulungen konkrete Hilfestellungen für die Ausbildung der ihnen unterstellten Bereiche aufgezeigt und mitgegeben. Die gezielte Weiterbildung der Offiziere des Stabes des Grenzkommandos Mitte im Ausbildungsjahr 1971/72 etwa erfolgte in den Zeiträumen vom 9./10. März, vom 19./20. April, vom 6. – 8. Juli und vom 14. – 16. September 1972.[37]

Bis 1987 wurde entsprechend der Militärdoktrin des Warschauer Paktes in allen Armeen dieses Bündnisses vorrangig der Angriff geübt, um den Gegner mit schnellen Vorstößen und Operationen auf seinem eigenen Territorium schlagen zu können.[38] Diese Operationsform bildete somit auch die wesentliche Grundlage für die Ausbildung der bewaffneten Organe der DDR. In einer Dienstvorschrift der NVA werden der Ablauf und die Ziele eines militärischen Angriffs genau definiert:

> die Schaffung einer klaren Überlegenheit an Kräften und Mitteln in der Richtung des Hauptstoßes; die zuverlässige Bekämpfung des Gegners durch Kern- und herkömmliche Waffen in der gesamten Tiefe des Aufbaus seiner Verteidigung; die Führung eines starken ersten Schlages auf den Gegner; die entschlossene Ausnutzung der Ergebnisse der Bekämpfung des Gegners durch Kernwaffen und das Feuer sowie die zügige Entwicklung des Angriffs in die Tiefe und in Richtung der Flanken; die ununterbrochene Erhöhung der Anstrengungen in der Richtung des Hauptstoßes; die Durchführung eines breiten Manövers mit den Kräften und Mitteln; die Zerschlagung der Haupt-

---

36 Chronik des Grenzkommandos Mitte, Juni 1971 bis November 1972, BArch, GT 5735–5736, Bl. 334.
37 Ebd., Bl. 342–343.
38 Diedrich/Ehlert/Wenzke: Die bewaffneten Organe, S. 42.

2. Die »gefechtsmäßige Sicherung der Staatsgrenze«

gruppierung des Gegners vor dem Herankommen seiner Reserven; die Aufspaltung der gegenüberstehenden Gruppierungen des Gegners mit ihrer nachfolgenden Einkreisung und Vernichtung nach Teilen.[39]

Bereits Mitte der fünfziger Jahre hatten sich die sowjetischen Streitkräfte und damit auch in Folge die GSSD auf die Besonderheiten eines mit Kernwaffen zu führenden Krieges ein- und umgestellt. Das Arsenal und die entsprechenden Waffensysteme der GSSD – über die mit großer Wahrscheinlichkeit die Sowjetunion die zentrale Verfügungsgewalt ausgeübt haben dürfte – umfassten atomar bestückbare Lenkflugkörper, Flugzeuge und Atomartillerie.[40] Die NVA verfügte ebenfalls über entsprechende Trägersysteme und sollte im Falle eines Nuklearkrieges mit Kernsprengköpfen ausgestattet werden. Die Grenztruppen sollten im Zuge ihrer Kampfhandlungen an der Seite der GSSD und NVA auf die besonderen Bedingungen des Gefechtsfeldes im Zuge von Kernwaffeneinsätzen vorbereitet werden und befähigt sein, die Folgen für die eigenen Kräfte zu minimieren.[41]

Ein wesentlicher Faktor für den Angriff war der durchdachte und aufeinander abgestimmte Einsatz der verschiedenen Waffen- und Truppengattungen in einem Wirkverbund. Am Beispiel der Übung des Grenzregiments 33 zeigt sich beispielsweise das Zusammenwirken mit den regulären Landstreitkräften der NVA und der GSSD. Der Übergang zur Verteidigung direkt im Anschluss an das Vorstoßen diente dazu, ein bestimmtes Gebiet zu besetzen, dort einen militärischen Brückenkopf für die nachfolgenden Hauptkräfte zu bilden und somit den weiteren Fortgang des Gesamtangriffs zu sichern. Dieser Teil der Aufgabenstellung wird besonders mit der »Tagesaufgabe [des Grenzregiments 33], der Einnahme des Raums Wischer, Staffelde, Storkau« deutlich.[42] In diesem Zuge traten nun auch die Verbände der Grenztruppen, die über schwere Waffen verfügten und nahezu keinen Anteil am »regulären Grenzdienstes« hatten, in den Mittelpunkt. Ihre Granatwerfer oder Artilleriegeschütze erlangten mit Blick auf mögliche militärische Konflikte durchaus eine Berechtigung. Im Zuge des Zusammenwirkens der verschiedenen Waffengattungen kam der Artillerie der Grenztruppen ein eigenständiger Auftrag

---

39 Vorbereitung des Angriffs, o. D., BStU, MfS, HA VI Nr. 14818, S. 518.
40 Arlt, Sowjetische Truppen, S. 608.
41 Chronik des Grenzkommandos Mitte, Dezember 1984 bis November 1986, BArch, GTÜ 16643, Bl. 93.
42 Chronik des Grenzregiments 33 des Ausbildungsjahres 1975/76, BArch, GT 7578, Bl. 91.

zu. Der Schwerpunkt dieser schweren Waffen in Form von Geschützen, Kanonen und Granatwerfern bestand in der Bereitstellung von »Artillerievorbereitung« für die nachfolgenden Kräfte der Grenztruppen, der NVA und der GSSD.[43] Hierbei sollten die Kräfte und Stellungen des Gegners vor dem Eintreffen der eigenen Hauptkräfte auch über weite Entfernungen »sturmreif« geschossen werden. Zudem wurde die Artillerie zur Unterstützung dieser Kräfte inmitten eines bereits stattfindenden Gefechts, im Besonderen zur Panzerabwehr eingesetzt. In Chroniken des Grenzkommandos Mitte finden sich Angaben zu den Einsatzmöglichkeiten dieser Waffengattung im Rahmen von Gefechtshandlungen. Die Auswertung des Ausbildungsjahrs 1970/71 hielt die Folgen der Umrüstung der Kanonenbatterien von 76 mm- auf 85 mm-Geschütze fest: »Die 85 mm Kanone hat eine größere Schußentfernung, höhere Treffergenauigkeit und Durchschlagskraft. Sie verfügt über spezialisierte Munition. 50% der Kanonen sind mit Nachtsichtgeräten ausgerüstet. Damit kann das Schießen ohne Gefechtsfeldbeleuchtung gewährleistet werden.«[44] Weiterhin wurde angeführt, dass »[d]ie Ausrüstung der Granatwerferbatterien mit 120 mm Granatwerfern [...] sie in die Lage [versetzt], fast alle Zielarten, vor allem auch Flächenziele zu bekämpfen. Aus diesem Grunde können die Granatwerferbatterien der Truppenteile in die Planung der Feuervorbereitungen im Grenzkommando Mitte einbezogen werden.« Der Kampfwert dieser Waffengattung wurde dabei wie folgt eingeschätzt: »Eine Granatwerferbatterie ist in der Lage, [...] niederzuhalten: a) 3,5 ha lebende Kräfte in Deckungen (gleichbedeutend mit 2 – 3 Zugstützpunkte[n]) oder b) 48,0 ha offenliegende lebende Kräfte.«[45] Alle Kräfte der Artillerie des gesamten Grenzkommandos Mitte waren nach Angaben der Grenztruppen in der Lage »a) 160 ha lebende Kräfte in Deckungen oder b) 1776 ha offenliegende lebende Kräfte oder c) 110 Artilleriebatterien« zu bekämpfen.[46]

Der wichtigste Aspekt bei der Analyse dieser Übungen im Zusammenhang mit dem militärischen Auftrag der Grenztruppen liegt in der militärischen Ausgangslage, die ihnen im Rahmen eines theoretischen Szenarios zugrunde

---

43 Chronik des Grenzkommandos Mitte, Juni 1971 bis November 1972, BArch, GT 5735 – 5736, Bl. 94.
44 Ebd., Bl. 24.
45 Ebd.
46 Ebd., Bl. 26. Diese rein quantitativ erscheinende Sichtweise kann als ein bezeichnendes Merkmal für das sozialistische System verstanden werden, welches dazu neigte, auch komplexe und nicht dafür geeignete Inhalte durch »nüchterne« Statistiken und Zahlen wiederzugeben.

gelegt wurde. Die wichtigste Voraussetzung für das Einnehmen der »vollen Gefechtsbereitschaft« und das gefechtsmäßige Vorgehen der Grenztruppen bestand in der Annahme, dass bereits offene Angriffshandlungen der Bundeswehr als Vertreter der NATO gegen die DDR stattgefunden hatten. Der Übung »Wintersonne« etwa lag eine Ausgangslage zugrunde, in der »[b]ewaffnete Gruppen in Stärke von 30–50 Mann versuchten[,] gewaltsam unter Anwendung von Schußwaffen und Sprengkörpern die Staatsgrenze zu durchbrechen«.[47] Der Nationale Verteidigungsrat der DDR befahl im Rahmen der Übungslage aufgrund weiterer offensiver Aktionen der Bundeswehr, die Einnahme der »vollen Gefechtsbereitschaft« für die Grenztruppen. Erst im Zuge weiterer militärischer Operationen wie dem Absetzen von Luftlandetruppen »in Stärke von 100–150 Mann auf dem Territorium der Bezirke Magdeburg und Potsdam« nahmen die Grenztruppen auf breiter Fläche an Gefechtshandlungen teil.[48] Ihre Kampfhandlungen beschränkten sich hierbei auf die Abwehr der gegnerischen Truppen im Grenzgebiet im Zusammenwirken mit den Landstreitkräften der NVA sowie auf den erneuten Aufbau einer Grenzsicherung. Dabei wurde lediglich »in ungünstigen Geländeabschnitten die Linie der Grenzsicherung auf das Territorium des Gegners verlegt«.[49] Das hier beschriebene Manöver glich einer Vielzahl weiterer Übungen der Grenztruppen, die zur Erhöhung und Überprüfung der Gefechtsbereitschaft beitragen sollten. Das bestimmende Element aller Übungen und Kampfhandlungen war der scheinbar rein defensive Charakter der Grenztruppen. Umfasste ihr Auftragsspektrum angesichts der ständigen gegenseitigen Angriffsvermutungen wirklich nur Verteidigungshandlungen? Oder schienen auch andere Optionen denkbar, wie etwa, einem möglichen Angriff durch eine eigene Offensive zuvorzukommen?

3. Offensivplanungen als weiteres Ausbildungsziel?
Taktische Übungen des Grenzkommandos Mitte

Der vom Minister für Nationale Verteidigung erteilte Auftrag der Grenztruppen beinhaltete tatsächlich mehr als rein defensive Operationen. In seiner jährlich erlassenen Anweisung Nr. 101 über die Aufgaben und Ausbildungsin-

---

47 Chronik Kommando der Grenztruppen, Dezember 1966 bis November 1968, BArch, GT 2938–2939, Bl. 448–449.
48 Ebd., Bl. 451.
49 Ebd., Bl. 452.

halte der Grenztruppen legte der Minister für Nationale Verteidigung für das Jahr 1969 fest, die Grenztruppen hätten neben dem bereits aufgezeigten Zusammenwirken mit der NVA »weitere Gefechtsaufgaben zu erfüllen«.[50] In seinen Ausführungen zur Auswertung des Ausbildungsjahres 1966/67 sprach der Stadtkommandant von Berlin an, dass sein Truppenteil ständig in der Lage sein müsse, »Gefechtshandlungen in beliebigen Richtungen zu führen«.[51] In seiner Rede zum Ausbildungsverlauf des Folgejahres konkretisierte er diesen Auftrag und führte als mögliche Gefechtshandlungen der Grenztruppen an: »Schnellstes Verlassen der Objekte [Kasernen] – Sammeln in den festgelegten SR [Sammelräumen] – Einnahme der Ausgangsräume – Überschreiten der Staatsgrenze – Handlungen in etwa 10 – 70 km Tiefe – Durchbruch des vorderen Vert.[Verteidigungs-]Streifens aus der unmittelbaren Berührung.«[52] Wird hier in aller Deutlichkeit der Auftrag zur Vorbereitung und Durchführung offensiver Gefechtshandlungen der Grenztruppen gegen West-Berlin definiert? Die angeführten Einzelschritte weisen deutliche Parallelen zu den bereits aufgezeigten defensiven Operationen der Grenztruppen auf, beinhalten jedoch auch Maßnahmen, die über eine reine Verteidigung hinausgehen.

An dieser Stelle muss zunächst kurz auf den Begriff »Angriff« im Zusammenhang mit bewaffneten Konflikten und damit im militärischen Sinne eingegangen werden. Im Rahmen von Gefechtshandlungen bedeutet »Angriff« nicht zwangsläufig, dass die zu diesem Zeitpunkt angreifende Gruppierung der Auslöser oder die unmittelbare Ursache für den gesamten militärischen Konflikt ist. Ein militärischer Verband oder Truppenteil, der Ziel einer offensiven Handlung gegnerischer Streitkräfte wird, wird in der Regel zunächst Maßnahmen zur Verteidigung und zur Abwehr dieses Angriffs einleiten. Diese Maßnahmen können dabei aus rein defensiven, aber ebenso gut aus offensiven taktischen Manövern bestehen. Eine offensive Vorgehensweise kommt oftmals dann zur Anwendung, wenn diese einen erneuten Angriff des Gegners unterbinden kann. Die wichtigsten Faktoren zur Beurteilung eines militärischen Angriffs liegen somit zum einen in der militärischen Ausgangslage der beteiligten Parteien im Vorfeld des bewaffneten Konflikts, zum anderen in seiner Intention, seiner Art und seinem Umfang.

---

50 Stadtkommandantur Berlin: Auswertung der Ausbilderjahre 1969 – 1970, BArch, VA 07/19887, Bl. 115.
51 Stadtkommandantur Berlin: Auswertung der Ausbilderjahre 1964 – 1968, BArch, VA 07/19885, Bl. 143.
52 Stadtkommandantur Berlin: Auswertung der Ausbilderjahre 1968 – 1969, BArch, VA 07/19886, Bl. 3.

3. Offensivplanungen als weiteres Ausbildungsziel?

Das Ministerium für Nationale Verteidigung hatte im Rahmen der Auftragsverteilung für die Kräfte der NVA und der Grenztruppen festgelegt, dass »im Falle der Entfesselung einer Aggression durch den Gegner [...] dieser auf seinem Territorium zu vernichten« sei. In das operative Gesamtkonzept der sowjetischen Militärdoktrin eingebunden, war das Überschreiten der Staatsgrenze durch die regulären Landstreitkräfte der NVA zentraler Bestandteil dieser Militärstrategie im Rahmen zukünftiger bewaffneter Konflikte. Im Falle eines Krieges sollten die Gefechtshandlungen zwischen den gegnerischen und den eigenen Streitkräften auf das Staatsgebiet der Bundesrepublik (und West-Berlins) getragen und somit die zu erwartenden Schäden unter der Zivilbevölkerung und Infrastruktur der DDR minimiert werden.[53] Doch dies war nur ein Teil der Strategie: Nach sowjetischer Vorstellung endete eine »Verteidigung« gegen den »aggressiven Imperialismus« erst mit einer »Bestrafung des Gegners und Besetzung seines Territoriums« und ging somit über die reine Abwehr eines Angriffs hinaus.[54] Die hervorragend ausgestattete GSSD stellte als kampfstärkster Großverband der Sowjetarmee eine »voll angriffsfähige Gruppierung« dar, deren Einheiten und Verbände zur unverzüglichen Aufnahme von Kampfhandlungen bereit waren. Im Falle eines militärischen Konfliktes mit der NATO sollte sie eine Schlüsselrolle übernehmen und als Front unter Mitnahme der Mehrheit der NVA-Kräfte die »erste strategische Staffel« bilden.[55] Sollten die Grenztruppen den Landstreitkräften, welche sie vornehmlich in unmittelbarer Nähe der Staatsgrenze zu unterstützen hatten, auch in diesem Auftrag folgen? Im Rahmen der zuvor beschriebenen Truppenübung »Wintersonne« etwa hatten die Grenztruppen ihre Maßnahmen nur »in ungünstigen Geländeabschnitten« auf das Staatsgebiet der Bundesrepublik verlegt.[56] Konnte ein Vorstoß der Grenztruppen mit einer Tiefe von bis zu 70 Kilometern, wie dies aus den Ausführungen des Stadtkommandanten von Berlin hervorging, lediglich die Aufstellung einer erneuten Grenzsicherung beinhalten? Selbst im Falle eines besonders ungünstigen Geländeabschnitts,

---

53 Der Umfang der Zerstörungen des Zweiten Weltkriegs hatte ein tief sitzendes Trauma bei der Bevölkerung und ebenso der Staatsführung hinterlassen, welches man im Rahmen zukünftiger Konflikte um jeden Preis vermeiden wollte. Vgl. MfNV: Befehle Nr. 100 und 101/67, BArch, DVW 1/5604, Bl. 128.
54 Schwarz, Militärstrategie, S. 383.
55 Arlt, Sowjetische Truppen, S. 607.
56 Chronik Kommando der Grenztruppen, Dezember 1966 bis November 68, BArch, GT 2938–2939, Bl. 452.

der ein weitreichendes Verlegen der Grenzsicherung notwendig gemacht hätte, wäre damit die zentrale Aufgabe der Grenztruppen im Rahmen reiner Defensivhandlungen beendet gewesen.

Die bisher beschriebenen Übungsszenarien der Grenztruppen beinhalteten stets die Reaktion der Grenztruppen auf eine eindeutige militärische Aktion des Gegners in Gestalt der Bundeswehr und weiterer NATO-Verbündeter. Andere Übungen der Grenztruppen geben Grund zur Annahme, dass diese auch zielgerichtet Offensivhandlungen trainierten. Eine solche Übung mit dem Thema: »Der Angriff des GR auf einen eilig zur Verteidigung übergegangenen Gegner unter den Bedingungen des Einsatzes von Massenvernichtungsmitteln« führten Kräfte des Grenzregiments 33 im Zeitraum vom 27. bis zum 30. März 1976 durch.[57] Das zugrunde gelegte Szenario beinhaltete Forderungen der Bundesrepublik zur »Annullierung der zwischen den sozialistischen Staaten und der BRD abgeschlossenen Verträge« gegenüber der DDR. Zusätzlich gab die Lage vor, dass durch »repräsentative Sprecher der USA und Großbritanniens [...] Ansprüche zur sogenannten ›Gesamtverantwortlichkeit‹ für Berlin und damit auf das Territorium der Hauptstadt der DDR geltend gemacht« worden waren.[58] Diese Forderungen deuteten unmissverständlich auf die hohe Wahrscheinlichkeit eines bevorstehenden militärischen Konfliktes hin und hätten in den Augen der SED-Parteiführung ohne Zweifel Maßnahmen zur Verstärkung der bestehenden Grenzsicherung gerechtfertigt. Bedeutsam ist an dieser Stelle jedoch, dass in dieser Lage keinerlei offene und direkte militärische Handlungen der Bundesrepublik oder anderer Vertreter des NATO-Bündnisses gegen die Staatsgrenze der DDR stattgefunden hatten. Der konkrete Auftrag des Grenzregiments 33 bestand somit eindeutig in einem Initialangriff, um weitere mögliche Operationen des Gegners von vornherein zu unterbinden. Trug das hier beschriebene militärische Vorgehen der DDR den Charakter einer »vorweggenommenen Selbstverteidigung« oder eines offensiven Angriffs?

> Die militärischen Planungen und Überlegungen der Sowjetunion gingen stets davon aus, dass ein Krieg in Mitteleuropa von der NATO begonnen wurde [...] Um einem solchen Angriff der NATO zuvorzukommen, war die »Angriffsoperation zur Vereitelung einer Aggression«, also der Präventivschlag,

---

57 Chronik des Grenzregiments 33 des Ausbildungsjahres 1975/76, BArch, GT 7578, Bl. 91.
58 Ebd., Bl. 93.

3. Offensivplanungen als weiteres Ausbildungsziel?

fester Bestandteil der Operationsplanung. Daraus kann aber nicht abgeleitet werden, dass Pläne bestanden, den Westen zu einem günstigen Zeitpunkt »aus heiterem Himmel« anzugreifen.[59]

Ein präemptives Vorgehen des Warschauer Paktes und damit auch der DDR war somit elementarer Bestandteil ihrer Militärstrategie. Geht man der Frage nach der »Zulässigkeit« dieses Vorgehens nach, wird schnell deutlich, dass man in einen aktuellen sicherheitspolitischen und völkerrechtlichen Diskurs einsteigt, der keineswegs eindeutig oder abschließend geklärt ist.[60] Die Rechtsauffassungen zu diesem Thema beinhalten sowohl die Befürwortung als auch die strikte Ablehnung dieser Art der Selbstverteidigung, die auch unter den Bezeichnungen »preventive« oder »preemptive self-defence« geführt wird. Die Rahmenbedingungen dieser Untersuchung lassen eine umfassende Auseinandersetzung mit diesem komplexen Sachverhalt nicht zu. Es sei jedoch abschließend darauf hingewiesen, dass die unter Völkerrechtlern und Politikwissenschaftlern »herrschende Meinung« das Recht auf eine vorweggenommene Selbstverteidigung bestreitet.[61] Bei näherer Betrachtung erscheint ein Einstieg in den beschriebenen Diskurs sogar als wenig zielführend. Die der Übung zugrunde gelegte Ausgangslage beinhaltete eine Situation, in der die USA und die NATO der DDR und Berlin mit klar artikulierten Offensivplanungen gegenübertraten. Das mit den Begriffen »Vorne-Verteidigung« und »Nur-Abschreckungsstrategie« treffend beschriebene militärische Konzept der NATO sah jedoch zu keinem Zeitpunkt einen solchen Initialangriff gegen die DDR vor.[62] Die Übung der Grenztruppen und alle in ihr enthaltenen Schritte basierten somit auf einem in Wahrheit nie beabsichtigten Angriff des westlichen Militärbündnisses.

Die Zielsetzung der Übung wurde genau umrissen:

---

59 Zitiert nach: Rüdiger Wenzke: Die NVA und die polnische Armee als Koalitionsstreitkräfte auf dem europäischen Kriegsschauplatz in den 1980er Jahren, in: Die Streitkräfte der DDR und Polens in der Operationsplanung des Warschauer Paktes, hg. von Rüdiger Wenzke, Potsdam 2010, S. 97–127, hier S. 123.
60 Oliver Dörr: Gewalt und Gewaltverbot im modernen Völkerrecht, Aus Politik und Zeitgeschichte 54 (2004) 43, S. 14–20.
61 Thomas Breitwieser: Vorweggenommene Selbstverteidigung und das Völkerrecht, Neue Zeitschrift für Wehrrecht 47 (2005) 2, S. 45–58, hier S. 54.
62 Diedrich/Ehlert/Wenzke, Im Dienste der Partei, S. 30; Schwarz, Militärstrategie, S. 390.

228   VI. Der zweite Auftrag der Grenztruppen

Die Gruppierung VI hat die Aufgabe:
– Aus dem Bereitstellungsraum heraus die Truppen an die Staatsgrenze heranzuführen, in den Morgenstunden T auf Signal gleichzeitig die Staatsgrenze zu überschreiten, die Havel im Abschnitt Moklenberg, N Rathenow zu forcieren und gegnerische Sicherungskräfte zu vernichten;
– im Zusammenwirken mit dem MSR-140 und dem PR-161 die Kräfte der US-Brigade im Raum Rehberg, Grosswüdicks, Hohengöhren zu zerschlagen; [...]

Häuserkampfobjekt auf einem Truppenübungsplatz des Grenzkommandos Mitte, auf dem die Eroberung West-Berlins trainiert wurde, Aufnahme Ende der 1960er Jahre

3. Offensivplanungen als weiteres Ausbildungsziel?

– mit Teilkräften die Elbe aus der Bewegung zu forcieren und die Tagesaufgabe mit der Einnahme des Raums Wischer, Staffelde, Storkau zu erfüllen.[63]

Zielsetzung für die Ausbildung der Einheiten waren hierbei im Besonderen die »Durchführung von Märschen«, das »Forcieren [Überwinden] von Wasserhindernissen«, das »Überwinden von gesperrten Abschnitten und Brandherden« sowie die »Durchführung manöverreicher Gefechtshandlungen«.[64] Die angeführten Zwischenziele stellten in ihrer Gesamtheit eine Abfolge jener konkreten Operationen dar, die zur Durchführung eines Angriffs gegen die Bundesrepublik notwendig waren.

Die Überwindung der eigenen Grenzanlagen, bestehend aus Grenzzäunen, weiteren Sperrelementen und der Mauer selbst, war vorrangig eine Aufgabenstellung für die Pionierkräfte der Grenztruppen. Im Zuständigkeitsbereich des Grenzkommandos Mitte stellten im Besonderen die Flüsse Spree, Elbe und Havel natürliche Hindernisse dar, die teilweise gleichzeitig den Grenzverlauf zwischen der DDR und der Bundesrepublik bildeten. Das Überwinden dieser Wasserwege durch die Grenztruppen erfolgte dabei mit »modernen Gefechtsfahrzeugen« und selbst errichteten »Begleitbrücken«, die zum festen Bestand der Grenztruppen zählten.[65] Im Rahmen der hier angeführten Übung kamen 47 Schützenpanzerwagen des Grenzregiments 33 zum Einsatz.[66] Der Zug »Begleitbrücke« hatte als vorrangigen Auftrag, »Landeübersetzstellen aufzuklären, einzurichten und zu unterhalten; Brückenübersetzstellen mit der schweren Begleitbrücke TMM einzurichten«. Die Spezialkräfte der Pioniere sollten »einzelne Panzer- und Infanterieminen verlegen sowie Panzerminen aufnehmen«.[67]

Die Aufgabenstellung zur Durchführung »manöverreicher Gefechtshandlungen« der Grenztruppen bedeutete, schnellstmöglich zu den gegnerischen Kräften vorzustoßen, diese im Kampf zu binden und nach Möglichkeit zu zerschlagen. Dieser Auftrag geht besonders deutlich aus der Truppenübung »Fließstraße« des Grenzkommandos Mitte im April 1972 hervor, an der Kräf-

---

63 Chronik des Grenzregiments 33 des Ausbildungsjahres 1975/76, BArch, GT 7578, Bl. 94.
64 Ebd., Bl. 93.
65 Ebd., Bl. 91; Chronik des Grenzregiments 33, Dezember 1969 bis November 1972, BArch, GT 5114, Bl. 69, 74.
66 Chronik des Grenzregiments 33 des Ausbildungsjahres 1975/76, BArch, GT 7578, Bl. 92.
67 Chronik des Grenzkommandos Mitte, Juni 1971 bis November 1972, BArch, GT 5735–5736, Bl. 86.

te des Grenzregiments 42 und des Grenzausbildungsregiments 39 teilnahmen. Das Thema dieser Übung war »Das verstärkte Grenzregiment als Vorausabteilung im Angriff aus der Bewegung«.[68] Besondere Schwerpunkte für die Kräfte lagen hierbei im Üben »der schnellen Entfaltung zur Vorgefechts- und Gefechtsordnung sowie im taktisch richtigen Verhalten während des Angriffs, beim Forcieren von Wasserhindernissen und beim Übergang zur Verteidigung«.

Das Üben dieses Auftrags war grundlegender Bestandteil für die Gesamtheit des Grenzkommandos Mitte und beschränkte sich nicht nur auf wenige Einheiten. So führten die Grenzregimenter 33 und 34 im September und Oktober desselben Jahres auf dem Truppenübungsplatz Klietz ein Manöver mit einer identischen Aufgabenstellung durch.[69] Im Bestand des Stellvertreters des Stabschefs für operative Arbeit im Grenzkommando Mitte finden sich allein für den Zeitraum 1971 bis 1977 folgende Übungen, welche die gleichen taktischen Ziele zum Inhalt hatten: »Dresden« September 1971, »Stahlbrücke« Januar 1972, »Stahlbrücke 2« Juni 1972, »Fließstraße« April 1972, »Fließstraße 2« September bis Oktober 1972, »Fließstraße 3« Januar und September 1973, »Stahlbrücke 3« Januar 1973, »Richtempfang« September und Oktober 1973, »Massenkabel« Januar bis September 1975, »Sommersonne« Juli 1975, »Salutschuß« 1976, »Zündfunke« April 1977 und »Druckstift« Juni 1977.[70] Diese Auflistung stellt dabei nur einen kleinen Ausschnitt in der Gesamtheit dieser Übungen dar; in vielen anderen Akten lassen sich bis Mitte der achtziger Jahre ähnliche taktische Übungen nachweisen.[71]

Die Rahmenbedingungen der Übungen ließen eine Aufrechterhaltung der Grenzsicherung durch die teilnehmenden Kräfte kaum noch zu. So band eine der durch das Grenzregiment 33 durchgeführten Übungen mehr als 650 Offiziere, Unteroffiziere, Fähnriche und Soldaten. Die teilnehmenden Kräfte rekrutierten sich aus vier Grenzkompanien, der Kanonen-, der Granatwerferbatterie-, der Pionier-, der Nachrichtenkompanie und weiteren Einheiten. In diesem Zusammenhang absolvierten die Stabs- und Einheitskommandeure 57, die eigentliche Masse der übenden Truppe sogar 66 Ausbildungsstunden, davon nahezu die Hälfte bei Nacht.[72] Um diese Ausbildungsvorhaben sicherstel-

---

68 Ebd., Bl. 394.
69 Ebd., Bl. 401.
70 BArch, Signaturen ab GT 5822 ff.
71 Etwa die Übung »Reiher 85«. Vgl. Chronik des Grenzkommandos Mitte, Dezember 1984 bis November 1985, BArch, GTÜ 16643, Bl. 62–63.
72 Ebd., Bl. 93.

3. Offensivplanungen als weiteres Ausbildungsziel?

len zu können, erstellten die Kommandeure der Grenzregimenter umfassende Maßnahmenkataloge, in denen die »Herauslösung zur Gefechtsausbildung« des jeweiligen Regiments befohlen wurde. So regelte der »Entschluss zur Sicherung der Staatsgrenze während der Herauslösung des Grenzregiments zur Gefechtsausbildung vom 05.12.69, 14.00 Uhr bis 13.12.69, 14.00 Uhr« des Regimentskommandeurs Grenzregiment 31, in welchem Umfang Kräfte in ihrem Objekt zu verbleiben hatten sowie welche Einheiten und Verbände zur Unterstützung und zur Übernahme des betroffenen Grenzabschnitts eingesetzt wurden. In diesem Fall übernahmen Teile der benachbarten Regimenter 33, 35, 37 und 38 die Grenzsicherung für den Zeitraum der Gefechtsausbildung.[73]

Die angeführten, mehrheitlich offensiv ausgelegten Übungen im Grenzkommando Mitte verfolgten ein konkretes Ziel, befanden sich seine Verbände und Einheiten doch nicht etwa an einem beliebigen Abschnitt an der innerdeutschen Grenze, sondern in und um Berlin. Das Handbuch für den Grenzdienst gibt einen Hinweis auf die Rolle von Städten im Rahmen militärischer Konflikte: »Die Städte sind in der Regel politische, wirtschaftliche und Verwaltungszentren und zumeist Verkehrsknotenpunkte, deren Inbesitznahme von Bedeutung sein kann. [...] In einem möglichen Krieg werden demnach Kampfhandlungen in Ortschaften unvermeidlich sein.«[74] Die Struktur und Dislozierung des Grenzkommandos Mitte ließ keinen Zweifel am entsprechenden Einsatzziel. Seine Kräfte bereiteten sich auf die Einnahme West-Berlins vor. Dieser Schritt war jedoch keineswegs als eine alleinige, von einem weitaus umfassenderen militärischen Konflikt losgelöste Aktion, sondern ausschließlich im Zuge eines europaweiten Krieges des Warschauer Paktes und der NATO vorstellbar.[75]

Ausgehend von einer Direktive des Oberkommandierenden der Streitkräfte des Warschauer Pakts, hatte der Nationale Verteidigungsrat der DDR 1979 ein »neues System der Überführung der Nationalen Volksarmee vom Friedens- in den Kriegszustand« beschlossen.[76] Im Zuge dessen bestand das Grenzkommando Mitte ab 1986 nach der daraus abgeleiteten »Kriegsstruk-

---

73 Bericht über Kontrollen in den Grenzregimentern und den selbständigen Einheiten der 1. Grenzbrigade, 1969–1970, BArch. VA 07/16781, Bl. 14 und 17.
74 Handbuch für den Grenzdienst, Deutscher Militärverlag, Berlin (Ost) 1969, BStU, MfS, HA IX Nr. 20133, S. 239.
75 Heinemann, NVA-Pläne, S. 69.
76 Protokoll der 58. Sitzung des Nationalen Verteidigungsrates der DDR, 7.9.1979, BArch, DVW 1/39518–39519, Bl. 97 ff.

tur« im Wesentlichen aus den Grenzregimentern 33, 34, 35, 38, 42, 44, den Grenzausbildungsregimentern 39 und 40, dem Grenzersatzregiment 26, der Ausbildungskompanie 26, der Nachrichtenkompanie 26, der Pionierkompanie 26, der Stabskompanie 26, der Sicherungskompanie 26, dem Instandsetzungsbataillon 26 sowie der Kompanie Chemische Abwehr 26. Der Personalbestand betrug insgesamt knapp über 10 000 Angehörige.[77] In einem weiteren Schritt dieser Struktur erfolgte die Aufstellung der 56. Grenzbrigade und des 5. Grenzregiments. Im Falle eines Krieges war vorgesehen, das gesamte Grenzkommando Mitte mit Ausnahme der 56. Grenzbrigade dem Kommando Landstreitkräfte zu unterstellen. Dieser Schritt hätte unweigerlich die Entbindung aller Kräfte des Grenzkommandos Mitte von ihrer ursprünglichen Aufgabe der »Grenzsicherung« zur Folge gehabt, die in den Augen der Parteiführung jedoch keineswegs hinfällig werden durfte. Die »Grenzsicherung« sollte die 56. Grenzbrigade – bestehend aus dem Grenzregiment 36, den Grenzbataillonen 34, 38, 42 und 44, dem Grenzersatzbataillon 56 und der Reservegrenzkompanie 56 – übernehmen.[78]

4. Der Kampf um West-Berlin – das Grenzkommando Mitte im Ortskampf im Rahmen der Übung »Stahlbrücke«

West-Berlin war vollständig durch Grenzanlagen vom Umland isoliert und lag mit seinem Sonderstatus als geteilte Stadt und »Insel« inmitten der DDR, rund 200 km von der innerdeutschen Grenze entfernt. Ein Szenario, in dem sich das Grenzkommando Mitte in einem Orts- und Häuserkampf in den Straßen von Berlin wiederfand, basierte jedoch immer auf der Annahme eines europaweiten Krieges zwischen dem Warschauer Pakt und der NATO. Im Zuge der »präemptiven« Militärstrategie des Warschauer Pakts und seiner Zielsetzung, den eigenen Vorstoß gegen »eine noch im Aufmarsch befindliche Verteidigung mit geballter Kraft vorwärts über die Grenzen zu führen«[79], war West-Berlin nahezu unvermeidlich eines der ersten Ziele.[80] Dass die NVA seit den siebziger Jahren regelmäßig konkrete Übungen zur Einnahme West-Ber-

---

77 Chronik Kommando der Grenztruppen, 1.12.1986–30.11.1987, BArch, DVH 32/111682, Bl. 119 ff.
78 Ebd., Bl. 120.
79 Schwarz, Militärstrategie, S. 386.
80 Heinemann räumt in seinen Betrachtungen zur Berlin-Operation durchaus ein, dass nicht mit absoluter Sicherheit feststand, dass Berlin zum Kriegsschauplatz geworden wäre. Vgl. Heinemann, NVA-Pläne, S. 69.

4. Der Kampf um West-Berlin 233

lins durchführte, so etwa die Übung »Bordkante« in den Jahren 1985, 1986, 1987 und 1989, und dass für diese Operation im Kriegsfall die Bildung einer »Besonderen Gruppierung« unter Führung des Kommandos Landstreitkräfte vorgesehen war, ist bereits seit langem bekannt.[81] Die im Kriegsfall aufzustellende »Besondere Gruppierung«[82] sollte sich aus der 1. Motorisierten Schützendivision, dem Luftsturmregiment 40, dem Grenzkommando Mitte, einem Artillerie- und einem Fernmeldebataillon sowie sowjetischen Verbänden zusammensetzen. Allein die ostdeutschen Kräfte sollten rund 35 000 Soldaten, annähernd 400 Kampfpanzer, circa 450 Artilleriegeschütze und 40 Hubschrauber ausmachen.[83] Wie dargelegt konnten die Grenztruppen nur einen Beitrag zu offensiven Kampfhandlungen der NVA und GSSD leisten. Auch die Einnahme Berlins hätte das Grenzkommando Mitte keinesfalls eigenständig erreichen können. In seiner »Kriegsstruktur« sollte das Grenzkommando Mitte mit seinen Verbänden und Einheiten jedoch mit rund 10 000 Soldaten etwas weniger als ein Drittel des Personalumfangs und einen Teil der schweren Waffen (etwa Granatwerfer, Panzerabwehrkanonen) zur »Besonderen Gruppierung« beisteuern.[84] Es hatte daher erhebliche Bedeutung für die Kampfkraft des Gesamtverbandes.

Im Nachfolgenden soll hier weniger die Rolle der NVA, sondern vielmehr der Auftrag des Grenzkommandos Mitte bei der Einnahme West-Berlins aufgezeigt werden. Anhand der Übung »Stahlbrücke« werden die einzelnen Phasen diskutiert, die das Grenzkommando Mitte in einem solchen Szenario zu durchlaufen hatte. Zuvor dürfen jedoch an dieser Stelle zwei grundlegende Hinweise im Zusammenhang mit den Planungen zur Einnahme West-Berlins nicht fehlen. Der Rückschluss von Übungen auf tatsächliche Planungen für den Kriegsfall wirft durchaus methodische Probleme auf.[85] Insbesondere muss in Betracht gezogen werden, dass es die militärische Geheimhaltung zu Zeiten des Kalten Krieges keineswegs zuließ, die »scharfen Planungen« den Übungslagen unverändert zugrunde zu legen. Die Ausbildungsvorhaben des

---

81 Etwa: Helmut Göppel: Die Berlin-Operation, in: NVA – Anspruch und Wirklichkeit, hg. von Klaus Naumann, Hamburg 1996, S. 286–300; A. D. Meek: »Operation Centre«, in: British Army Review, August 1994, S. 5–16; Otto Wenzel: Der Tag X. Wie West-Berlin erobert wurde, in: Deutschland-Archiv 26 (1993) 12, S. 1360–1371.
82 Heinemann, NVA-Pläne, S. 65.
83 Heinemann, NVA-Pläne, S. 67.
84 Chronik Kommando der Grenztruppen, 1.12.1986–30.11.1987, BArch, DVH 32/111682, Bl. 119 ff.
85 Heinemann, NVA-Pläne, S. 63.

Grenzkommandos Mitte beschränkten sich aber nicht nur auf theoretische Stabs- und damit Planübungen. Einzelne Elemente des gesamten Fähigkeitsspektrums, die mittels eines rein theoretischen Ansatzes nicht vermittelt werden konnten, wie etwa scharfe Artillerieschießübungen, wurden zusätzlich im Rahmen praktischer Ausbildungsabschnitte auf Truppenübungsplätzen ausgebildet. Es erscheint somit widersinnig anzunehmen, das Grenzkommando Mitte wäre, wie nachfolgend aufgezeigt, über Jahre hinweg für eine Aufgabe ausgebildet worden, die es nie wirklich hätte umsetzen sollen. Die zweite Besonderheit der »Berlin-Operation« ergibt sich aus dem Umstand, dass der Einsatz von Kernwaffen in Städten zu diesem Zeitpunkt, obwohl elementarer Bestandteil der Militärstrategie der GSSD und der NVA, mit großer Wahrscheinlichkeit nicht vorgesehen war.[86] Ganz im Sinne ihrer beabsichtigten »Vorwärtsbewegung« in die Tiefe des gegnerischen Territoriums schied der Einsatz sowjetischer Kernwaffen für den Warschauer Pakt im Gebiet des eigenen Bündnispartners, gleichzeitig der Bereitstellungsraum eines Großteils der eigenen Kräfte, aus. Im Zuge eines europäischen (Kernwaffen-)Krieges plante die Militärführung des Warschauer Pakts mit einer eigenen Angriffstiefe von 400 Kilometern und einer täglichen Angriffsgeschwindigkeit von nicht unter 100 Kilometern pro Tag. Die vorhandenen Kernwaffen sollten die Truppen in die Lage versetzen, alle feindlichen Kräfte »von ihrem Weg fortzufegen«.[87] Die potentiellen Ziele der sowjetischen Kernwaffenschläge lagen somit wesentlich weiter im Westen. Der Einsatz westalliierter Kernwaffen in Berlin erschien ebenso unwahrscheinlich. Zwar ging die DDR in ihrem Bedrohungsempfinden und bei ihren Luftschutzplanungen von einem »überraschenden Überfall mit Raketen-Kernwaffen [...] sowie mit Schlägen der Luftwaffe gegen wichtige politische und ökonomische Zentren und gegen militärische Objekte des sozialistischen Lagers, darunter auch der DDR« aus.[88] Aber im Rahmen militärischer Kommandostabsübungen wurden andere Einsatzbereiche für

---

86 Zu Beginn der Neuformulierung der sowjetischen Militärstrategie (»Nukleare Romantik«) in den frühen fünfziger Jahren hatte dieser Ansatz noch gänzlich anders ausgesehen. So sollte etwa Hamburg durch eine Wasserstoffbombe zerstört werden. Vgl. Hans Rühle und Michael Rühle: Präventiver Nuklearkrieg in Europa, Frankfurter Allgemeine Zeitung vom 13.8.2008, S. 7.

87 Matthias Uhl: »Jederzeit gefechtsbereit«. Die NVA während der Kubakrise, in: Vor dem Abgrund. Die Streitkräfte der USA und der UdSSR sowie ihrer deutschen Bündnispartner in der Kubakrise, hg. von Dimitrij Filippovych und Matthias Uhl, München 2005, S. 99–121, hier S. 114.

88 Clemens Heitmann: Schützen und Helfen? Luftschutz und Zivilverteidigung in der DDR 1955 bis 1989/90, Berlin 2006, S. 176.

4. Der Kampf um West-Berlin

»westliche« Kernwaffenschläge angenommen. Antizipiertes Ziel der Westalliierten war die Errichtung einer Kernwaffenbarriere etwa im Raum Oder-Neiße, um das Heranführen der zweiten strategischen Staffel auf das Gefechtsfeld zu verhindern.[89] In der Konsequenz beruhten die Übungen der NVA und der Grenztruppen zur Einnahme West-Berlins somit auf einem konventionellen Szenario.

In allen Übungen schwangen die Erfahrungen der Sowjetunion aus dem letzten Weltkrieg deutlich wahrnehmbar mit. Diese hatten gezeigt, dass der Kampf in Ortschaften und Städten, insbesondere in einer Metropole wie Berlin, höchste Anforderungen an die hier kämpfenden Kräfte stellte. Im Verlauf des Zweiten Weltkriegs hatten Gefechtshandlungen in Orten und Städten zu den blutigsten und verlustreichsten Kämpfen gezählt.[90] Im Zuge seiner Ausführungen zu den Inhalten der »Übungen, Erprobungen und Trainings« des Ausbildungsjahres 1985 beschrieb das Grenzkommando Mitte dieses Merkmal wie folgt: »Es sollte erkannt werden, daß Großstädte eine wesentliche Rolle in der Organisation von Gefechtshandlungen spielen und spezifische Vorbereitungen der Truppen zu ihrer Einnahme erfordern.«[91] Das Grenzkommando Mitte musste getreu der sowjetischen Militärdoktrin gezielt auf diese Aufgabe vorbereitet werden. Im Zuge der großangelegten Kommandostabsübung »Turnier 73« des Grenzkommandos Mitte und der 1. Motorisierten Schützendivision (MSD) erfolgte das erste der Ausbildungsvorhaben nach der Einnahme der Kommandostruktur.

> Es war die erste zweistufige Kommandostabsübung, die mit dem Stab des Grenzkommandos und den Stäben der Truppenteile seit der Aufstellung des Verbandes im Mai 1971 zum aktuellen theoretischen Problem des Angriffs der eigenen Truppen auf Großstädte zu Beginn eines Krieges und der Errichtung eines Militärregimes nach Einnahme dieser Großstädte durchgeführt wurde. Erstmalig wurde die Unterstellung einer MSD der Landstreitkräfte an das Grenzkommando Mitte und die Führung dieser Division bis zur Einnahme der Großstadt erprobt.[92]

---

89 Uhl, »Jederzeit gefechtsbereit«, S. 117.
90 Kämpfe in bebautem Gelände werden auch heute noch als einer der schwierigsten militärischen Ausbildungsinhalte betrachtet, da Gefechte in Städten auch gegenwärtig noch zu hohen Verlusten führen.
91 Chronik des Grenzkommandos Mitte, Dezember 1984 bis November 1986, BArch, GTÜ 16643, Bl. 62.
92 Chronik des Grenzkommandos Mitte für die Ausbildungsjahre 1973–1976, BArch, GT 6781, Bl. 339.

Im Rahmen der Übung wurden die Kommandeure und leitenden Offiziere umfangreich in die speziellen Bedingungen des Orts- und Häuserkampfes eingewiesen. Die mehrtägige Schulung beinhaltete unter anderem die Themen »Die Gefechtshandlungen von Truppen in Städten«, »Die Errichtung des Militärregimes nach Zerschlagung gegnerischer Kräfte in einer Stadt«, »Die Sicherstellung von Nachrichtenverbindungen bei Gefechtshandlungen in einer Stadt«, »Die chemische Sicherstellung der Gefechtshandlungen in einer Stadt« sowie »Die rückwärtige Sicherstellung der Gefechtshandlungen in einer Stadt«.[93]

Die Kommandostabsübung »Stahlbrücke I« des Grenzkommandos Mitte fand unter dem Thema »Das verstärkte Grenzregiment im Angriff aus der Bewegung auf eine Stadt« statt.[94] Auf der Grundlage des Befehls Nr. 40/71 des Kommandeurs des Grenzkommandos Mitte war diese Übung im Zeitraum vom 26.–28. Januar 1972 im Raum Dessau im Wesentlichen mit den Führungsebenen und Gefechtsständen des Grenzregiments 38, des Grenzausbildungsregiments 40, des Grenzkommandos und der Stäbe der Artillerieabteilungen sowie des Ausbildungsregiments 26 angesetzt.[95] Die Stadt Dessau stand dabei, wie in anderen Jahren etwa Leipzig oder Magdeburg, für West-Berlin.[96] Die militärische Ausgangslage, die dieser Übung zugrunde gelegt wurde, war wie folgt umrissen: »In den letzten Wochen verstärkte der Gegner seine Hetze gegen die sozialistischen Staaten, insbesondere gegen die UdSSR und die DDR.« Die »Vertreter der reaktionärsten und aggressivsten Kreise des Imperialismus in der BRD« stellten »offene Forderung[en] nach den ›deutschen Ostgebieten‹. […] Durch Kräfte der Bundeswehr wurde in mehreren Fällen versucht, Grenzkonflikte auszulösen.« Des Weiteren hatten sich »aktive Verbände des Feldheeres der Bundeswehr in Auflockerungsräumen konzentriert« mit der Aufgabe, »Angriffshandlungen in Richtung Ziesar, Magdeburg, Helmstedt zu führen«.[97] Den Kräften der Grenztruppen wurde

---

93 Chronik des Grenzkommandos Mitte, Dezember 1972 bis November 1973, BArch, GT 5738, Bl. 194–195.
94 Grenzkommando Mitte: Kommandostabsübung »Stahlbrücke I«, Oktober 1971 bis März 1972, BArch, GT 5818, Bl. 5.
95 Grenzkommando Mitte: Kommandostabsübung »Stahlbrücke I«, Oktober 1971 bis März 1972, BArch, GT 5818, Bl. 2.
96 Landesbeauftragter für die Stasi-Unterlagen (LStU) Berlin: MfS-Planungen für die Machtübernahme in West-Berlin, http://www.berlin.de/lstu/ausstellung/mfs-wbplan.html (Stand: 28.7.2010).
97 Grenzkommando Mitte: Kommandostabsübung »Stahlbrücke I«, Oktober 1971 bis März 1972, BArch, GT 5818, Bl. 5–6.

befohlen, in ihrer Angriffsgruppierung – bestehend aus drei Grenzregimentern, einem Grenzausbildungsregiment, einem Artillerieregiment und einem Pionierregiment – die gefechtsmäßige Sicherung der Staatsgrenze sicherzustellen und bereit zu sein, »auf Signal Angriffshandlungen zu führen«.[98] Die Vorgabe war hierbei eindeutig: »Um der gegnerischen Aggression zuvorzukommen, beginnen die Verbände der Landstreitkräfte auf Signal den Angriff.« Die Kräfte des Grenzkommandos Mitte hatten dabei den Auftrag, »durch Führung eines Angriffs mit begrenztem Ziel die Kräfte und Mittel des Gegners in Dessau zu vernichten«.[99]

Die gesamte Übung war in drei »Lehretappen« gegliedert. Die erste Etappe war mit nahezu zehn Stunden angesetzt und beinhaltete die »Organisation des M[a]rsches eines Grenzregiments in den Ausgangsraum«. In dieser Etappe standen die Arbeit des Kommandeurs für die Marschvorbereitungen, die Führung der Kräfte während der Verlegung und die Einnahme der Arbeitsgliederung am Zielort im Mittelpunkt der Betrachtung. Die zweite Etappe erstreckte sich vom Nachmittag des Anfangstages bis zum Abend des nachfolgenden Tages und befasste sich mit der »Entschlußfassung des Kommandeurs des Grenzregiments für den Angriff mit begrenztem Ziel«. Schwerpunkte waren hier die Umsetzung des übergeordneten Gefechtsbefehls durch den Kommandeur und den Stab, die Organisation der Gefechtsstandarbeit sowie die Befehlsausgabe des Kommandeurs für den Angriff. Die dritte und letzte Etappe verlief in einem Zeitraum von neun Stunden und beinhaltete die eigentlichen Angriffshandlungen der Grenztruppen gegen die Stadt Dessau. Dieser Abschnitt, die »Organisation und Führung eines Angriffs aus der Bewegung mit begrenztem Ziel auf eine Stadt«, konzentrierte sich auf die Maßnahmen der Angriffsbereitschaft, den Aufbau und die Aufrechterhaltung der Nachrichtenverbindungen während des Gefechts in der Stadt, die Entschlüsse während des Angriffs und das Zusammenwirken mit der Artillerie.[100] Die Phase des Angriffs auf Dessau fand im Zeitraum von 21.00 Uhr abends bis 4.00 Uhr am nachfolgenden Morgen in der Stadt selbst statt.

Die im Auswertungsbericht aufgeführte »Dynamik« des Angriffsgefechts zeigt die einzelnen Handlungen der Grenztruppen auf, die zur Erfüllung des gestellten Auftrags vorgesehen waren.[101] Im Anschluss an das Eintreffen der

---

98 Ebd., Bl. 6.
99 Ebd., Bl. 10.
100 Ebd., Bl. 8–9.
101 Ebd., Bl. 26.

Kräfte des Grenzkommandos Mitte im Grenzgebiet erfolgte zunächst die »Aufklärung durch die strukturmäßigen Aufklärungsorgane des GR«. Die Aufklärung sollte genaue Erkenntnisse über die Stärke, Ausrüstung und die Stellungen des Gegners liefern, um bestmögliche Voraussetzungen für den eigentlichen Angriff schaffen zu können. Die Einteilung der Kräfte der Grenztruppen und die jeweiligen Schwerpunkte der Angriffsrichtung waren maßgeblich von den Erkenntnissen der Aufklärung abhängig:

> Die Aufklärung hat bis zur Annäherung der Division (des Regiments) an die Stadt, außer der Erfüllung der allgemeinen Aufgaben, den Charakter der Verteidigungsringe und der Verteidigung des Gegners in der Stadt festzustellen und vom Gegner zur Zerstörung vorbereitete Gebäude, Brücken und andere Objekte aufzuklären. Bei Gefechten in der Stadt ist auf die Aufklärung von Verteidigungsknoten, großen Gebäuden, Hauptstraßen, Plätzen sowie unterirdischen Verbindungen und Anlagen besondere Aufmerksamkeit zu richten.[102]

In einer anderen Übung zur Einnahme West-Berlins, dem Kriegsspiel[103] »Bordkante 86«, wird der Wert der Aufklärung verdeutlicht. Die angenommenen Aufklärungsergebnisse mündeten in der Annahme, dass der Gegner innerhalb der Stadt nur dazu in der Lage gewesen sei, »eine eilig vorbereitete und notdürftig organisierte stützpunktartige Verteidigung aufzubauen«.[104] Trotzdem rechnete man mit hartnäckigem und starkem Widerstand, obwohl die gegnerischen Kräfte den eigenen zahlenmäßig eindeutig unterlegen waren, was wiederum nur allzu deutlich der Wirklichkeit in Berlin entsprach.[105]

Eine der nachfolgenden Phasen der Gefechtshandlungen war durch »die Feuervorbereitung des Angriffs durch die Artillerie« geprägt.[106] Dabei sollten die Kräfte des Gegners bereits vor dem Eintreffen der Hauptkräfte dezimiert werden. In Ortskämpfen befinden sich die Verteidiger innerhalb einer Stadt in einem entscheidenden Vorteil gegenüber den angreifenden Truppen. Die

---

102 Vorbereitung des Angriffs, o. D., BStU, MfS, HA VI Nr. 14818, S. 578–579.
103 Unter der Bezeichnung Kriegsspiel wurde eine Ausbildungsform verstanden, die Kommandeuren und Stäben in einer Art Planspiel (Karte, einheitliche Lage) »Fähigkeiten in der Organisation und Führung von Kampfhandlungen« vermitteln sollte. Vgl. Wenzel, Tag X, S. 1364.
104 Ebd., S. 1365.
105 Mitte der achtziger Jahre standen der »Besonderen Gruppierung« mit ihren rund 35 000 Mann im direkten Umfeld von Berlin lediglich etwa 12 000 alliierte Soldaten in West-Berlin gegenüber. Vgl. Wenzel, Tag X, S. 1365.
106 Grenzkommando Mitte: Kommandostabsübung »Stahlbrücke I«, Oktober 1971 bis März 1972, BArch, GT 5818, Bl. 26.

4. Der Kampf um West-Berlin

Häuser und Gebäude bieten aufgrund ihrer Bausubstanz nahezu optimale Verteidigungsstellungen, aus denen angreifende Kräfte unter minimalen eigenen Verlusten bekämpft werden können. Die Zielsetzung der Artillerie der Grenztruppen bestand somit darin, die Stellungen der verteidigenden Truppen zu zerstören, diese nach Möglichkeit sturmreif zu schießen und den angreifenden Kräften Feuerschutz zu geben.

> Vor dem Sturmangriff erfolgt gewöhnlich eine Feuervorbereitung. [...] Die nicht zum Bestand der Sturmabteilungen und -gruppen gehörende Artillerie ist zentralisiert zur Vernichtung und Niederhaltung der Kern- und chemischen Waffen sowie der Artillerie des Gegners, seiner Führungsstellen und Feuermittel und der Kräfte des Gegners in den Stützpunkten und Gebäuden sowie zur Zerstörung von Feldbefestigungsanlagen und zur Verteidigung hergerichteter Gebäude einzusetzen. Besondere Bedeutung erlangt das Feuer als Mittel des direkten Richtens. Zum Schießen im direkten Richten können auch großkalibrige Geschütze herangezogen werden.«[107]

Der nächste Schritt im Rahmen der »Dynamik« der Übung bestand aus einem »[z]ügige[n] Angriff in Vorgefechtsordnung auf Stützpunkte des Gegners«. In diesem Abschnitt der Gefechtshandlungen kamen vor dem Eintreffen der Hauptkräfte Vorauseinheiten des Grenzregiments 38 und des Grenzausbildungsregiments 40 zum Einsatz, deren Auftrag und Leistungen wie folgt umrissen wurden:

> Vorauseinheiten haben beim Angriff in Ortschaften nur Sinn, wenn sie so früh wie möglich eingeführt werden und für den Gegner überraschend in der Tiefe das befohlene Objekt einnehmen und halten. Durch kühne Manöver und energische[s] Ausnutzen aller Lücken umgehen sie den Gegner und erfüllen ihre Aufgabe. Vorauseinheiten im Ortskampf gehören zu den Elementen der Gefechtsordnung, die dem Gegner am gefährlichsten sind: ihr überraschendes Auftauchen in seinen Flanken und in seinem Rücken erschüttern seine Verteidigung, stiften Unsicherheit und Panik, schränken seine Manövrierfähigkeit ein und lähmen oder desorganisieren sein Feuersystem.[108]

In der Hauptphase des Angriffs kamen die Geschütze und Kanonen nicht nur zur Bekämpfung der bereits beschriebenen Stellungen, sondern auch zur Ausschaltung von Panzern gegnerischer Kräfte im »direkten Richten« zum Einsatz. Neben den schweren Waffen der Artillerie verfügten die Grenz-

---

107 Vorbereitung des Angriffs, o. D., BStU, MfS, HA VI Nr. 14818, S. 580–581.
108 Grenzkommando Mitte: Kommandostabsübung »Stahlbrücke I«, Oktober 1971 bis März 1972, BArch, GT 5818, Bl. 17.

truppen des Grenzkommandos Mitte zudem über Flammenwerfer, die im Rahmen »nicht strukturmäßiger Flammenwerferzüge« zusammengefasst waren und ebenso wenig mit einer »normalen« Grenzsicherung vereinbar erscheinen.[109] Der Grund für diese Bewaffnung zeigt sich deutlich im Zuge der Übung »Stahlbrücke I«.[110] Das Waffensystem Flammenwerfer konnte beim Angriff auf Gebäude und Verteidigungsstellungen des Gegners besonders zum flächendeckenden Bekämpfen von Räumen und Gängen eingesetzt werden, die sich einem Angriff mit anderen Mitteln entzogen. Im Rahmen des Befehls Nr. 40/71 des Kommandeurs des Grenzkommandos Mitte zur Ausbildung der Grenztruppen legte dieser fest, dass die »Flammenwerferzüge der Truppenteile [...] zum paarweisen Einsatz im Bestand von Sturmgruppen auszubilden und 2mal im Ausbildungshalbjahr im vollen Bestand für eine Woche zur Gefechtsausbildung auf den Truppenübungsplatz zu verlegen« sind.[111] Die Gesamteinschätzung der Übung »Stahlbrücke I« resümierte, dass »die gestellten Lernziele [...] im Verlauf der Übung durch die Initiative der Kommandeure und Offiziere der Gefechtsstände erreicht« wurden. »Die Einsatzbereitschaft aller Armeeangehörigen sicherte die uneingeschränkte Erfüllung der gestellten Aufgaben während der Märsche und in Vorbereitung sowie in Durchführung des Angriffs und ließ keine besonderen Vorkommnisse zu.«[112] Der Angriff sollte sich im weiteren Verlauf wie folgt gestalten:

> Die Einnahme der Stadt aus der Bewegung erfolgt in der Regel durch die Vorausabteilungen (Voraustruppenteile). Die Hauptkräfte der Division (des Regiments) umgehen in diesem Fall die Stadt und isolieren die Kräfte des Gegners in der Stadt vor den herankommenden Reserven. Ist es nicht gelungen, die Stadt aus der Bewegung einzunehmen, muß ihr Sturm organisiert werden. [...] Der Sturm erfolgt durch den gleichzeitigen Sturmangriff der Regimenter (Bataillone) aus mehreren Richtungen; in einer Stadt mit radialer Ringanlage vom Stadtrand zum Zentrum und entlang der Hauptstraßen; in einer Stadt mit rechtwinkliger Anlage entlang der Straßen in kürzesten Richtungen zum gegenüberliegenden Stadtrand mit dem Ziel, die Verteidigung in einzelne Räume aufzuspalten und den sich verteidigenden Gegner nach Teilen zu ver-

---

109 Chronik der 1. Grenzbrigade, Veränderung der Struktur der SKB auf Befehl Nr. 13/65 des MfNV, 1.12.1963 – 30.11.1964, BArch, VA 07/16643, Bl. 9, 28.
110 Grenzkommando Mitte: Kommandostabsübung »Stahlbrücke I«, Oktober 1971 bis März 1972, BArch, GT 5818, Bl. 26.
111 Chronik des Grenzkommandos Mitte, Juni 1971 bis November 1972, BArch, GT 5735–5736, Bl. 275.
112 Grenzkommando Mitte: Kommandostabsübung »Stahlbrücke I«, Oktober 1971 bis März 1972, BArch, GT 5818, Bl. 3.

4. Der Kampf um West-Berlin

nichten. [...] Vor dem Sturm hat eine starke Bekämpfung der Verteidigungsobjekte durch das Feuer unter Einsatz aller Kräfte und Mittel zu erfolgen. Der Streifen einer Division umfaßt beim Angriff in der Stadt gewöhnlich einen Teil einer Großstadt oder eine Stadt als Ganzes mit einer Frontbreite bis zu 10 km; der Streifen eines Regiments zwei bis vier Hauptstraßen oder einen Stadtteil mit einer Frontbreite bis zu 3 km.[113]

Das Grenzkommando Mitte verfügte mit seinen Mitteln und Kräften etwa über die Stärke einer Division. Im Rahmen der Berlin-Operation, die zunächst den Decknamen »STOSS« und später die Bezeichnung »Zentrum« trug, sah der Einsatzplan vor, dass das Grenzkommando Mitte zusammen mit den eingangs erwähnten Kräften der NVA und der GSSD aus allen Richtungen und schwerpunktmäßig in zwei Hauptstoßrichtungen angreifen sollte.[114] Dabei sollten Teile des Grenzregiments 35 sowie das Grenzregiment 40 aus nördlicher Richtung in den französischen Sektor, die Grenzregimenter 33, 39, 42 sowie Teile des Grenzregiments 35 aus ost- bis südöstlicher Richtung in den amerikanischen Sektor und die Grenzregimenter 34, 5 und 44 aus süd- und westlicher Richtung in den britischen Sektor vordringen.[115] Im Rahmen einer solchen Operation hatten im Besonderen die drei Berliner Flugplätze einen hohen Stellenwert, konnte über sie doch die Verbindung »nach außen« sichergestellt werden. Es erscheint somit denkbar, dass der britische Militärflugplatz in Gatow durch das Grenzregiment 34, dem diese Angriffsrichtung vorgegeben war, besetzt werden sollte.[116]

Die Kommandostabsübungen, die als Planübungen vorrangig theoretische und planerische Inhalte vermitteln sollten, waren keineswegs die einzige Ausbildungsform, um das Grenzkommando Mitte auf seine Aufgabe vorzubereiten. Einzelne Elemente der gesamten Fähigkeiten, die besondere, infrastrukturelle Gegebenheiten erforderten, wurden zusätzlich im Rahmen eigenständiger Schulungen auf Truppenübungsplätzen ausgebildet. So wurden im Rahmen der Ausbildung der Artillerie beispielsweise scharfe Gefechtsschieß- oder Feuerleitübungen mit dem Inhalt »Der Einsatz des Artillerieregiments zur Unterstützung einer Gruppierung im Angriff aus der Bewegung auf einen eilig zur Verteidigung übergegangenen Gegner« oder »Die Geschoßwerferabteilung

---

113 Handbuch für den Grenzdienst, März 1969, BStU, MfS, HA IX Nr. 20133, Bl. 578–579.
114 Heinemann, NVA-Pläne, S. 67 ff.
115 Ebd.
116 Wenzel, Tag X, S. 1363.

bei einer Unterstützung des Angriffs einer Gruppierung aus der Bewegung mit einer begrenzten Aufgabe« angesetzt.[117] Es existiert eine Reihe von Belegen für taktische Übungen zum Angriff und zur Einnahme einer Stadt durch die Grenztruppen über einen langen Zeitraum. Allein im Bestand des Grenzkommandos Mitte lassen sich die Übungen »Dresden« mit dem Thema »Der Angriff des Grenzregiments im Bestand einer Gruppierung in einer Großstadt« im September 1971[118], die Übung »Das Grenzregiment im Angriff aus der Bewegung auf eine Stadt« der Grenzregimenter 44 und 38 im Januar und März 1975[119], die Kommandostabsübung »Instruktion 84« mit dem Thema »Das verstärkte Grenzregiment im Angriff aus der Bewegung auf einen sich verteidigenden Gegner in dichtbebautem Gelände mit Forcieren eines Wasserhindernisses« im April 1984[120], die Kommandostabsübung »Bordkante« mit der Zielsetzung der »Blockierung und Einschließung gegnerischer Kräfte in einer Stadt und deren Vernichtung« im Juli 1985[121] sowie die Übung »Reiher 85« zum Thema »Die Handlungen eines GR/GAR zur Planung, Organisation, Sicherstellung und Führung eines Angriffs auf einen sich verteidigenden Gegner zur Einnahme eines Sektors einer Stadt im Bestand einer Gruppierung« im März 1985 nachweisen.

Ob es jemals zur Umsetzung der trainierten Fähigkeiten und damit zu einem Kampf um Berlin gekommen wäre, ist fraglich. Die Frage nach einer solchen Wahrscheinlichkeit ist eng gekoppelt an die Frage nach dem Risiko eines europaweiten Krieges zwischen dem Warschauer Pakt und der NATO. Im Zeitraum zwischen 1975 und 1985 schien es zumindest, als sei die sowjetische Militärführung nur allzu bereit, dem Westen mit einem Präventivkrieg zu begegnen. »Im September 1982 verglich Marschall Orgakow bei einem Treffen der Generalstabschefs des Warschauer Pakts die politische Situation mit der Zeit vor dem Ausbruch des zweiten Weltkriegs. In Wirklichkeit hätten ›die

---

117 Grenzkommando Mitte, Abteilung Artillerie: Feuerleitübung, Februar 1973, BArch, GT 5714, Bl. 3.
118 Chronik des Grenzkommandos Mitte, Juni 1971 bis November 1972, BArch, GT 5735–5736, Bl. 92.
119 Chronik des Grenzkommandos Mitte für die Ausbildungsjahre 1973/74–1975/76, BArch, GT 6780, Bl. 65.
120 Chronik des Grenzkommandos Mitte, Dezember 1981 bis November 1984, BArch, GTÜ 14011, Bl. 172.
121 Chronik des Grenzkommandos Mitte, Dezember 1984 bis November 1986, BArch, GTÜ 16643, Bl. 62.

4. Der Kampf um West-Berlin

USA der Sowjetunion und ihren Verbündeten den Krieg bereits erklärt‹.«[122] Dass ein solch vernichtender Krieg nie über Europa hereinbrach, lag mit großer Wahrscheinlichkeit an der Entscheidung der politischen Führung der Sowjetunion, die angesichts des konventionellen, im Besonderen aber des nuklearen Potentials der USA niemals wirklich sicher sein konnte, einen solchen Krieg auf Europa zu begrenzen. »Ost- wie Westdeutsche [können] froh darüber sein, dass sie es nie erfahren mussten.«[123]

---

122 Hans Rühle und Michael Rühle: Präventiver Nuklearkrieg in Europa, Frankfurter Allgemeine Zeitung vom 13. 8. 2008, S. 7.
123 Heinemann, NVA-Pläne, S. 70.

VII. Die Grenztruppen als Mittel zum Machterhalt. Forschungsperspektiven?

»Zwei Jahrzehnte nach der ›Friedlichen Revolution‹ wird auch die Aufarbeitung der SED-Diktatur als beispielhaft für eine gelungene Form des Umgangs mit dem Erbe einer diktatorischen Vergangenheit angesehen, angefangen bei den Leistungen der Enquete-Kommission des Deutschen Bundestages und der Arbeit der Bundesstiftung zur Aufarbeitung der SED-Diktatur his hin zur Behörde der Bundesbeauftragten für die Stasi-Unterlagen (BStU).«[1] Diese Aussage zur DDR-Geschichte legt die Schlussfolgerung nahe, dass im Zuge einer erfolgreichen Aufarbeitung des SED-Regimes, zumindest im wissenschaftlichen Umfeld, eine weitreichende Einigkeit zu zentralen Themen und Fragestellungen vorherrscht. Dies ist jedoch nur zu einem Teil zutreffend und verleitet darüber hinaus dazu, die kontroverse Wahrnehmung im kollektiven Gedächtnis der Bevölkerung zu vernachlässigen.

Die DDR ist, 16 Jahre nach ihrem Verschwinden, noch immer ein Kampfplatz. Rechtskonservative malen die DDR unverdrossen als naziartigen Staat. Gleichzeitig sind Ampelmännchen oder Mokka Fix Gold Zeichen von Pop-

---

1   Katrin Hammerstein und Julia Trappe: Aufarbeitung der Diktatur – Diktat der Aufarbeitung?, in: Aufarbeitung der Diktatur – Diktat der Aufarbeitung? Normierungsprozesse beim Umgang mit diktatorischer Vergangenheit, hg. von Katrin Hammerstein et al., Göttingen 2009, S. 10–11.

inszenierungen, in denen die DDR als lustige, harmlose Warenwelt zitiert wird. Offenbar wird die DDR als Heimat empfunden – paradoxerweise erst, seit sie von der politischen Landkarte verschwunden ist. Das verbittert wiederum manche Stasiopfer. All diese Erinnerungstexte stehen meist unverbunden nebeneinander. Das kollektive Gedächtnis ist in Bezug auf die DDR erstaunlich widersprüchlich, buntscheckig und unübersichtlich.[2]

Dieser Kommentar einer Tageszeitung aus dem Jahr 2006 bringt die oftmals hitzig geführte gesellschaftliche Diskussion über die Geschichte der DDR auf den Punkt. Heute, auch über zwanzig Jahre nach dem Mauerfall, wird deutlich, dass diese Debatte immer noch nichts von ihrer Aktualität und ihrer Schärfe eingebüßt hat. Im Mittelpunkt der Auseinandersetzung stehen nach wie vor zentrale Themen, wie etwa die Verharmlosung des SED-Regimes, das mangelnde Interesse großer Teile der Bevölkerung, sich mit einer »zweiten deutschen Diktatur« auseinanderzusetzen, oder die Verklärung der DDR durch Ostalgie und erschreckende Unwissenheit der Jugend.[3] Wie kann nun die Geschichte der Grenztruppen, insbesondere des Grenzkommandos Mitte, zur Klärung dieser Themen beitragen? Welches Verständnis vom Charakter der DDR und des SED-Regimes ergibt sich aus der Aufarbeitung dieses Themas, und woran lässt es sich konkret festmachen?

Die Abriegelung der DDR durch den Bau der Mauer und die damit verbundene Einschließung der eigenen Bevölkerung stellt nach gegenwärtiger Rechtsauffassung einen empfindlichen Verstoß gegen die Menschenrechte dar, deren Einhaltung die DDR mit der Unterzeichnung der »Schlussakte der Konferenz über die Sicherheit und Zusammenarbeit in Europa« von Helsinki im August 1975 bekundete.[4] Die Einschränkung der Ausreisefreiheit, die in jedem Staat lediglich die Ausnahme darstellen soll und darf, war in der DDR durch die eigene Rechtsprechung als verlängerter Arm der Politik zum Normalzustand verkehrt worden:

---

2 Stefan Reinecke: Kommentar aus Die Tageszeitung vom 12.5.2006, in: Wohin treibt die DDR-Erinnerung? Dokumentation einer Debatte, hg. von Martin Sabrow et al., Göttingen 2007, S. 211.
3 Hubertus Knabe: Artikel aus der Berliner Morgenpost vom 8.5.2006, in: Sabrow, DDR-Erinnerung, S. 193–194.
4 Die Rechtsverbindlichkeit besagt gem. dem internationalen Pakt über bürgerliche und politische Rechte vom 19. Dezember 1966: »Jedermann steht es frei, jedes Land, einschließlich seines eigenen, zu verlassen.« Dieses Recht darf nur durch ein Gesetz und nur zu bestimmten Zwecken eingeschränkt werden. Vgl. Heribert Ostendorf: Politische Strafjustiz in Deutschland, Informationen zur politischen Bildung (2010) 306, S. 31.

Der Bundesgerichtshof hat in seinem Urteil vom 3. November 1992 eine Verletzung des »Menschenrechts auf Ausreisefreiheit« erkannt, weil dieses Recht den Menschen in der DDR nicht ausnahmsweise, sondern vielmehr in aller Regel vorenthalten wurde. Insbesondere kann die durch die restriktiven Paß- und Ausreisevorschriften begründete Lage unter dem Gesichtspunkt der Menschenrechte nicht ohne Beachtung der tatsächlichen Verhältnisse an der Grenze gewürdigt werden, die durch die Mauer, Stacheldraht, Todesstreifen und Schießbefehl gekennzeichnet waren und damit gegen Artikel 6 IPBPR [Pakt über politische und bürgerliche Rechte] verstießen.[5]

Das Argument des Schutzes der eigenen Bevölkerung vor den Gefahren des Kapitalismus und Faschismus jenseits der Mauer, das die Staatsführung der DDR vor der Öffentlichkeit unentwegt gebrauchte, entbehrte jeglicher Grundlage. Im Vordergrund standen der erzwungene Erhalt der politischen und wirtschaftlichen Überlebensfähigkeit des eigenen Staates und damit die Sicherung des Machtanspruchs des SED-Regimes. Die Grenztruppen, die vornehmlich dazu aufgestellt worden waren, unerwünschte Ausreisen von DDR-Bürgern zu verhindern, wurden somit zum Machtmittel des Staates gegenüber den eigenen Bürgern. Die staatlich legitimierte Verletzung von Menschenrechten tritt hier als ein wesentliches Merkmal zur Charakterisierung des politischen Systems der DDR als eine Diktatur zutage.

Die Bereitschaft innerhalb der Gesellschaft, sich freiwillig in den Dienst eines solchen Staates zu stellen und auch mit Gewalt den Herrschaftsanspruch durchzusetzen, war keinesfalls von Grund auf vorhanden, sondern musste zielgerichtet geschaffen werden. Der bereits von Kindesbeinen an einsetzende Prozess der Militarisierung der Bevölkerung und die damit einhergehende Erziehung zum »Hass auf den Klassenfeind« bildeten eine erste Basis, auf die eine spätere politische Ideologisierung der Grenztruppen aufbauen konnte. Hier zeigt sich im besonderen Maße die Verblendung der eigenen Bevölkerung durch eine staatlich gelenkte und oktroyierte Ideologie und damit ein weiterer, zentraler Wesenszug eines diktatorischen Systems. Den Grenzsoldaten wurde ein Feindbild präsentiert, in dessen Auswertung sie mit einem zu allem bereiten und hinterhältig handelnden Gegner zu rechnen hatten, der jenseits der eigenen schützenden Grenzanlagen nur darauf wartete, die DDR anzugreifen oder ihr zumindest zu schaden. Insbesondere die jungen Wehrpflichtigen realisierten oftmals erst im Zuge des eigentlichen Dienstes an der Grenze, dass sie in Wirklichkeit zu einem gänzlich anderen Zweck eingesetzt waren. Die

---

5 Ebd.

Mauer und Grenzstreifen in der Nähe vom Potsdamer Platz, Juni 1984

Auseinandersetzung mit der Frage, wer aus welchen Motiven Dienst in den Grenztruppen der DDR leistete, wirft unweigerlich eine ganze Reihe weiterer, sozialgeschichtlicher Fragestellungen auf. Wenn auch die Bandbreite der Beweggründe für diese Berufswahl oder für den Wehrdienst deutlich gemacht werden konnten, blieb bisher ungeklärt, welcher Teil der Gesellschaft sich für welche Motive empfänglich zeigte. Rekrutierte sich das Offizierkorps der Grenztruppen mehrheitlich aus dem Bildungsbürgertum der DDR? Aus welcher Gesellschaftsschicht bezog das Unteroffizierkorps seine Nachwuchskräfte? War das Offizierkorps im besonderen Maße durch die Zugehörigkeit zur Partei geprägt, oder spielte dies eine untergeordnete Rolle im Zuge der Berufswahl? Interessant ist dabei auch der Gedanke, inwieweit das Elternhaus oder das familiäre Umfeld Einfluss auf die Berufswahl der späteren Offiziere und Unteroffiziere nahmen. Führten die Erfahrungen des Vaters, der selbst möglicherweise einen mehrjährigen Dienst in der NVA oder den Grenztruppen durchlaufen hatte, zu einer Bestätigung dieses Berufswunsches oder doch eher zu mahnender Vorsicht? Einen Teil dieser Antworten liefert Christian Müller bereits in seiner Betrachtung zu den Unteroffizieren der NVA, in der er festhält, dass die Haltung der Elternhäuser gegenüber dem Militärdienst oftmals »indifferent oder tendenziell ablehnend« war, sich letztere Einstellung jedoch keineswegs in offener Kritik niederschlug.[6] Müller zeigt auch auf, dass selbst bis in die achtziger Jahre ein Großteil der Elternhäuser immer noch durch die Erfahrungen der Eltern und Großeltern aus der Zeit des Weltkriegs geprägt war, sich diese Eindrücke jedoch mit Ableistung des eigenen Militärdienstes relativierten.[7] Ein Großteil der Grenzsoldaten hatte aus verschiedenen Beweggründen akzeptiert, eine Säule des Grenzregimes der DDR zu sein, und gab der Parteiführung damit zu verstehen, dass er in ihrem Sinne handelte. Trotzdem setzte das SED-Regime auch hier auf unablässige Kontrolle. Die Parteiführung der DDR war im Zuge der Etablierung und Absicherung ihres Machtanspruchs wie jeder auf eine totalitäre Herrschaft zielende Staat auf eine politische Geheimpolizei angewiesen.[8] Die eigens zur Überwachung der NVA und der Grenztruppen geschaffene Hauptverwaltung I des MfS folgte eisern der politischen Vorgabe, die Funktionalität der Grenztruppen um jeden Preis sicherzustellen. Große Teile der Grenztruppen und somit auch des Grenzkommandos Mitte wurden in ein eng verzweigtes System von Spitzeln und Informanten eingebunden, um die eigenen Kameraden auf ihre »ideologische Standfestigkeit«, ihre Haltung zum Dienst an der Grenze und ihre »Bindungsfaktoren« an die DDR zu überprüfen. Das System der Postenvorplanung sollte zusätzliche Unwägbarkeiten frühzeitig ausschalten und das Kontrollsystem durch eine Verzahnung von »linientreuen« und eher »schwankend« eingestellten Soldaten weiter verstärken. Misstrauen und Vorsicht bestimmten weite Teile des täglichen Dienstes und fungierten als weiteres Mittel der Parteiführung, ihren Herrschaftsanspruch in den Reihen der eigenen Exekutive durchzusetzen. Bei näherem Hinsehen wurden die Angehörigen der Grenztruppen durch diesen Herrschaftsmechanismus von eigenständigen Persönlichkeiten mit einem Katalog an Grund- und Menschenrechten auf lediglich auf Funktionalität ausgelegte Soldaten reduziert. Hier zeigt sich in letzter Konsequenz ein wesentliches Element des kommunistischen Herrschaftssystems, das – wie Hermann Weber als Altmeister der westdeutschen Kommunismusforschung

---

6   Müller, Tausend Tage, S. 58.
7   Ebd., S. 58.
8   Diese Feststellung machte bereits der Moskauer Historiker Sergej Slutsch. Vgl. Sergej Slutsch: Auschwitz und Archipel Gulag – Zur Struktur zweier Terrorsysteme, in: Russland und Deutschland im 19. und 20. Jahrhundert. Zwei »Sonderwege« im Vergleich, hg. von Leonid Luks und Donald O`Sullivan, Köln 2001, S. 143–144.

bereits feststellte – darin bestand, »einmal eroberte Macht mit allen Mitteln festzuhalten«.[9]

Der zweite Auftrag des Grenzkommandos Mitte, im Kriegsfall Kampfhandlungen in und um West-Berlin zu führen, ermöglicht ebenso wie die vorangegangenen Themenbereiche Einblicke in den diktatorischen Charakter des SED-Regimes. In der wissenschaftlichen Diskussion über die SED-Diktatur erhält die Frage nach der »Eigenständigkeit« ihres Herrschaftsapparates einen besonderen Stellenwert. Im Unterschied zur Diktatur des NS-Regimes, welche keine Bindungsfaktoren zu anderen Staaten oder politischen Systemen aufwies, die für das Fortbestehen und die Aufrechterhaltung des eigenen Machtanspruchs unbedingt notwendig gewesen wären, war die DDR von den Herrschaftsinteressen der Sowjetunion abhängig. In diesem Verständnis erhält die DDR die Bewertung, eine eher »abgeleitete und fremdbeeinflusste« als eine »autochtone deutsche Diktatur« gewesen zu sein.[10] Diese Auffassung stellt keineswegs den diktatorischen Charakter der DDR in Frage, sondern setzt ihn lediglich in eine Abhängigkeit von einem anderen Herrschaftssystem. Die DDR und ihre militärische Rolle im Bündnissystem des Warschauer Paktes wurden maßgeblich durch die Sowjetunion bestimmt, so dass die sowjetische Militärdoktrin die Grundlage für alle bewaffneten Organe der DDR und damit auch der Grenztruppen bildete. Die Militärdoktrin sah dabei in Angriffsoperationen auf dem Gebiet des Gegners ein wesentliches Mittel zur Bewältigung eines zukünftigen Kriegsszenarios. Das Grenzkommando Mitte hatte in einem solchen Kriegsfall das klare Ziel, im Zusammenspiel mit der GSSD und der NVA West-Berlin einzunehmen und dort nachfolgend ein Militär- oder Grenzregime als Gegenstück zu Ost-Berlin zu errichten. Der Angriff sollte dabei zum einen die Bedrohung der eigenen Interessen durch den Gegner ausschalten und zum anderen zu einer möglichst überdauernden Vergrößerung des eigenen Herrschaftsbereiches über die ursprünglichen Grenzen hinaus führen.

Sosehr sich eine Diktatur die Anpassungsbereitschaft von weiten Teilen der Bevölkerung und der bewaffneten Organe zunutze macht, so sehr erzeugt sie auch immer Unmut und Widerstand innerhalb der eigenen Gesellschaft.[11] Dieser grundsätzliche Wesenszug entsteht unter anderem daraus, dass kleine Min-

---

9 Detlef Schmiechen-Ackermann: Diktaturen im Vergleich, Darmstadt 2010, S. 74.
10 Helmut Rothermel bezeichnet die DDR in diesem Sinne als »sowjetisches Satellitenregime«. Vgl. Schmiechen-Ackermann, Diktaturen, S. 77–78 und 86.
11 Ebd., S. 127.

derheiten erkennen, »dass es Alternativen zur Anpassung, zum Gehorsam, zur Folgebereitschaft und zum Mitläufertum gibt«.[12] Die Formen dieser Opposition sind vielfältig und reichen von einer eher nach innen gerichteten Abwehrhaltung über eine deutlich nach außen sichtbar gemachte Missbilligung bis hin zu aktiven Widerstandshandlungen gegen das System. Das Vorhandensein einer Opposition war ebenso kennzeichnend für das SED-Regime. Sie trat in all ihren Ausdrucksformen auch in den Grenztruppen zutage. Ein Großteil der jungen Wehrpflichtigen nahm, einmal mit den wirklichen Bedingungen des Grenzdienstes konfrontiert, eine ablehnende Haltung zu dieser Aufgabe ein. Ihr mehrheitlich stiller Widerstand drückte sich zum einen dadurch aus, dass ein großer Teil nicht bereit war, die Waffe gegen Flüchtlinge einzusetzen. Ein anderes »Ausdrucksmittel« bestand in der Fahnenfluchtbewegung der jungen Wehrpflichtigen, die bis zum Niedergang der DDR niemals vollständig zum Erliegen kam. Auch in den Reihen der Unteroffiziere und Offiziere regte sich der Widerstand gegen das System und seine offensichtlichen Widersprüche. Ähnlich wie bei den Wehrpflichtigen suchte auch ein Teil dieser Dienstgradgruppe, sich dem Dienst und einem Leben in der DDR durch eine Flucht nach Westdeutschland zu entziehen. Die Bandbreite ihres oppositionellen Verhaltens umfasste auch andere Formen. Oft folgten auf Belobigungen, die gegenüber einem Offizier oder Unteroffizier für eine vorbildliche Aufgabenerfüllung im Dienst ausgesprochen wurden, bereits kurze Zeit später Disziplinarstrafen. Das Zustandekommen dieser Bestrafungen war dabei weniger Ausdruck einer offen oppositionellen Haltung der Betroffenen als oftmals Folge der offensichtlichen Unzulänglichkeiten und Schwierigkeiten des Dienstalltags. Die disziplinare Praxis zeichnete sich in vielen Fällen durch eine zu strenge Anwendung der Strafen und ein mangelndes Fingerspitzengefühl der Vorgesetzten aus. In letzter Konsequenz trugen diese Erscheinungen somit zur Bildung einer oppositionellen Haltung unter den Betroffenen bei, fühlten sich diese doch oftmals zu Unrecht oder zu hart gemaßregelt. Zudem brachte ein Teil dieser Führungskräfte ihren Unmut auch gegenüber den eigenen Kameraden und sogar ihren Vorgesetzten zur Sprache. Hier waren sie allerdings darauf angewiesen, das Ausmaß ihrer Kritik in einem moderaten Rahmen zu belassen,

---

12 Peter Steinbach: Widerstand – aus sozialphilosophischer und historisch-politologischer Perspektive, in: Zwischen Selbstbehauptung und Anpassung. Formen des Widerstandes und der Opposition in der DDR, hg. von Ulrike Poppe, Rainer Eckert und Ilko-Sascha Kowalczuk, Berlin 1995, S. 58.

um nicht zum Gegenstand der Verfolgung durch die überall verborgenen »Augen und Ohren des MfS« zu werden.

In der Gesamtbewertung aller Faktoren wird deutlich, dass die Auseinandersetzung mit der Geschichte der Grenztruppen der DDR, insbesondere des Grenzkommandos Mitte, einen klar erkennbaren Beleg für den diktatorischen Charakter und die damit verbundenen Merkmale des SED-Herrschaftssystems liefern kann. Das Grenzkommando Mitte und der Dienst an der Berliner Mauer waren zugleich Teil und Sinnbild eines auf Repressalien und Machterhalt ausgerichteten Regimes. Die Parteiführung der SED setzte im Zuge ihres Bestrebens zur Herrschaftssicherung die Grenztruppen gezielt als Mittel zum Machterhalt ein und war sich dieser Funktion und ihrer Folgen jederzeit bewusst.

Im Zuge der diskutierten Leitfragen wurden an einigen Stellen bereits Forschungsperspektiven aufgeworfen, die Raum für zukünftige Arbeiten erkennen lassen. Zum einen stehen hier im Besonderen sozialgeschichtliche Fragestellungen im Mittelpunkt, die ein Verständnis von der Lebenswelt der Grenztruppen ermöglichen sollen. Neben den angesprochenen Fragen zur gesellschaftlichen Zusammensetzung der Grenztruppen und ihrer Führungsebenen oder den Fragen nach sozialen Spannungs- und Problemfeldern vermissen wir bis heute eine Untersuchung zum Selbst- und Fremdbild dieses Organs. Welche eigene Wahrnehmung von ihrem gesellschaftlichen Stellenwert oder ihrer Rolle für das Regime hatten die Angehörigen der Grenztruppen? Empfanden sie sich selbst als Teil der so oft proklamierten Elite? Oder hatten sie angesichts der durchaus vorhandenen oppositionellen Erscheinungen in den eigenen Reihen doch eher eine abweichende Auffassung von der eigenen Bedeutung? Angestoßen werden diese Fragen zum Beispiel durch die Betrachtung der darstellenden und bildenden Kunst in den Grenztruppen. Hier weichen die im privaten Umfeld geschaffenen Bilder deutlich sichtbar von der staatlich beauftragten Kunst ab. Die Auftragskunst betont in Lithographien oder Skulpturen den »sinnvollen« und »notwendigen« Auftrag des Grenzsoldaten und rückt klassische Tugenden wie seine Standhaftigkeit, seine Wahrhaftigkeit und seinen Mut in den Vordergrund. In vielen privat motivierten Bildern und Zeichnungen offenbaren sich demgegenüber das funktionale und brutale Regime der Grenze und die hier erlittenen, oftmals traumatischen Erfahrungen.[13] Die oppositionellen Tendenzen innerhalb der Grenztruppen

---

13 Zur Rezeption der Kunst im Grenzkommando Mitte und den Grenztruppen siehe: Anke Kuhrmann: Grenzsituationen – Die »Berliner Mauer« in der Kunst, in: Die

lassen sich somit auch und besonders deutlich in der Kunst wiederfinden. Alle genannten Fragestellungen verdeutlichen in ihrer Gesamtheit jedoch, dass bis zum heutigen Tage noch keine fundierte Untersuchung der Grenztruppen als Gesamtgebilde vorliegt.

Es erscheint wünschenswert, wenn nicht sogar notwendig, die Leitfragen dieser Abhandlung auf die Grenztruppen an der »grünen Grenze« zu übertragen und diese in einem nächsten Schritt mit den Ergebnissen aus der Betrachtung des Grenzkommandos Mitte zu vergleichen. Berlin und seine Sonderrolle können ohne Zweifel zu einem Verständnis der gesamten Grenztruppen beitragen, jedoch muss angesichts dieser exponierten Stellung immer die Frage nach einer Vergleichbarkeit zum restlichen und damit auch gleichzeitig größten Teil der innerdeutschen Grenze gestellt werden. Erst eine Untersuchung der gesamten Grenztruppen kann sicherstellen, dass die Rolle dieses Organs bei der Herrschaftssicherung des SED-Regimes auch zukünftig nicht unterschätzt oder in öffentlichen Diskussionen verharmlost wird. Darüber hinaus kommen die Grenztruppen als eigenständiges Forschungsthema im Zuge der Aufarbeitung der DDR-Geschichte oftmals »zu kurz«. In der bisherigen Forschung rückt die Rolle der Staatssicherheit überdimensional stark in den Fokus und drängt dabei andere Unterdrückungs- und Exekutivorgane des Regimes – auch die Grenztruppen – an die Seite. Zudem erscheint die Mauer in der öffentlichen Wahrnehmung, obwohl als Bauwerk nahezu verschwunden, fast allgegenwärtig. Die Fragen stellen sich nach ihrem Verlauf, ihrer Ausdehnung und ihren Resten und lassen dabei fast vergessen, dass es Menschen waren, die sie erst zu einem Sperrwall werden ließen. Dabei sind es doch gerade diese Menschen, ihre Motive, ihre Hintergründe, ihr Lebensweg, ihre Interaktion mit ihrer Umwelt und der Gesellschaft, die uns heute, über zwanzig Jahre nach dem Fall der Mauer, helfen können, dieses Kapitel der deutschen Geschichte zu verstehen und aufzuarbeiten.

Berliner Mauer. Vom Sperrwall zum Denkmal, hg. vom Deutschen Nationalkomitee für Denkmalschutz, Bonn 2009, S. 117–143.

Anhang

Begriffserklärungen

Der Aufbau, Begriffe und Grundlagen von Einheiten und Verbänden der Grenztruppen stehen in engem Zusammenhang zur NVA, unterscheiden sich jedoch auch in einer Reihe von Punkten. Insbesondere nach der Einnahme der Kommandostruktur (1970/71) weist die Organisationsstruktur der Grenztruppen deutliche Unterschiede zum Aufbau der NVA auf, die sich im Besonderen in der Zusammensetzung und Größe der Einheiten und Verbände niederschlagen. Die Begriffe und Stichworte sind aus dem Bereich der NVA entnommen und nicht alphabetisch, sondern hinsichtlich ihres Aufbaus geordnet. An dieser Stelle muss festgehalten werden, dass das gegenwärtige (militärische) Verständnis der aufgeführten Begriffe teilweise entschieden vom Verständnis der NVA abweicht.

Einheiten, Truppenteile und Verbände – Sammelbezeichnung für die Gliederung der Streitkräfte nach taktischen und anderen Einsatzgrundsätzen auf dem Gefechtsfeld. In den Landstreitkräften der Warschauer-Pakt-Armeen zählen zu den Einheiten: Bataillone, Kompanien, Züge, Gruppen und Trupps.

Truppenteil – Hierzu zählen die Ebenen selbständiges Bataillon und Regiment.

Verband – Hierzu zählen die Ebenen Brigade und Division (drei Regimenter).

Im Bereich der Landstreitkräfte ist die Division der größte taktische Verband (Stärkenachweis 11 500 Mann).

Soldat – Im Verständnis der NVA ist der (einfache) Soldat die unterste Stufe der Befehlskette. Der Soldat ist dabei immer durch einen Mannschaftsdienstgrad (Soldat, Gefreiter, Obergefreiter) gekennzeichnet.

Trupp – Kleinste Teileinheit (taktische Einheit) innerhalb der militärischen Gliederung. Der Trupp besteht in der Regel aus drei bis fünf Soldaten und wird durch einen Truppführer geführt.

Gruppe – Eine Gruppe setzt sich aus zwei oder drei Trupps zusammen. Sie hat in der Regel die Stärke von acht bis zehn Soldaten und wird durch einen zusätzlichen Unteroffizier (Gruppenführer) geführt.

Zug – In der NVA setzt sich ein Zug aus drei Gruppen zusammen und wird durch einen Offizier (Zugführer) geführt. Stärkenachweis zwischen 30 und 40 Mann, inklusive Zugtrupp und stellvertretendem Zugführer.

Kompanie – In der NVA bilden drei Züge unter der Führung eines Kompaniechefs zusammen mit weiteren Kräften (Kompanietrupp, Stellvertreter des Kompaniechefs etc.) eine Kompanie.

Bataillon – Drei Kompanien bilden ein Bataillon (Stärkenachweis 1000 Mann). Im Bereich der Grenztruppen werden vier Kompanien zu einem Bataillon zusammengefasst (nur in den Grenzkommandos Nord und Süd). Im Grenzkommando Mitte befinden sich ab Einführung der Kommandostruktur die Grenzkompanien auf Bataillonsebene.

Regiment – Drei Bataillone (Stärkenachweis 3500 Mann) bilden ein Regiment.

Division – Drei Regimenter bilden eine Division. Die Ebene der Brigade ist nur im Bereich der Grenztruppen und in der Sowjetarmee vorgesehen.

Quellen- und Literaturverzeichnis

Archivarische Quellen
Bundesarchiv – Militärarchiv in Freiburg (BArch)
    BArch, DVH 32/111677
    BArch, DVH 32/111681
    BArch, DVH 32/111682
    BArch, DVH 32/111684
    BArch, DVW 1/5004
    BArch, DVW 1/5604
    BArch, DVW 1/39461
    BArch, DVW 1/39465
    BArch, DVW 1/39473
    BArch, DVW 1/39493
    BArch, DVW 1/39498 a
    BArch, DVW 1/39500 – 39501
    BArch, DVW 1/39518 – 39519
    BArch, DVW 1/39525
    BArch, DVW 1/40335
    BArch, Findbuch 1. Grenzbrigade B/533154
    BArch, GT 363
    BArch, GT 2933
    BArch, GT 4082
    BArch, GT 4084
    BArch, GT 5114
    BArch, GT 5119
    BArch, GT 5126
    BArch, GT 5292
    BArch, GT 5294
    BArch, GT 5295
    BArch, GT 5657
    BArch, GT 5662
    BArch, GT 5670 – 5671
    BArch, GT 5714
    BArch, GT 5715
    BArch, GT 5727
    BArch, GT 5729 – 5730
    BArch, GT 5735 – 5736

BArch, GT 5737
BArch, GT 5738
BArch, GT 5818
BArch, GT 6196
BArch, GT 6554
BArch, GT 6780
BArch, GT 6781
BArch, GT 7554
BArch, GT 7567
BArch, GT 7578
BArch, GT 7699
BArch, GT 7700
BArch, GT 7702
BArch, GT 7712
BArch, GT 14010
BArch, GTÜ 14011
BArch, GT 14965
BArch, GT 15622
BArch, GTÜ 5114
BArch, GTÜ 6636
BArch, GTÜ 16643
BArch, GTÜ 16647
BArch, GTÜ 18079
BArch, Pt VA 01/39464
BArch, VA 07/1664
BArch, VA 07/3204
BArch, VA 07/16641
BArch, VA 07/16642
BArch, VA 07/16643
BArch, VA 07/16644
BArch, VA 07/16645
BArch, VA 07/16646
BArch, VA 07/16781
BArch, VA 07/19885
BArch, VA 07/19886
BArch. VA 07/19887
BArch, VA 07/19888

Quellen- und Literaturverzeichnis

Bundesbeauftragter für die Aufarbeitung der Unterlagen des Staatssicherheitsdienstes der DDR in Berlin (BStU)
BStU, MfS, DSt 100330
BStU, MfS, HA I Nr. 13038
BStU, MfS, HA I Nr. 13380
BStU, MfS, HA I Nr. 13452
BStU, MfS, HA I Nr. 13723
BStU, MfS, HA I Nr. 14605
BStU, MfS, HA I Nr. 14422
BStU, MfS, HA I Nr. 14848
BStU, MfS, HA I Nr. 15164
BStU, MfS, HA I Nr. 15216
BStU, MfS, HA I Nr. 15439
BStU, MfS, HA I Nr. 15440
BStU, MfS, HA I Nr. 15535
BStU, MfS, HA I Nr. 15539
BStU, MfS, HA I Nr. 15556
BStU, MfS, HA I Nr. 15595, Band 2 – 4
BStU, MfS, HA I Nr. 15737
BStU, MfS, HA I Nr. 15738
BStU, MfS, HA I Nr. 15739
BStU, MfS, HA I Nr. 15740
BStU, MfS, HA I Nr. 15817
BStU, MfS, HA I Nr. 15869
BStU, MfS, HA I Nr. 15896
BStU, MfS, HA I Nr. 15912
BStU, MfS, HA I Nr. 20133
BStU, MfS, HA VI Nr. 14818
BStU, MfS, HA IX Nr. 20133
BStU, MfS, ZKG 2970

Zeitzeugen
Gespräch mit R. E. (Unteroffizier, Grenzregiment 33) vom 19. 3. 2008
Gespräch mit A. K. (Major im GÜST-Sicherungsregiment, Grenzregiment 36, in der Funktion des Zugführers, Kompaniechefs und zuletzt des Operativen Diensthabenden) vom 14. 5. 2008
Gespräch mit K. N. (Wehrpflichtiger im Grenzregiment 36, 1987 – 88) vom 10. 4. 2008

Gespräch mit R. S. (Unteroffizier, Diensthundestaffel des Grenzregiments 44) vom 7. 2. 2011

Gespräch mit T. S. (Unteroffizier, Grenzregiment 42 und Grenzregiment 36) vom 8. 4. 2008

Gespräch mit F. T. (Oberleutnant, ehemaliger hauptamtlicher MfS-Mitarbeiter, Unterabteilung Aufklärung im Grenzregiment 37, danach Unterabteilung Operative Grenzlage) vom 14. 4. 2008

Gedruckte Quellen

Beck, S.: Überraschungen blitzschnell begegnen, Hindernisse trainiert überwinden, in: Psychologische Vorbereitung auf das Gefecht. Ausgewählte Erkenntnisse und Erfahrungen über die psychologische Stählung in der Nationalen Volksarmee und in den Grenztruppen der DDR, hg. von H. Grosse et al., Berlin (DDR) 1980

Berufsunteroffizier der Grenztruppen der DDR, Berlin (DDR) 1975

Gunkel, D.: Überlegungen zur Herausbildung der psychologischen Stabilität der Grenzsoldaten, in: Psychologische Vorbereitung auf das Gefecht: Ausgewählte Erkenntnisse und Erfahrungen über die psychologische Stählung in der Nationalen Volksarmee und in den Grenztruppen der DDR, hg. von H. Grosse et al., Berlin (DDR) 1980

Hetmann, Frederik: Enteignete Jahre. Junge Leute berichten von drüben, München 1962

Horn, Karl/Sternkopf, Horst/Markowsky, Gerhard: Zur Entwicklung der Grenzsicherung und der Grenztruppen der DDR in den Jahren 1961 bis 1976. Unveröffentlichte Dissertation (A), Militärgeschichtliches Institut der DDR, Potsdam 1980

Militärische Berufe in den GT der DDR. Für Schüler und Eltern. Eine Schrift zur Berufswahl, Berlin (DDR) 1979

Militärische Berufe. Für Schüler und Eltern. Eine Schrift zur Berufswahl, Berlin (DDR) 1982

NVA. Kommando der Grenztruppen. Materialstudie zur Entwicklung der Grenztruppen der Nationalen Volksarmee der DDR vom Jahre 1961 bis 1971, o. O., 1972

Peter, E.: Psychologische Anforderungen des Grenzdienstes an die Angehörigen der Grenztruppen der DDR, in: Psychologische Vorbereitung auf das Gefecht. Ausgewählte Erkenntnisse und Erfahrungen über die psychologische Stählung in der Nationalen Volksarmee und in den Grenztruppen der DDR, hg. von H. Grosse et al., Berlin (DDR) 1980

Thieme, H.: Aufgaben zur psychologischen Vorbereitung der Angehörigen der Grenztruppen in der Gefechtsausbildung, in: Psychologische Vorbereitung auf das Gefecht. Ausgewählte Erkenntnisse und Erfahrungen über die psychologische Stählung in der Nationalen Volksarmee und in den Grenztruppen der DDR, hg. von H. Grosse et al., Berlin (DDR) 1980

Literatur
Barkleit, Gerhard/Kwiatkowski-Celofiga, Tina (Hg.): Verfolgte Schüler – gebrochene Biographien. Zum Erziehungs- und Bildungssystem der DDR, Dresden 2008
Breitwieser, Thomas: Vorweggenommene Selbstverteidigung und das Völkerrecht, Neue Zeitschrift für Wehrrecht 47 (2005) 2, S. 45 – 58
BStU (Hg.): Abkürzungsverzeichnis. Häufig verwendete Abkürzungen und Begriffe des Ministeriums für Staatssicherheit, Berlin 2007
Buhlmann Thomas et al.: Berufswahl Jugendlicher und Interesse an einer Berufstätigkeit bei der Bundeswehr. Ergebnisse der Jugendstudie 2007 des Sozialwissenschaftlichen Instituts der Bundeswehr, Forschungsbericht 88, September 2009
Bundesministerium der Verteidigung (Hg.): Die DDR. Schriftenreihe innere Führung, Bonn 1977
Deja-Lolhöffel, Brigitte: Erziehung nach Plan. Schule und Ausbildung in der DDR, Berlin 1988
Deutz-Schroeder, Monika/Schroeder, Klaus: Soziales Paradies oder Stasi-Staat? Das DDR-Bild von Schülern – ein Ost-West-Vergleich, München 2008
Diedrich, Torsten/Ehlert, Hans/Wenzke, Rüdiger (Hg.): Im Dienste der Partei. Handbuch der bewaffneten Organe der DDR, Berlin 1998
Diedrich, Torsten/Ehlert, Hans/Wenzke, Rüdiger: Die bewaffneten Organe der DDR im System von Partei, Staat und Landesverteidigung. Ein Überblick, in: Diedrich, Torsten/Ehlert, Hans/Wenzke, Rüdiger (Hg.): Im Dienste der Partei. Handbuch der bewaffneten Organe der DDR, Berlin 1998, S. 1 – 67
Dörr, Oliver: Gewalt und Gewaltverbot im modernen Völkerrecht, Aus Politik und Zeitgeschichte 54 (2004) 43, S. 14 – 20
Ehlert, Hans (Hg.): Armee ohne Zukunft. Das Ende der NVA und die deutsche Einheit. Zeitzeugenberichte und Dokumente, Berlin 2002
Froh, Klaus/Wenzke, Rüdiger: Die Generale und Admirale der NVA. Ein biographisches Handbuch, Berlin 2007

Gieseke, Jens: Mielke-Konzern. Die Geschichte der Stasi 1945 – 1990, Stuttgart 2001

Göppel, Helmut: Die Berlin-Operation, in: NVA – Anspruch und Wirklichkeit, hg. von Klaus Naumann, Hamburg 1996

Grandhagen, Wolfgang: Von der Deutschen Grenzpolizei zu den Grenztruppen der DDR, Berlin 2004

Hammerstein, Katrin/Trappe, Julia: Aufarbeitung der Diktatur – Diktat der Aufarbeitung?, in: Aufarbeitung der Diktatur – Diktat der Aufarbeitung? Normierungsprozesse beim Umgang mit diktatorischer Vergangenheit, hg. von Katrin Hammerstein et al., Göttingen 2009, S. 9 – 18

Heinemann, Winfried: NVA-Pläne für eine »Berlin-Operation«, in: Die Streitkräfte der DDR und Polens in der Operationsplanung des Warschauer Paktes, hg. von Rüdiger Wenzke, Potsdam 2010, S. 61 – 70

Heitmann, Clemens: Schützen und Helfen? Luftschutz und Zivilverteidigung in der DDR 1955 bis 1989/90, Berlin 2006

Herzog, Felix (Hg.): Die Strafrechtliche Verantwortlichkeit von Todesschützen an der innerdeutschen Grenze, Heidelberg 1993

Hoffmann, Theodor: Zur nicht-vollendeten Militärreform der DDR, in: Die Nationale Volksarmee. Beiträge zu Selbstverständnis und Geschichte des deutschen Militärs von 1945 – 1990, hg. von Detlef Bald, Baden-Baden 1992, S. 107 – 114

Ihme-Tuchel, Beate: Die DDR, Darmstadt 2007

Klausmeier, Axel/Schmidt, Leo: Mauerreste – Mauerspuren. Der umfassende Führer zur Berliner Mauer, Bad Münstereifel 2005

Koch, Michael: Die Einführung des Wehrunterrichts in der DDR, Erfurt 2000

Kuhrmann, Anke: Grenzsituationen – Die »Berliner Mauer« in der Kunst, in: Die Berliner Mauer. Vom Sperrwall zum Denkmal, hg. vom Deutschen Nationalkomitee für Denkmalschutz, Bonn 2009, S. 117 – 143

Lapp, Peter Joachim: Die Grenztruppen der DDR (1961 – 1989), in: Im Dienste der Partei. Handbuch der bewaffneten Organe der DDR, hg. von Torsten Dietrich, Hans Ehlert und Rüdiger Wenzke, Berlin 1998, S. 225 – 252

Lapp, Peter Joachim: Frontdienst im Frieden. Die Grenztruppen der DDR, Koblenz 1986

Leber, Georg: Die konventionelle Verteidigung Mitteleuropas und die neue Mittelstreckenbedrohung, in: Vom kalten Krieg zur deutschen Einheit. Analysen und Zeitzeugenberichte zur deutschen Militärgeschichte 1945 bis 1995, hg. von Bruno Thoß, München 1995, S. 223 – 248

Loth, Wilfried: Vom »Kalten Krieg« zur Überwindung der Teilung Europas, in: Deutsch-russische Zeitenwende. Krieg und Frieden 1941–1995, hg. von Hans-Adolf Jacobsen et al., Baden-Baden 1995, S. 588–600

Maurer, Jochen: Die Grenztruppen und ihre »Mauer« oder die »Mauer« und ihre Grenztruppen, in: Die Berliner Mauer – Vom Sperrwall zum Denkmal, hg. vom Deutschen Nationalkomitee für Denkmalschutz, Berlin 2009, S. 71–86

Meek, A. D.: »Operation Centre«, in: British Army Review, August 1994, S. 5–16

Müller, Christian: Tausend Tage bei der »Asche«. Unteroffiziere in der NVA, Berlin 2003

Müller-Enbergs, Helmut: Inoffizielle Mitarbeiter des Ministeriums für Staatssicherheit. Band 3: Statistiken, Berlin 2008

Ostendorf, Heribert: Politische Strafjustiz in Deutschland, Informationen zur politischen Bildung (2010) 306, S. 23–31

Proektor, Daniel: Vom »Kalten Krieg« und seinem Ende: Mythen und Erkenntnisse (1945–1989), in: Deutsch-russische Zeitenwende. Krieg und Frieden 1941–1995, hg. von Hans-Adolf Jacobsen et al., Baden-Baden 1995, S. 601–653

Rogg, Matthias: »Armee des Volkes?« Militär und Gesellschaft in der DDR, Berlin 2008

Rühle, Hans/Rühle, Michael: Präventiver Nuklearkrieg in Europa, Frankfurter Allgemeine Zeitung vom 13.8.2008

Rühmland, Ullrich: Die Territorialverteidigung in der DDR, Bonn 1976

Rühmland, Ullrich: NVA – Nationale Volksarmee der DDR in Stichworten, Bonn 1983

Sabrow, Martin et al. (Hg.): Wohin treibt die DDR-Erinnerung? Dokumentation einer Debatte, Göttingen 2007

Sevim, Kurt: Zeitliche Überbegriffe. Die Umgehung des Rückwirkungsverbotes durch Rückgriff auf Naturrecht, Norderstedt 2009

Schmidt, Leo/Preuschen, Henriette von: On Both Sides of the Wall. Preserving Monuments and Sites of the Cold War Era, Berlin 2005

Schultke, Dietmar: Die »sozialistische« Grenze der DDR. Verhalten eines totalitären Staates zur Sicherung seiner gesellschaftlichen Existenz, Diplomarbeit an der Universität Duisburg 1996

Schöneburg, Volkmar: Der verlorene Charme des Rechtstaates. Oder: Was brachten die Mauerschützenprozesse?, WeltTrends 10 (2002) 34, S. 97–109

Schmiechen-Ackermann, Detlef: Diktaturen im Vergleich, Darmstadt 2010
Schwarz, Klaus-Dieter: Sowjetische Militärstrategie 1945 – 1978, in: Sicherheitspolitik. Analysen zur politischen und militärischen Sicherheit, hg. von Klaus-Dieter Schwarz, Bad-Honnef 1978, S. 373 – 396
Sälter, Gerhard: Grenzpolizisten. Konformität, Verweigerung und Repression in der Grenzpolizei und den Grenztruppen der DDR 1952 bis 1965, Berlin 2009
Sälter, Gerhard: Die Sperranlagen, oder: Der unendliche Mauerbau, in: Die Mauer. Errichtung, Überwindung, Erinnerung, hg. von Klaus-Dietmar Henke, erscheint München 2011
Slutsch, Sergej: Auschwitz und Archipel Gulag – Zur Struktur zweier Terrorsysteme, in: Russland und Deutschland im 19. und 20. Jahrhundert. Zwei »Sonderwege« im Vergleich, hg. von Leonid Luks und Donald O`Sullivan, Köln 2001, S. 137 – 162
Steinbach, Peter: Widerstand – aus sozialphilosophischer und historisch-politologischer Perspektive, in: Zwischen Selbstbehauptung und Anpassung. Formen des Widerstandes und der Opposition in der DDR, hg. von Ulrike Poppe, Rainer Eckert und Ilko-Sascha Kowalczuk, Berlin 1995, S. 27 – 67
Stiftung Berliner Mauer / Zentrum für Zeithistorische Forschung (Hg.): Die Todesopfer an der Berliner Mauer 1961 – 1989. Ein biographisches Handbuch, Berlin 2009.
Uhl, Matthias: »Jederzeit gefechtsbereit«. Die NVA während der Kubakrise, in: Vor dem Abgrund. Die Streitkräfte der USA und der UdSSR sowie ihrer deutschen Bündnispartner in der Kubakrise, hg. von Dimitrij Filippovych und Matthias Uhl, München 2005, S. 99 – 121
Umbach, Frank: Das rote Bündnis. Entwicklung und Zerfall des Warschauer Paktes 1955 – 1991, Berlin 2005
Vorbringer, Anne: Flüchtender DDR-Grenzsoldat soll als Denkmal verewigt werden, Berliner Zeitung vom 10. 1. 2008
Wagner, Armin/Uhl, Matthias: BND contra Sowjetarmee. Westdeutsche Militärspionage in der DDR, Berlin 2010
Weber, Hermann: Die DDR 1945 – 1990, München 2006
Wenzel, Otto: Der Tag X. Wie West-Berlin erobert wurde, in: Deutschland-Archiv 26 (1993) 12, S. 1360 – 1371
Wenzke, Rüdiger (Hg.): Staatsfeinde in Uniform? Widerständiges Verhalten und politische Verfolgung in der NVA, Berlin 2005
Wenzke, Rüdiger: Die NVA und die Polnische Armee als Koalitionsstreitkräfte auf dem europäischen Kriegsschauplatz in den 1980er Jahren, in:

Die Streitkräfte der DDR und Polens in der Operationsplanung des Warschauer Paktes, hg. von Rüdiger Wenzke, Potsdam 2010, S. 97–127

Wenzke, Rüdiger: Die Nationale Volksarmee (1956–1990), in: Im Dienste der Partei. Handbuch der bewaffneten Organe der DDR, hg. von Torsten Diedrich, Hans Ehlert und Rüdiger Wenzke, Berlin 1998, S. 423–536

Wielenga, Friso: Schatten deutscher Geschichte. Der Umgang mit dem Nationalsozialismus und der DDR-Vergangenheit in der Bundesrepublik, Vierow 1995

Wolf, Stephan: Das Ministerium für Staatssicherheit und die Überwachung der NVA durch die Hauptabteilung I, in: Militär, Staat und Gesellschaft in der DDR. Forschungsfelder, Ergebnisse, Perspektiven, hg. von Hans Ehlert und Matthias Rogg, Berlin 2004, S. 323–336

Wolf, Stephan: Hauptabteilung I: NVA und Grenztruppen, MfS-Handbuch Teil III/13, Berlin 1995

Wolle, Stefan: Aufbruch in die Stagnation. Die DDR in den sechziger Jahren, Bonn 2005

Internetquellen

Ahnungslose Schüler DDR – ein Sozialparadies, keine Diktatur, Onlineartikel Spiegel, 25.7.2008, http://www.spiegel.de/schulspiegel/wissen/0,1518,567907,00.html (Stand: 29.7.2010)

Bundesverdienstkreuz für Regimekritiker. Köhler warnt vor Verklärung der DDR, Onlineartikel Tagesschau, 26.11.2009, http://www.tagesschau.de/inland/sed102.html (Stand: 29.7.2010)

DDR-Verklärung. Mit dem Mauerfall aus dem Paradies vertrieben, Onlineartikel Spiegel, 28.6.2009, http://www.spiegel.de/politik/deutschland/0,1518,633006,00.html (Stand: 29.7.2010)

Einsatz für Freiheit und Sicherheit – Rede von Bundespräsident Horst Köhler bei der Kommandeurtagung der Bundeswehr in Bonn am 10.10.2005, http://www.bundespraesident.de/Reden-und-Interviews-,11057.626864/Rede-von-Bundespraesident-Hors.htm?global.back=/-%2C11057%2C0/Reden-und-Interviews.htm%3Flink%3Dbpr_liste (Stand: 20.2.2011)

Forum DDR Grenze – Augenzeugen der innerdeutschen Grenze, http://www.forum-ddr-grenze.de/t129f2-EK-Bewegung.html (Stand: 27.2.2011)

Historie der Bundespolizei. Die 90er Jahre, http://www.bundespolizei.de/cln_152/nn_251826/DE/Home/09__Historie/Historie__node.html?__nnn=true&__nnn=true#doc251936bodyText5 (Stand: 23.2.2011)

MfS-Planungen für die Machtübernahme in West-Berlin, http://www.berlin.de/lstu/ausstellung/mfs-wb-plan.html (Stand: 28.7.2010)

Ostdeutsche verteidigen Stasi und ZK, Onlineartikel Welt, 10.9.2008, http://www.welt.de/politik/article2423799/Ostdeutsche-verteidigen-Stasi-und-ZK.html (Stand: 29.7.2010)

Warum die Verklärung der DDR naiv und unfair ist, Onlineartikel Welt, 29.3.2009, http://www.welt.de/politik/article3464398/Warum-die-Verklaerung-der-DDR-naiv-und-unfair-ist.html (Stand: 29.7.2010)

Wehrpflicht und Wehrdienst in der DDR, Aspekte ihrer historischen Entwicklung, Onlineaufsatz von Rüdiger Wenzke, http://www.wissenschaft-und-frieden.de/seite.php?artikelID=1031 (Stand: 12.2.2011)

Abkürzungsverzeichnis

ASV	Armeesportvereinigung
BArch	Bundesarchiv
BOB	Berufsoffizierbewerber
BRD	Bundesrepublik Deutschland
BStU	Bundesbeauftragter für die Unterlagen des Staatssicherheitsdienstes der ehemaligen DDR
DDR	Deutsche Demokratische Republik
DVP	Deutsche Volkspolizei
EOS	Erweiterte Oberschule
FDJ	Freie Deutsche Jugend
FIM	Führungs-IM
GHI/W	Geheimer Hauptinformator/Wehrpflichtige
GKM	Grenzkommando Mitte
GKN	Grenzkommando Nord
GKS	Grenzkommando Süd
GMS	Gesellschaftlicher Mitarbeiter für Sicherheit
GR	Grenzregiment
GSSD	Gruppe der sowjetischen Streitkräfte in Deutschland
GT	Grenztruppen
GWD	Grundwehrdienst
GÜST	Grenzübergangsstelle
HA	Hauptabteilung
IM	Inoffizieller Mitarbeiter (der Staatssicherheit)
KGSi	Kommandeur Grenzsicherung
KGSiA	Kommandeur Grenzsicherungsabschnitt
Kp	Kompanie
KPP	Kontrollpassierpunkt
MfS	Ministerium für Staatssicherheit
MfNV	Ministerium für Nationale Verteidigung der DDR
MPi	Maschinenpistole
NATO	North Atlantic Treaty Organization
NVA	Nationale Volksarmee
Offz	Offizier
OpD	Operativer Diensthabender
P	Posten
PdVP	Präsidium der Volkspolizei

PF	Postenführer übriger Postenbereiche
PFG	Postenführer gefährdeter Postenbereiche
PFU	Postenführer für unterirdische Anlagen und Zugsicherung
PKE	Passkontrolleinheit (der Staatssicherheit)
PU	Posten für unterirdische Anlagen und Zugsicherung
Sdt	Soldat
SED	Sozialistische Einheitspartei Deutschlands
SKB	Stadtkommandantur Berlin
St KGSiA	Stellvertretender Kommandeur Grenzsicherungsabschnitt
SPW	Schützenpanzerwagen
TPA	Transportpolizeiamt
Uffz	Unteroffizier
VEB	volkseigener Betrieb
WD	Westdeutschland
ZK	Zentralkomitee

Bildnachweis

Seite 15: Günther Ganßauge
Seite 54: Margret Nissen, Gedenkstätte Berliner Mauer
Seite 59: BStU, MfS, HA I Nr. 14605
Seite 77: Günther Ganßauge
Seite 79: Foto der Grenztruppen, aus: Manfred Paul und Horst Liebig: Grenzsoldaten, Militärverlag der DDR, Berlin (Ost) 1981
Seite 86: Günther Ganßauge
Seite 93: Privatbesitz
Seite 97: Günther Ganßauge
Seite 99: Privatbesitz
Seite 117: Foto der Grenztruppen, aus: Manfred Paul und Horst Liebig: Grenzsoldaten, Militärverlag der DDR, Berlin (Ost) 1981
Seite 171: Jürgen Kunstmann, Militärhistorisches Museum der Bundeswehr, Dresden
Seite 207: Bundesarchiv Militärarchiv
Seite 228: Archiv des Militärverlages der DDR
Seite 247: Margret Nissen, Gedenkstätte Berliner Mauer

Angaben zum Autor

Jochen Maurer
Jahrgang 1978, 1998 Eintritt in die Bundeswehr, Wehrpflichtiger, Zeitsoldat, Offizieranwärter, danach Laufbahnausbildung, bis 2004 Studium der Geschichte und Pädagogik an der Universität der Bundeswehr in Hamburg, danach bis 2007 Einsatz als Zugführer und Ausbildungsoffizier in Cochem, 2007/08 stellvertretender Leiter Lagezentrum im Landeskommando Brandenburg in Potsdam, seit 2008 Studentenfachbereichsgruppenleiter an der Universität der Bundeswehr in Hamburg.

Beiträge zur Geschichte von Mauer und Flucht

Manfred Wilke: Der Weg zur Mauer
Stationen der Teilungsgeschichte
472 Seiten, Festeinband, 15 x 21 cm,
ISBN 978-3-86153-623-9, 39,90 € (D), 41,10 € (A), 53,90 sFr (UVP)

Der lange Weg zur Berliner Mauer begann 1945. Stalin beauftragte die Kommunisten, in der Sowjetischen Besatzungszone die Macht zu übernehmen; die drei Westmächte sicherten ihren Einflussbereich. Als 1949 zwei deutsche Staaten entstanden, blieb Berlin in vier Sektoren geteilt und West-Berlin lag fortan als lockendes Schaufenster des Westens mitten in der DDR. Nach dem gescheiterten sowjetischen Versuch, die Alliierten durch eine Blockade 1948/49 aus West-Berlin zu vertreiben, folgte 1958 bis 1960 die zweite Berlin-Krise, bei der Moskau ultimativ den Abzug der Westmächte und die Schaffung einer »Freien Stadt« verlangte. Die Entscheidung zur Grenzschließung fiel schließlich durch Nikita Chruschtschow, der dem anwachsenden Flüchtlingsstrom entgegenwirken wollte.
Für die Rekonstruktion der internationalen Vorgeschichte des Mauerbaus und der genauen Abstimmung zwischen Chruschtschow und Ulbricht konnte der Autor erstmals die Gesprächsprotokolle zwischen den beiden Partei- und Staatschefs nutzen, die bislang der Forschung nicht zugänglich waren.

Ch. Links Verlag, Schönhauser Allee 36, 10435 Berlin, www.christoph-links-verlag.de

Beiträge zur Geschichte von Mauer und Flucht

Axel Klausmeier und Günter Schlusche (Hg.): Denkmalpflege für die Berliner Mauer
Die Konservierung eines unbequemen Bauwerks
268 Seiten, 246 Abbildungen, Festeinband, 19,5 x 21 cm,
ISBN 978-3-86153-624-6, 34,90 € (D), 35,90 € (A), 47,90 sFr (UVP)

Die Berliner Mauer ist ohne Zweifel ein Denkmal von Weltrang und wurde im Nachhinein sogar zum international bekanntesten Bauwerk der DDR. Doch 20 Jahre nach der Grenzöffnung befinden sich die verbliebenen Reste in einem überwiegend schlechten Zustand. Mauerspechte und Witterung haben reichlich Schäden hinterlassen. Die Mauerelemente müssen behutsam »ertüchtigt« werden, um als Geschichtszeugnisse weiterhin aussagekräftig zu bleiben.
24 Experten aus verschiedenen Ländern behandeln im vorliegenden Buch Grundsätze, Leitlinien und praktische Probleme der Mauerkonservierung in einem fachübergreifenden, internationalen Kontext. Vor dem Hintergrund von denkmalpflegerischen Erfahrungen mit zeitgeschichtlich bedeutsamen Stahlbetonbauten in anderen Teilen der Welt werden Wege zur Konservierung der erhaltenen Elemente der Sperranlagen diskutiert und anhand zahlreicher Abbildungen anschaulich dargestellt.

Ch. Links Verlag, Schönhauser Allee 36, 10435 Berlin, www.christoph-links-verlag.de

Weitere Veröffentlichungen der Stiftung Berliner Mauer

Maria Nooke / Lydia Dollmann (Hg.): Fluchtziel Freiheit
Berichte von DDR-Flüchtlingen über die Situation nach dem Mauerbau
166 Seiten, 26 Abbildungen, Broschur, 19,5 x 21 cm,
ISBN 978-3-86153-620-8, 14,90 € (D), 15,40 € (A), 21,90 sFr (UVP)

Der Mauerbau im August 1961 wurde für viele DDR-Bürger zur Frage der Entscheidung: Sollten sie im Land bleiben und sich den politischen Bedingungen anpassen oder trotz aller Gefahren eine Flucht in den Westen wagen? Vielen gelang diese mit Hilfe der studentischen Fluchthilfegruppe um Detlef Girrmann, Dieter Thieme und Bodo Köhler. Die danach aufgezeichneten Berichte der DDR-Flüchtlinge geben einen unmittelbaren Eindruck von den Maßnahmen der SED-Führung zur inneren Absicherung des Mauerbaus wieder. Sie zeigen, dass sich der Druck auf alle gesellschaftlichen Bereiche erstreckte, insbesondere in Betrieben, Schulen und Universitäten ansetzte, um Proteste gegen den Mauerbau zurückzudrängen und die DDR-Bürger zur Anpassung zu zwingen. Die Geschichte der Fluchthilfegruppe und die Biografien der drei führenden Köpfe dieser Gruppe verdeutlichen darüber hinaus ihr Engagement für die Betroffenen und eine erstaunliche Kreativität bei dem Versuch, dem Grenzregime Widerstand entgegenzusetzen.

Ch. Links Verlag, Schönhauser Allee 36, 10435 Berlin, www.christoph-links-verlag.de

Weitere Veröffentlichungen der Stiftung Berliner Mauer

Clemens Niedenthal: Nahaufnahme
Fotografierter Alltag in West-Berliner Flüchtlingslagern
96 Seiten, 71 Abbildungen, Broschur, 19,5 x 21 cm,
ISBN 978-3-86153-621-5, 12,90 € (D), 13,30 € (A), 18,90 sFr (UVP)

Rund vier Millionen Menschen verließen zwischen 1949 und 1990 die DDR. Für fast alle fing der Westen in einem Flüchtlingslager an. Zentral für West-Berlin war die Aufnahmestelle in Marienfelde, die etwa 1,4 Millionen Menschen passierten.
Hier arbeitete die Evangelische Flüchtlingsseelsorge. Sie ließ zur Dokumentation und publizistischen Unterstützung ihrer Tätigkeit professionelle Fotografien in Marienfelde und anderen Berliner Flüchtlingsunterkünften anfertigen. Die etwa 2000 Bilder des Archivs, heute in der Obhut der Erinnerungsstätte Notaufnahmelager Marienfelde, ermöglichen eine einzigartige Zeitreise: Weitgehend unveröffentlicht, spiegeln sie den Alltag der Flüchtlinge lebendig wider und vermitteln zugleich, wie die westdeutsche Gesellschaft die Neuankömmlinge sah.

Ch. Links Verlag, Schönhauser Allee 36, 10435 Berlin, www.christoph-links-verlag.de

Weitere Veröffentlichungen der Stiftung Berliner Mauer

Gerhard Sälter, Tina Schaller und Anna Kaminsky (Hg.):
Weltende – Die Ostseite der Berliner Mauer
108 Seiten, 84 Abbildungen, Broschur, 19,5 x 21 cm,
ISBN 978-3-86153-622-2, 14,90 € (D), 15,40 € (A), 21,90 sFr (UVP)

Die Berliner Mauer hatte eine bunte und spektakuläre Fassade auf westlicher Seite. Dagegen war ihre Wirkung nach Osten hin eine andere: Sie schränkte die Bewegungsfreiheit und damit auch den Erfahrungsraum der Ostdeutschen ein. Dass es so wenige Bilder von der tristen Ostseite der Mauer und dem davor liegenden Grenzgebiet gibt, liegt vor allem daran, dass es verboten war, dort Fotos zu machen. Vor diesem Hintergrund präsentieren die Herausgeber die 1986/87 illegal aufgenommenen Bilder des Fotografen Detlef Matthes, den bisher einzigen größeren Bestand an Bildern der Ostseite der Mauer. Diese fotografische Bestandsaufnahme wird begleitet von sechs Essays von Elena Demke, Anna Kaminsky, Detlef Matthes, Lutz Rathenow, Gerhard Sälter und Leo Schmidt.

Ch. Links Verlag, Schönhauser Allee 36, 10435 Berlin, www.christoph-links-verlag.de